우리 나라
역사 인물 이야기

김만곤 편저

(주) 교학사

영웅이 되고 싶은 모든 어린이에게

우리는 지금까지 세종 대왕, 이순신 장군 같은 인물을 우리의 영웅으로 받들고 있었습니다. 그런 인물들이 영웅이었음에는 분명하지만, 그들에게도 우리와 같은 삶의 애환이 있었고, 걱정과 눈물과 웃음과 따뜻한 인정이 있었으며, 요컨대 우리와 같은 모습으로 살았다는 데 대해서는 생각하지 않았었습니다. 말하자면, 우리로서는 도저히 올라가지 못할, 산과 같은 위치의 인물로 그려져 왔습니다.

오늘날, 영웅은 어느 한 가지 일에 열중하며 그 일에 남다른 면모를 보이고 뛰어난 업적을 남기는 사람이라고 할 수 있습니다. 그러므로 오늘도 신문이나 방송에는 그런 인물들이 소개되고 있으며, 우리의 역사를 움직여 온 우리 조상들 중에도 수많은 영웅들이 있었다는 것을 알 수 있습니다. 또, 우리 어린이들 중에도 이미 영웅이 될 만한 바탕을 가진 사람이 많다고 할 수 있습니다.

이 책은 이처럼 영웅이 되어 가고 있거나 영웅이 되고 싶은 어린이들을 위한 자료로서의 구실을 할 수 있을 것입니다. 다만, 4·5·6학년 사회과 교과서에 나오는 인물들만을 대상으로 하여 더 많은 인물들을 소개하지 못한 것이 아쉽기만 합니다.

이 인물들에 대한 나름대로의 평가로써 어린이 여러분의 학습은 물론, 앞으로 영웅이 되어 가는 길에 보탬이 될 수 있기를 기원합니다.

 역사 인물 이야기에 대하여

이 책은 사회, 탐구 학습에 등장하는 역사 인물을 중심으로 엮은 것이다. 그러나 이미 여러 종류로 나와 있는 '위인전'이라든가 '전기'와는 그 성격이 다르다. 곧, 어떤 인물에 대하여 지나치게 미화한다거나 영웅으로 떠받들지 않고 독자 스스로 읽으면서 해당 인물에 대한 평가를 내릴 수 있게 한 것에서 그 이유를 찾을 수 있다.

또한 사전식 설명이 아닌 일화 중심의 내용이며, 흥미 있는 소재를 다루어 한층 더 읽는 재미를 느낄 수 있게 한 것인만큼 사회과 탐구 학습의 완벽은 물론, 시대순으로 인물을 배열하여 당시의 시대적 배경과 소개 인물에 대한 반대 인물이 누구인 것인가를 보여 주어 생생한 역사 의식을 지닐 수 있게 하였다. 또한 매 면마다 빠짐 없이 실린, 흔히 대하기 힘든 귀한 자료는 여러분의 살아 있는 공부가 되고 실력이 될 것이다.

이 책의 특징과 구성

 특징

1. 이 책은 여러 인물을 시대순으로 배열하였다.
2. 지금까지의 위인전, 전기문에서의 지나친 미화를 피하려고 노력하였다.
3. 연대기나 업적 소개에 치중하지 않고, 친밀감을 주는 일화를 중심으로 실었다.
4. 사회과 탐구 학습의 완벽을 이룰 수 있으며, 흥미 있는 일화를 다루었기 때문에 우리 나라의 역사를 좀더 깊게 알 수 있을 것이다.

 구성

• **화보**

14면에 이르는 면을 희귀한 사진 자료로 구성하여 흥미로움과 함께 우리 나라의 역사 의식을 새롭게 느낄 수 있도록 하였다.

• **본문**

객관적인 내용 전개로 스스로 판단을 할 수 있게 엮었으며, 어떤 인물은 별도로 한 면을 화보로 꾸미거나 참고 자료를 설정하여 이해도를 높였다. 그리고 거의 빠짐 없이 실린 도판 자료만 대하여도 전체 내용을 쉽게 짐작할 수 있으며, 중요 사항을 각 인물 마다 연표로 만들어 두었기 때문에 한눈에 꿰뚫어 볼 수 있는 통사적인 역사 공부가 될 수 있게 하였다.

• **역사 연표**

시대별로 이해하기 쉽게 구성하되, 크게 인물, 국사, 세계사의 세 부분으로 구분하여 표를 꾸몄다. 우리 나라 역사 인물과 큼직한 역사적 사실, 나아가 세계사적인 사실과의 관계를 이해하기 쉽게 꾸몄다.

2000년 만에 세상에 나온 삼한 시대의 밤 세 톨
(다호리 고분 유물)

▶ 문왕후천팔괘도 : 우주 순환의 원리를 나타낸 어기 (임금을 상징하는 기)로 오늘날의 태극기 원형으로 보고 있다.

▲ 미국인 데니가 우리 나라 외교 고문으로 있다가 1890년, 귀국할 때 고종 황제로부터 받은 태극기.

◀ 정3품 벼슬을 지낸 박기준이 1903년, 관으로부터 받은 태극기

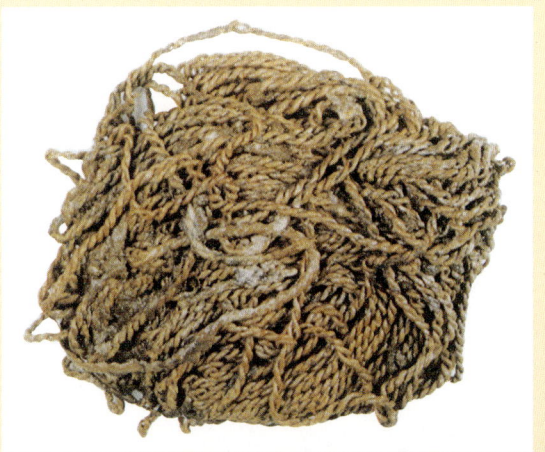 

▲▶ 다호리 고분에서 발굴된 노끈뭉치와 붓. 삼한 시대 때 이미 필묵 문화가 있었음을 증명

▲ 강화도에 있는 고인돌(지석묘)로 선사 시대의 무덤

◀백제 시대 때의 '산경문전'. 곧, '산수의 경치를 무늬로 새겨 넣은 벽돌'로, 매우 섬세하고 치밀한 조형미가 돋보이는 예술 작품이다.

▲ 호우합. 고구려 유물로 명문은 '을묘년국강상광개토지호태왕호우십'이라 되어 있다.

◀ 갑옷

▼ 무령왕릉 출토 유물

▲ 왕비 목침

▲ 금귀걸이

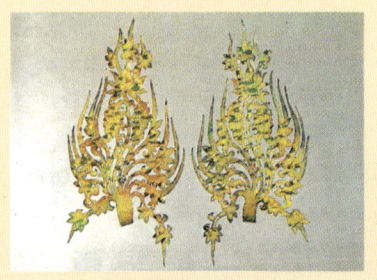

▲ 금제 관식   은잔과 받침 ▶

▶ 만주 지안 고분 벽화인 '일신선도'. 벽화의 색채는 중국의 돈황 벽화보다 훨씬 뛰어나다.

◀ 만주 지안 고분 벽화인 '농신도'. 신농신의 하나로 소의 머리에 사람의 몸을 한 형상. 추상적인 표현이 특이하다.

▼ 천마도. 경주 천마총 출토 유물

▲ 원광 법사, 세속 5계를 화랑에게 가르침(신라)

◀ 무용총 벽화(고구려)

▼ 화랑들의 사냥 모습(신라)

▶ 조선 태조 이성계의 금보(금으로 만든 옥새)

▼ 강감찬 장군의 구주(귀주) 대첩

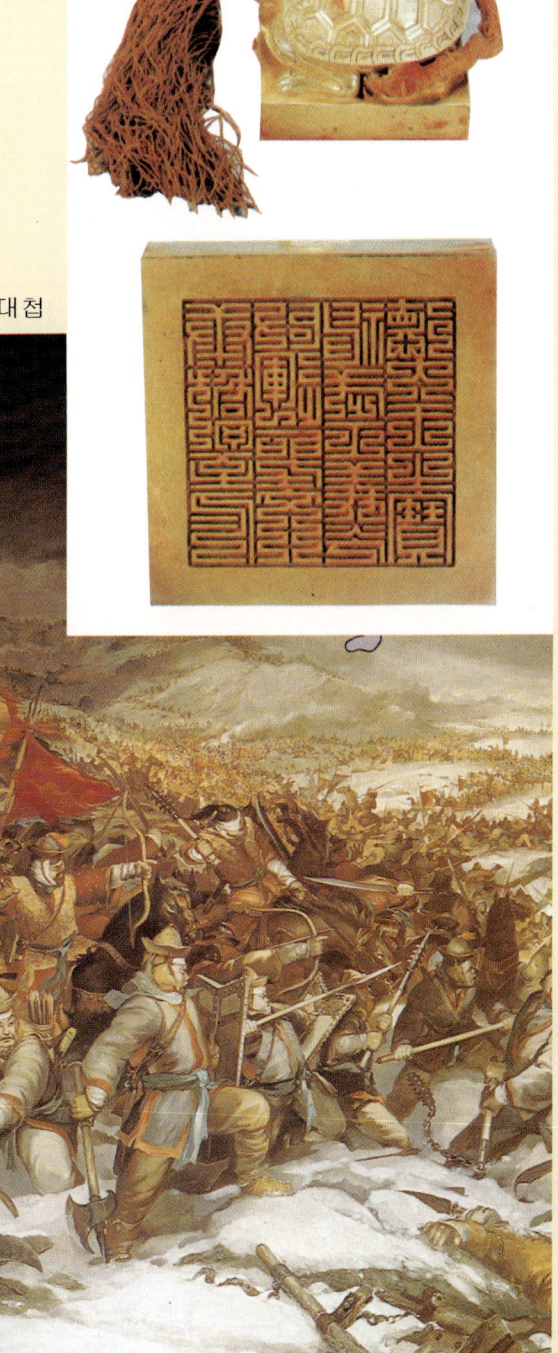

◀◀ 조선 시대 때 서적을 반포할 때 사용한 도장. 명문은 '선사지기'라 되어 있다.

▲ 조선 시대 금속 활자

▲ 조선 정조 임금의 글씨 '증철옹부백부임지행'

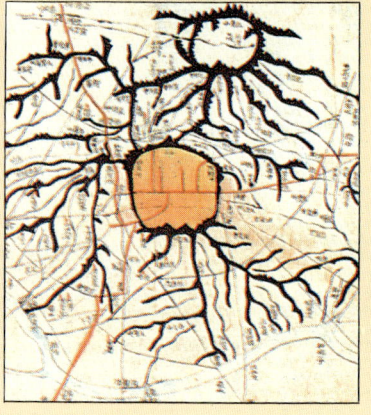

김정호의 '대동여지도(부분)' ▶

◀ 조선 시대 고종 황제가 쓰던 국새. '제고지보'라 새겨져 있다.

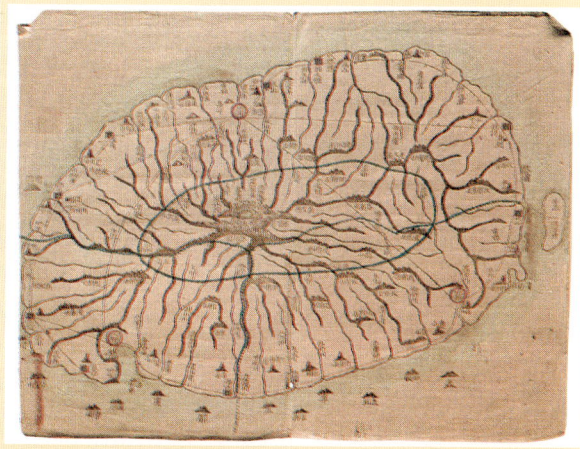
▲ 김정호의 '대동여지도' 가운데 제주도 부분

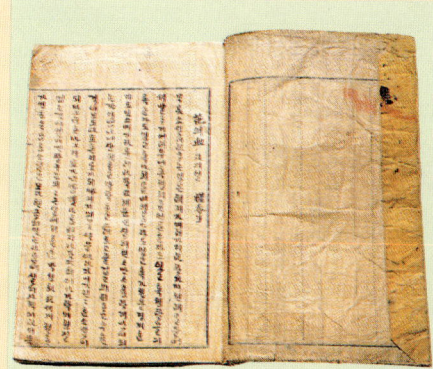
▲ 이해조의 부패 관리의 부정을 폭로한 신소설인 '화의 혈'. 1809년 간행

▼ 1895년에 간행된 우리 나라 최초의 '서양사' 교과서인 '태서신사'. 이 책에는 북간도가 우리 나라 영토임을 밝히고 있다.

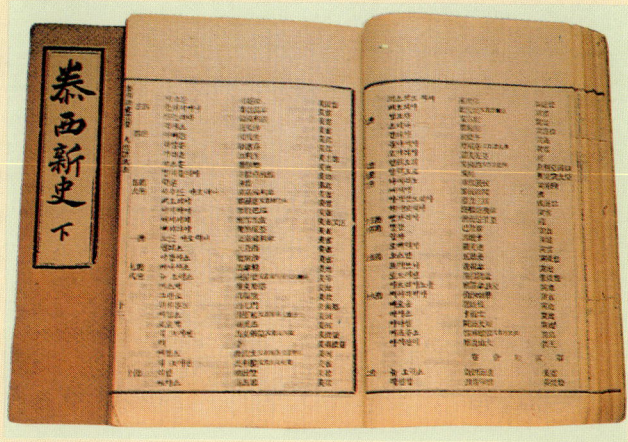

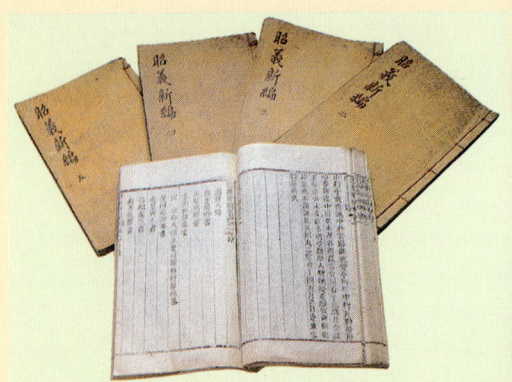

▲ 1902년에 편찬된 의병 대장 유인석과 그 동지들의 글을 모은 '소의신편'

▶ 러시아·미국·프랑스 공관 수비대가 행진하는 당시 세종로 모습(1904년 프랑스 신문에 실림)

▲ 러시아 군대가 한국의 어느 마을을 약탈하는 모습(1904년, 프랑스 신문에 실림)

◀ 1906년도의 '윤리학' 교과서

▶ 1903년대의 서울 동대문 밖 풍경. 성안으로 장작(땔감나무)을 팔러 가는 행렬이 이채롭다.

강제 해산령에 맞선 한국군과 일본군의 전투 장면(1907년, 프랑스 신문 게재)

6·25 전쟁 중에 발간된 교과서 ▶

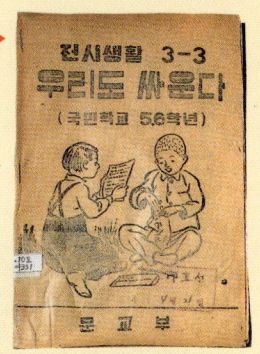

▲▶ 1948년, 정부 수립 후 발간한 최초의 국민 학교 1학년용 교과서. 띄어쓰기가 요즘과 다른 것이 매우 흥미롭다.

◀▲ 우리 나라 초대 내각을 구성한 조각당과 내부 모습.

우리 나라
역사 인물 이야기

㈜ 교학사

차례

우리 민족의 시조 / 단군 한아버님 / 4
비운의 왕자 / 비류 / 6
가야의 시조 / 김수로왕 / 7
백제의 위대한 왕 / 근초고왕 / 12
대륙의 호랑이 / 광개토 대왕 /14
일본을 깨우친 학자 / 왕인 / 18
백제의 우뚝한 봉우리 / 무령왕 /20
삼국 통일의 기반을 다진 / 진흥왕 / 22
전설의 화가 / 솔거 / 24
화가 / 담징 / 25
삼국 통일의 위업을 달성한 / 김유신 / 26
일본에 그림을 전한 화가 / 아좌 태자 / 30
삼국을 통일한 / 무열왕 / 32
백만 대군을 물리친 / 을지문덕 / 36
고구려의 영웅 / 연개소문 / 38
안시성 전투의 영웅 / 양만춘 / 40
대승 불교의 참뜻을 일깨운 / 원효 / 42
화엄종의 창시자 / 의상 / 46
천축국 순례승 / 혜초 / 50
신필 / 김생 / 54
바다의 제왕 / 장보고 / 55
고려를 발전시킨 / 최승로 / 60
말로써 80만 대군을 물리친 / 서희 / 64
거란군을 물리친 / 강감찬 / 66
최초의 사립 학교 건립자 / 최충 / 68
여진을 정벌한 / 윤관 / 70
고려 말의 문장가 / 이규보 / 73

고려의 마지막 수호자 / 최영 / 78
고려 말의 대학자 / 이색 / 82
목화를 들여 온 / 문익점 / 86
고려의 마지막 왕 / 공민왕 / 88
조선 태조 / 이성계 / 90
고려의 마지막 기둥 / 정몽주 / 94
이상 정치를 구현하려 한 / 정도전 / 100
조선 관리의 사표 / 황희 / 102
우리 나라의 악성 / 박연 / 108
위대한 임금 / 세종 대왕 / 110
가사 문학의 효시 / 정극인 / 114
서릿발 같은 절개를 지닌 / 박팽년 / 116
조선 시대의 과학자요 발명왕 / 장영실 / 120
조선 전기의 화가 / 안견 / 122
성리학의 주춧돌 / 김종직 / 124
개혁 정치가 / 조광조 / 130
만방의 우뚝한 별 / 이황 / 134
벼슬을 하지 않은 학자 / 조식 / 138
한국 여성의 표상 / 사임당 신씨 / 140
학자 / 기대승 / 144
의병장 / 김제민 / 146
금산 전투에서 전사한 / 고경명 / 148
학자 / 이이 / 150
시인 / 정철 / 154
행주 대첩의 장군 / 권율 / 156
삼 장사의 한 분, 의병장 / 김천일 / 158
임진왜란을 한몸에 짊어진 재상 / 류성룡 / 159
어머니가 만든 명필 / 한호(석봉) / 164
칠백 의총의 주인공 / 조헌 / 166
충무공 / 이순신 / 168
의병 대장 / 권응수 / 180
학자 / 김장생 / 181
동래성에서 전사한 / 송상현 / 182
승려 장군 / 영규 / 184

하늘이 내린 홍의 장군 / 곽재우 / 185
부산진성에서 전사한 / 정발 / 188
진주성의 별 / 김시민 / 190
동의보감의 저자 / 허준 / 192
규수 시인 / 허난설헌 / 197
다대포에서 전사한 / 윤흥신 / 200
날개 달린 범, 의병 대장 / 김덕령 / 202
만년 홍수를 바로잡은 / 이서 / 204
뜻을 못다 편 장군 / 임경업 / 205
예학의 대가 / 송준길 / 207
당파 싸움을 이끈 정치가 / 송시열 / 208
실학자 / 유형원 / 215
효자요 소설가인 / 김만중 / 217
산수화의 천재 / 정선 / 220
실학의 큰 별 / 이익 / 224
실학자 / 홍대용 / 229
비극의 왕자 / 사도 세자 / 233
사도 세자의 부인 / 혜경궁 홍씨 / 234
실학의 큰 봉우리 / 박지원 / 236
풍속을 화폭에 담은 / 김홍도 / 240
풍속 화가 / 신윤복 / 244
실학의 대들보 / 정약용 / 246
글씨 잘 쓴 / 이삼만 / 252
예술의 찬란한 꽃 / 김정희 / 253
3대에 걸친 화가 / 허련 / 256
음악가 / 신재효 / 257
한말의 풍운아 / 흥선 대원군 / 259
동학의 창시자 / 최제우 / 263
애국 지사 / 송병선 / 265
항일 유학자 / 유인석 / 266
조선 팔도를 그린 / 김정호 / 267
개화파의 기수 / 김옥균 / 270
시아버지인 흥선 대원군과 겨룬 / 명성 황후 / 272
나라 빚을 걱정한 / 서상돈 / 274

불운했던 황제 / 고종 / 276
의학 교육자 / 지석영 / 278
녹두 장군 / 전봉준 / 280
독립 운동가 / 서재필 / 282
애국 지사 / 민영환 / 284
개혁 정치가 / 박영효 / 286
독립 운동가 / 손병희 / 288
대종교 창시자 / 나철 / 292
애국 애족의 교육자 / 남궁억 / 296
목놓아 소리쳐 운 / 장지연 / 300
의병 대장 / 홍범도 / 302
우국의 매운 충절 / 이상설 / 306
영욕을 한몸에 진 초대 대통령 / 이승만 / 307
곧은 절개, 매운 향내 / 신채호 / 310
청산리의 호랑이 / 김좌진 / 312
산수 화가 / 허백련 / 316
스스로 부통령을 그만 둔 / 김성수 / 320
원불교의 창시자 / 박중빈 / 322
비운의 정치가 / 조병옥 / 326
어린이를 사랑한 / 방정환 / 328
작곡가 / 홍난파 / 329
민주 정치를 구현하려 한 / 장면 / 333
구국의 횃불 / 유관순 / 335
판소리의 대가 / 임방울 / 338
고향을 지킨 서양 화가 / 오지호 / 339
독립 투사 / 윤봉길 / 340
민족의 지도자 / 이승훈 / 344
이토 히로부미를 사살한 / 안중근 / 346
애국가를 작곡한 / 안익태 / 348
상하이 임시 정부 주석 / 김구 / 350
추앙받는 민족의 지도자 / 안창호 / 352
한글 학자 / 주시경 / 354

 부록

역사 연표 (인물, 국사, 세계사) / 356

우리 민족의 시조 **단군 한아버님**

〈환웅, 인간 세계를 다스리다〉

단군

아득한 옛날, 하늘 나라를 다스리는 임금 환인에게는 환웅이라는 아들이 있었다.

환웅은 늘 지상을 내려다보며 인간 세계를 다스려 보고 싶어하였다. 아버지가 아들의 마음을 알아차리고 지상을 살펴보았더니, 태백산이 눈에 띄었다. 아름답게 펼쳐진 산과 들, 강이 눈에 띄었으며, 그 곳은 인간을 널리 이롭게 다스리기에 좋겠다는 느낌이 들었다. 환웅은 아들에게, 부하들을 거느리고 내려가 지상의 인간 세계를 다스릴 권한을 뜻하는 세 개의 도장(천부인 곧 풍백·우사·운사)을 주었다.

환웅은 하늘 나라에서 3천 명의 무리를 이끌고 태백산(지금의 백두산. '묘향산'으로 보기도 함) 꼭대기에 있는 신단수(하늘에 제사 지내는 단) 아래로 내려와, 그 곳을 세상을 다스릴 중심지로 삼고 신시라고 불렀다. 환웅 천왕은 바람의 신(풍백)과 구름의 신(운사), 비의 신(우사)을 거느리고 농사, 생명, 질병, 형벌, 선과 악 등 인간 세계의 360여 가지 일들을 다스리고 돌보았다.

이 때, 한 동굴에 곰 한 마리와 호랑이 한 마리가 살고 있었는데, 이들은 늘 환웅 천왕에게 와서 사람이 되고 싶다고 빌었다. 천왕은 이들에게 신비로운 쑥 한 줌과 마늘 스무 개를 주면서 일러 주었다.

"이것을 먹도록 해라. 그리고 백 일 동안 햇빛을 보지 않으면 소원대로 인간의 몸으로 변신할 수 있을 것이다."

쑥과 마늘을 받아 먹은 곰과 호랑이는 몸과 마음을 깨끗이하여 기도하기 시작하였다. 삼칠일(21일)을 금기한 곰은 마침내 여인의 몸으로 탈바꿈하였다. 그

참성단

참성단 오르는 길

러나 참을성 없는 호랑이는 제대로 견디지 못하고 도망을 가고 말았다.

곰이 변신한 여인 웅녀는 또 하나의 간절한 소원을 갖게 되었는데, 그것은 아기를 갖는 것이었다. 그러나 그녀와 짝이 될 만한 남자가 없었으므로, 매일 신단수 아래로 와서 부디 아기를 갖게 해 달라고 빌었다.

〈단군, 고조선을 세우다〉

웅녀의 애틋한 기원을 받아들인 환웅 천왕은 남자 어른으로 변신하여 그녀와 혼인을 하였다. 이로 인해 웅녀는 아들을 낳았는데, 그가 바로 환인 천제의 손자인 단군 왕검이었다. 단군 왕검은 지금으로부터 4300여 년 전인 기원전 2333년에 아사달(평양)에 도읍을 정하고 단군 조선을 세워 약 2000년간 다스렸다. 그 후, 단군은 황해도 구월산의 장당경으로 옮겼다가 다시 아사달로 돌아와 산신이 되었다.

단군이 우리 민족의 시조라는 것은 이미 고려 시대에 사람들에게 다 알려졌고, 조선 시대 세종 때에는 평양에 단군을 기리는 사당을 지었다. 또 구월산에는 환인, 환웅, 단군을 모시는 삼성사를 세웠다.

환인, 환웅, 단군을 받드는 대종교는 우리의 민족 종교이다. 대종교에서 시작한 10월 3일 개천절은 8·15 광복 후 우리 나라의 국경일로 정해졌다.

◎ 참고 자료

〈환웅의 배달 나라(18대 1565년간 : 기원전 3897~2333) ※ ( ) 안→다스린 기간〉

1세 : 배달 환웅(94년)	11세 : 거야발 환웅(92년)	16세 : 축다리 환웅(56년)
2세 : 거불러 환웅(86년)	12세 : 주무신 환웅(105년)	17세 : 혁다세 환웅(72년)
3세 : 우야고 환웅(99년)	13세 : 사와라 환웅(67년)	18세 : 거불단 환웅(48년)
4세 : 모사라 환웅(107년)	14세 : 자오지 환웅(109년)	〈※ '신시역대기'에서〉
5세 : 태우의 환웅(93년)	15세 : 치액특 환웅(89년)	
6세 : 다의발 환웅(98년)		
7세 : 거련 환웅(81년)		
8세 : 안부련 환웅(73년)		
9세 : 양운 환웅(96년)		
10세 : 갈고 환웅(92년)		

중요 사항

기원전 2333, 조선을 세움
약 2000년간 나라를 다스림(건국 이념 : 홍익 인간)

비운의 왕자 비류

고구려 고분 벽화

〈주몽, 고구려를 세우다〉

주몽은 부여 나라의 금와왕이 사냥을 나갔다가 만난 유화 부인에게서 알로 태어났다. 그는 활을 잘 쏘아 다른 왕자들에게 시기를 받게 되었다. 눈치를 챈 주몽은 어느 날 지혜롭고 용감한 친구(오이·마리·협부)들을 데리고 부여를 탈출하여 남쪽으로 내려와 압록강 중류의 졸본 땅을 차지하고 나라를 세웠으니, 이 나라가 바로 고구려이다.

〈비참한 최후〉

주몽은 곧 왕후를 얻어 두 아들을 두었는데, 그 이름은 비류와 온조였다. 한편 주몽이 부여에 있을 때 이미 결혼했던 부인은, 주몽이 떠난 지 몇 달 뒤 사내 아이를 낳아 이름을 유리라 하였다. 유리도 무럭무럭 자라 아버지를 찾아오니, 주몽은 유리를 태자로 맞았다. 이에 비류와 온조는 그들을 따르는 무리를 이끌고 남쪽으로 내려왔다. 그러나 두 왕자의 뜻이 맞지 않아, 형 비류는 미추홀(인천), 동생 온조는 위례(서울)에 도읍을 정하고 살았다.

형제는 각각 나라를 세웠지만, 비류가 수도로 정한 미추홀은 위례보다 환경적 조건이 좋지 않았다. 얼마 후 미추홀 사람들은 이웃 나라로 떠나는 사람이 많이 생겨나게 되었고, 비류는 백성들과 온조에게 부끄러움을 느껴 자살하고 말았다.

가야의 시조 김수로 왕

⟨대왕을 맞다⟩

일연이 지은 '삼국유사'에 다음과 같은 이야기가 실려 있다.

천지가 처음 열린 이후로 이 곳에는 아직 나라가 없었고, 임금과 신하도 없었다. 다만

김수로 왕릉

'간'이라 불리는 아홉 추장이 백성들을 다스렸는데, 집은 100여 가구였고 인구는 7만 5천여 명이었다. 이들은 산과 들에 모여 살면서 우물물을 마시고 밭을 갈아 곡식을 가꾸었다.

그러던 어느 날, 그들이 사는 곳의 북쪽 구지에서 이상한 소리가 나 2,3백 명의 백성이 모이게 되었는데, "여기에 사람이 있느냐?"하는 소리가 들렸으나 사람의 모습은 보이지 않았다. 9간 등이 "우리들이 있습니다."하고 대답하자, "내가 있는 곳이 어디냐?"고 물어, "구지입니다."했다. 이에 또 다음과 같은 말이 들려왔다.

"하늘이 나에게 명해서 여기에 나라를 세우고 임금이 되라고 했기에 내려온 것이니, 너희들은 저 산마루의 흙을 파면서 '거북아! 거북아! 머리를 내밀라, 만일 내밀지 않으면 구워 먹겠다.'하며 노래 부르고 뛰면서 춤을 추어라. 그렇게 하면 곧 대왕을 맞이하여 기쁘게 뛰놀 수 있을 것이다."

이에 9간들은 그 말에 따라 모두 기뻐하면서 노래하고 보니, 자줏빛 노끈이

수로왕 비(허왕후)의 능

하늘에서 드리워져 땅에 닿아 있고, 그 끝에서는 금으로 만든 상자가 붉은 보자기에 싸여 있었다. 그리고 그 상자 안에는 해처럼 둥근 황금 알 여섯 개가 놓여 있었다. 9간들은 모두 놀라고 기뻐하며 다함께 백 번씩 절을 하고 보에 싸 가지고, 9간의 한 사람인 아도간의 집으로 돌

아와 책상 위에 모셔 두었다.

그리고 그 이튿날 아침, 여러 사람은 다시 모여 그 상자를 열어 보았는데, 여섯 알은 모두 용모가 헌칠한 어린 아이로 변해 있었다. 이에 사람들은 그들을 걸상에 앉히고 절하여 하례하면서 극진히 공경하였다. 이들은 나날이 자라나 10여 일이 지나자 키가 9척이나 되었고, 얼굴은 용처럼 생겼다. 또 눈썹은 여덟가지의 빛이 번쩍였으며, 눈동자는 순 임금처럼 두 겹으로 빛났다.

그 중 한 명이 그 달 보름에 왕위에 오르니, 세상에 처음 나타났다는 뜻으로 '수로(가장 높은 사람이라는 뜻도 지님)'라 하였다. 또 나라 이름은 대가락, 또는 가야국이라 하니, 곧 여섯 가야 중의 하나이다.

나머지 다섯 사람도 각각 흩어져 다섯 가야의 임금이 되니 동쪽은 황산강이요, 서남쪽은 바다, 서북쪽은 지리산, 동북쪽은 가야산, 남쪽은 나라의 끝이었다.

대가락의 왕은 임시로 대궐을 세우게 하고 여기에서 지냈는데, 소박하고 검소한 것을 숭상하여 지붕의 이엉을 자르지 않았고 흙으로 쌓은 층계는 겨우 3척이었다.

이듬해 정월에 왕이 말하기를 "내가 도읍을 정하려 한다." 하고, 대궐의 남쪽 들판에 나아가 사방의 산들을 바라보다가, "이 땅은 비좁기가 마치 여뀌(마디풀과에 속하는 일년생 풀) 같지만, 수려하고 이상하여 가히 석가의 제자인 16나한이 살 만한 곳이다. 그러니 여기에 나라를 열어서 잘 사는 것이 어떻겠느냐?" 하고, 1천 5백 걸음 정도의 성과 궁궐과 전당 및 여러 관청, 무기 창고, 곡식 창고를 지을 터를 잡았다.

그리하여 나라 안의 장정들과 기술자들을 뽑아 그 달 20일에 성 쌓는 일을 시작하여 3월 10일에 공사를 끝냈다. 또 궁궐과 집들은 바쁜 농사철이 지난 한가한 틈을 이용해서 공사를 하니, 그 해 10월에 시작한 공사가 이듬해 2월에 완성이 되었다.

6 가야의 위치

〈탈해와의 대결〉

이 때 갑자기 이웃의 어떤 나라 왕후가 아기를 배어 달이 차 알 하나를 낳았고, 그 알이 변하여 사람이 되었다. 그의 이름은 탈해로서 바다를 건너 대가락으로 왔다. 그는 머리 둘레가 1척이고 키가 3척이었는데, 수로 왕에게 나아가 말하기를, "내가 왕위를 빼앗으러 왔소."하니 수로 왕은 "하늘이 내게 명하여 왕위에 오르게 한 것은, 장차 나라 안을 안정시키고 백성들을 편안하게 하기 위한 것이니, 감히 하늘의 명을 어겨 왕위를 남에게 함부로 내줄 수 없고, 또 감히 내 나라와 백성들을 네게 맡길 수 없다."고 대답하였다. 이에 탈해는 "그러면 술법으로 싸워 보겠는가?"함에, 왕은 좋다고 하였다.

곧 탈해가 매로 변하자 왕은 독수리로 변하였고, 탈해가 참새로 변하자 왕은 송골매가 되었는데, 그러한 변화를 일으킴에 시간이 그다지 많이 걸리지 않았다.

이 때 탈해가 본래의 모양으로 변하니 왕 또한 본래의 모양으로 돌아왔다. 탈해는 그제서야 엎드려 항복하였다.

"제가 이번에 술법으로 겨루는 마당에 매가 독수리에게, 참새가 송골매에게 잡히기를 면할 수 있었던 것은, 성인은 대체로 생물을 죽이지 않는 어진 마음을 가졌기 때문이었습니다. 제가 왕과 왕위를 다투기는 실로 어려울 것 같습니다."

탈해는 하직하고 나루터로 나아갔다. 왕은 그가 난리를 일으킬까 두려워 급히 수군 5백 척을 보냈지만, 그가 계림으로 숨었기 때문에 할 수 없이 돌아오고 말았다.

가야 10대 왕 구형 왕릉

〈아름다운 왕후〉

그런데 대신들은 왕후가 없는 것이 걱정이었다. 그래서 왕에게 아뢰자, 왕은 유천간과 사귀간에게 바닷가에 나아가 기다리게 하여 붉은 돛을 단 배를 맞이하게 하였다. 그 배에는 아름다운 여인이 두 쌍의 시종 내외와 노비를 합쳐 20여 명을 거느리고 있었으며, 비단과 옷, 금은, 주옥과 구슬로 만든 수많은 패물을 가지고 있었다. 여인이 수로 왕에게 말하였다.

"저는 인도의 아유타 국 공주 허황옥으로 나이는 16세입니다. 아버님과 어머님께서 '우리가 꿈에 상제를 뵈었더니, 상제께서는 가락국 수로 왕을 하늘에서 내려보냈는데 그는 매우 신령스럽고 성스러우나, 아직 배필을 정하지 못했으니 공주를 그에게로 보내도록 하라고 하셨으니, 너는 이제 부모를 떠나 그 곳으로 가라.'고 하셔서, 배를 타고 와 감히 대왕을 뵙게 되었습니다."

이에 수로 왕은 기쁜 마음으로 허황옥을 왕후로 맞이하였다.

수로 왕은 백성들을 자식처럼 사랑하니, 엄숙하지 않아도 위엄이 있고 엄하게 하지 않아도 잘 다스려졌다. 왕후는 그 해에 태자 거등을 낳았다. 왕후는 157세까지 살았고, 왕후의 죽음을 슬퍼하던 수로 왕은 10년을 더 살다가 세상을 떠났다.

◎ **참고자료**

〈가야 유물〉

가야 금관

오수전(전한 시대)

연대	중요 사항
42	(신라 유리왕 19)~199(신라 내해왕 4년) 가야국 시조(재위 기간 42~199)
42	가락국 구지봉에서 6개의 황금알 중 하나로 태어나 왕이 됨. 인도 아유타 국 공주를 왕비로 맞이함.

갑옷과 투구

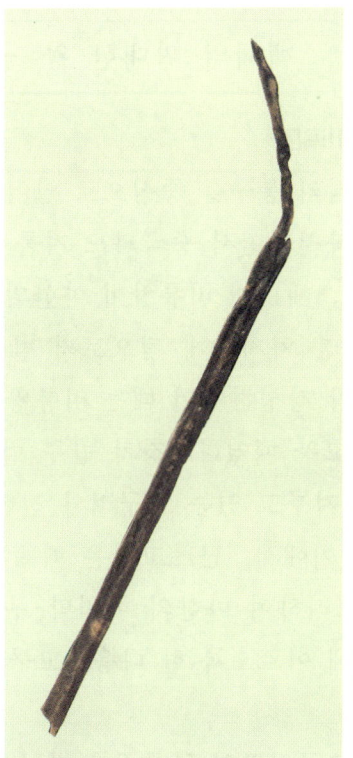
따비(땅 파는 연장)

세형 동검

금동관

백제의 위대한 왕 근초고왕

<강성한 백제를 이루다>

압록강 중류 유역의 통구를 중심으로 일어난 고구려가 주위의 부족들을 통합하고 숙신을 굴복시키면서 중국과도 겨룰 만한 세력을 키우고 있을 때, 백제는 제8대 고이왕, 제11대 비류왕이 마한의 여러 부족을 통합, 지금의 경기·강원·충청 일부를 차지하게 됨으로써 발전의 기틀을 이루게 되었다.

백제의 힘이 가장 강성하였던 때는 비류왕의 둘째아들로 태어나 30년간 왕위에 있었던 근초고왕 때였다. 장차 만주 벌판까지 우리 땅으로 만들겠다는 꿈을 품고 중국과 겨루고 있는 고구려와 진한의 부족들을 통합한 뒤 북쪽 땅을 노리는 신라 사이에서, 근초고왕은 백제의 영토를 넓히려는 끊임없는 노력을 기울였다. 그리하여 마한의 마지막 부족들까지 모두 백제에 통합시켜 그 영토가 남해안에 이르도록 한 다음, 고구려를 향해 점점 세력을 뻗치기 시작했다.

때마침 고구려 고국원왕의 군사 2만 명이 황해도 배천에 내려와 군사를 주둔시켰다. 이 곳은 고국원왕의 부왕인 미천왕이 중국 세력을 몰아 내고 수복한 땅이었는데, 백제가 함부로 올라와 차지하려고 하였기 때문에 고국원왕으로서는 그냥 보고만 있을 수 없었던 것이다. 이에 근초고왕은 군사 3만 명을 이끌고 나가 맞서게 되었다. 근초고왕의 태자 근구수도 용맹스러웠다. 그는 부왕의 앞에서 고국원왕의 고구려 군사를 무찌르고, 5천여 명의 포로를 잡아 오는 승리를 거두었다.

고구려 고국원왕은 랴오허 강 유역의 모용씨와의 싸움에 패하여 힘이 약화되어 있었지만, 백제와의 싸움에서도 패전한 것은 분하기 짝이 없는 일이었으므로 2년 후에 다시 백제로 쳐들어왔다. 이에 근초고왕은 예성강 근처에 군사

근초고왕 때의 백제

를 숨겨 두었다가 고구려 군사가 다가오자, 급히 공격하여 단숨에 물리쳤다. 근초고왕은 이어 그 해 겨울에는 태자 근구수와 함께 군사

서울에 있는 백제의 옛무덤

3만을 거느리고 고구려로 쳐들어가 평양성을 공격하였다.

고구려는 백제 군사를 맞아 용감하게 싸웠으나, 이 싸움에서 고국원왕은 백제군의 화살에 맞아 전사하였다. 이리하여 이제 백제의 영토는 남으로는 충청도와 전라도 전체, 북쪽으로는 황해도 지역에까지 미치게 되었다.

〈백제 역사를 기록으로 남기다〉

근초고왕은 자신의 영웅적인 업적과 함께 백제의 역사를 기록으로 남기려고, 백제 역사상 처음으로 박사 고흥으로 하여금 '국사'를 쓰게 하였다. 왕은 또 외교에도 힘을 썼다. 그래서 남쪽으로 세력을 뻗치고 신라를 경계하기 위해 일본과 손을 잡았고, 고구려 쪽으로 세력을 뻗치기 위해 신라와 친하게 지냈으며, 발달된 문화를 받아들이고 앞으로의 세력 확장을 위해 중국의 동진과도 교류하였다.

근초고왕의 놀라운 업적은 그의 아들 근구수왕에게 그대로 이어져 백제가 계속 발전하는 기틀을 이루었다.

연대	중요 사항
?	비류왕의 둘째아들로 태어남. (재위 기간 346~375)
367	일본에 사신을 보냄.
369	고구려 고국원왕의 침입을 물리침.
371	평양성으로 쳐들어가 승리함.
373	중국 동진에 사신을 보냄.

대륙의 호랑이 광개토 대왕

광개토 대왕비

〈드넓은 만주, 우리의 땅〉

만주 벌판은 지평선으로 해가 뜨고 지평선으로 해가 지는 넓디넓은 땅이다. 지금은 중국 땅인 그 곳은 일찍이 고조선의 땅이었고, 국강상 광개토경 평안 호태왕, 곧 광개토 대왕이 거느린 고구려 군사의 용맹스런 말발굽 소리가 드넓게 울려 퍼지던 곳이었다.

광개토 대왕은 18세의 젊은 나이에 왕위에 올라 39세에 세상을 떠나기까지 21년간, 백제를 누르고 신라를 도와 왜구를 물리쳤으며, 북쪽의 여러 부족 국가를 굴복시켰다. 동서남북으로 고구려의 영토를 넓히며 대제국을 건설한, 우리 민족의 기개를 널리 떨친 자랑스러운 일이었다.

〈대왕의 뛰어난 정책〉

광개토 대왕은 우선 나라의 경제가 발전해야 국력이 강해질 수 있다고 생각한 왕이었다. 그래서 왕위에 오르자마자 직접 농가를 찾아다니며 농부들을 격려하였고, 농사짓는 방법들을 개량하여 더 많은 곡식을 거둘 수 있게 하였다. 또 사냥도 장려하여 군사들이 험악한 산비탈과 골짜기를 누비는 일에 익숙해지도록 하였고, 씨름 대회, 팔씨름 대회와 함께 활쏘기, 말타기 등의 무술 대회를 전국적인 행사로 개최하였다. 마을마다 학교를 세워 소년들로 하여금 '우리 민족은 거룩한 단군의 자손으로 굳센 민족이며, 세상에서 가장 뛰어난 민족'이라는 것을 깨닫게 하였다. 광개토 대왕의 이러한 정책으로, 고구려는 재정이 풍부하고, 굳센 정신으로 뭉쳐진 강한 나라가 되었다.

〈거듭되는 승전〉

광개토 대왕은 먼저 백제의 기세부터 꺾었다. 그것은 광개토 대왕의 할아버지인 고국원왕이 평양성까지 쳐들어온 백제군의 화살에 목숨을 잃었기 때문이었으며, 더구나 큰아버지 소수림왕과 아버지 고국양왕도 백제에 대한 보복을 하지 못했기 때문이었다. 고구려와 백제 간의 전쟁은 4년간 다섯 차례에 걸친 큰 싸움이었으나, 결국 광개토 대왕의 승전으로 끝났다.

광개토 대왕은 이어 만주의 비려를 정복하러 나섰다. 비려는 만주의 북쪽 쑹화 강과 랴오허 강이 시작되는 대평원의 몽고족이었다. 비려는 그 동안 고구려의 북쪽을 괴롭혀 왔다. 고구려 군사들은 망망한 벌판의 살을 에는 듯한 추위 속에서 백여 일을 진격한 끝에 그 땅을 차지하고 돌아왔다.

이 때 바다 건너 왜와 손을 잡은 백제가 신라와 고구려를 침략하였다. 광개토 대왕은 곧 백제의 서울(한성)과 미추성(인천)을 점령하였으나, 왜와 관계를 끊겠다는 약속을 받고 한강 남쪽은 모두 되돌려 주는 아량을 베풀었다.

연나라는 중국의 동북 지방을 차지하여 랴오허 강을 경계로 고구려와 이웃하고 있었다. 연나라가 고구려의 서쪽을 노리고 있었으므로, 대군을 서쪽으로 진격시켜 요동 반도까지 점령한 광개토 대왕은, 이어서 비려의 이웃 나라 숙신까지 정복하였고 옛 북부여의 땅까지 합침으로써, 명실 공히(이름과 실제가 같이) 고구려는 만주의 넓은 땅을 호령하는 대제국으로 발전하였다.

왕위에 오른 지 10년, 그 동안 광개토 대왕은 잠시도 쉴 틈이 없었다. 그러나 다시 왜와 동맹을 맺은 백제의 아신왕이 군대를 출동시켰으므로 지금의 서울(남평양)까지 진격한 왕은 내친 김에 신라를 괴롭히는 왜구를 뒤쫓아 대가야까지 정복해 버렸다.

그러나 이 틈을 노린 서쪽의 후연이 다시 랴오허 강을 건너와 고구려 땅 7백여 리를 정복함으로써 시작된 싸움은, 그 땅이 끝내 고구려로 되돌아오기까지 3년 동안 계속되었다.

랴오허 강 동쪽을 완전히 되찾은 광개토 대왕은 고구려를 무찌르기 위해 온 힘을 기울인 백제 아신왕의 침략을 두 번이나 더 물리치고서야 한강 이북의 땅을 굳

광개토 대왕비 근방의 웅장한 장군총

건히 지킬 수 있었다.

이제 왕위에 오른 지 20년, 광개토 대왕은 마지막으로 동해안의 동부여까지 정벌함으로써, 고구려의 영토는 남으로는 한강, 북으로 쑹화 강, 동으로는 연해주, 서로는 랴오허 강에 이르는, 망망하게 드넓고 강한 나라를 이룩하였으며, 그의 웅장한 업적을 기린 큰 비석은 지금도 통구(지안시)에 우뚝 서 있다.

▲ 광개토 대왕의 영토 확장을 위한 전투(민족 기록화)

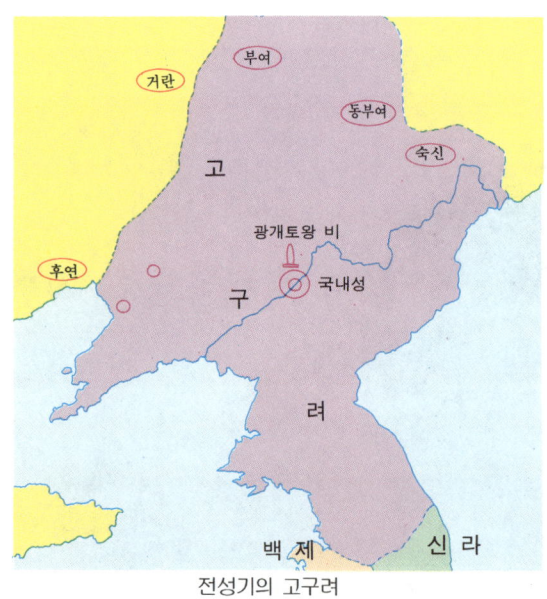
전성기의 고구려

연대	중요 사항
375	고구려 제19대 왕 소수림왕의 조카, 고국양왕의 태자로 태어남.
391	왕위에 오름.
392	백제의 10여 성을 빼앗음.
393	비려를 정벌함.
396	수군으로 백제의 58성을 빼앗음.
400	연나라를 반격하여 요동을 정벌하고, 신라를 도와 왜의 침략을 물리침.
405	연의 침입을 물리침.
410	동부여의 64성을 빼앗음.
412	세상을 떠남.
414	고구려 시조 주몽의 이야기와 광개토 대왕의 탁월한 재능으로 성취된 영광과 평화를 새긴 광개토 대왕비가 통구에 세워짐.

일본을 깨우친 학자 왕인

백제를 떠나는 왕인 박사

<일본 역사 발전에 이바지>

왕인에 대한 이야기는 우리 나라의 옛날 역사책에는 나오지 않는다. 그러나 일본의 역사책 '고사기'나 '일본서기'에는 그 이름이 나오며, 일본의 역사 발전에 크게 이바지한 인물로 오늘날까지 일본인들의 존경을 받고 있다.

왕인은 백제의 학자였다. 그 당시 백제는 마한의 부족 국가들을 점령하여 빠르게 발전하고 있었다. 또 백제의 북쪽에서는 고구려가 더욱 큰 힘을 발휘하여 강대한 나라가 되어 있었고, 동쪽에서는 신라도 나날이 부강한 나라로 발전하고 있었다. 따라서 세 나라는 늘 서로의 세력을 더 크게 뻗치려고 다투게 되었다.

백제의 근초고왕은 백제의 세력을 크게 일으켜 세운 임금이었다. 그는 멀리 중국과 교류하면서 그 문화를 받아들이려고 노력하였고, 고구려와 신라의 침입을 늘 경계하였다. 또 박사 고흥으로 하여금 '서기'를 짓게 할 만큼 문화 발전에도 힘을 기울였다.

백제의 외교 정책은 무엇보다도 고구려와 신라에 대한 경계였으므로, 이를 위해서는 중국, 일본과 외교를 맺는 수밖에 없었다. 근초고왕은 중국의 동진이라는 나라에 사신을 보내어 외교를 맺은 다음, 지금의 경상 북도 경산 땅의 부족 국가 탁순국을 찾아온 일본의 사신에게 사람을 보내어 외교를 맺었다.

그러자 일본은 이 일을 크게 환영하여 그 사신이 곧 바로 백제의 수도 위례성을 방문하게 하였다. 그 당시 일본은 다른 나라로부터 발달된 문화를 받아들이는 데 열중하고 있었다. 그래서 백제와 같이 물자가 풍부하고 문명이 발달한 나라와 친교를 맺게 되기를 바라던 때였으므로, 두 나라의 관계는 급속하게 발전하였다. 백제에는 이미 시경, 서경, 예경, 주역, 춘추 등 5경에 대한 박사가 있었고, 그만큼 교육 제도도 잘 갖추어져 있었다. 그러던 중에 백제의 구저 등이 일본을 방문하자, 일본에서는 장군 천웅장언이 백제를 다녀갔다.

〈화이길사 왕인〉

백제의 아직기, 왕인 등이 일본으로 건너가 백제의 발달된 문화를 전한 것은 바로 그 때의 일이었다. 일본 사람들은 아직기를 아지길사, 왕인을 화이길사라고 불렀다. ('길사'는 '선비·문사'의 존칭) 아직기는 유학자였으므로 일본 왕 오진(응신)의 아들 면도치랑자의 스승이 되어, 일본 왕자와 그 곳 학자들에게 한문을 가르쳤다. 이 때 아직기는 일본 왕에게 왕인을 추천하게 되었다.

왕인은 일본으로 건너갈 때 천자문과 논어를 가지고 갔다. 그는 일본 태자의 스승이 되었고, 일본 왕의 요청으로 여러 신하도 가르쳐, 일본 사람들은 비로소 '충·효·인·의'등 유교의 사상과 정치, 법률에 관한 지식을 가질 수 있게 되었다.

이에 일본 사람들은 왕인을 지극히 존경하여 오늘날까지 우러러보는 인물이 되었다. 또 왕인의 후손들에게도 대대로 벼슬을 주고 융숭한 대접을 하여 일본 땅에서 살아가게 하였다.

일본에 있는 왕인의 유적

논어 열 권과 천자문 한 권을 가지고 일본으로 건너가 일본 왕자를 가르치며, 일본에 한문학의 뿌리를 내린 백제의 학자

백제의 우뚝한 봉우리 무령왕

무령왕릉 내부

〈혼란에 빠진 백제〉

백제는 위례성에서 웅진(공주)으로 도읍지를 옮기는 과정을 거치며, 제21대 개로왕이 고구려 군대에 의해 죽음을 당하고 위례성을 빼앗겨 웅진으로 황급히 도읍지를 옮겨야 했으며, 그 후에도 22대 문주왕과 24대 동성왕이 피살되고 반란이 일어나는 등 정치가 어지럽고 백성들의 생활도 궁핍하였다.

동성왕은 큰 가뭄이 들어 도둑이 많이 일어났는 데에도 불구하고 질서를 바로잡으려 하지 않았고, 사치스런 누각과 연못 주위에 기이한 짐승을 기르며 신하들이 타이르는 말도 듣지 않았으므로 백가 등이 일어나 왕을 살해하였다.

〈나라 발전에 힘씀〉

동성왕에 이어 39세에 즉위한 무령왕은 동성왕의 둘째아들이라는 기록도 있으나, 어머니가 다른 형이라는 기록도 있다. 무령왕은 즉위하자마자 나라의 질서를 바로잡고 발전시키는 데 힘을 쏟았다.

즉위한 이듬해에 가림성을 지키던 백가가 반란을 일으키자, 친히 군사를 거느리고 우두성으로 나아가 반란군을 쳐부수고 백가를 잡아 처형했으므로 이후 임금의 권위가 바로서게 되었다.

무령왕은 외교와 국토 방위에도 적극적이었다. 그 때까지의 백제는 고구려의 세력에 밀리고 있었지만, 무령왕은 즉위 후 곧 고구려의 수곡성을 공격하게 하고 2년 째에도 고구려 국경을 공격했다. 이에 대해 3년 째에는 말갈이 백제의 마수성, 고목성을 공격하고, 6년 째에도 고

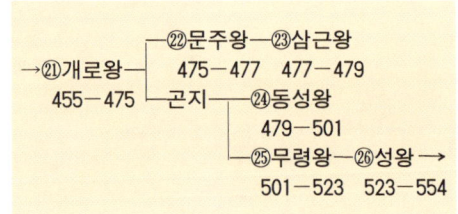

목성을 공격해 왔으며, 7년 째에는 고구려와 말갈이 함께 한성을 공격하였고, 12년 째에는 고구려가 가불성과 원산성을 공격해 왔다. 이처럼 계속되는 공격에 대해 무령왕은 신라에 도움을 요청하지 않고 이들을 물리쳤으며, 때로는 무령왕이 직접 전쟁터에 나가 싸우기도 하였다. 이리하여 백제는 황해를 통하여 다시 중국과 교류를 할 수 있게 되었고, 중국의 양나라는 무령왕에게 '영동 대장군'이라는 이름을 붙여 주었다.

〈행정 구역 정비〉

무령왕은 근초고왕이 처음으로 정했던 행정 구역을 22개 담로제로 정비하고, 각 지방에는 왕족을 지방관으로 보냄으로써 왕의 권한을 강하게 하였다. 또 한강 유역의 비옥한 땅을 고구려에 빼앗겼으므로 금강 유역과 영산강 유역을 개발하는 한편, 가야 지역으로 영토를 넓히려고 노력하였다.

동성왕 때에는 고구려와의 싸움과 두 차례의 극심한 가뭄으로 수많은 농민들이 신라나 가야로 도망을 갔고, 여러 곳에서 도둑이 일어났었는데, 무령왕이 이처럼 정치를 잘 하게 되자, 도망갔던 농민들이 고향으로 돌아와 다시 농사를 짓게 되었다. 무령왕은 벽골제 등 수리 시설을 더욱 튼튼히 고치게 하였고, 인구 조사도 철저히 하였다.

무령왕에 이어 즉위한 성왕도 백제의 발전에 빼놓을 수 없는 업적을 이룩한 훌륭한 임금이었다.

유적을 발굴하는 모습

연대	중요 사항
462	(백제 21대 개로왕 7년)~523
501	제25대 왕이 됨(재위 기간 501~523).
502	백가의 반란을 정벌하고, 고구려 수곡성을 공격함.
507	말갈의 침입에 대비하여 장령성을 쌓음.
512	고구려의 침입을 받음.
523	쌍현성을 쌓음.

삼국 통일의 기반을 다진 진흥왕

초기의 신라 영토

〈영토를 넓혀야 한다는 선왕의 뜻〉

겨우 일곱 살에 신라 제24대 왕에 즉위한 후, 37년간 나라를 다스려, 신라를 강대한 국가로 일으켜 놓은 이가 바로 진흥왕이다.

어린 나이에 왕이 되었으므로 10년간은 태후가 섭정을 하였다. 이 무렵, 이웃 나라 가야에는 백제와 일본이 세력을 뻗치려 하였다. 선왕인 법흥왕이 이미 금관 가야의 항복을 받았으므로, 진흥왕은 영토를 넓혀야 한다는 그 뜻을 이어받았다.

왕은 동해안과 울릉도를 정복한 이사부로 하여금, 고구려와 백제가 싸우다 지친 틈에 두 나라가 세력을 다투던 성들을 빼앗게 하였다. 그리고는 얼른 백제에 사신을 보내어 화친하고, 함께 고구려로 쳐들어가 빼앗은 땅을 나누어 가졌다. 그러나 곧, 오랫동안 탐내어 오던 한강 하류 유역을, 군사를 보내어 백제로부터 다시 빼앗아 버리고, 직접 관산성(옥천)으로 쳐들어온 성왕의 목을 베었다. 그 후 진흥왕은 거칠부를 불러, 백제가 힘을 잃고 있는 틈을 기회로 낙동강 유역의 대가야를 정복하게 하였다. 가야군도 용감하였으나, 15, 6세의 어린 나이로 왕에게 간청하여 겨우 싸움터에 나온 화랑 사다함에게 성을 빼앗겨 결국 신라에 합쳐지고 말았다.

진흥왕은 이렇게 하여 넓힌 땅을 수시로 둘러보며 비석(순수비)을 세웠다. 맨 먼저 북한산 비봉에 순수비를 세웠다. 1972년에 국립 중앙 박물관으로 옮겨진 이 비석은,

진흥왕 때의 신라 대외 진출

150여 년 전, 전국의 비석을 연구하던 추사 김정희가, '왕이 신라 땅이 된 지방의 민심을 살피고, 공이 있고 충성스런 사람들을 표창하였다.'는 내용을 새긴 진흥왕 순수비라는 것을 알아 내었다.

왕은 그 후 부족 국가 비자벌의 땅이었던 창녕, 함경도의 황초령, 마운령에도 이러한 비석을 세웠다. 왕은 하늘의 도움을 받아 영토를 넓혔으므로, 이웃 나라와의 믿음을 지켜 서로 사신을 보내며 항상 백성을 잘 다스리고자 하는 뜻으로 이러한 비들을 세웠다.

진흥왕 순수비(국보 3호)

〈화랑 제도를 만듦〉

진흥왕은 또 화랑 제도를 만들었다. 처음에는 남모, 준정 두 예쁜 처녀를 중심으로 청소년들을 모이게 한 원화 제도였는데, 준정이 남모를 시샘하여 죽이자 원화 제도를 폐지하고, 청소년을 중심으로 하는 화랑 제도로 바꾸었다.

진흥왕은 고구려의 광개토 대왕, 백제의 근초고왕과 함께 삼국 시대의 가장 위대한 왕으로 손꼽히고 있다.

연대	중요 사항
534	지증왕의 손자로 태어남.
540	제24대 왕에 즉위함.
541	이사부를 병부령에 임명함. 이사부로 하여금 '국사'를 쓰게 함.
545	불교를 믿음.
546	우륵으로 하여금 음악을 보급하게 함.
551	한강 유역을 점령하여 삼국 통일의 기초를 닦음.
553	황룡사, 법주사를 세움.
554	백제 성왕의 침입을 물리침.
555	북한산 순수비(국보 제3호)를 세움.
561	창녕 순수비를 세움.
562	대가야를 정복함.
568	황초령, 마운령 순수비를 세움.
572	팔관회를 시작함.
576	화랑 제도를 만듦.
	44세(재위 37년)로 세상을 떠남.

단양 적성비(국보 198호)

전설의 화가 솔거

신라 시대 벽화(작자 미상)

솔거는 전설처럼 전해지고 있는 화가이다. 그러나 그는 신라 진흥왕 때 어느 두메에서 가난한 농부의 아들로 태어나, 혼자 그림 공부를 하고 황룡사의 벽화를 그려 신품 같은 솜씨를 보였던 실제 인물이었다.

진흥왕은 아들인 진지왕에게 왕위를 물려 준 다음, 왕비와 함께 영흥사에 들어가 중이 될 만큼 불교에 정열을 쏟았는데, 흥륜사, 황룡사, 법주사, 기원사, 실제사도 모두 진흥왕이 짓게 한 절이었다. 특히 황룡사는 우리 나라에서 가장 큰 절로, 솔거에게 벽화를 그려 줄 것을 부탁하여 솔거가 소나무를 그렸는데, 그 소나무가 마치 살아 있는 것 같아 새들이 날아와 앉으려고 했다. 그렇지만 지금으로부터 약 1400년 전에 세워진 그 절은, 고려 시대 몽고족의 침입으로 불타 버리고 지금은 절터만 남아 있으니, 솔거나 그가 그린 그림이 마치 전설처럼 전해지는 듯한 느낌을 준 것이다.

'동사유고'라는 책에는 이런 이야기도 기록되어 있다. 그는 붓 대신 숯으로, 종이 대신 땅바닥에 그림을 그릴 만큼 가난한 중에도 그림에 열중했다. 그가 스승이 없음을 안타깝게 여겨 천신께 빌었더니, 꿈에 단군이 나타나 신필을 주었다. 그는 그 후 꿈에서 본 단군의 상을 1천 폭에 가깝게 많이 그렸다고 한다.

▲ 말탄 인물 모양 토기(신라 시대)

○ 신라 제24대 진흥왕 때의 화가(태어나고 죽은 때가 밝혀져 있지 않음)
○ 대표작 : 경주 황룡사의 '노송도', 분황사의 '관음 보살상', 진주 단속사의 '유마 거사상', 삼성사의 '단군 화상' (모두 전해지지 않음)
○ 기록이 전해지는 책 : 동사유고, 삼국사기

화가 담징

〈불교를 전하기 위해 일본으로〉

담징은 불교 연구에 뛰어나고 그림도 잘 그리는 고구려의 스님이었다. 그러나 당시 고구려는 중국 수나라의 침략으로 사회가 몹시 어지러웠으므로, 담징이 불경 연구나 그림 공부에 전념하기는 어려웠다.

호류사

담징은 불교를 널리 전하기 위하여 백제를 거쳐 신라에 갔다가 다시 법정 스님과 함께 일본에 초청되어 갔다. 그들은 일본 사람들에게 여러 가지 책과 공예품을 전해 주었고, 종이, 붓, 먹, 물감, 맷돌 등을 만드는 방법도 가르쳐 주었다.

담징이 그린 호류사의 금당 벽화

〈금당 벽화의 탄생과 최후〉

일본 사람들은 담징에게 일본의 도읍지인 나라 근처의 호류사에 금당 벽화를 그려 달라고 부탁하였다. 그러나 담징은 고국의 어려운 사정을 걱정한 나머지 선뜻 그림을 그리지 못하고 있었는데, 을지문덕 장군이 수나라 대군을 물리쳤다는 기쁜 소식이 들렸다.

담징은 그 때서야 승리의 기쁨, 조국에 대한 사랑, 부처님에 대한 감사의 마음으로 관세음 보살의 모습을 훌륭하게 그려 내었다. 담징이 그린 이 벽화는, 중국의 윈강 석불, 경주 석굴암과 함께 동양 3대 미술품의 하나로 치기도 했으나, 1948년에 아깝게 불에 타 버렸고, 지금은 그 벽화의 모사품만이 남아 있다.

◎ 참고 자료

〈금당 벽화〉

담징이 그린 금당 벽화의 본래 이름은 '4불 정토도'이다. 일본 국보의 우두머리로 꼽히며, 동양 3대 미술품 가운데 하나이다. 우리 나라에서는 그린 이가 담징으로 정설되어 있지만, 일본에서는 작자를 알 수 없다는 것으로 사실을 감추고 있다.

연대	중요 사항
579	(평원왕 21년)~631
610	일본에 우리 문화를 전함. 호류사 금당 벽화를 그렸음.

삼국 통일의 위업을 달성한 김유신

김유신 장군 동상

우리 나라는 지금 남북으로 나뉘어 있다. 국토 분단에 의한 어려움이 있을 때마다 민족의 통일을 위해 몸바친 역사 속의 인물을 떠올리게 된다.

〈가야인의 후예〉

김유신은 금관 가야의 시조 수로왕의 12대손이며 외가는 신라의 왕족으로, 지금으로부터 약 1400여 년 전 충청 북도 진천에서 태어났다. 아버지는 김서현 장군, 어머니 만명 부인은 갈문왕 입종의 손녀였다.

김서현 장군은, 전쟁의 목적은 적을 많이 죽이는 것이 아니라 승리를 거두는 것이라는 점을 늘 강조하였다. 김유신은 불과 14세에 화랑으로 뽑혀, 용화 향도를 거느리고 몸과 마음을 수련하였다.

그는 천관이라는 술집 여인을 자주 찾아다녔다. 그녀는 아름답고 마음씨가 고우며 아는 것도 많았지만, 만명 부인은 이를 달갑지 않게 여겼다. 그래서 장차 큰 일을 하려는 젊은이로서 술을 마시고 다니면 게을러지지 않겠느냐고 크게 꾸짖었다. 그러던 어느 날, 집으로 돌아가는 길에 말 위에서 졸고 있던 김유신은 어느 새 말이 천관의 집 앞에 와 있는 것을 발견하고는, '주인의 뜻도 모르는 말'이라며 목을 베고 돌아섰다. 천관은 일찍 세상을 떠났는데, 김유신은 나중에 그 곳에 천관사라는 절을 세워 주었다.

〈홀로 적진으로〉

김유신이 처음으로 싸움터에 나간 것은 34세 때로 고구려의 낭비성(청주)을 공격할 때였다. 이 싸움에서 신라군의 기세가 꺾이는 것을 본 김유신은 아버지의 허락을 받고 홀로 적진으로 달려가 용감하게 싸우는 모

두 화랑의 사연을 새긴 임신 서기석

신라군이 당나라군을 무찌르는 모습(민족 기록화)

습을 보여, 기세를 되찾은 신라군이 낭비성을 함락시키는 데 큰 공을 세웠다.

김유신에게는 보희와 문희, 두 누이동생이 있었다. 김유신은 문희를, 25대 진지왕의 손자이고 용춘 장로의 아들인 김춘추에게 시집 보냈다. 김춘추는 나중에 진덕 여왕의 뒤를 이어 29대 태종 무열왕이 되었으므로, 문희는 문명 왕후가 되었고, 그 아들은 30대 문무왕이 되었다. 두 사람은 이러한 관계로 더욱 친밀한 사이가 되었고, 일생 동안 서로 지혜와 힘을 합침으로써 신라가 삼국을 통일할 수 있는 밑바탕이 되었다.

〈삼국 통일의 길로〉

27대 선덕 여왕과 그 동생인 28대 진덕 여왕은 신라군의 중심 인물이 되기 시작한 김유신을, 고구려와 백제 두 나라를 상대로 거듭되는 싸움에 계속하여 출전시켰다. 이로부터 김유신이 말을 달려 고구려, 백제군을 무찌르며 보낸 세월은 무려 40년이나 되었다. 때로는 한 전쟁터에서 돌아오자 바로 다른 전쟁터로 나감으로써 집에 들러 볼 시간조차 없을 때도 있었다. 집 앞을 지난 뒤 우물물을 떠 오게 하고, "우리 집 물맛이 변함 없으니 별일 없을 것이다." 하여 군사들이 그를 더욱 우러러보았다고 한다. 또 품석 장군의 시신을, 사로잡은 백제의 장군 여덟 명과 바꾼 일도 군사들의 충성심을 북돋우는 일이었다. 군사들은 그의 명령에 물불을 가리지 않았다. 그 중에서도 비령자가 김유신의 명에 따라 적진에 나가 죽음에 그의 아들 거진, 하인 합절이 그 뒤를 이음으로써 신라군이 용기를 얻어 승리를 거둔 이야기는 지금까지 유명하다. 백제 계백 장군의 5천 결사대와 겨룬 황산벌 싸움에서 그 열 배가 넘는 군사를 가지고도 네 번을 지고 말았을 때, 김유신의 조카인 반굴과 품일 장군의 아들인 소년 화랑 관창도 용감하게 싸우다 죽었다. 그러나 패하고 돌아온 김유신의 둘째아들 화랑 원술은 다시는 그의 부모를 만날 수 없었다.

백제의 사비성을 함락한 후 무열왕은 세상을 떠났고, 함께 고구려를 친다는 구실로 당나라 소정방이 다녀갔다. 다시 대군을 이끌고 온 당나라 이세적과, 문무왕이 이끌고 간 신라군에 의해 고구려도 멸망하였다. 김유신은 태대각간이 되었고, 78세로 세상을 떠났다. 김유신의 부인 지소 부인은 무열왕의 딸이었다.

흥덕왕 때에 김유신 장군은 '흥무 대왕'에 추존되었다.

◀ 김유신 장군 무덤의 12지신상 가운데 쥐의 상

▼ 김유신 장군 탄생지
김유신 장군은 신라 진평왕 17년(595), 진천읍 상계리 계양부락에서 출생하였다.

연대	중요 사항
595	(진평왕 17년), 가야 김수로왕의 12대손, 김서현 장군의 아들로 태어남.
609	화랑이 됨.
629	낭비성(청주) 전투에서 고구려군을 물리침.
644	상장군으로 백제와 여러 차례 싸움.
647	비담, 염종 등 반란군과 백제군을 무찌름.
648	백제군을 여러 차례 무찌름.
654	김춘추를 왕으로 추대함.
660	(무열왕 7년), 상대등이 되어 당나라 소정방과 함께 백제를 멸망시킴.
667	당군과 고구려 정벌에 나서 실패함.
668	대총관이 되었으나 병으로 출전하지 못하고, 고구려 정벌 후 태대각간이 됨.
673	(문무왕 13년), 세상을 떠남.

일본에 그림을 전한 화가 아좌 태자

아좌 태자가 그린 쇼토쿠 태자

〈일본에 앞선 우리 문화를 전하다〉

우리 나라는 중국, 인도에서 들여온 문화를 더욱 발전시켰으며, 더욱 발전된 문화로 일본의 문화와 역사를 발전시키는 중요한 구실을 하였다.

그 중에서도 특히 백제에서는 아직기, 왕인 박사와 은양이·고안무·마정안·왕유귀 등 5경 박사, 승려 겸익·관륵·담자·일라·혜총 등 여러 사람을 보냈고, 고구려도 혜자 법사·혜관·도현·법정·담징 등을 보냄으로써 일본인들에게 학문을 가르치고 종교, 예술 활동을 하게 하였다.

〈일본 태자를 그려 주다〉

아좌 태자는 백제 27대 위덕왕의 아들로, 지금으로부터 약 1400여 년 전에 일본에 건너가 쇼토쿠 태자의 초상화를 그렸으며, 그의 화법은 일본 미술계의 원천이 되었다. 아좌 태자가 그린 쇼토쿠 태자의 초상화는 최근까지 일본의 호류사에 전하여 오다가 불에 타 없어지고 말았다. 한편 위덕왕은 아좌 태자가 일본에 건너간 다음 해에 세상을 떠나, 그의 동생인 혜왕(성왕의 둘째아들)이 제28대 왕으로 즉위하였다.

우리 나라가 일본에 문화를 전한 것은 삼국 시대뿐만이 아니었다. 즉 조선 시대에도 퇴계 이황의 학문이 일본에 전해져, 일본인들은 이황을 중국의 학자인 주자 이후의 제1인자로 숭배하였고, 그의 학문을 일본 왕도 배웠다. 또 일본인들은 조선에서 보내는 외교 사절인 조선 통신사로부터 새로운 지식과 문물을 받아들이며 그들의 학문을 발전시켰다.

조선 시대에는 우리 나라 지식인들이 일본에 건너가 직접 문서를 만들고 외교 관계의 서류를 만들기도 했으며, 중요한 법률을 만들어 주기도 했는데,

조선의 학자가 많을 때에는 일본 귀족 전체의 3할을 차지하기도 하였다. 또 임진왜란 때에는 조선의 우수한 도자기 기술이 일본에 전해졌다. 특히 이삼평이라는 도예가는 1616년에 일본에서 훌륭한 백자를 만들어 냈는데, 이 자기는 아시아 여러 나라와 유럽으로 수출되어 이름을 크게 떨쳤다.

일본인들은 삼국 시대 이전에도 우리 나라로부터 문화를 배워 갔다. 예를 들면, 그들은 2300여 년 전에 우리 나라의 남쪽에서 벼농사를 짓는 방법을 받아들이고, 쇠붙이로 생활에 필요한 연장을 만드는 기술을 배워 갔다.

백제의 왕인 박사상

오랜 옛날의 일본은 대륙에서 멀리 떨어진 섬나라로 다른 나라의 문물을 받아들이기가 어려워, 가장 가까운 우리 나라로부터 여러 가지 문화를 배우는 수밖에 없었다. 그래서 일본인들은 신화까지도 고구려 동명 성왕의 신화를 모방하였고 태양을 숭배하는 우리의 민간 신앙을 받아들였으며, 그들의 국기에 태양을 그려 넣게 되었다고 한다.

일본인들이 나라를 크게 발전시킨 계기가 된 명치 유신도 이황의 가르침에 의한 것이며, 그들이 오랜 옛날부터 오늘날까지 자랑하는 무사도 정신도 사실은 신라의 화랑 정신을 받아들인 것이라 한다.

백제 관음상

연대	중요 사항
597	(백제 위덕왕 44년), 일본에 건너가 미술을 가르치고, 쇼토쿠 태자의 초상화를 그렸음.

아좌 태자

삼국을 통일한 무열왕

삼국 통일 사적비(왼쪽으로부터 태종 무열왕, 문무왕, 김유신 장군 사적비)

〈늠름한 기상과 훌륭한 말솜씨〉

 신라의 제29대 태종 무열왕이 된 김춘추는 지금으로부터 약 1400여 년 전, 경주에서 태어났다. 그의 아버지 용수는 진지왕의 아들이고 어머니 천명 부인은 진평왕의 딸이었다.

 김춘추는 생각하는 것이 깊고 넓어 세상을 잘 다스릴 기상이 늠름하였다. 일본의 국사책인 '일본서기'에는 김춘추의 얼굴이 극히 아름답고 말을 잘 한다고 적혀 있고, '삼국유사'에는 김춘추가 당나라에 갔을 때 당 태종이 그의 훌륭한 모습을 보고 '신성한 사람'이라고 한 사실이 중국 역사에 적혀 있다.

 김춘추는 젊었을 때부터 김유신과 친하게 지냈고, 김유신의 누이동생과 결혼하여 더욱 가깝게 지내면서, 삼국 통일을 이룩하였다.

 어느 날 김유신의 누이동생 보희가 꿈을 꾸었다. 경주 서쪽에 있는 산 서악에 올라가 소변을 보았더니 그만 그 오줌이 경주의 온 시가지를 덮어 버렸다. 이튿날 아침 보희가 그 꿈 이야기를 하자, 동생 문희는 자못 진지한 표정으로 자기가 그 꿈을 사겠다 하고 비단 치마 한 벌을 보희에게 내주었다.

 이 일이 있은 지 열흘 뒤, 김춘추는 김유신과 더불어 집 앞에서 공을 차고 있었는데, 이 때 김유신이 일부러 김춘추의 옷끈을 밟아 그것을 떼어 놓고는 집 안에 들어가 꿰매자고 하였다. 김유신이 김춘추의 옷깃을 꿰매라고 했을 때 보희가 어찌 이런 일로 귀공자를 가까이 하겠느냐고 하자 문희는 기다렸다는 듯이 아름답고 단정한 태도로 김춘추의 앞에 다가가 그것을 꿰매 주었다. 이로부터 김춘추는 문희의 아름다움에 이끌려 자주 김유신의 집에 드나들게 되었고 문희는 김춘추의 아기를 갖게 되었으나, 결혼은 할 수가 없었다.

 그러자 김유신은 법에 따라 누이를 불에 태워 죽인다는 말을 나라 안에 퍼뜨리고 난 후, 선덕 여왕이 남산에 소풍을 나가는 날을 기다려 마당에 나무를 높이 쌓고 불을 지르니 연기가 하늘 높이 솟아 올랐다. 여왕이 이를 보고 그 까닭을 묻고 김춘추 때문임을 알고는 얼른 달려가 문희를 구하게 하니, 문희는 드디어 김춘추와 결혼하게 되었고 후에 문명 왕후가 되었다.

〈토끼의 꾀를 쓰다〉

김춘추와 김유신의 우정은 신라 3국 통일의 밑바탕이 되었고, 그들은 함께 평화스럽고 자랑스러운 나라를 건설해야 한다는 신념을 굳게 하였다. 당시 신라는 고구려, 백제 두 나라와 겨루기에 힘겨운 때였다. 백제 의자왕의 공격으로 당나라와의 통로인 당항성을 잃었고, 백제의 장군 윤충에게 대야성을 빼앗겼다. 이 때 김춘추의 사위인 김품석 장군은 부인과 함께 목숨을 잃었다.

이에 김춘추는 김유신을 만나 두 달 안에 돌아오겠다는 약속을 남기고 고구려의 도움을 받고자 연개소문을 만나러 갔다. 연개소문은 영류왕을 죽이고 보장왕을 세운 다음, 나라의 모든 일을 마음대로 처리하고 있었다. 연개소문은 김춘추에게 죽령을 돌려 준다면 군사를 일으켜 백제를 무찌르겠다고 했다. 김춘추는 "국가의 토지는 신하가 마음대로 할 수 없는 것이오." 하고 대답하였다. 이 말을 들은 고구려의 대신들은 모두 그 생각에 감탄하였다. 그러자 연개소문은 김춘추를 잡아 가두었다. 이에 김춘추는 어떻게 빠져나갈까를 궁리하였는데, 김춘추로부터 청포 300보를 선물받은 선도해라는 사람이 별주부 이야기를 해 주었다. 그것은 토끼처럼 육지에 두고 온 간을 가져오겠다는 식의 약속을 하고 달아나라는 뜻이었다. 김춘추는 곧 보장왕에게 '마목현과 죽령은 본래 고구려 땅이니 내가 신라로 돌아가 우리 임금에게 청하여 돌려 보내도록 하겠다.'는 글을 보냈다.

이러한 꾀를 써서 풀려난 김춘추는 돌아오는 길에 용사 3천 명을 거느리고 고구려를 향해 오는 김유신을 만났다. 약속한 두 달이 지나도 돌아오지 않는 그를 구하러 오는 길이었다.

김춘추는 43세 때 일본을 방문하였다. 그것은, 백제와 손을 잡고 있는 일본을 막는 한편, 당나라와 협력하여 백제와 고구려를 물리친 다

태종 무열왕

음, 이어서 당나라의 세력을 몰아 냄으로써 삼국을 통일한다는 것이 그의 계획이기 때문이었다. 김춘추는 일본에 들어가 공작과 앵무새 한 쌍씩 선물하고, 그의 뛰어난 용모로써 일본 조정을 감동시켰다.

김춘추가 1년 정도 일본에 있는 동안, 신라에서는 비담과 염종이 반란을 일으켰지만 김유신이 이를 막았고, 그 일로 선덕 여왕은 4촌 동생 진덕 여왕에게 왕위를 물려주었다.

일본과의 외교에 성공한 김춘추는 그 이듬해에 아들 법민과 함께 당나라로 건너갔다. 당 태종도 그에게 호감을 가져 자기가 지은 책들을 선물하고 군사를 일으켜 신라를 돕겠다고 약속하였다. 김춘추가 당나라에 다녀오는 동안 김유신은 백제로부터 20여 곳의 성을 빼앗고, 3만여 명을 포로로 잡아 오는 큰 전과를 거두었다.

〈왕위에 오르다〉

김춘추가 50세 때 진덕 여왕이 세상을 떠나자, 신라의 조정에서는 그를 왕으로 추대하여 제29대 태종 무열왕이 되었다. 김춘추는 제25대 진지왕의 손자였다. 왕위에 오른 김춘추는 먼저 나라의 제도를 당나라식으로 고치고 왕의 권한을 강하게 하였다. 이것은 당나라의 힘을 빌어 백제와 고구려를 공격하려는 계획을 나타낸 것이었다.

김춘추가 왕위에 오른 지 6년 만에 신라군과 당나라는 백제를 공격하기 시작했다. 당나라의 대총관 소정방은 13만 대군을 거느리고 5만의 군사를 거느린 김유신에게 백제의 서울 사비성(부여)에서 만나자고 하였다.

백제의 의자왕은 처음에는 정치를 잘 하였지만 그 후에는 충신들의 말을 듣지

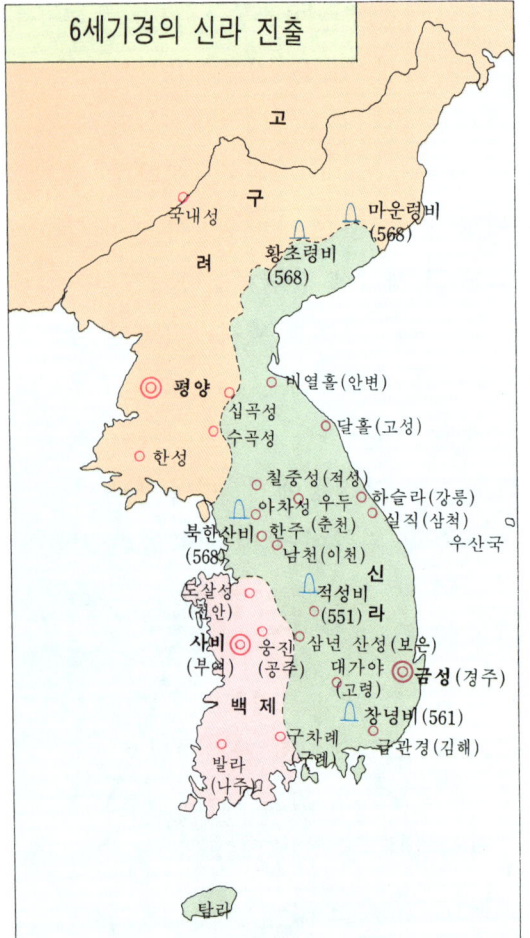

6세기경의 삼국

않아 나라가 어지러워져 있었다. 신라군은 백제의 마지막 저항선인 황산(연산)에서 백제의 용장 계백이 거느린 5천 명의 결사대를 맞아 처음에는 고전했지만 결국 이들을 물리치고 사비성으로 들어가 백제를 멸망시켰다. 이로써, 백제는 31대 왕, 햇수로는 678년 만에 망하고 말았다.

그러나 삼국 통일을 보지 못하고 그 다음 해에 태종 무열왕은 세상을 떠나고 말았다. 백제의 광복군이 자꾸 일어나고, 왜구의 전선이 금강 하류로 들어오고 있던 때였다. 또 고구려의 군사들이 북한 산성까지 침략하여 신라로서는 힘겨운 전쟁을 치르고 있던 중이었다.

김춘추가 터전을 마련한 삼국 통일의 과업은 그의 아들 문무왕이 대를 이어 완수하였다. 그 동안 김유신은 78세까지 살아 삼국을 통일하는 튼튼한 밑바탕이 되어 주었다.

▲ 신라가 당나라 수군을 격파하는 모습

태종 무열왕릉

무열왕릉비의 귀부와 이수

연대	중요 사항
604	(진평왕 26년)~661 신라 제29대 태종 무열왕(654~661)

백만 대군을 물리친 을지문덕

을지문덕

〈전쟁의 소용돌이 속의 고구려〉

을지문덕은 수나라 대군의 침입을 물리친 고구려의 명장이다.

그는 평양 근처 평원에서 개루부 출신의 귀족으로 태어났다. 아버지는 그에게 역사와 지리, 정치 등을 가르쳐 주었고 글을 많이 읽게 했다.

고구려는, 광개토 대왕, 장수왕 등이 영토를 넓히고 나라를 잘 다스려 주위에서 가장 강한 나라가 되어 있었다. 그렇지만 남쪽에서는 신라가 점점 세력을 넓히고 있었고, 헤이룽 강, 랴오허 강 건너에서는 16개국으로 나뉘어 있던 중국을 수나라가 통일하고 이제 고구려를 호시탐탐 엿보고 있어서, 언제 전쟁이 일어날지 모르는 매우 불안한 형세였다.

영양왕은 용감하고 현명하였다. 국방을 튼튼히 하면서, 수나라와 평화롭게 지내려고 노력하였다. 그러나 수나라가 계속 고구려에 무리한 요구를 하자, 말갈족 병사 1만 명으로 요서 지방을 점령해 버렸다. 그것은 수나라를 꾸짖고, 병력을 시험하는 한편, 큰 전쟁에 대비하여 유리한 곳을 차지하기 위해서였다. 드디어 수나라는 30만 대군으로 고구려의 국경을 넘어왔다. 영양왕은 지혜로운 강이식 장군을 내보내, 수나라 군대의 군량을 나르는 길을 끊고 수군을 전멸시켰다. 이번에는 백제와 신라도 고구려를 침략해 왔다. 영양왕은 을지문덕 장군을 출병시켜 백제군을 무찔렀다.

〈사상 최대 규모의 군대와 맞서다〉

한편, 수나라에서는 문제의 둘째아들인 양제가 아버지와 형을 죽이고 왕위에 오르더니, 새 궁전을 짓기 위해 백성을 함부로 부리고, 운하를 건설하고, 만리 장성을 고치면서 전쟁 준비를 서둘러, 드디어 113만 3800명의 대군으로 고구려를 물밀듯이 쳐들어왔다. 군량을 나르는 사람은 전투 병사의 배가 넘고 출발하는 데만 40일이나 걸린 인류 역사상 최대 규모의 군대였다.

수 양제는 우중문, 우문술이 거느린 별동대 30만 5천 명을 압록강 서쪽에 모아 단숨에 고구려의 평양성을 치려 하였다. 이 때 을지문덕은 거짓으로 항복하여 단신으로 적진에 들어갔다. 먼 길 오느라 지쳐 버린 적군의 사정을 파악하고 돌아온 그는, 희롱하는 시를 지어 적장 우중문에게 보냈다.

신묘한 그대의 꾀를 무엇이라 말할까.

천문과 지리에 통달하였고,

싸움마다 이겨 공도 높지 않은가.

바라노라, 만족함을 알거든 이쯤에서 그만두는 게 어떤가.

을지문덕에게 속은 것을 알고 분통을 터뜨린 우중문은 곧 압록강을 건너 쳐들어왔다. 을지문덕은 하루에 적과 일곱 차례를 싸웠으나, 그 때마다 지는 척하며 조금씩 후퇴하였다. 적장은 살수(청천강)를 건너 평양성 30리 지점까지 몰려와서야 비로소 작전에 말려든 것을 알아차렸다. 그러나 고구려 군사들은 황급히 후퇴하는 적의 뒤를 놓치지 않았고, 수군이 살수를 반 쯤 건넜을 때 총공격하는 한편, 막아 두었던 강물을 터뜨려 거의 전멸시켰다. 고구려군은 수군을 요동까지 뒤쫓아갔으므로, 랴오허 강을 건너 살아간 수군은 겨우 2700명 정도였다.

수 양제는 그 후에도 두 번이나 대군을 일으켜 요동성을 공격해 왔으나, 계속 고구려 군에 패하였고 수나라 백성들의 원성만 높게 만들어, 결국 이연에게 망하고 말았다.

▲ 씨름도(만주 통구의 각저총 벽화)

◀ 수렵도(덕흥리에 있는 옛 무덤의 벽화로 고구려 시대 때의 것이다.)

- 고구려 26대 영양왕 때의 장군(출생, 사망 연대는 밝혀지지 않음)
- 612(영양왕 23년), 살수 대첩으로 수군을 무찌름.

고구려의 영웅, 연개소문

수렵도(고구려 시대 벽화)

〈남달리 승부욕이 강했던 연개소문〉

연개소문('삼국사기'에는 '천개소문')은 할아버지와 아버지가 2대에 걸쳐 1품관인 최고의 벼슬이었던 막리지를 지낼 정도로 고구려에서 가장 권력이 센 집안에서 태어났다.

연개소문 또한 어릴 때부터 남에게 지는 일이 없이 언제나 호령만 하였고, 말을 듣지 않으면 호된 벌을 내렸으므로, 누구나 두려워하였고 그만큼 그를 미워하는 사람 또한 많았다. 하지만 사람들의 시선에는 아랑곳없이 그는 고구려를 더욱 굳센 나라로 만들겠다는 꿈을 지니고 있었다.

연개소문이 열다섯 살 때 아버지가 세상을 떠나자 부족장들은 그에게 막리지의 중책을 맡겼다. 그의 성격 때문에 반대하는 부족장도 있었지만, 그는 막리지가 되어서도 행동을 고치지 않았다. 그는 늘 비단옷만 입고 큰 칼을 다섯 자루씩 차고 위엄을 떨치며 다니기도 했다.

이 때 중국에서는 당나라를 세운 이연이 왕위를 아들 이세민에게 물려주었다. 태종 이세민은 여러 전쟁에서 승리하고 대제국을 건설하려는 야심 만만한 인물로 수 양제처럼 고구려 땅을 호시탐탐 엿보고 있었다. 이 때문에 고구려는 천리 장성을 쌓았는데, 그 곳에 나가 있던 연개소문은 서울에서 자기를 죽이려는 모의가 있다는 것을 알고 괘씸한 마음을 누를 수 없어 곧 평양으로 돌아와 성대한 잔치를 베풀고 대신들과 왕을 불러 처치한 다음, 왕의 조카 보장을 왕으로 삼고 스스로 대막리지가 되어 나라 일을 한손에 쥐게 되었다.

한편, 백제의 장군 성충이 신라의 40여 성을 빼앗자, 구원을 청하러 온 신라의 김춘추를 감금, 신라와 당나라 간의 통로가 되는 땅마저 빼앗아 버렸다. 당시 신라가 당나라에 도움을 청하여 당나라가 고구려에 사신을 보냈는데, 연개소문은 남의 나라 일에 간섭한다며 그 사신마저 가두어 버리는 강한 정책을 펴나갔다.

당 태종은 격분하여 왕을 죽이고 백성을 학대(시군 학민)하는 죄를 묻는다는 구실로, 요동성으로 쳐들어와 불바다를 만들고 안시성으로 내쳐 달려왔다. 안시성의 싸움은 두 달 동안이나 계속되었지만, 양만춘 장군이 성을 굳건히 지키고 연개소문이 후방에서 당나라 군사들을 공격하여 추위와 굶주림에 지친 당나라 군사들은 도리 없이 물러갈 수밖에 없었다. 고구려에 쳐들어온 지 열한 달 만이었다. 당 태종의 뒤를 이은 고종도 그 후에 네 차례나 더 고구려로 쳐들어왔지만, 연개소문과의 네 번 싸움 모두 패하고 돌아갔다.

〈연개소문과 고구려의 최후〉

　당나라부터 '도덕경'을 들여오는 등 문화적인 면에도 훌륭한 업적을 남긴 연개소문의 죽음으로 고구려의 운명도 다하였다. 연개소문은 장차 고구려를 책임질 남생, 남건, 남산 세 아들을 불러 물과 고기처럼 화목하게 지내라고 부탁했지만, 그가 죽자, 서로 권력을 잡으려는 세 아들 사이에 싸움이 일어났고, 그 틈에 평양성은 당나라 군사의 말발굽에 짓밟히고 말았다.

▶ 기사도(만주 통구에 있는 삼실총의 벽화)

연개소문이 당나라 군사를 무찌르는 모습(민족 기록화)

연대	중요 사항
○	태어난 때는 밝혀지지 않음.
○	15세, 막리지가 됨.
636	장성을 쌓음.
643	당의 숙달을 불러 도교를 들여옴.
644	당 태종이 침입함.
645	안시성 싸움에서 승리함.
666	세상을 떠남.
668	고구려가 멸망함.
676	신라가 삼국을 통일함.

안시성 전투의 영웅 **양만춘**

고구려의 연개소문은 정치 싸움에만 눈이 어둡다는 구실과 대신들이 자신을 죽이려 한다는 것을 이유로 영류왕과 대신들을 처형하고, 영류왕 동생의 아들인 보장을 왕위에 앉힌 다음, 스스로 '막리지'가 되어 나라의 정치를 바로잡아 기울어져 가는 나라를 새로 일으키려 하였다.

이 때 당나라 태종은 '신하가 임금을 치고 대신들을 함부로 죽였으므로 반역자 연개소문을 친다.'는 구실로, 644년 보장왕 3년 동짓달에 육군 6만, 수군 4만 3천, 전선 5백 척으로 고구려로 쳐들어왔다. 태종이 직접 거느린 육군의 총사령관은 이세적이었고, 수군의 총사령관은 장양이었다.

당나라 군대는 개모성이란 작은 성을 쳐부순 다음 요동성으로 향했다. 요동성은 깊은 못으로 둘러싸여 있었다. 당군은 이 연못을 메우면서 포차로 돌을 날리며 공격하였다. 날아온 돌에 맞은 성벽이 무너져 내릴 때마다, 고구려 군사들은 급히 성을 다시 쌓으며 용감하게 싸웠다.

싸움은 날이 갈수록 치열해졌지만, 그 동안 당군은 한 발자국도 성 안으로 들여놓지 못하고 뒤에서 공격해 오는 고구려군에 의해 사상자만 늘어 갔다.

그러던 어느 날 남쪽에서 거센 바람이 불어오자, 당군은 때를 만난 듯 성 안으로 불을 집어 던져 성 안은 삽시간에 불바다가 되고 말았다. 이 때 연개소문은 평양성을 지키고 있었다.

〈당 태종도 감탄한 양만춘 장군〉

요동성을 빼앗은 당나라 군사들은 이번에는 안시성을 향해 물밀듯 쳐들어갔다. 연개소문은 고연수로 하여금 말갈과 고구려 군사 15만을 거느리고 당나라 군사를 치게 했지만, 고연수는 당나라 군사들의 꾐에 넘어가 깊숙한 골짜기에 갇혀 항복하고 말았다.

안시성의 성주 양만춘은 지

당나라군을 쳐부수는 연개소문

혜와 용기가 뛰어난 인물이었다. 군사들도 여러 차례의 전쟁에서 잘 단련되어 있었고, 성은 요동성보다 튼튼하였다. 안시성의 군사들은 당나라 군사들에게 화살을 억수처럼 퍼부어 성을 넘으려는 당나라 군사들을 잘 막아 내었다.

그러자 당나라 군사들은 흙으로 높은 둑을 쌓고 포차로 돌을 날리며 공격하였다. 그런데 그 둑이 무너지며 터지고 말았다. 이에 고구려군은 물결처럼 나아가 지칠 대로 지친 당나라군을 닥치는 대로 쓰러뜨렸다. 당 태종은

"한 사람이 남을 때까지 싸워야 한다!"

고 소리쳤지만, 날씨도 추운 데에다 식량도 다 떨어져 군사들의 사기는 땅에 떨어져 있어 오래 머물수록 불리하다는 것을 깨닫고 후퇴 명령을 내리고 말았다. 645년 가을이었다.

양만춘은 물러가는 당 태종에게 화살로

"오랜 싸움으로 괴로움이 많았을 것이니 잘 돌아가기 바란다."

는 편지를 보냈다. 당 태종은 양만춘의 용감하고 활달한 태도에 감탄하여,

"비록 적장이지만 매우 훌륭하다."

고 하며 비단 백 필을 양만춘에게 보냈다.

당 태종은 그 후에도 두 차례 더 군사를 보냈지만 번번이 실패하였다. 그러나 660년 당 고종이 보낸 소정방에 의해 백제가 무너졌고, 665년에 연개소문이 세상을 떠나자 신라와 당나라의 연합에 의해 고구려도 무너지고 말았다.

당군을 맞아 용감히 싸우는 양만춘 (안시성 전투)

대승 불교의 참뜻을 일깨운 원 효

원 효

원효는 신라 진평왕 때 경상 북도 경산에서 태어났다. 중이 되기 전의 이름은 서당이었다.

태어난 지 며칠 만에 어머니가 세상을 떠났으므로 그는 늘 '우리 어머니는 어디로 가셨을까?'하고 생각하였다. 또 '전쟁이란 얼마나 비참한 것인가!'도 생각하였다. 당시에는 고구려, 백제, 신라, 가야 사이의 싸움이 그칠 날이 없었던 시대였기 때문이었다. 그러던 서당은 마침내 경주 황룡사를 찾아가 중이 되었다.

황룡사에서 13년간 불도를 닦은 원효는 고향으로 돌아가 자기 집을 헐고 초개사를 지었고, 그의 명성이 높아져 신도가 늘어나자 그가 태어난 밤나무골에도 사라사를 지었다.

〈썩은 빗물이 준 깨달음〉

그러나 깨달음이 부족함을 느끼던 원효는 앞서가는 불교를 배우려고 의상과 함께 당나라로 떠나게 되었다. 첫번째 유학길은 고구려 국경을 넘다가 그곳을 지키는 병사들에게 잡혀 많은 괴로움만 당하고 돌아왔다. 11년 후에 그들은 다시 떠나게 되었는데 처음과 달리 바닷길로 가기로 하고, 당항성(남양)에 이르렀다.

배를 기다리던 그들은 날이 저물고 추위를 느껴 깊은 산 속의 무덤 사이에서 잠을 청하게 되었다. 곤히 잠을 자던 원효는 심한 갈증을 느껴 깨어나 보니 캄캄한 밤중이었다. 물을 찾아 주위를 살피던 원효는 물이 담긴 바가지를 발견하고, 단숨에 그 물을 들이키고는 만족한 기분으로 깊이 잠들었다.

이튿날 아침, 잠이 깬 원효는 간밤에 마신 물을 찾으려고 주위를 살폈다. 그러나 무덤 주위에는 해골만 뒹굴고 있었다. 바가지라고 여겼던 것은 해골이었고, 갈증을 풀어 준 물은 그 해골 안에 괴어 있던 빗물이었다. 원효는 뱃속이 메스꺼워 토하기 시작하는 그 순간, 불현듯 모든 것을 깨달았다.

'간밤에 아무것도 모르고 마실 때에는 그렇게도 물맛이 달콤했는데, 해골에 고인 썩은 빗물임을 알게 되자 온갖 더러운 생각과 함께 구역질이 나다니.'

원효는 그 때의 심정을 이렇게 표현하였다.

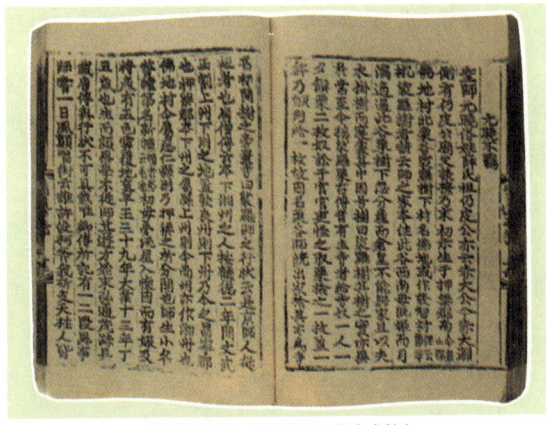

'삼국유사' 중 원효 대사 부분

'마음이 일어나면 온갖 법이 일어나고, 마음이 사라지면 해골도 없는 것. 세상이 모두 마음이요, 모든 법이 오직 깨달음에 달려 있다.

마음 밖에는 따로 법이 없으니, 어찌 따로 진리를 구할 것인가.'

원효의 곁에서 잠을 자고 일어난 의상은 다시 떠날 준비를 하였다. 그러다가 가만히 앉아 있는 원효에게 물었다.

"아니, 스님, 왜 길 떠날 준비를 하지 않으십니까?"

"우리가 유학길을 떠난 것은 무엇 때문이오?"

"그야 물론 도를 구하기 위해서였지요."

"나는 그 법이 내 마음 속에 있다는 것을 깨달았소."

원효는 이 말을 남기고 의상과 헤어졌다. 그 길로 되돌아온 원효는 무덤에서 깨달은 법을 사람들에게 가르쳐 주었다.

〈고기 먹고 술 마시는 스님〉

원효는 요석 공주와의 인연으로 아들을 두었는데, 그가 바로 이두 문자를 집대성한, 신라 십현의 한 분이자 대학자인 설총이었다. 요석 공주는 태종 무열왕의 둘째딸 아유타로, 인물이 빼어나고 마음씨가 아름다워 모든 화랑의 마음을 설레게 했다. 아유타는 거진랑의 아내가 되었으나, 거진랑이 백제와의 싸움에서 전사하였으므로 요석궁에서 쓸쓸히 지내다가 태종 무열왕의 소개로 원효를 알게 되었다.

원효는 이 때부터 머리를 기르고, 광대처럼 큰 바가지를 들고 춤추고 노래

원효사 법당(원효 대사 창건)

하면서, 어려운 불경을 쉽게 풀이하여 백성들에게 가르쳐 주었고, 모두가 깨닫기 쉽게 노래에 맞추어 불경을 외우게 하였다. 이것은 가난하고 불쌍한 사람들에게도 부처님의 가르침을 전하려는 뜻이었다. 이렇게 함으로써 귀족과 상류층만 믿던 불교를 누구나 믿고 따를 수 있게 한 것이다. 원효는 계율을 엄하게 지켜 말과 행동을 조심하는 스님이 아니라, 고기도 먹고 술도 마셨다. 또 추하고 천함이 없으면서 위엄과 자비가 넘쳐 흐르는 스님이었다. 그러면서도 당나라에서 들여와 아직 다른 스님들은 뜻도 깨닫지 못한 '금강 삼매경'을 풀이하여 가르침으로써 왕과 스님들을 놀라게 하였으며, 240여 권에 이르는 많은 책도 썼으나, 오늘날에는 22권만 전해지고 있다.

원효사의 동부도(1980년, 대웅전을 다시 수리하던 중 여러 가지 유물 백여 점이 발견되었다. 이 동부도는 원효봉 기슭에 위치하며, 원효사의 부도 가운데 조각 기법이 가장 뛰어난 작품으로 동물의 모습이 특이하게 조각되어 있다.)

분황사의 원효 영정

연대	중요 사항
617	(진평왕 39년), 경상 북도 경산에서 태어남.
648	황룡사에서 중이 됨.
661	의상과 당나라 유학을 떠났다가 도중에 깨달음을 얻고 돌아옴. 불교 보급에 힘썼으며, 무열왕의 딸 요석 공주와의 사이에 설총이 태어남.
686	(신문왕 6년), 입적함.

화엄종의 창시자 의상

의상 조사

〈험난한 유학길〉

의상은 신라의 서울에서 한신이라는 귀족의 아들로 태어났다. 그는 스무 살에 황복사에 들어가, 이 땅에 큰 이익을 주는 훌륭한 일을 하겠다는 결심으로 승려가 되었다.

의상은 당나라로 가서 불교에 대해 넓고 깊게 공부하고 싶었다. 그러나 신라와 당나라 사이에는 고구려와 백제가 가로놓여 쉽게 건너갈 수가 없었고, 더구나 교통 수단이 불완전한 당시에는 뱃길이나 육로가 모두 위험하여 이래저래 죽음을 각오하지 않고는 불가능한 일이었다.

이러한 이유로 만나게 된 동지가 원효 대사였는데, 그들은 의상이 26세, 원효가 34세 때 고구려를 통하여 당나라로 향했으나, 중국과 고구려의 국경인 요동에 이르러 순찰하는 군인에게 붙잡혀 고생만 하고 돌아오게 되었다.

그로부터 10여 년의 세월이 흘러 태종 무열왕 때 신라는 백제를 멸망시켰으므로 이제 당나라와의 바닷길이 활짝 트이게 되었다. 10여 년이 흐르도록 당나라에 대한 꿈을 버리지 않았던 의상은 곧 원효를 찾아가 행장을 꾸려 함께 길을 떠났다. 항구에 도착한 그들은 배를 기다리는 동안 산 속의 무덤 사이에서 하룻밤을 쉬게 되었는데, 그 날 밤 원효는 해골에 담긴 썩은 물을 마시고는 깨달은 바가 있어 이튿날 아침 신라로 돌아갔으며, 의상은 혼자서 당나라로 길을 떠났다.

〈선묘의 사랑〉

당나라의 텅조우 바닷가에 도착한 의상은 불교를 믿는 어떤 선비의 집에 머물게 되었다. 그 선비에게는 선묘라는 예쁜 딸이 있었다. 선묘는 의상을 한 번 보고는 무척 사모하게 되었다. 의상이 그 집에 머무는 며칠 동안 여러 가지로 의상의 마음을 끌어 가까이하려고 했지만, 의상은 조금도 틈을 주지 않고 모른 척하였다. 결국 선묘는 용기를 내어 자신의 사랑을 고백했다. 그러자 의상은 자비롭고 슬기로운 이야기를 하여 그녀가 깨닫게 해 주었다. 그리하여 선묘는 의상의 앞에 무릎을 꿇었다.

"이 생명은 스님께 바쳐 거룩한 공부를 마치실 때까지 모든 뒷바라지를 도맡아 하겠습니다."

선묘는 그 후 의상이 학업을 다 이룰 때까지 식량과 의복, 공부에 필요한 물건들을 어김없이 마련해 주어, 의상은 공부에만 전념할 수 있게 되었다.

〈지엄 화상과의 만남〉

의상이 그 길로 찾아간 사람은 종남산 지상사의 지엄 화상이었다. 지엄은 당나라에서도 이름 높은 학자요 스님이었다. 의상이 도착하자 지엄은 "자네가 올 줄 알았다."며 반갑게 맞이하였다. 지엄은, 한 그루의 큰 나무가 신라에서 자라나 그 가지와 잎이 매우 무성해지더니 드디어 중국에까지 와 덮이고, 그 가지를 타고 올라가 보니 거기에 하나의 구슬이 있어 사방으로 빛을 뿜고 있는 꿈을 꾸었던 것이다.

〈드디어 깨달음을 얻다〉

스승과 제자가 서로 깊은 믿음과 보살핌으로 공부한 지 8년이 지나자, 이제 의상은 그 동안의 의심이 풀리고 모든 인연의 이치를 거울에 비친 그림자처럼 밝게 깨달을 수 있었다. 그는 화엄경을 읽어 얻은 그 깨달음을 7언 30구, 210자로 표현했다.

....

> 참다운 성품은 지극히 깊고 미묘하여,
> 인연따라 변하지 자성을 따르지 않는다.
> 하나에 전체가 있고 전체에 하나 있어,
> 하나가 곧 전체요, 전체가 곧 하나일세.

....

의상은 스승이 세상을 떠난 뒤에도 그 곳에 머물며 스승의 뒤를 물려받아 제자들을 지도하였으나, 문무왕 때 신라로 돌아오게 되었다. 나라의 위급함을 알리기 위해서였다. 그 때 신라는 이미 고구려까지 멸망시켜 삼국 통일을 이루었으나, 당나라가 이를 도와

부석사 석등

낙산사 '사천왕상'

준 구실로 백제와 고구려 땅을 차지하려 했고 신라의 땅까지도 뺏으려고 하였다. 이에 신라의 온 국민이 힘을 합쳐 당나라 군사를 무찔러 쫓아 내자, 당나라 황제는 크게 노하여 사신으로 가 있던 김흠순, 김인문을 잡아 가두고 신라를 공격하기 위한 군사를 일으켰다.

신라로 돌아온 의상은 곧 왕에게 이를 알려 미리 막게 하였다. 그리고는 전국을 돌아다니며 전쟁에 시달렸던 백성들을 위로하며 그들에게 희망과 용기를 불어넣어 주었다.

〈불교의 참뜻을 행동으로 실천하다〉

의상은 강원도의 바닷가에 신라 불교의 성지인 낙산사를 마련하기도 했다. 또 조정의 도움을 받아 태백산 아래의 영주에 부석사를 세웠다. 돌이 공중에

부석사 여래좌상

떴다고 하여 부석사라고 이름을 지었다. 이 절을 지을 때에는 소인배들이 들끓어 많은 방해가 되었는데, 이 때 용으로 변한 선묘가 다시 큰 바위로 변하더니 공중에 떠서 절 위에 떨어질 듯하다가 다시 떠오르고 하니 소인배들은 겁이 나서 모두 도망쳤다고 한다.

의상은, 문무왕이 그 가르침에 감탄하여 많은 토지와 일꾼들을 주려 하자 끝내 거절하였다. 그는 평생 남루한 옷 한 벌과 바릿대와 물병 외에는 가진 것이 아무것도 없는 스님으로 지냈다.

문무왕이 전쟁이 끝날 무렵 더 많은 성을 쌓아, 백성들은 부담이 날로 커지고 지칠대로 지치게 되었다. 이에 의상은 곧 왕에게 글을 보냈다.

"다스림이 밝으면, 풀밭에 금을 긋고 성으로 삼아도 백성들이 편안함을 누릴 수 있습니다.

그러나 다스림이 밝지 못하면 비록 장성이나 쇠로 된 성을 쌓아도 재앙은 없어지지 않을 것입니다."

의상은 불교의 참뜻을 몸소 실천하여 사람들을 깨우친 스님이었으므로, 그의 말 한마디, 몸짓 하나도 모두 신라인의 모범이 되었다.

양양 낙산사

영주 부석사(조사당)

◀ 양양 낙산사 '의상대'

연대	중요 사항
625	(신라 진평왕 47년)~702(성덕왕 1년)
644	황복사의 중이 됨.
661	당나라에 가서 지엄으로부터 화엄종을 배움.
671	신라로 돌아옴.
676	부석사를 지음.

의상

천축국 순례승 혜초

〈불교의 전성기〉

지금으로부터 1200년 전 혜초가 살던 때의 신라에는 세계 역사상 가장 오래 된 천문대인 첨성대를 비롯하여 불국사, 석굴암 등이 세워져 찬란한 문화가 꽃피고 있었다.

그 때에는 당나라에 유학하는 신라인이 많았고, 당나라에 남아 이름을 떨친 사람도 많았다. 당나라에 들어가 불도를 닦은 승려로는 혜초, 원측, 무상, 현초, 불가사의, 의림, 균량 등이 특히 유명하였다. 의림은 103세의 고령으로, 불경을 읽어 선덕여왕의 병을 낫게 하였다.

혜초의 '왕오천축국전'

한편 고구려 사람이었던 고선지는 당나라에서 벼슬을 하고 파미르 고원과 힌두쿠시를 넘어가 티베트 인들의 침략을 물리치는 큰 공을 세웠으나, 러시아 땅 탈라스에서는 아랍 인들과 싸워 참패하였다. 그 후 찬란하던 당나라 현종의 정치는 여러 차례의 반란으로 어지러워졌다. 이 때 우리 나라 학자들은 인도까지 가서 불교를 배우고 당나라에 전하기도 했다.

〈삼외삼장을 감동시키다〉

당나라로 건너간 신라의 승려 혜초는 삼외삼장을 만나 불교를 가르쳐 줄 것을 간청했으나, 삼외삼장은 '동방의 야만인이 어떻게 불교를 배울 수 있겠느냐.'며 단번에 거절하였다. 당시 우리 나라와 중국, 일본에는 다같이

옛 신라인들의 활동 무대

불교가 전성하였던 시대로, 불교는 국가의 정신적인 수호자의 구실을 하였고 왕실을 위한 행사도 많이 하던 때였다.

혜초는 3년 동안 가르침을 간청해도 그 뜻이 이루어지지 않자, 한창 타고 있는 화롯불을 이마 위에 얹었는데, 불타며 갈라진 혜초의 이마를 본 삼외삼장은 드디어 그에게 부처의 말씀을 가르쳤다고 한다.

히말라야 산지

〈천축국 순례의 길에 오르다〉

그러나 혜초는 불경을 읽으며 절에서 편안히 일생을 마치고 싶지 않았다. 그는 곧 불교를 일으킨 석가모니의 발자취를 더듬어 멀리 인도와 중앙 아시아를 두루 여행하고 싶었다. 혜초가 당나라를 떠나 5천축국(인도) 순례의 길에 오른 것은 723년에서 729년에 걸친 7년 동안이었다.

교통이 발달한 오늘날에는 세계를 '지구촌'이라 하여 어느 곳이나 마치 가까운 이웃처럼 드나들게 되었지만, 먼 옛날 지구가 둥근 것인지도 모르고 인도가 어디에 있는 나라인지도 확실히 몰랐던 그 시대에 인도와 중앙 아시아를 여행하기란 참으로 어렵고 힘든 일이었다. 중앙 아시아는 지금도 세계에서 가장 어려운 여행길의 하나로 손꼽히고 있다. 하늘을 찌를 듯 높이 솟은 산들이 구름처럼 솟아 있는가 하면, 가도가도 모래뿐인 끝없는 사막이 죽음을 기다리고 있기 때문이다.

인도의 사원

723년에 돛단배를 타고 중국을 떠난 그는 동남 아시아를 거쳐 725년에 인도에 도착했고, 거기서 다시 서북 인도, 중앙 아시아를 여행한 그는 729년에 다시 당나라로 들어갔다.

혜초 51

그는 이 여행이 너무나 힘들어 다음과 같은 두 편의 시를 남겼다.

> 달은 밝은데 멀리 고향 길을 바라본다.
> 뜬 구름은 가볍게 부는 바람을 타고 고향으로 가는구나.
> 쓰던 편지를 봉하고 저 구름편에 부치고 싶지만
> 바람은 빨라 내 말을 듣지 않는구나.
> 내 나라는 북쪽 하늘 끝에 있고
> 이 나라는 서쪽 끝에 있는데,
> 이 따뜻한 나라에는 기러기도 없으니
> 누가 신라로 날아가 내 소식을 전할까.
>
> 그대는 서역 길이 멀다고 한탄하나
> 나는 이 곳에서 동방 길이 먼 것을 애달파한다.
> 길은 거칠고 히말라야는 높아
> 험한 골짜기에는 도둑도 많다.
> 나는 새도 높은 봉우리를 보고 놀라고
> 가느다란 통나무 다리를 건너기도 어렵다.
> 평생에 눈물 흘린 적 없었는데
> 오늘 이 곳에서 한없이 흐르고 있구나.

당나라로 돌아온 혜초는 금강지라는 고승으로부터 성대한 환영을 받고 계속 장안에서 살며 밀교를 연구하고 불경을 번역하였다. 밀교란 그 당시에 부패한 불교를 올바른 종교로 바로잡으려는 데에서 생겨났다. 당나라 황제 현종은 양귀비에 현혹되어 정사는 돌보지 않고 노는 것에만 열중하다가, 안록산이라는 장군이 반란을 일으킴으로써 나라가 멸망할 위기를 맞게 되었다. 그래서 가난하고 정직한 농민들은 더욱 궁핍한 생활을 하게 되었고, 사회가 어지러워지자 종교적인 사기꾼이나 협박자 들까지 나타나게 된 것이다. 따라서 혜초가 불교의 철학 가운데에서 새롭게 그 진리를 찾아 내려는 노력은 더욱 값진 것이라고 할 수 있다.

〈'왕오천축국전'의 발견〉

혜초가 불교계에 끼친 업적은 그가 쓴 '왕오천축국전'으로도 잘 알려지게 되었다. 이 책이 서양 학자들에게 알려진 것은 1908년, 프랑스 학자 펠리오가 중국 감숙성의 돈황에서 그 책을 발견했기 때문이었다. '왕오천축국전'이란 천축국(인도) 다섯 나라에 대한 기행문이란 뜻으로, 혜초가 티베트, 페르시아, 아프가니스탄 등을 여행하며 보고 겪은 내용들을 사실대로 재미있게 기록한 것이다. 그 내용 중에는 인도가 이웃 두 나라와 전쟁을 하는 모습, 왕은 900마리, 귀족은 200~300마리의 코끼리를 가지고 있는 모습, 인도의 지리와 사회 계급, 법정에서 왕이 재판하는 모습, 승려는 방석에 앉고 왕이나 귀족은 마룻바닥에 앉는 모습, 먹을 것이 풍부하여 나들이를 할 때 음식을 가지고 나가지 않는 등 여러 가지 흥미로운 것들이 많이 들어 있어, 서양 학자들도 마르코폴로가 쓴 '동방견문록'보다 더 가치 있는 고전으로 평가하게 되었다.

연대	중요 사항
704	(신라 성덕왕 3년)~787(원성왕 3년)
723	당나라에서 인도로 떠남.
727	당나라로 귀환함.
733	밀교의 경전을 연구하고 한문으로 번역함. '왕오천축국전'을 남김.

신필 김 생

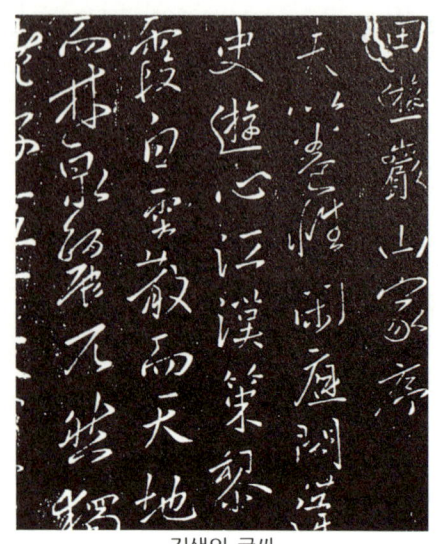
김생의 글씨

김생은 안동, 경주 등 여러 곳을 돌아다니며 석굴 속에서 글씨 공부를 한 사람으로, 단풍잎 위에다 글씨를 연습했다고 전한다. 그는 예서나 행서, 초서 등 여러 가지 종류의 글씨를 모두 잘 써서 해동(중국에서 우리 나라를 부른 이름)의 서성(붓글씨의 대가, 원래 '왕희지'를 가리킴)으로 불리었다. 김생은 충주의 조용한 절에 들어가 중이 되어 도를 닦기도 했다.

그가 세상을 떠난 지 300여 년이 지난 고려 숙종 때였다. 홍관이라는 학자가 송나라에 건너가 여관에 묵고 있는데, 송나라 학자 양구와 이혁이 찾아와 함께 글씨와 족자 이야기를 하게 되었다. 이 때 홍관은 김생의 글씨로 된 책 한 권을 이들에게 내보였다.

"아니, 이것은 중국 최고의 명필 왕희지의 글씨가 아니오? 오늘 뜻밖에 그 분의 글씨를 보게 되었군요."

두 사람이 기쁜 표정으로 말했을 때, 홍관은 왕희지가 아니라 신라 사람 김생의 글씨라고 하자, 그들은

"세상에 왕희지를 내놓고 이렇게 잘 쓴 글씨가 또 있는가!"

하고, 믿을 수 없다는 표정을 지으며 감탄하였다.

김생의 작품으로는 국립 경주 박물관에 보관되어 있는 백율사 석당기 비석과 화엄사의 돌에 새긴 화엄경 석편 등이 남아 있다.

◎ 참고 자료
〈왕희지〉
중국 동진 때의 서예가로 '왕우군'으로도 불린다. 당 태종은 그의 글씨를 너무도 좋아하여 자신이 죽을 때 함께 묻어달라는 유언을 할 정도였다.

중요 사항
○ 통일 신라 성덕왕 때의 명필
○ 예서, 행서, 초서에 모두 능하였음.
○ 711 (성덕왕 10년) ~ 791 (원성왕 7년)

바다의 제왕 장보고

〈모험 소년 장보고〉

신라의 말기는 날이 갈수록 나라의 운명이 기울어져 나라 안의 질서가 어지러워진 것은 물론, 바다에는 해적이 나타나 장사하는 배들을 붙잡아 가고 심지어 신라 사람들을 잡아다가 당나라 사람들에게 노예로 팔아먹는 일까지 일어났다. 그러나 신라의 힘으로는 어찌할 도리가 없는 형편이었다.

장보고는 남해의 외로운 섬에서 가난한 어부의 아들로 태어났다. 그는 열네 살에 여섯 명의 친구들과 함께 조그마한 배를 타고 당나라를 찾아간 모험 소년이었다. 그와 함께 간 소년들은 고달픈 노예 생활에 지쳐 모두 목숨을 잃고, 그에게는 정년이란 단 한 명의 친구밖에 남아 있지 않았다.

장보고

그는 당나라의 서주 땅에서 갖은 고난 끝에 검술을 익혔고, 드디어는 무과에 급제하여 무령군 소장이라는 벼슬에 오르게 되었다. 무령군 소장이라면 당나라 사람들까지도 부러워하는 벼슬자리였으니, 신라 사람으로서 이 벼슬에 오르기까지는 그만큼 피나는 노력이 있었던 것이다.

장보고는 그의 유일한 친구 정년과 함께 자주 텅조우를 찾아갔다. 텅조우에는 신라 사람들이 건너와 살고 있는 신라방이란 거리가 있었고, 신라의 승려 30여 명이 건너와 신라 사람들이 찾아가 불공을 드리는 법화원(신라원)이라는 절까지 있었다. 소년 시절에 뼈저린 고난을 겪었던 그는 노비로 팔려 온 신라의 소년, 소녀 들을 찾아 이 법화원에 맡겨 두고 있었다. 언젠가는 이들을 고국 신라로 데려가겠다는 결심때문이었다. 아무리 무관 벼슬에까지 올랐다 해도 그는 혼자서만 평안함을 누리며 살고 있을 수는 없었기 때문이었다.

신라 제42대 흥덕왕 3년, 장보고는 드디어 법화원에 피신시켜 두었던 소년, 소녀 들을 미리 사 두었던 배에 태우고 신라로 돌아왔고, 곧바로 궁궐로 들어갔다.

〈바다의 질서를 바로잡다〉

청해진의 장군섬

홍덕왕 앞에 나아간 장보고는, 한시도 고향 청해를 잊은 적이 없으며, 그러던 중 노비로 팔려 온 고국의 소년, 소녀들을 보고 귀국을 결심하게 되었다는 것을 설명하였다. 그는 또, 지금 해적들은 신라의 바다를 제 집 드나들듯 하며, 이들에게 시달린 해안의 백성들은 산으로 도망치는 수밖에 없으므로 청해에 군사들을 주둔시켜 해적을 소탕해야 한다고 주장하였다.

이리하여 왕은 그를 청해진 대사로 임명하고 군사 1만 명을 주어 해안을 경비하는 임무를 맡기게 되었다. 고향 청해에 도착한 장보고는 우선 성과 망루를 쌓고, 수십 척의 배를 만들었다. 이 때 장보고가 만든 배는 넓이만 해도 보통 배의 세 배는 되었으며, 뚜껑을 닫으면 마치 거북이가 엎드린 것 같고, 뚜껑을 열면 그 뚜껑이 밑으로 내려가 작은 배가 될 수 있는 특수한 배였다. 또 앞뒤가 뾰족하고, 돛도 없이 내부에서 노를 저어 항해의 속도를 마음대로 조절할 수 있었다.

그 후 장보고의 해상 활동은 시작되었고, 이로써 신라 사람들은 물론, 일본이나 당나라의 상인들까지 마음 놓고 항해할 수 있게 되었다.

〈우징을 도와 감의군사가 되다〉

그러나 그로부터 몇 년 후 홍덕왕이 세상을 떠나자, 신라 왕실은 격렬한 소용돌이 속으로 빠져들었다. 왕족인 상대등 균정이 왕위에 오른다느니, 역시 왕족인 이찬 헌정의 아들 제융이 왕이 되어야 한다느니 서로 의견을 달리하여 싸우다가, 균정이 살해되고 제융이 왕위에 오르게 되었는데, 그가 바로 제 43 대 희강왕이었다.

한편 살해된 균정의 아들 우징은 밤새 청해진으로 달아나 장보고의 환영을 받게 되었다. 우징은 1만 명이나 되는 장보고의 부하들이 엄격한 규율과 재

장보고의 해상 활동(민족 기록화)

 빠른 동작으로 활동하는 모습을 보고 크게 감동하였다.
 그 때 신라 조정에서 또 한 번 큰 변고가 일어났다. 김명 일파의 힘으로 왕이 된 희강왕이 김명의 등쌀에 대궐 안에서 목을 매고 죽었는데, 이런 일은 우리 나라 역사에 일찍이 없었던 일이었다. 그래서 제44대 왕위에 오른 사람은 김명 자신이었다. 이러한 소문이 퍼지자 백성들은 모두 왕실을 욕하였다.
 이 때 균정을 도와 주다 몸에 상처를 입고 김해에서 숨어 지내던 김양이란 사람은 왕실로 쳐들어가기 위한 의병을 모으고, 균정의 아들인 우징을 만나기 위해 청해진으로 왔다. 이에 우징은 장보고의 군사를 동원하여 아버지의 원수를 갚고 싶다고 하자, 장보고는 선왕으로부터 받은 병력이므로 이제 나라를 위한 일에 쓰도록 하여야겠다는 결심을 이야기했다.
 결국 싸움에서 승리한 우징은 다시 한 번 서라벌을 피로 물들이고 왕이 되었는데, 바로 그가 제45대 신무왕이었다. 신무왕은 곧 장보고에게 감의군사라는 벼슬을 내렸다. 이로써 장보고는 해상의 제왕이 되었을 뿐만 아니라 신라의 정치에 대해서도 큰 영향을 미칠 수 있게 되었다. 더구나 우징은 장보고의 딸을 태자비로 맞이하겠다는 약속까지 하였다.

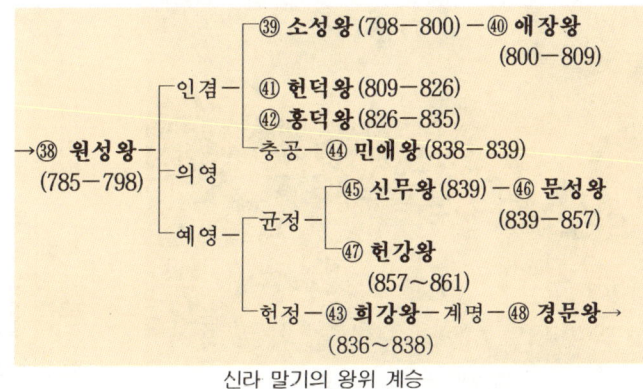

신라 말기의 왕위 계승

장보고 장군제

〈청해진의 영웅, 살해당하다〉

그러나 신무왕은 왕위에 오른 지 4개월 만에 세상을 떠나고, 그의 아들이 제46대 문성왕이 되어 장보고에게 청해 장군이라는 벼슬까지 내렸지만, 장보고의 딸을 왕비로 맞겠다는 말은 없었다. 이에 장보고는 친구 정년을 궁궐에 보내 이 문제를 따지게 했다. 조정에서는 세력이 너무 커진 장보고에 대해 위협을 느끼고 불안에 휩싸여, 결국 자객을 보내 장보고를 없애 버리자는 결정을 하게 되었다.

그 후 염장이라는 자객이 날쌘 장수 몇 명을 데리고 조정을 배반한 것처럼 꾸며 청해진에 이르렀는데, 이를 알아채지 못한 장보고는 그를 환영하는 잔치를 베풀고 술이 거나하게 취한 채 칼을 맞아 세상을 떠나고 말았다. 장보고의 부하 이창진이 난을 일으켜 반항을 해 보았지만 이미 아무 소용이 없었고, 조정에서는 청해진을 아주 없애고 말았다.

염장은 장보고의 죽음을 애석하게 여기는 주민들의 맹렬한 공격을 받고 밤을 틈타 일본으로 도망쳤다.

장군제를 끝내고 돌아오는 모습

연대	중요 사항
?	~신라 (문성왕 8년) 당나라 쉬저우의 무령군 소장이 됨.
828	군사 1만 명으로 청해(완도)에 진을 설치함.
839	민애왕을 죽이고 신무왕을 즉위시킴.
840	일본, 중국과 삼각 무역을 실시함.

고려를 발전시킨 최승로

〈태조의 사랑에 충성을 다짐〉

최승로가 아홉 살 때 신라의 경순왕은 이미 기울어진 나라를 고려 태조 왕건에게 넘겨 주었다. 그래서 최승로도 어른들을 따라서 서라벌(경주)을 떠나 송도(개성)로 향했다.

그는 재능이 뛰어나 태조로부터 지극한 사랑을 받았다. 겨우 열한 살에 태조 앞에 나가 '논어'를 줄줄 외웠던 것이다. 태조는 그를 원봉성의 학생으로 보내어 여러 학자와 어울릴 수 있게 해 주었다. 태조가 세상을 떠났을 때 최승로는 그 깊은 은혜를 보답하기 위하여 두고두고 나라에 충성할 것을 다짐하였다.

최승로는 태조의 뒤를 이은 혜종, 정종, 광종, 경종을 거쳐 성종에 이르기까지 여섯 임금을 모셨다. 그러나 고려의 초창기는 평온하지만은 않았다. 왕위를 잇는 문제로 혼란이 일어나 혜종은 2년간만 왕위에 있었고, 제3대 정종도 4년 만에 물러났다.

제4대 광종은 위의 두 임금이 왕위 때문에 희생된 것을 보고 왕의 권한을 강하게 하고, 과거 제도를 통하여 인재를 뽑아 썼다. 또 옛 발해의 백성들을 따뜻이 맞아 주는 한편, 지금의 평안 북도 땅을 우리 국토로 확보하였다.

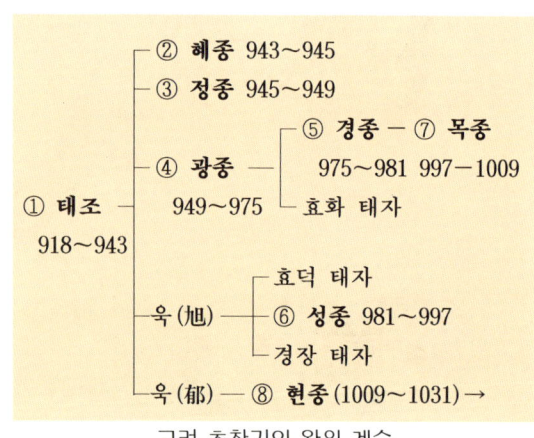

고려 초창기의 왕위 계승

또 경종은 정치 질서를 바로잡기 위해 관리들에게 지위에 따라 토지를 나누어 주고, 압록강을 건너오는 옛 발해 백성들의 살 곳을 마련해 주었다.

〈국로가 된 최승로, 시무 28조를 올리다〉

이어서 성종이 즉위하였다. 아직 22세인 왕은 이미 55세가 된 최승로를 국로로 삼았다. 국로란 나라일에 고문이 될 만한 인물을 말한다. 성종은 여러 왕을 모셔 온 최승로에게 나라를 다스릴 정책에 관한 의견을 말해 줄 것을 부탁하였다.

태조 왕건으로부터 성종에 이르는 50여 년 간, 갖가지 고난을 겪은 최승로에게는 나라일에 대하여 꾸준히 연구하고 깊이 생각해 온 것이 한두 가지가 아니었다. 최승로는 이제 무엇을 바꾸고 무엇을 없애고 어떤 일을 새로 시작해야 할지 뚜렷이 알고 있었다. 그는 5대에 걸친 임금들이 이룩한 일을 간추리고 이에 따라 스물여덟 가지의 새로운 정책을 적어 올렸는데, 이를 '시무 28조'라고 한다.

그는 이 시무 28조에서 여러 왕의 잘잘못을 과감히 들추어 내고 거리낌없이 비평하면서 군사 제도의 개편, 과다한 불교 행사의 중지, 무역의 절제, 지방 정치 제도의 확립, 관리의 의복 결정, 승려의 횡포 엄금, 공평한 세금, 신분 제도의 확립, 나라에 공이 많았던 인물들의 후손에 대한 예우 등을 주장하였다.

최승로는 시무 28조를 올리는 이유를 다음과 같이 설명하였다.

"우리 고려는 삼국(후삼국)을 통일한 이후 47년이나 되었으나, 아직도 나라일이 제대로 자리를 잡지 못하고 쓸데없는 비용만 쓰고 있으니, 이는 참으로 불명예스러운 일이 아닐 수 없습니다.

국경 문제만 하더라도 압록강변에 성을 튼튼히 쌓고, 그 고장 사람들을 가려 뽑아 그들로 하여금 지키게 한다면 중앙의 군대를 구태여 멀리 보낸다거나 군량을 운반하는 등의 번거로운 일도 덜게 되어 여러 모로 이익될 일이 많을 것입니다.

또, 왕은 지금 손수 공덕을 쌓으려고 차나 보리를 갈아 정성을 다하여 가꾸고 계시는데, 이는 쓸데없는 일로써 소중한 몸만 해칠까 두려울 뿐이며, 이런 일은 광종 때부터 있었던 일이나, 사실은 불교에서 가르치는 인과 응보를 그대로 믿는 데에서 나온 부질없는 일일 뿐입니다.

왕은 또 공덕을 쌓는다고 하면서 때때로 거리의 백성들에게 간장, 술, 국 등을 마구 나누어 주시는데, 이런 일을 한다고 불교에서 가르치는 그 공덕이 쌓여지는 것은 아닙니다.

왕은 오직 착한 일을 하면 복을 받고 나쁜 일을 하면 벌을 받는다는 것을 생각하고, 도리에 맞도록 모든 일을 잘 살펴 다스린다면 그것으로 충분하리라 믿습니다."

이어서 최승로는 28조를 제시하였는데, 그 중 몇 가지를 들어 보면 다음과 같다.

- 백성들을 몹시 괴롭히고 있는 각 지방의 세력가들을 가려 내어 그 횡포를 막아야 한다.
- 재산이 많은 자들은 제멋대로 큰 집을 짓고 있으므로, 부자들의 행동이 도리에 맞도록 질서를 바로잡아야 한다.
- 천민을 부당하게 양민으로 만들거나, 양민을 억울하게 천민으로 만드는 일이 없도록 잘 살펴야 한다.
- 관리들이 몸을 비단으로 마구 휘감고 다니는 사치스러운 풍습을 막고, 관리들의 지위에 맞추어 관복을 정해야 한다.
- 궁중을 지키는 도사의 수를 줄여야 한다.
- 중국에 사신이 갈 때에는 필요한 물건만 무역하도록 하고, 사신도 꼭 필요할 때에만 보내어야 한다.
- 섬으로 귀양을 간 사람들의 후손은 비참한 생활을 하고 있으므로, 그들에게 형편에 알맞은 세금을 내도록 해 주어야 한다.
- 나라에 공이 많은 사람들의 후손은 잘 대접해 주어야 한다.
- 백성들에게 재산을 바치게 하는 승려들의 행패를 막고, 백성들에게 부담을 주는 궁궐의 불교 행사를 줄여야 한다.

고려사절요

- 왕은 유교를 높이 받들어 나라를 다스리는 근본으로 삼아야 한다.
- 귀신을 모시는 것은 부질없는 일이므로 미신을 믿지 말아야 한다.

최승로가 이러한 내용을 건의하자, 성종 임금은 그 다음 해에 전국의 12주에 목사를 보내어 각 지방의 정치를 바로잡았고, 이어서 궁궐에서 여는 팔관회와 연등회 등 불교 행사도 그만두었다.

최승로는 이처럼 자기의 생각이 하나하나 실천되어 나라의 기틀이 바로잡혀 가는 것을 보다가 59세에 세상을 떠났다. 왕은 그의 죽음을 크게 슬퍼하였고, 그 다음 왕인 목종은 최승로의 무덤을 성종의 묘 옆으로 옮겨 함께 제사 지냈다.

◎ 참고 자료

⟨성종의 치적⟩
- 최승로 등의 도움을 받아 새로운 정치를 단행→고려 초기, 문물 제도 정비
- 백관들의 칭호를 고침.
- 중앙에 3성·6조·7시를 제정, 지방에 12목 설치
- 6관을 상서 6부로 개혁
- 지방 행정 구역을 10도로 고침.
- 팔관회·연등회를 폐지, 서울과 지방에 학교를 설립
- 거란과의 외교 관계 수립

⟨팔관회⟩

고려 때의 불교 의식의 하나, '삼국사기'에 따르면 신라 진흥왕 때에 비롯되었다고 하며, 고려 태조의 '훈요 10조'에서도 그 중요성이 지적되어 '성종' 때를 제외하고 연등회와 함께 2대 의식의 하나가 되었다.

고려 말까지 팔관회는 나라 최고의 의식으로 계속되었으며, 몽골(몽고)의 침입으로 강화도에 천도했던 시기에도 이 팔관회가 행하여졌으나, 조선으로 접어들면서 불교 억제 정책에 의해 철폐되었다.

오늘날의 연등 행사

연대	중요 사항
927	(고려 태조 10년)~989(성종 8년)
982	정광 행선 관어사 상주국(국로)이라는 벼슬을 받고 수천언에 달하는 시무책 28조(봉사)를 지음.
988	수문하시중이 됨.

말로써 80만 대군을 물리친 **서 희**

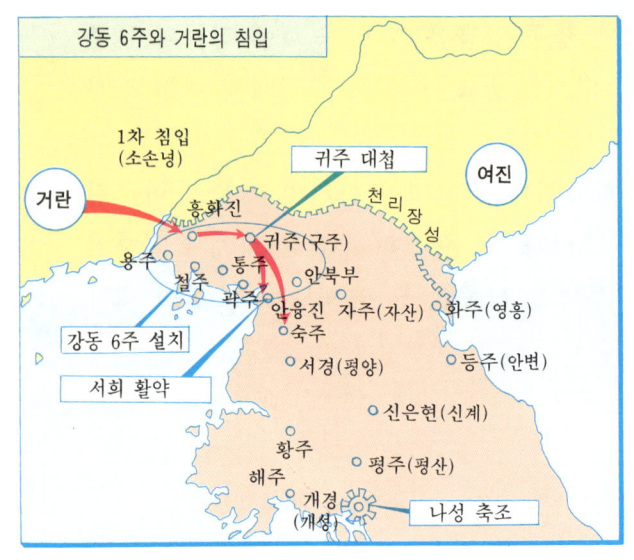

〈그림에도 뛰어나〉

서희는 열여덟 살에 과거에 급제하여 광평 원외랑, 내의 시랑 같은 벼슬을 지냈다.

그는 꽃이나 새 등의 그림도 잘 그렸는데, 그의 그림은 선으로 이루어진 것(구륵법)이 아니라, 먹이나 물감으로 형태를 나타낸 것(몰골법)이 큰 특징이었다.

그는 마흔 살이 되었을 때 송나라에 가서 다시 교류를 시작하는 공을 세웠다. 그 때에는 송나라가 중국을 통일하였고, 북쪽에서는 거란이 일어나 발해를 멸망시킨 후 그 힘이 더욱 강해진 때였다. 거란은 고려에 압력을 넣어 송나라에 사신을 보내는 일을 하지 못하게 했기 때문에, 그 동안 송나라와 교류를 하지 않고 있었던 것이다.

〈말솜씨로 80만 대군을 물리치고 강동 6주를 되찾다〉

이 때 거란은 고려에 사신을 보내 친교를 맺으려 하였다. 고려는 거란이 우리 민족이 세웠던 나라인 발해를 멸망시켰을 뿐아니라, 문화적으로도 야만스러워 이를 거절하였다. 그리고 국경 지대에 여러 성을 쌓고, 그들에 대한 경비를 더욱 튼튼하게 하였다.

그러자 거란의 장수 소손녕이 80만 대군을 이끌고 압록강을 건너 고려의 국경 지대를 침입하였다. 이에 서희는 중군사의 직책으로 출전했다. 전세가 불리해지자 조정에서는 그만 항복하자는 주장도 있었고, 서북쪽의 평안도 땅을 떼어 주고 거란과 서로 친밀하게 지내도록 하자는 주장도 있었다. 그러나 서희는 이에 반대하고 혼자 적진으로 들어가 소손녕을 만났다.

"고려는 신라 땅에서 일어났으니, 옛 고구려 땅은 거란의 것이오. 나는 고구려의 옛 땅을 찾으러 왔소."

소손녕의 말에 서희가 대답하였다.

"그것은 잘못 생각한 것이오. 고려가 고구려를 이어받아 세워진 나라이기 때문에 나라 이름도 고려라고 한 것이오. 따라서 고구려의 옛 땅은 고려의 것이므로, 지금 그대들이 차지한 만주의 랴오허 강 부근까지도 사실은 고려가 차지해야 마땅한 것이오."

"그러면 어떻게 해야 한다는 말이오?"

"우리 고려는 압록강 부근의 여진족을 몰아 내고 고구려의 옛 땅을 찾게 되면 곧 요(거란)와 친하게 지내도록 하겠소."

소손녕은 서희의 주장과 설명을 옳게 여기고 고려와 요의 국경을 우선 압록강으로 정한 다음 철수하였다.

그 후 서희는 평안도 지방으로 군사를 이끌고 올라가, 청천강 북쪽까지 내려와 사는 여진족을 몰아 낸 다음, 여섯 곳에 성을 쌓아 평안 북도 일대의 땅을 완전히 되찾았으며, 서희의 슬기로운 외교 담판은 우리 역사에 길이 빛나게 되었다.

▶ 소손녕과 담판하는 서희

연대	중요 사항
942	(고려 태조 25년)~998
960	문과에 급제함.
982	송나라에 가서 국교를 맺음.
993	거란의 소손녕과 담판하여 물러가게 함.
994	평안도 일대의 땅을 찾음.

서희

거란군을 물리친 강감찬

낙성대

〈별이 떨어진 곳에서 탄생〉

서울 봉천동에는 별이 떨어진 자리인 낙성대가 지금도 있다. 약 천 년 전 어느 날 밤, 큰 별이 민가로 떨어졌는데, 바로 그 집에서 사내아이가 태어났고, 그 아이가 바로 하늘이 내려보낸 강감찬이었다는 것이다.

강감찬은 36세에 문과 장원으로 급제하여 예의와 교육에 관한 일을 맡아 보는 예부 시랑이라는 관리가 되었다. 그가 63세 되던 해에, 거란의 성종은 40만 대군으로 고려를 침입하였다. 고려에서는 강조 장군이 30만 대군으로 맞섰으나 크게 패하여, 이에 놀란 관리들이 항복할 것을 주장하였다. 그러나 지혜가 뛰어난 강감찬은 이에 반대하고, 부하 하공진으로 하여금 적을 설득시켜 물러가게 하였다.

그 뒤로도 그는 여러 가지 벼슬을 맡아 나라일을 보았고, 거란의 소배압이 10만 대군으로 침입했을 때에는 71세의 나이에도 20만 8천 군사의 상원수(최고 사령관)가 되어, 압록강 하구의 흥화진과 평안 북도 귀주(구주)에서 크게 이겼다. 이 때 살아 돌아간 적은 겨우 몇천 명뿐이었다. 강감찬 장군이 돌아올 때 현종 임금은 직접 나아가 영접했으며, 금으로 만든 여덟 가지의 꽃(금화 팔지)을 머리에 꽂아 승전을 기념하였고, 높은 벼슬과 큰 상을 내렸다.

청렴 결백한 그는 곧 벼슬을 사양하고 물러났는데, 83세로 세상을 떠나기 직전까지도 오로지 나라를 걱정하여 왕에게 수도 개경에 적을 막기 위한 성을 쌓게 하였다.

〈백성의 존경을 한몸에 받다〉

강감찬 장군은, 그의 위대한 업적에 비해 모습은 볼품 없었다. 키도 아주 작았고 얼굴도 잘 생기지 않았다. 말하자면, 누가 보더라도 겉으로는 보잘 것 없어 그가 나라의 큰 인물인 것을 아무도 짐작할 수가 없었다. 더구나 의복도 항상 검소하였으며, 겉치장에는 전혀 신경을 쓰지 않았다.

그러나 나라에 큰 일이 있어 여러 대신과 의논을 할 때에는 주위 사람들을 압도하였다. 또 청렴하여 다른 관리들처럼 많은 토지를 지니고 하인들을 시켜 농사를 짓게 하거나 돈을 모으지도 않았다. 오히려 자기의 얼마 되지도 않은 토지마저 가난한 부하 가족들에게 나누어 주기까지 하였다.

따라서 그가 살아 있을 때, 백성들이 그를 존경하고 따르는 마음은 대단하였다. 심지어 백성들은 풍년이 들어 편안하게 살고, 나라에 큰 일이 일어나지 않고 태평한 것을 모두 강감찬의 공덕이라고 생각하였다. 하늘에서 떨어진 별이 바로 강감찬이었다는 전설은, 바로 그 당시 백성들의 이러한 마음 속에서 생겨났을 것이다.

강감찬은 남은 생을 자연과 벗하고 책을 읽으며, 조용히 살다가 그의 위대한 생을 마쳤다.

강감찬

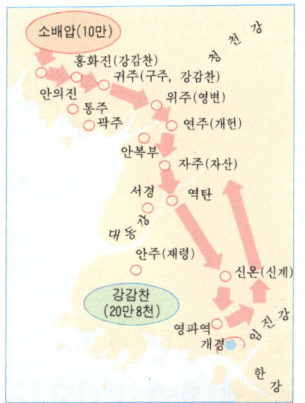
▲ 거란 소배압이 거느린 10만 군사의 침입 경로

〈귀주(구주) 싸움 승리의 원인〉
거란군이 강을 건너는 것을 대비, 강감찬이 강물을 막았다가 갑자기 물을 터뜨려 공격하는 작전과 추격 작전의 성공

귀주(구주)의 싸움 : 거란족을 크게 무찌르는 모습

연대	중요 사항
948	(고려 정종 3년), 서울 동작구 봉천동에서 태어남.
983	문과 장원 급제로 예부 시랑이 됨.
1010	40만 대군으로 침입한 거란의 성종을 하공진으로 하여금 설득시켜 물리침.
1018	거란 소배압의 10만 대군을 귀주(구주)에서 격파, 이후 여러 벼슬을 지냄.
1030	개경에 성을 쌓고 문하 시중이 됨.
1031	세상을 떠남(묘 : 충청 북도 청원군 옥산면 국사리)
저서	낙도교거집, 구선집 등

최초의 사립 학교 건립자 **최 충**

〈평범한 집안에서 태어나 큰 인물이 되다〉

최충은 어려서부터 학문을 좋아하고 글짓기를 잘하여, 특별한 가문에 태어나지 않고도 마침내 큰 인물이 되었다.

그는 19세에 과거를 보아 장원으로 급제하여 관리가 되었고, 변방에 여러 진과 성을 쌓아 천리 장성의 일부를 이루기도 하였다.

또 63세가 되던 해에는 문종 임금이 즉위하여 마침내 최고 벼슬인 문하 시중이 되었고, 69세가 되자 벼슬을 그만두려고 하였으나, 임금이 그를 만류하여 2년을 더 일하고 물러났다.

최충은 이처럼 50년을 두고 현종, 덕종, 정종, 문종의 네 임금에 걸쳐, 나아가서는 장군으로서, 조정에서는 재상으로서의 중요한 직책을 맡아 보면서 나라 살림에 힘을 다하였다. 그가 한 여러 가지 일 중에는 거란족의 침입 때 불타 버린 실록(역사책)을 새로 만든 것도 있고, 문하 시중으로 있을 때에는 여러 법률관을 불러 그 때까지의 법률을 고쳐 드디어는 고려의 형법을 완성하였다.

〈최충, 최초의 사립 학교를 세우다〉

그러나 그가 70평생에 이룩한 일 중 가장 빛나는 업적은 71세에 이르러 벼슬을 그만두고 세상을 떠날 때까지의 10여 년 간 교육에 힘쓴 일이다.

그 당시에는 국학이 있었지만, 교육 기관으로서의 큰 구실을 못하였고, 아직 지방에는 학교가 없었을 때였다. 그래서 학문을 연구하고 싶은 선비들은 훌륭한 교육자를 찾지 못해 애태우는 실정이었다.

이에 최충이 자기 집에서 교육에 힘쓰자, 학생들이 물밀듯 모여들게 되었고 드디어는 개경 송악산 아래에 학교를 짓게 되었다. 이 학당은 학생들의 수준에 따라 악성, 대중, 성명, 경업, 솔성, 조도, 진덕, 대화, 대빙의 아홉으로 나누어 9재 학당이라고 하였다. 최충은 이 9재 학당의 교과서를 9경(주역, 상서, 모시, 예기, 주례, 의례, 좌씨전, 동공양전, 동곡양전)과 3사(사기, 한서, 후한서)로 정하였다. 그 내용은 당시의 과거 시험 준비를 위한 것이었지만, 최충은 시험 공부만 시키지 않고 제자들의 인격을 갖추는 데에 특히 노력하였다.

최충의 이와 같은 교육이 알려지자 전국에서 선비들이 모여들었고, 이 9재 학당을 모방한 학교가 열한 군데에 더 생겼다. 이 때 최충은 우리 나라의 공자님이란 뜻으로 '해동 공자'라고 불리게 되었다.

　최충의 아들들도 훌륭한 인물로 성장하여 맏아들 최유선은 중서령이 되었고, 둘째아들 최유길은 상서령이 되었는데, 최충이 세상을 떠나기 전 해에 임금은 국로 최충을 위한 잔치를 열어 3부자가 함께 참석하였다. 그는 나라의 정치에 엄격하고 공정했으며, 교육 제도를 마련하여 훌륭한 제자들을 길러 낸 업적을 이루었고, 두 아들에게도 항상 이런 점을 강조하였다.

　"선비가 권세로써 이름을 얻으면 아름다운 끝을 맺기 어려우나 학문으로써 출세하면 끝이 좋은 법이다. 나는 다행히 학문으로써 오늘에 이르렀으므로 깨끗하게 세상을 마칠 것을 기약한다."

　우리 나라의 유학은 그의 힘으로 일어나 조선 시대에 꽃을 피웠고, 그의 힘으로 비로소 학교다운 학교가 세워졌다.

◎ 참고 자료

〈12 공도〉
- **최　충** : 문헌공도
- **정배걸** : 홍문공도
- **노　단** : 광헌공도
- **김상빈** : 남산도
- **김무체** : 서원도
- **은　정** : 문충공도
- **김의진** : 양신공도
- **황　영** : 정경공도
- **유　감** : 충평공도
- **문　정** : 정헌공도
- **서　석** : 서시랑도
- **　?　** : 귀산도

연대	중요 사항
984	(고려 성종 3년)~1068(문종 22년)
1005	문과에 급제함.
1047	문하 시중이 됨.
1050	서북면 도병마사가 됨.
1055	9재 학당을 세워 교육에 힘써 '해동 공자'로 불리게 됨.

여진을 정벌한 윤관

5도 양계 및 윤관 9성

〈여진족의 세력 확장〉

윤관은 고려 문종 때 과거에 급제하고, 숙종 때는 추밀원 지사, 동궁시강, 한림학사 등을 지낸 문관이었지만 병사에도 뛰어나 북쪽의 오랑캐를 물리치는 데에도 큰 공을 세웠다.

그 때 고려의 북쪽 국경은 압록강 입구에서 함경남도 정평에 이르는 천리 장성이었으며, 이 국경선의 북쪽에는 여진족이 살고 있었다. 여진은 대대로 고구려, 발해의 지배를 받아 왔으나, 이제 그 곳에 나라를 일으킨 요의 지배를 벗어나 흩어져 살면서 이웃의 거란족처럼 자주 고려의 국경을 침입해 왔으므로, 고려는 천리 장성을 쌓아 이를 막은 것이다. 본래 여진족은 고려를 '부모의 나라'로 섬겨 왔으나, 추장 우고내와 그의 아들 영가를 중심으로 뭉쳐 세력을 키우더니, 이제는 함경도의 함흥 지방까지 그 세력을 뻗쳤다.

한편, 고려는 옛 고구려의 영토를 다시 찾겠다는 꿈을 가지고 있었으므로 즉시 문하시랑 임간을 병마사로 임명하여 이들을 무찌르게 했다. 그러나 참패하고 돌아오자 다시 윤관을 보냈지만, 훈련도 제대로 받지 않은 고려군은 말타기에 능숙한 여진족에게 큰 피해만 보고 말았다.

〈기병의 양성〉

이처럼 두 차례의 싸움에서 패배하자, 숙종 임금은 윤관의 벼슬을 높여 주고 다시 한 번 철저한 여진 정벌을 준비하게 했다. 이에 윤관은 임금에게 건의하였다.

"이번에 우리가 패한 것은, 적이 기병인 데 비해 우리는 보병으로 싸웠기 때문이므로 곧 기병을 양성해야 하겠습니다."

이로써 고려는 기병으로 된 신기군, 보병으로 된 신보군, 승려로 된 항마군 등의 별무반을 창설하게 되었다. 윤관은 이 별무반의 군사 훈련을 시키는 한편, 무기를 만들고 군량을 모으면서 여진 정벌의 준비를 단단히 하였다.

숙종 임금이 갑자기 세상을 떠난 그 다음 해에 여진족이 또 국경을 침입한다는 보고를 들은 예종 임금은, 대신들에게 선왕이 여진족을 정벌하겠다는 결심을 적었던 글을 내보이며 눈물을 흘렸다. 그러자 대신들은 모두, 여진 정벌을 단행하자는 윤관의 뜻에 찬성하였다.

1107년 10월 20일, 예종 임금은 윤관을 대원수, 오연총을 부장에 임명하여 진군령을 내렸다. 이 때 우리 군사는 17만 명이었으므로 우리 나라 역사상 보기 드문 대군을 거느린 윤관은, 평양까지 따라온 임금이 특별히 내려준 부월을 치켜 들고 함흥을 향해 떠났다. 부월은 장군의 명령에 복종하지 않는 사람은 임금의 뜻으로 누구든지 처형할 수 있는 권한을 뜻하는 것이었다.

기마술에 능한 여진족은 결사적으로 대항했으므로, 여진족의 근거지 함흥 평야에서 벌어진 싸움은 치열하였다. 그러나 윤관이 거느린 고려군은 오랫동안 그가 몸소 훈련시킨 군사들인 데다가 그의 작전과 지휘가 적중하였고, 척준경 등의 장수들이 용감하게 싸워, 드디어 135개 마을을 점령하고 적군 5천

윤관 장군의 여진 정벌

명을 베어 버린 다음, 포로 1천 명을 이끌고 돌아오는 큰 승리를 거두었다.

그러나 생활 근거지를 빼앗긴 여진족은 남은 군사들을 모아 그 다음 해에도 공격해 왔으므로 윤관은 최홍정, 척준경 등 장수들을 내보내 이를 막고, 함주 공험진, 의주, 통태진, 숭녕진 등에 성을 쌓아, 영주, 웅주, 길주, 복주를 포함한 9곳의 성에 군대를 주둔시킨 다음 개경으로 돌아왔다.

윤관이 개선한 후에도 여진족의 침략은 계속되었고 오연총이 나가 패배했으므로, 윤관은 두 차례나 더 나가 이들의 침략을 막았는데, 이 때 여진족은 '우리 조상들은 고려 출신이니 9성을 돌려 주고 우리가 살 수 있도록 해 주면, 앞으로는 절대 침략하지 않겠다.'는 간청을 하였다. 그러자 고려 조정에서는 방비에 힘이 들고 그만큼 백성들의 불평도 많으므로 마침내 이를 허락하고 말았다.

〈9성을 돌려 준 후〉

그런데 최홍사, 김경용, 김연, 이재 등의 대신들은 애써서 이룩한 9성을 허무하게 되돌려 주게 되자, 기다렸다는 듯이 윤관의 공을 시기하여 공연히 군대를 동원함으로써 나라를 해롭게 했다는 누명을 덮어 씌웠다. 그들은 임금이 윤관의 편을 들자, 모두들 아예 궁궐에도 나오지 않는 등 심하게 반발했다. 그러자 임금도 하는 수 없어 윤관의 관직을 거두고 말았다.

그러나 반 년이 지나자 임금은 다시 윤관에게 관직을 되돌려 주었다. 예종 임금은 벼슬을 사양하는 윤관에게 다음과 같이 말했다.

"경이 여진을 정벌한 것은 선왕의 뜻을 받들고 과인이 결정한 데 따른 것으로, 위험을 무릅쓰고 적진에 들어가 9성을 쌓고 나라의 수치를 씻은 그 공이 크다는 것을 과인은 알고 있었으니 경에게 주는 벼슬을 사양하지 말기를 바란다."

이렇게 하여 모함에서 벗어났으나 윤관은 이듬해에 세상을 떠나고 말았다.

연대	중요 사항
?	~1111 (고려 예종 6년)
1088	관직에 오름.
1095	요, 1098, 송나라를 다녀옴.
1101	추밀원 지사, 이부 상서가 됨.
1104	여진 정벌에 실패함.
1107	17만 대군으로 여진을 정벌하고 9성을 쌓음.

고려 말의 문장가 이규보

<기이한 아이>

이규보는 어려서부터 글을 깨우쳐 직접 글을 짓기도 하여 사람들은 그를 '기이한 아이' 곧, '기동'이라고 했다. 그는 13세에 최충이 세운 사립 학교인 9재 학당에 들어가서는 그 재주가 세상에 더욱 드러나기 시작했다.

그는 문장을 한 번만 읽으면 바로 기억하고, 시를 지을 때는 옛 사람이 이미 지어 놓은 시의 투를 따르지 않았다. 그래서 그 당시 유명한 학자였던 오세재란 사람은 이규보를 한 번 보고는 곧 벗으로 삼았는데, 사람들은 이를 비난하였다.

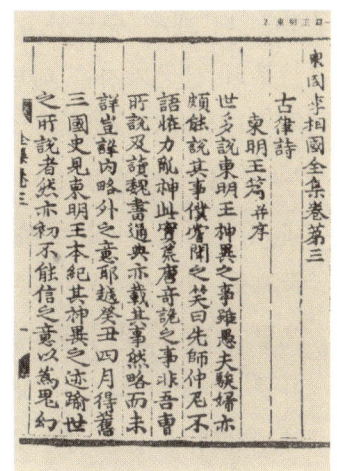

이규보의 '동명왕편'

"선생은 이규보보다 나이가 30살이나 더 많은데, 어떻게 서로 터놓고 지내자고 하셨소?"

그러자 오세재는 대답하였다.

"그대들이 알 바 아니오. 이규보는 비상한 사람이니, 후에 반드시 큰 인물이 될 것이오."

<우리 나라 최초의 서사시 '동명왕편'을 이룩하다>

이처럼 천재로 이름났던 이규보는 15세에 과거를 보았으나 실패했고, 19세 때에도 또 낙방하고 말았다. 그것은 그의 재주가 모자란 것이 아니라 술만 마시고 놀며 과거 시험에 나올 만한 문장을 익히는 데 게을렀기 때문이었다. 그는 자유롭게 시를 쓰는 데 흥미를 느꼈지, 딱딱한 과거 시험 문장에는 재미를 가질 수가 없었다. 그러나 20세에는 감시에 장원을 하였고, 22세에는 예부시에 합격하여 진사가 되었으나, 벼슬을 오래 하지 못하고 불우한 세월을 보냈다. 그의 호 중에는 '삼혹호'라는 것이 있는데, 이것은 그가 시와 거문고, 술을 대단히 좋아한다는 뜻에서 지어진 것이고, 다른 호 '백운 거사'는 그의 나이 23세에 아버지를 여의고 천마산에 들어가 살면서 지은 이름이었다.

그는 25세 때 유명한 장편시 '백운시'를 지었고, '구삼국사'를 구하여 읽은 다음에는 우리 나라 최초의 서사시로 일컫는 '동명왕편'을 썼다. 동명왕의 이야기는 오늘날 '제왕운기' 및 '삼국유사'와 더불어 우리 나라의 신화를 연구하는 데 매우 중요한 기록이며, 약 4천 자의 한문으로 주몽(동명왕)의 출생에서부터 건국까지를 나타낸 웅장한 장편 영웅 서사시이다. 그는 이 긴 시를 쓰게 된 이유를 다음과 같이 밝혔다.

"세상에 동명왕의 신비한 이야기를 누구나 다 알고 이야기하고 있다. 그런데 김부식이 다시 국사를 쓰면서 그 이야기를 많이 축소하였다. 김부식은 국사를 백성을 가르치는 책으로 엮었으므로, 이상한 일은 쓰기가 곤란하여 그렇게 했을 것이다. 동명왕의 일은 실로 나라를 일으킨 신의 이야기로서, 이를 써 놓지 않으면 장차 후손들은 무엇으로 이를 알 수 있겠는가. 이러한 의무감에서 붓을 든 것이다."

이규보가 쓴 동명왕의 이야기는 그 후 다른 나라의 침략으로 시달리던 우리 민족에게 민족 정신을 불러일으키는 횃불의 하나가 되었다. 이규보가 살았던 그 당시의 고려는 무신들이 난리를 일으키고, 지방에서 농민들이 반란을 일으켰으며, 몽고족이 침략하는 등 그야말로 어지럽기 짝이 없는 시대였다. 그리하여 나라의 정치도 군인들이 마음대로 하고 있었다.

〈즉석에서 시를 지어 내다〉

사방으로 떠돌아다니다가 10년 세월을 보낸 이규보는 관리가 되고자 하였는데, 31세가 되어 그 기회를 맞게 되었다. 당시 정권을 잡은 무신 최충헌이 선비들을 불러 시를 짓게 했는데, 이 때 이규보가 눈에 들어 전주 목사 밑에서 일하는 관리가 된 것이다. 그러나 그는 그 일을 1년쯤 하고는 그만두고 서울로 올라갔다.

또 33세 때에는 경주에서 반란이 일어나 그도 4년간이나 반란군을 무찌르는 데 참여했지만, 다른 사람들은 상을 받고 벼슬이 올랐으나, 이규보는 제외되고 말았다.

39세에 이르러 겨우 한림원에서 일하는 관리가 되어 일하다가 최충헌의 아들 최이

가장 오래 된 고려 가요 '한림별곡'

의 눈에 들게 되었다. 최이는 단숨에 시를 지어 내는 이규보를 보고 깜짝 놀랐다. 최이는 곧 그의 아버지 최충헌에게 이규보를 소개하였다.

"이 사람은 술이 취한 후에야 시를 술술 쓸 수 있습니다."

그러자 최충헌은 그에게 술을 주고 난 다음, 시의 제목을 40가지나 불렀는데, 그 때마다 이규보가 재빨리 붓을 들어 즉흥시를 지어 내자, 최충헌도 감탄하며 말했다.

"그대가 바라는 벼슬자리가 있으면 말하라."

그러자 최이는 이규보를 보고 높은 벼슬자리를 부르라고 눈짓을 했지만 이규보는 못 본 체하고 이렇게 대답했다.

"이제 8품이니 7품이 되도록 해 주시면 만족하겠습니다."

최충헌은 죽을 때까지 여러 왕을 마음대로 움직이면서 권력을 휘두르고, 그의 아들 최이에게 그 자리를 물려 주었다. 최이는 이미 노인이 된 이규보를 서울로 불러 외교 문서 작성, 8만 대장경판 제작 등 중요한 일들을 맡겼는데, 몽고군은 그의 글(진정표)을 보고 물러가기도 했다. 그러나 이규보는 이 때까지도, 서울에 집이 없어 여관에 머물렀다.

이규보가 73세에 병이 들자 최이는 의원을 보냈고, 죽기 전에 그의 문집 53권을 만들어 주려 하였지만, 그는 끝내 이를 알지 못한 채 숨을 거두었다.

연대	중요 사항
1168	(고려 의종 22년)~1241 (고종 28년)
1190	문과에 급제함.
1237	문하 시랑 평장사, 감수 국사, 한림 원사 등을 지냄.

◎ 참고 자료

〈이규보의 '동명왕편' 가운데, 주몽의 출생과 나라 세움까지〉

○ 주몽의 탄생

　왕이 하느님 아들의 비(부인)인 것을 알고 다른 궁궐에 살게 하였는데, 그 여인(하백의 딸)의 몸에 해가 비치자 아이를 배게 되었고, 여름에 주몽을 낳았는데 보통 사람과 달랐다.

○ 알에서 주몽이 탄생

　처음 나올 때 왼쪽 겨드랑이로 알을 하나 낳았는데, 크기가 다섯 되들이 만하였다. 왕이 이상하게 여겨,

　"사람이 알을 낳다니, 몹시 괴상하고 흉하구나."

하고 마굿간에 놓아 두게 하였다. 그런데 이상하게도 말들이 그 알을 밟지 않고 피해 다니기만 하여 이번에는 깊은 산에 버렸더니, 산 속의 짐승들이 그 알을 보호하였다. 그 알 주변에는, 날씨가 아무리 음침하고 흐려도 해가 늘 내리비치었다. 왕은 그 알을 도로 가져다가 여인에게 주었는데, 얼마 있지 않아 알이 갈라지고 한 씩씩한 어린아이가 나왔다.

　낳은 지 한 달이 되지 않아 말을 하였으며, 활과 화살을 그 어머니에게 만들어 달라 하여 댓가지로 만들어 주었더니, 그 활로 물체 위의 파리를 쏘아 맞히는데 쏘는 대로 파리를 맞혔다. 부여에서 활 잘 쏘는 사람을 주몽이라 하였다.

○ 주몽의 탈출

　주몽이 나이를 한두 살씩 먹게 되자, 재능을 다 갖추었다. 하루는 금와왕의 일곱 왕자와 따르는 사람 40여 인이 겨우 한 마리의 사슴을 잡는 동안, 주몽은 사슴을 수도 없이 쏘아 잡았다. 왕자들이 시기하여 주몽을 나무에 묶고 사슴을 빼앗았는데, 주몽은 그 나무를 뽑아 버리고 도망하였다. 왕자들이 주몽을 두려워하여 없애려 하였으나, 왕은 듣지 않고 말을 대신 기르게 하여 주몽의 뜻을 시험하였다. 주몽이 한을 품고 그 어머니에게,

　"나는 하느님의 손자인데, 남을 위해 말을 기르다니 사는 것이 차라리 죽느니만 못합니다. 또 남쪽으로 가서 나라를 세우려 하나, 어머니가 계시니 그것 또한 마음대로 못 하겠습니다."

라고 하였다. 그 어머니가 위로하고 말을 골라 주어 달아나게 하였다.

○ 고구려 건국

　주몽은 오이, 마리, 협부의 세 어진 벗을 얻어 남쪽으로 달려와 '엄체수'라는 강에 이르렀으나 배가 없었다. 또 주몽의 뒤를 급히 추격하는 군사가 있어서 되돌아갈 수도 없을 지경에 처했을 때, 주몽이 활로 물을 내리치니, 고기와 자라 등이 떠올라 다리가 되어 무사히 엄체수를 건널 수 있었다. 주몽은 떠나올 때 오곡의 씨앗을 깜박 잊고 왔는데, 마침 비둘기 한 쌍이 오곡의 종자를 물고 주몽에게로 날아왔다. 경치 좋고 형세 좋은 땅에 왕도를 여니, 산은 높고 골은 깊었다. 주몽 스스로 띠자리 위에 올라 앉아 임금과 신하의 위치를 정하였다.

〈국선생전〉

> 술을 사람처럼 표현하여 나라를 위한 충절을 가르치기 위한 작품으로 '동문선'에 수록 되어 있다.

'국성'이라는 사람의 자는 '중지(비틀비틀)'며, 그의 관향(시조가 난 땅)은 '주천(술이 솟는 샘)'이다. 그가 어렸을 때 '서막(행동이 느리고 정신이 흐릿한 사람)'에게 사랑을 받아, 그의 이름과 자는 모두 '서막'이 지어 준 것이다. 그의 조상은 처음에 '온'이라는 고장에서 농사를 짓고 살았는데, 청나라가 주나라를 공격할 때 포로가 되어 본국으로 돌아가지 못하였으므로, 그 자손의 한 파가 정나라에서 살게 되었다. 그의 증조 할아버지는 역사에 이름이 드러나지 않았고, 할아버지 '모(보리)'는 집을 '주천'으로 옮겨, 이 때부터 주천에서 살게 되었다.

아버지 '차(흰 술을 뜻함)'에 이르러서 비로소 벼슬길에 나아가 평원 독우의 직을 역임하였고, 사농경 '곡('술'을 만드는'누룩')'씨의 따님과 결혼하여 '국성'을 낳았다.

그는 어렸을 때부터 도량이 넓고 침착하여, 아버지의 친지들은 그를 매우 사랑하였다. 그래서 항상 이렇게 말하였다.

"이 아이의 도량이 그들먹한 물과 같아서 가라앉혀도 더 맑아지지 않으며, 흔들어도 탁해지지 않으니, 우리는 자네와 얘기하기보다는 차라리 이 아이와 함께 기뻐함이 훨씬 좋을 것이네."

국성이 다 자라, 중산에 살고 있는 '유영(죽림 칠현 가운데 한 사람으로, 술을 매우 즐겼음)'과 심양에 살고 있는 '도잠(도연명, 술을 즐겼음)'과 벗이 되었는데, 이들은 서로 말하기를,

"하루라도 이 친구(국성)를 만나지 못하면 마음 속에 괴로움이 쌓인다."
라고 하며, 만날 때마다 해가 저물도록 함께 놀았다.

그 후, 국성은 청주 종사라는 벼슬에 오르고 이어 '조구연(술지게미가 처마에 닿았다는 뜻)'에 제수되었다.

국성은 보잘것 없는 존재로 출세하였으나, 나라의 정사를 어지럽힌다는 비난을 받아 이 일로 결국 죄를 입게 되어, 그의 세 아들은 자살을 하였고, 국성도 벼슬에서 물러나 평민이 되었다.

국성은 비록 평민이 되었으면서도 나라에 난리가 생기면 출정하여 희생 정신을 발휘하고 공을 세워 벼슬을 받았으나, 글을 올려 사양하고 물러나 제 분수를 지켰다.

임금이 두터운 예로 대하여, 그가 조정에 들 때에는 늘 가마를 타고 임금이 앉아 있는 곳까지 오르게 하였으며, 또한 임금도 그의 이름을 부르지 않고 '국 선생'이라 불렀다.

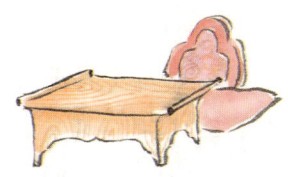

이규보

고려의 마지막 수호자 최 영

최 영

〈최영 장군의 평생 신조〉

최영은 어릴 때부터 얼굴에 위엄이 있고 몸집이 큰 장사였다. 그의 아버지는 최영이 15세 때 세상을 떠났는데 "너는 마땅히 황금을 보기를 돌같이 하라."는 말을 남겼다. 그래서 최영은 청렴 결백을 평생의 신조로 삼게 되었다.

청년 장교가 된 최영은 왜구를 막는 데 공을 세워 곧 왕의 근위 대원이 되었고, 38세에 벌써 대장군의 지위에 올랐다.

당시 고려는 원나라를 90여 년 동안 섬겨 오다가 공민왕이 즉위함으로써 자주 독립 정신을 발휘하던 때였다. 아시아와 유럽에 걸쳐 대제국을 자랑하던 원나라도 이제는 서서히 멸망해 가고 있었기 때문이었다. 이 때 원나라에서는 홍건적이 반란을 일으켜 고려에 대해 구원을 요청했으므로, 최영은 40여 명의 장군과 2천 명의 군사를 거느리고 원나라를 돕는 데 큰 공을 세우고 돌아왔다. 이 원정에서 최영은 세 가지를 깨닫게 되었다. 그것은 고려 군사가 원나라 군사보다 강하고, 원나라의 정치는 형편 없이 어지러우며, 반란을 일으킨 군사들, 즉 장차 명나라를 일으킬 군사들의 실력을 알게 되었다는 것이었다.

〈최영 장군의 눈부신 활약〉

그리하여 최영은 원나라로부터 동북쪽의 우리 나라 땅을 찾고, 압록강을 건너 요양에 이르는 곳을 점령한 다음, 야전 사령관이라 할 수 있는 서북면 병마사가 되어 우리 나라로 들어오려는 홍건적을 막아 내는 데 눈부신 공을 세웠다.

그러나 10만 명의 홍건적은 원나라 군사들에게 밀려, 고려의 서울 개경을 함락하고 성 안의 사람들을 불태워 죽이는 만행을 저질렀다. 이에 최영은 이성계와 함께 개경을 다시 찾고 왕이 돌아오게 했는데, 이 때 재상 김용이 궁궐을 습격하는 역모를 일으켜 최영은 이들을 물리친 다음, 오늘날의 국방부

장관이라고 할 수 있는 판밀직사사의 자리에 올랐다.

이어 원나라에서는, 고려의 공민왕이 그들의 말을 잘 듣지 않자, 고려 왕족인 덕흥군을 고려 왕으로 즉위시키려고 최유에게 군사 1만여 명을 주어 침략해 왔다. 최영은 이들도 단숨에 무찔러 싸움에 나갈 때마다 승리를 거두는 장군으로 이름을 떨치게 되었다.

그러나 최영은 고난을 겪기도 했다.

최영 장군을 모신 '무민사'

그가 동서강도 지휘사로 있을 때였다. 마침 사냥을 하러 나갔을 때, 왜구가 들어와, 약탈을 일삼자 그를 미워하던 신돈이라는 중이 공민왕을 꾀어 그의 직위를 낮추었다. 그러나 그는 불평하지 않고 그의 자리를 지켰다.

그가 58세 되던 해에 제주도에서 목호가 반란을 일으켰다. 그 때 제주도는 원나라가 군사를 두어 소와 말을 많이 기르던 곳이었다. 이에 최영은 전선 314척, 군사 2만 5천을 거느리고 가서 이들을 무찔렀는데, 그 동안 조정에서는 공민왕이 암살되고 우왕이 왕위를 잇게 되었다.

〈최영 장군의 나라 위한 마음〉

이 때 고려는 왜구의 침략이 잦아 매우 위험한 지경에 이르렀다. 이에 최영은 노쇠한 몸을 이끌고 스스로 출전하여 남쪽으로 진군하여 내려왔다. 공주 근처에 이르러 삼면이 절벽으로 된 험악한 곳에서 왜구와 충돌하였는데, 그는 군사들 앞에서 돌격하다가 입술에 왜구의 화살을 맞고 말았다. 그러나 그는 태연하게 곧 자기에게 화살을 쏜 그 왜적을 활로 쏘아 죽인 다음 입술의 화살을 뽑았다.

무민사의 최영 장군 영정

이 싸움에서 개선하자, 왕은 그를 오늘날의 총리와 같은 시중으로 승진시키려 하였다. 그러나 최영은 시중이 되면 쉽게 싸움터에 나갈 수 없으니 왜구를 모두 무찌른 다음으로 미루어 달라고 사양하였

최 영 **79**

다. 그는 오직 나라를 위하는 마음뿐으로 개인의 이익과 명예는 바라지도 않았던 것이다.

왜구의 침략은 그 후로도 계속되었고, 최영이 62세가 되던 해에는 곧 서울로 진격해 오게 되었다. 왜구는 최영이 거느린 군사들만 무찌르면 다른 군대는 겁낼 것 없다는 생각으로 쳐들어왔으므로 한때 나라가 위급하게 되었다. 그러자 조정의 대신들은 모두 피란 보따리를 쌌지만, 최영은 이성계와 함께 이들을 전멸시켰다. 왜구의 침입은 끊이지 않아 경상도, 전라도, 강원도에서는 농사를 짓지도 못하는 사람들이 많았는데, 최영이 급히 전선 130여 척을 만들고 바닷가를 지키게 하자, 드디어 그 기세가 꺾였다.

최영은 장군으로서의 업적뿐만 아니라 재상으로서도 타협을 모르는 위엄을 보였다. 재물에 탐을 내는 관리를 매로 쳐서 죽게 하였고, 왕의 유모 장씨가 나라의 정치에 관여하여 폐단을 일으키자, 우왕의 간청에도 불구하고 처형하였다. 최영은 왕의 행실이 옳지 못할 때마다 정성을 다하여 직언하였고, 왕이 그러한 행동을 그치지 않을 때에는 눈물로써 그러한 행동을 말리기도 하였다. 최영은 또 물가가 오를 때마다 상인들이 옳지 못한 방법으로 돈을 모으는 것을 보고, 모든 물가를 공정하게 매기고는 이를 어긴 상인들은 갈고리로 등을 찍어 죽일 것이라고 하여 상인들을 벌벌 떨게 하였다.

〈고려와 최후를 함께 하다〉

이때 고려의 조정은 원나라와 새로 일어난 명나라 중에서 어느 쪽과 친하고 어느 쪽을 공격해야 하는지를 두고 두 편으로 갈라져 있었다. 우왕은 원나라를 물리쳐 옛 고구려의 땅을 찾아야 한다는 쪽이었고, 최영의 생각도 이와 같았으나, 이성계 등 일부는 이를 반대하였다.

최영은, 압록강 건너에는 여진족이 많고 이들은 여진 땅에서 자란 이성계를 존경하므로 고려군이 정벌하기에 좋다는 것을 주장하여, 마침내 이성계

최영 장군의 무덤(경기도 고양)

로 하여금 군사 5만을 거느리고 출정하게 하였다. 그러나 압록강 하류의 위화도에 이르른 이성계는 군량이 부족하고 곧 장마철이 되어 싸움이 이롭지 않기 때문에 되돌아가겠다는 등 네 가지 옳지 못함을 들어 연락을 보냈다. 뿐만 아니라 부하 장수들과 의논하여 자신이 왕이 되려는 계획을 세웠다.

개경에 가까이 온 이성계의 군사들은 왕에게 최영을 파직시키라고 하였다. 그러나 우왕은 '군사를 일으켜 우리 땅을 지키자고 의논하였던 바 그 때 여러 장군은 찬성하지 않았는가? 그런데 지금에 와서 어떻게 그 약속을 어기었는가.' 하는 글을 보내자, 이성계는 곧 궁궐로 쳐들어왔다.

최영은 궁궐을 지키고자 최선을 다해 싸웠지만, 나라의 군대는 모두 이성계에게 맡긴 뒤였으므로 도저히 당해 낼 수가 없었다. 만월대 위의 궁궐이 이성계의 군사로 가득차게 되자, 최영은 우왕과 눈물로 작별하고 체포되어 참형에 처해졌다. 72세의 최영은 죽음에 이르러서도 전혀 얼굴빛이 변하지 않았다. 그가 처형되던 날, 개경 사람들은 모두 문을 닫고 최영 장군의 죽음은 억울하다는 뜻을 나타내었으며, 울지 않은 사람들이 없었다고 한다.

그의 죽음으로 인해 고려는 무너지고 이성계가 조선이라는 새 나라를 건설하게 되었다.

◎ 참고 자료

〈이성계의 요동 정벌에 관한 4대 불가 이유 ── 위화도 회군〉
첫째 : 작은 나라가 큰 나라를 칠 수 없음.
둘째 : 여름철 농번기를 택함은 잘못임.
셋째 : 온 나라의 군대를 동원하였기 때문에 왜구들의 침입이 우려됨.
넷째 : 무더운 장마철이라 활을 쏠 수가 없고 질병 발생이 우려됨.
※고려 조정에서 이를 묵살하고 진군하라고 하자, 이성계는 회군하여 왕을 강화도로 추방하는 등의 일을 저질러 건국의 기틀을 마련하였다.

고려의 마지막 임금, 공양왕의 능(경기도 원당)

연대	중요 사항
1316	(고려 충숙왕 3년) ~ 1388(우왕 14년)
1352	조일신의 난을 평정함.
1354	원나라에 원병으로 가 공을 세움. 압록강 서쪽 땅을 찾음.
1358	왜구를 막음.
1361	홍건적을 물리침.
1363	찬성사가 됨.
1364	원나라의 침입을 막음.
1376	~1378, 왜구의 침입을 막음.
1388	이성계의 회군으로 죽임을 당함.

고려 말의 대학자 이 색

###〈13세에 성균시에 합격한 신동〉

이 색

이색의 아버지 이곡은 원나라의 과거에 급제하고 한림국사원 검열이라는 벼슬을 지내며 그 곳 학자들과 사귀고, 귀국해서도 학문을 연구한 고려 말기의 대학자였으며, 여러 실록을 편찬하기도 했다.

이색은 이와 같은 학자적 가풍 속에서 자랐기 때문에 글재주가 있었고, 성격도 원만하여 남에게 나쁜 소리를 한 적이 거의 없었다.

그는 13세에 성균시에 급제하여 사람들을 놀라게 했고, 20세에는 아버지를 따라 원나라에 가서 국자감 생원이 되었으며, 아버지와 함께 정동행성의 향시에 장원으로 합격하여 그 곳에서 여러 가지 벼슬을 지냈다. 그러나 아버지 이곡이 세상을 떠나자 귀국하여 다시 과거에 급제함으로써 공민왕 때부터 우왕 때까지 37년 동안 벼슬을 지냈다.

〈이색의 활약〉

이색은 공민왕의 원나라를 멀리하는 정책에 뜻을 같이하고 원나라와 친하게 지내야 한다는 무리들을 몰아 내는 데 힘을 기울여 임금의 총애를 독차지하였다. 그 후 그는 이부 시랑, 병부 시랑을 한꺼번에 맡고 난 다음, 지인 상서가 되어 왕의 밑에서 나라일의 대부분을 처리하게 되었다.

이 때 그는, 우리 나라는 사방에 적을 두고 있기 때문에 그 적들이 언제 쳐들어올지 모르니, 과거 시험에 무과를 두어 용맹한 사람을 무관으로 뽑아 훈련시킴으로써 뒷날 외적의 침입을 막자고 역설하였다.

이색이 33세 되던 해에는 약 10여 만 명의 홍건적이 침입하여, 그는 임금과 함께 개경을 떠나 안동까지 내려갔다. 정세문·안우 등이 홍건적을 무찔러 개경으로 돌아온 뒤에, 임금은 그를 밀직 제학, 상호군 등의 더 높은 관직에 임명하여 나라의 모든 일을 의논하였다.

또 39세 때에는 홍건적의 무자비한 침입으로 폐허가 된 성균관을 다시 짓게 하고, 판개성 부사 및 성균관 대사성이 되었다. 그는 김구용, 정도전, 정몽주, 박상충, 이숭인, 박의중 등을 학관으로 맞아 교육을 실시함으로써 고려의 유학은 크게 발전하게 되었다.

그는 강직한 인물로 잘 알려졌는데, 권세가 있는 사람의 아들이라도, 특별한 부탁은 거절하는 것이 보통이었다. 한번은 실력이 없다는 이유로 판문하부사 조민수의 아들을 낙제시키기도 했다.

이색이 60세가 되었을 때에는 원나라를 물리치러 떠난 이성계가 위화도에서 군대를 돌려 다시 고려로 돌아와 우왕을 폐하고 창왕을 즉위시켰다. 최영도 이 때 죽음을 당하였다. 창왕을 세운 것은 이성계와 함께 회군한 조민수가 이색에게 물어 본 뒤에 결정한 일이었다. 창왕은 이색이 문하시중이 된 뒤 이숭인, 이방원 등과 함께 명나라에 사신으로 보냈다.

〈풍전 등화의 고려〉

그러나 점점 더 큰 권력을 갖기 시작한 이성계는, 좌시중 조민수를 경상도 창녕으로 귀양 보내고, 이색과 조민수의 주장으로 왕이 된 창왕이나 그의 아버지인 우왕은 모두 왕족이 아니고 공민왕을 도우며 궁궐에 있었던 신돈의 아들이므로, 왕요(공양왕)를 왕으로 세워야 한다고 주장하고 나섰다. 그렇지만 이성계는 믿음이 두텁고 성격이 원만한 이색만은 그대로 두어 재상 벼슬인 문하시중이 되게 하고, 자신은 수문하시중이 되어 모든 군사 지휘권을 손아귀에 넣어 조선 건국의 꿈을 차츰 실천에 옮기고 있었다. 그러던 중, 고려의 마지막 세력인 이색, 정도전, 이숭인, 권근, 우현보 등을 꺾고, 마지막으로 공양왕을 원주로 몰아낸 다음, 배극렴, 조준, 정도전 등의 추대로 왕위에 올랐다. 이 때 이색의 아들도 피살되었는데, 그는 슬픈 마음으로 방랑의 길을 떠나 강원도, 경기도의 이곳 저곳을 하염없이 돌아다녔다. 새로 나라를

학자들을 길러 내던 성균관

세운 이성계는 새 왕조의 인심과 여론을 존중하는 뜻으로 옛 고려의 정치인들을 관대하게 용서한다고 했지만 그는 받아들이지 않았다. 또한 이색은 우왕이나 창왕이 신돈의 아들이라는 말은 이성계가 꾸민 것이라고 생각하였다.

〈끝까지 고려의 신하로 남은 이색〉

조선을 세운 이성계는 그러한 그를 불러 후하게 대접하고 벼슬을 주려 했으나, 그는 "망한 나라의 신하가 어찌 살기를 꾀하겠는가."하고 거절한 뒤 다시 시골로 떠났다.

그는 특히 시에 조예가 깊어 여러 곳을 떠돌아다니며 훌륭한 작품을 많이 남겼다. 또 경치 좋은 산골짜기를 찾아 승려들과 사귀기도 하였다. 그는 나라를 잃은 슬픔 때문에, 언제나 초립을 쓰고 흰옷을 입은 채 나라 잃은 몸이라고 한탄하였다.

이색은 고려 말기의 대정치가였으며, 고려 말기와 조선 초기를 통틀어 가장 뛰어난 문학가였다. 그래서 이색을 이제현, 이규보와 함께 3대 학자로 꼽으며, '야은 길재'와 '도은 이숭인' 또는 '포은 정몽주'와 함께 '여말 3은'이라 한다.

◀ 고려 시대 때 만들어진, 원숭이 모습의 청자 도장

연대	중요 사항
1328	(고려 충숙왕 15년)~1396(조선 태조 5년)
1367	성균관 대사성이 됨.
1395	(조선 태조 4년), 벼슬을 하라는 이성계의 권유를 물리침.

백설이 잦아진 골에 구름이 머흘에라
반가운 매화는 어느 곳에 피었는고
석양에 홀로 서 있어 갈 곳 몰라 하노라.

목화를 들여온 문익점

목화

〈원나라에서 목화를 보다〉

문익점은 지금으로부터 660여 년 전인 고려 때 경상 남도 산청에서 태어났다. 31세에 문과에 급제한 그는 첫 벼슬로 김해의 사록을 지내고 곧 사간원 좌정이 되었다.

문익점이 이공수와 함께 사신으로 원나라에 간 것은 두 차례에 걸친 홍건적의 침입에 대한 도움을 청하기 위해서였다.

원나라에 간 문익점은 그 곳의 농사짓는 모습을 구경하다가 목화를 보게 되었다.

당시 우리 나라에서는 대부분 누에고치로 만드는 비단옷과 삼베옷을 입었는데, 비단은 비싸고 귀한 옷감이었고 삼베나 모시는 추운 겨울을 나는 데는 적당한 옷감이 아니었으므로, 문익점은 무명을 만드는 그 목화를 들여오고 싶은 마음이 간절하였다. 그러나 원나라는 무명을 수출하여 돈을 벌고 있었으므로, 그 씨를 다른 나라로 가져가는 것을 법으로 정하여 금지하고 있었다.

그 때 원나라에서는 고려의 공민왕이 그들의 말을 잘 듣지 않으므로, 그 속에 잡혀가 있는 공민왕의 숙부 덕흥군을 새로운 왕으로 세우려는 계획을 꾸며 군사를 동원하고 고려로 쳐들어가게 하였다. 문익점도 그 사건에 관계되었는데, 덕흥군의 군사는 고려 군사에게 패배하였고 문익점도 역신으로 몰려 벼슬자리에서 물러났다.

그러나 그 때 문익점은 장차 우리 나라 사람들이 사시 사철 입게 될 무명옷을 퍼뜨릴 목화씨 열 개를 가지고 있었다. 그 동안 그것을 어디에 숨겨 갈까 궁리하던 그는 우리 나라로 돌아오는 길에 그 씨를 따서 붓대롱 속에 몰래 넣어 가지고 온 것이다.

문익점 면화 시배지

〈한 톨의 씨가 백여 개로〉

고향에 돌아온 문익점은 그 씨앗을 장인 정천익과 나누어 심었다. 그러나 재배하는 방법을 몰라 문익점이 심은 씨는 모두 싹이 트지 않았으나, 다행히 장인이 심은 씨 중에서 딱 한 알이 싹터 그 싹이 자라 백여 개의 씨를 얻게 되었다. 그들은 그 씨앗을 마을 사람들에게 나누어 주어 3년 만에 널리 퍼졌다.

씨를 빼는 씨아

그런데 비단이나 삼베를 짜던 기술로는 목화에서 씨를 빼고 실을 잣는 방법을 알 수 없었다. 그 때 마침 정천익은 중국에서 온 중을 만나 그 방법을 배우고 씨 뽑는 기계인 씨아와 실 뽑는 기계인 물레를 만들어 내니, 그것이 알려져 10년 만에 전국에 퍼지게 되었다.

물레

문익점의 이러한 노력이 알려지자 조정에서는 다시 그에게 벼슬을 주었지만, 이성계를 따르는 관리의 반대로 관직에서 물러났다.

그는 69세에 세상을 떠났지만, 그의 업적은 목화 재배가 널리 알려질수록 더욱 높이 평가되었고, 드디어 무명 옷감과 솜은 우리의 생활 필수품이 되었다.

베매기 작업

연대	중요 사항
1329	(고려 충숙왕 16년) ～ 1398 (조선 정종 1년)
1360	문과에 급제하여 김해 사록이 됨.
1362	사간원 좌정언이 됨.
1363	원나라에 사신으로 감.
1364	덕흥군 사건으로 관직을 잃고 장인과 함께 목화씨를 심음.
1375	전의주부, 1389, 왕의 앞에서 강의하는 좌사의 대부가 되었다가 물러남.

문익점

고려의 마지막 왕 공민왕

공민왕의 영토 수복

〈원나라의 간섭〉

칭기즈 칸이 몽고족을 통일하여 세운 원나라가 고려로 침략해 온 것은 1231년이었다. 고려는 서울을 개경에서 강화도로 옮겨 대항하였고, 삼별초가 끝까지 싸웠지만, 약 40년 간의 시련 끝에 결국 그들과 친하게 지내겠다고 약속하는 수밖에 없었다.

전쟁은 끝났지만 원나라의 간섭은 계속되었다. 일본 정벌에 필요한 준비를 함께 하자고 했고, 함경 남도 영흥, 평양, 제주도를 그들의 땅으로 삼았으며, 정치 제도를 고치게 했다. 또 물자와 사람도 빼앗아 가고 말씨와 의복까지도 원나라의 것을 따르게 하였다.

공민왕은 충숙왕의 둘째왕자로 태어나 겨우 열한 살에 멀고먼 원나라에 볼모로 끌려가 원나라 노국 대장 공주와 결혼까지 하였다. 원나라의 지시로 그의 조카 충정왕이 폐위되고 왕위에 올랐지만, 그는 항상 원나라에 대항할 기회를 엿보고 있었다.

그래서 왕위에 오르자마자 당장 몽고식 복장(변발, 호복 등)을 금지하고, 약 100년간 내려온 원나라 식의 제도와 관청을 폐지해 버렸다. 원나라와 친한 관리들도 모두 몰아 내었다. 왕은 또 북쪽에 남아 있는 원나라 세력을 공격하여 우리 나라의 옛 땅을 도로 찾고, 원나라가 약해진 틈에 주원장이 세운 명나라와 함께 요동(랴오뚱)에 남아 있는 원나라 군대를 공격하기도 하였다.

원나라는 이러한 공민왕을 왕위에서 몰아 내려고 고려로 쳐들어왔으나, 최영, 이성계 등 두 장군의 활약으로 몽고군을 모조리 물리쳤다.

〈왕비 잃은 슬픔으로 왕의 의지는 시들고〉

이처럼 국사 전반에 걸쳐 뛰어난 정치를 펴나가고 있을 무렵, 노국 대장 공주가 왕자를 낳다가 그만 죽고 말았다. 공민왕은 그림을 잘 그리고 글씨를 잘 쓴 예술가였으므로 심성이 여리고 착하여, 복잡하고 거추장스럽기만 한 정사 돌보기를 싫어하였다. 공민왕이 그렇게 된 원인은 왕비였던 노국 대장 공주의 죽음이라고 하여도 지나친 말이 아니다.

왕비는 총명하고 사리 판단력(생각하고 분별하는 능력)이 뛰어나, 왕이 근심에 잠길 때마다 격려하고 용기를 주어 공민왕이 올바른 정치를 하는 데 큰 도움을 주었으며, 공민왕과의 애정도 매우 깊었다. 공민왕은 이토록 아끼던 왕비가 죽자, 큰 슬픔에 빠져 왕비의 초상화를 그려 놓고 그 그림과 마주앉아 수라(임금의 식사)를 들 정도까지 되었다.

공민왕은 그 후, 왕비의 죽음을 애도하며 부처님께 명복을 빌고, 글씨를 쓰거나 그림을 그리는 일에만 힘썼고, 나라일은 전혀 아랑곳없이 천민 출신이었던 신돈에게만 모든 것을 맡겼다.

신돈은, 처음에는 높은 관직을 이용하여 넓은 토지를 차지한 사람들을 없애는 데 힘쓰고 여러 가지 제도를 바로잡기도 했지만, 차츰 나라일을 그르치기 시작했다. 결국 공민왕도 신돈이 궁궐의 일꾼으로 불러들인 사람들에 의해 살해되고 고려의 국운도 기울고 말았다.

연대	중요 사항
1330	고려 충숙왕의 둘째왕자로 태어남.
1341	원나라에 전쟁에 대한 볼모로 가 노국 대장 공주와 결혼함.
1351	고려 제31대 왕에 즉위함.
1352	몽고풍을 폐지함.
1356	몽고식 제도를 폐지함.
1365	노국 대장 공주가 세상을 떠남.
1368	명나라와 함께 요동의 원나라 세력을 공격함.
1369	이성계, 원의 세력을 몰아냄.
1374	세상을 떠남.

조선 태조 이성계

<연전 연승의 이성계>

이성계

이성계의 아버지 이자춘은 고려 공민왕 때 고려가 함경 남도 함흥 이북의 땅을 다시 찾을 때 큰 공을 세웠다. 이성계는 이자춘의 둘째아들로 태어나, 아버지의 뒤를 이어 용맹스러운 장군이 되었다.

홍건적은 공민왕 8년에도 여러 차례 침입하여 의주, 정주, 인주 등 우리 나라 북쪽을 약탈하였고, 2년 후에는 10여 만 대군으로 압록강을 건너 삭주, 창성, 안주 등지를 침략하였다. 이 때 이성계는 이들과 용감히 싸워 큰 승리를 거두었고, 적이 개경까지 들어왔을 때에도 최영과 더불어 적을 크게 무찌르고 성을 되찾는 데 큰 공헌을 하였다.

이성계는 또 공민왕 12년에 원나라의 새로운 왕 덕흥군이 군사 1만 명을 이끌고 압록강을 건너왔을 때에도 이들을 무찔렀고, 박의, 조소생 등의 반란군도 번번이 물리쳤으며, 공민왕 13년, 여진족의 침입도 거뜬히 물리쳤다.

이성계는 출전할 때마다 승전을 거두었고 원나라 세력이 만주에서 약해지자 공민왕 19년에는 압록강을 건너 요동 지방까지 정벌하였다. 우왕 때에는 이인임 일당이 농민들의 토지를 빼앗는 횡포를 저지르자, 최영과 함께 이들 일당 천여 명을 모조리 잡아 처형하였다. 이로써 이성계는 최영과 함께 나라의 질서를 바로잡고 외적을 물리치는 일에만 전력을 쏟는 훌륭한 인물로서 존경을 받게 되었고, 최영이 문하시중(오늘날의 국무 총리)이 되었을 때 그는 최영 다음가는 벼슬인 수문하시중이 되었다.

이성계는 그 후에도 여러 차례 외적을 무찌르며 그의 이름을 드날렸다. 우왕 4년에는 지리산과 황해도 해주, 충청도 황산에서 왜구를 무찔렀다. 지리산에서는 적병이 모두 산으로 올라가 진을 치자, 그의 용맹한 아들 이방원조차도 머뭇거렸는데 이성계가 맨 앞으로 달려나감으로써 군사들의 용기를 불러일으켰다. 이성계는 특히 활을 잘 쏘기로 유명하였다. 황해도에서의 싸움이 끝났을 때 이성계는,

"나는 이번에 적의 왼쪽 눈만을 쏘았다."
고 했는데, 주위의 장수들이 쓰러진 적병들을 살펴보니 이성계의 화살 17 발이 모두 그의 말대로 왼쪽 눈에 박혀 있는 것을 확인할 수 있었다.

또 왜구가 남쪽 해안으로 침입하여 황산에서 싸울 때에는 이성계가 탄 말이 여러 번 적의 화살에 맞아 넘어졌지만, 그 때마다 그는 다른 말로 바꾸어 타고 진격했으며, 적이 몇 겹으로 포위했을 때에도 단숨에 몇 명씩 쓰러뜨리며 빠져나왔다. 이 싸움에서 우리 군사의 10 배나 되는 적군은 겨우 70 명만 살아 산으로 도망쳤으며, 빼앗은 말만 해도 1 천 6 백 필이나 되었다.

〈위화도 회군〉

우왕 14 년에 고려에는 큰 일이 벌어졌다. 중국에서 새로 일어난 명나라가 철령 이북의 땅이 본래는 원나라의 땅이었다며 되돌려 달라고 하였다. 이에 고려의 조정은 크게 놀랐고, 최영은 이 문제를 싸움으로써 결정할 수밖에 없다고 주장하여, 스스로 8 도 도통사가 되고 조민수를 좌군 도통사, 이성계를 우군 도통사로 삼아 약 4 만의 군사를 일으켰다. 그러자 홍건적, 여진족, 왜구와의 싸움에서 지칠 대로 지친 백성들은 전쟁에 몸서리를 쳤고, 우군 도통사 이성계도 작은 나라가 큰 나라를 치는 것은 옳지 않고, 농사철이라 군대를 모으는 것은 무리이며, 이 틈에 왜구가 또 침입할지도 모르고, 비가 많이 오고 무더운 계절이므로 싸우기가 어렵다는 네 가지 이유를 들어 진군을 반대하였다. 그는 압록강 위화도에 이르러서도 이러한 의견을 보냈지만, 왕과 최영은 이 말을 듣지 않았으므로 마침내 이성계는 부하 장수들의 의견을 들어 군사를 되돌리게 되었다.

"돌아가 임금 곁에 있는 악한 사람(최영)을 없애고, 모든 백성들을 편안하게 하리라."

이성계가 위화도에서 회군하였다는 소식을 들은 임금과 최영은 크게 당황하여 궁궐을 지켰지만,

공민왕이 그린 것으로 전하는 '천산대렵도'

이미 모든 군대가 이성계의 휘하에 있었기 때문에 결국 손을 잡고 눈물을 흘리며 작별할 수밖에 없었다. 이성계는 최영을 귀양 보냈다가 곧 처형한 다음, 자신은 우시중, 조민수는 좌시중을 맡았다. 그는 또 우왕을 내쫓고, 아직 8세인 우왕의 아들 창을 왕위에 앉힌 다음, 백성들을 고난에서 구하기 위한 개혁 운동을 펼쳐 나갔다.

이성계의 세력은 날로 커져 다시 창왕을 쫓아낸 다음, 공양왕을 즉위시키고 조준, 정도전 등의 협력으로 반대파들을 모조리 내쫓았다. 고려가 쓰러지지 않게 하려고 온갖 지혜를 발휘하던 충신 정몽주마저 이성계를 문병하고 돌아가는 길에 이성계의 아들 이방원이 자객을 보내어 선죽교에서 철퇴로 때려 죽이고 말았다.

〈이성계의 조선 건국〉

이렇게 되자 임금도 이성계를 두려워하게 되었고, 이성계가 아플 때에는 임금이 스스로 이성계의 집을 방문하여 눈물까지 보인 일이 있었으며, 드디어는

"짐은 이 시중과 동맹을 하겠다."

라는 발표를 하였다. 그것은 왕위를 공동으로 가지겠다는 뜻이었다.

그러자 우시중 배극렴 등이 왕대비(공민왕의 비)를 찾아가

"왕은 정사에 어두워 백성들의 마음이 이미 왕으로부터 떠났으므로 나라를 다스릴 수가 없습니다."

하고 아뢰니, 고려는 무너지고 이성계의 조선이 일어서게 되었다.

〈왕자들의 세력 다툼-왕자의 난〉

이성계에게는 두 왕비가 있었는데, 신의 왕후에게서는 여섯 명, 신덕 왕후에게서는 방번, 방석 두 아들이 태어났다. 이성계

이성계의 무덤인 '건원릉' (1930년대 모습)

는 특히 신덕 왕후를 사랑하여 방석을 세자로 삼았는데, 나라를 세울 때 가장 큰 공을 세운 다섯째 아들 방원은 이에 불만을 품고 방번, 방석은 물론 정도전, 남은 등 대신들까지 죽여 버린(왕자의 난) 다음, 둘째 형 방과가 세자가 되게 하였다.

이에 분노하고 정치에 의욕을 잃은 이성계는 곧 방과에게 왕위를 물려주었는데, 이번에는 넷째 아들 방간과 방원 간에 또 싸움이 일어나 방간이 황해도로 쫓겨났다. 이 일이 있은 후 본래부터 왕위에 야심이 없었던 방과(정종)는 얼른 왕위를 방원(태종)에게 물려주었다.

이성계는 사랑하는 두 아들 방번, 방석이 왕위 때문에 죽고, 또 이런 일이 일어나자 더욱 가슴 아파하며 절을 짓고 부처님을 믿으며 여생을 보냈다. 그는 딸 경순 공주의 머리를 스스로 깎아 주어 여승이 되게 하였다.

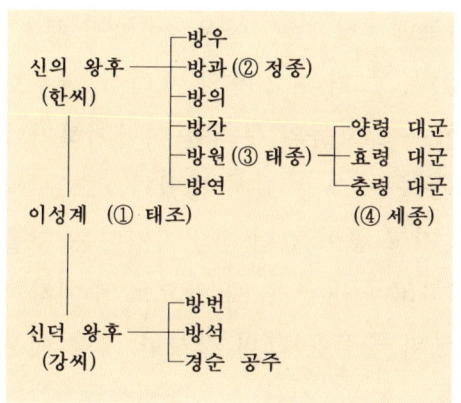

연대	중요 사항
1335	(고려 충숙왕 때)~1408(조선 3대 태종 9년)
1361	홍건적을 격퇴하고, 이어 여진족을 물리친 다음 동북면 원수가 됨.
1380	양광·전라·경상도 순찰사가 되어 왜구를 소탕함.
1388	수문하시중이 됨. 요동 정벌에 나섰다가 위화도에서 회군하여 정권을 잡음.
1392	조선을 세움.(재위 : 1392~1398)

고려의 마지막 기둥 정몽주

정몽주

〈'효'는 '충성'의 근본〉

정몽주가 태어난 것은 고려가 40년 동안이나 몽고와 싸우다가 끝내 항복한 지 약 50년이 지난 때였다. 고려는 전쟁 전과는 완전히 달라져, 그 억세고 꼿꼿하던 고려의 정신은 원나라의 억압으로 고개를 들지 못하고 있었다.

고려는 원나라의 사위 나라가 되어 충렬왕 이후 역대 왕들은 원나라의 공주를 왕후로 맞이하였다. 또 왕의 이름에까지 '충'자를 넣어 원나라에 충성을 표시하도록 했고, 작고 큰 일을 막론하고 모두 원나라 식으로 하게 했으며, 말이나 의복조차 원나라의 것이 유행하였다.

정몽주는 자애롭고 엄한 어머니의 교육과 글방 스승의 가르침을 받아 13세에 이미 진사 시험에 합격했고, 15세 때에는 다른 학생들이 그를 따를 수 없게 되었다. 심지어 그의 스승까지도 이제 더 가르칠 것이 없다고 하였다.

정몽주는 19세에 아버지를 여의고 사흘간 물 한 모금 마시지 않고 통곡하였으며, 묘소 옆에서 3년간을 홀로 지내니, 공민왕도 그의 집에다 정표를 세워 그의 효성을 칭찬하였다.

〈뛰어난 학자요 정치가〉

그가 24세 때에는 홍건적 20만 명이 난을 일으켰는데, 당시의 재상인 김용이 홍건적을 무찌르는 데 큰 공을 세운 김득배, 정세운, 안우, 이방실 등 네 장군을 시기하여 이들을 모두 죽이고 말았다. 그러나 김용의 세력이 너무도 당당하였으므로, 이 무참한 일을 보고도 아무도 그들의 무죄를 이야기하거나 딱하게 여기는 사람이 없었다. 그러나 정몽주는 그냥 있지 않았다. 그는 왕 앞에 상소를 올려 스승 김득배의 누명을 벗기고 공이 컸던 장군이었다는 것을 세상에 밝혔다. 그 후 김용은 공민왕을 폐하고 덕흥군을 새 왕으로 추대하는 음모를 꾸미다가 최영에게 잡혔고, 네 장군의 죽음은 그의 간사한 계략 때문이었다는 것이 만천하에 드러나게 되었다.

정몽주는 23세 때 과거를 보아 초장, 중장, 종장 등 세 시험에서 모두 장원으로 급제하고 예문관 검열이 되었다. 그는 성리학에 밝아 대학자 이색도 그를 만나 보고는 "정몽주는 아무 생각 없이 나오는 대로 말을 해도 이치에 맞지 않는 말이 없다."고 칭찬하였다.

그는 또 배운 것은 그대로 실천에 옮긴 인물이었다. 고려 말기는 외적의 침입이 잦고 나라 안에서도 좋지 못한 일들이 계속 일어나 사회가 불안하고 백성들의 생활은 어려움에 빠져 있었다. 따라서 그러한 현실을 피하거나 쓸데없는 주장을 내세우는 학자도 많았다. 그러나 정몽주는 언제나 충성과 효도에 기준을 두고 일을 판단했고, 일단 결심한 것은 굳은 신념으로 용기 있게 실천해 나갔다.

〈탁월한 외교 수완〉

이 때 중국에서는 원나라의 힘이 약해지자, 주원장이 한족을 중심으로 한 명나라를 세웠다. 공민왕은 이 기회를 놓치지 않고 압록강 서쪽과 철령 너머의 여러 성을 찾고, 이성계, 지용수를 보내 요양을 치면서 명나라와는 친하게 지내려고 하였다. 그러자 고려의 조정에서는 두 가지의 의견이 크게 대립하였다. 즉 지금까지 친했던 원나라와 친해야 한다는 친원파가 있었고, 새로 일어나 힘이 센 명나라와 가까이 해야 한다는 친명파가 있었다. 친원파는 최영, 이인임 등이었고, 친명파는 이성계, 정몽주, 이숭인, 박상충 등 새로운 세력들이었다. 친명파 중에는 이성계를 추대하려는 세력도 있었으나, 정몽주는 이색, 이숭인과 함께 왕을 중심으로 뭉쳐 나라를 발전시켜야 한다는 생각을 가지고 있었다.

정몽주는 국가를 망치면서까지 원나라에 의리를 지킬 필요는 없다고 주장하였다. 그는 이러한 생각과 능숙한 말솜씨, 투철한 충성심으로 자주 외국에 가서 어려운 일을 해결하였다.

정몽주는 35세에 처음으로 명나라에 가서 태조 주원장을 만나 능란한 외교 솜씨로 주원장을 감탄시켰다. 그러나 돌아오는 길

만월대 터

에 큰 풍랑을 만나 같은 배를 탔던 열한 명은 모두 죽고 혼자 살아남아 무인도에 도착했는데, 명나라의 외교 문서만은 가슴 속 깊이 간직하고 있었다. 이 때 그 소식을 들은 주원장의 도움으로 무사히 돌아온 정몽주는 성균관 대사성으로 승진하였다.

정몽주 글씨

공민왕에 이어 우왕이 즉위하자 친원파와 친명파의 다툼은 더욱 거세어졌다. 정몽주는 박상충, 이숭인, 정도전과 더불어 친원파를 공격했다.

"원나라 사신의 목을 베라."

"명나라를 버리고 원나라와 친한다는 것은 강함을 버리고 약함을 취하며, 순리를 버리고 역을 좇는 어리석은 짓이다."

그러나 정몽주는 친명파로 몰려 귀양을 가고 말았다.

그 때 명나라는 고려 사신이 가는 것을 거절하거나 고려의 사신을 귀양 보내는 일이 벌어졌고, 태조 주원장은 육지와 바다로 고려를 침공하겠다고 위협하였다. 이에 고려 조정에서는 주원장의 생일에 사신을 보내어 성의를 표시하자고 했지만, 아무도 사신으로 가려는 사람이 없었다. 두려운 마음에 '아프다', '말 주변이 없다'는 핑계를 대며 서로 가지 않으려고 했다. 그래서 결국 정몽주가 그 일을 맡게 되었다. 주원장을 만난 그가 오히려 그 동안 밀렸던 세공을 면제받는 등 성과를 거두어 귀국하자, 여러 대신은 그의 용기와 외교에 감탄하였다. 정몽주는 2년 후에 또 명나라에 가서 세공을 반으로 줄이고 돌아왔다.

한편 당시 왜구의 침략도 극심하여 한때는 개경 부근까지 쳐들어오자, 서울을 옮기자는 주장까지 나왔다. 이에 최영, 이성계 등이 이들을 무찌르면서 일본에 사신을 보내기로 하였다. 그러나 사신들은 일본에서 투옥되거나 병으로 죽고 말았다.

이에 조정에서는 귀양살이를 하고 있는 정몽주를 보냈는데, 그는 당당한 모습으로 담판하여, 앞으로는 정당한 방법으로 교역하겠다는 약속을 받고 포로로 잡혀 있던 고려 사람 700여 명까지 데리고 왔다. 귀국한 후에도 일본에 편지를 보내어 포로 100여 명이 더 돌아오게 되자, 그 가족들은 정몽주를 어버이처럼 존경하였다. 그는 또 이성계가 여진족을 정벌할 때나 지리산의 왜구를 물리칠 때 종사관으로 나아가 묘책을 세우기도 했다.

〈이성계의 위화도 회군〉

정몽주와 최영, 이성계는 고려 시대 말기를 장식한 세 위인이었다. 그들은 같은 명신으로서 나라를 위해 온 힘을 다 바쳤다. 최영과 이성계는 왜구, 홍건적, 여진족을 무찌르는 데 큰 공을 세운 장군들이었다.

평양성

최영은 70여 세로 어떤 싸움에도 태연히 나아가 패배한 적이 없는 명장이었고, 이성계는 용기와 전략이 뛰어났고 위풍도 당당한 장군이었다. 정몽주와 이성계는 서로의 정이 남달리 두터웠고, 최영은 정몽주가 매우 존경하는 충신이었다.

고려에 계속 무리한 요구를 해 오던 명나라는 드디어 고려와 국교를 끊겠다고 하였다. 이에 최영은 지금까지 친명 정책을 써 왔는 데에도 불구하고 무리한 요구를 한 데 대해 격분하여 명나라 사신 21명을 죽여 버렸고, 정몽주와 이성계의 반대를 무릅쓰고 이성계를 우군 도통사, 조민수를 좌군 도통사로 임명하고 약 4만의 군사를 동원하여 명나라를 공격하게 했다.

그러나 압록강까지 올라갔던 이성계는 군사를 돌이켰고(위화도 회군), 이에 왕과 최영은 재빨리 궁궐로 들어가 성문을 굳게 닫았으나, 관군은 삽시간에 무너지고 이성계의 군사들이 수창궁을 점령해 버렸다. 이 때 정몽주는, 최영은 죽이지 말고 귀양을 보내도록 하라고 부탁하여 이성계도 동의하였다. 이어 우왕은 최영의 딸인 왕비가 내쫓기게 되자, 눈물을 흘리며 함께 가겠다고 하여 나이가 9세인 그의 아들 창이 왕위를 이었고, 귀양을 갔던 최영은

개성 남대문

정몽주

선죽교(선지교)

'그대의 공은 나라를 덮지만, 명나라 황제에게 지은 죄가 너무나 커서 용서할 수 없다.'는 죄명을 쓰고 처형당하고 말았다.

〈'단심가'로 나타낸 굳은 절개〉

이어서 이성계 일파는 공양왕을 왕위에 앉히고, 우왕·창왕 부자가 신돈의 아들이라고 하여 살해한 다음, 이성계를 새 왕으로 추대하려 했으나 정몽주가 "이성계는 왕위를 이을 만한 덕이 없다."며 반대하였다. 정몽주는 당시 수문하 시중과 예문관 대제학을 맡고 있었다. 정세가 아무리 불리하고 이성계 일파의 권세가 날이 갈수록 높아져도 그는 정치를 바로잡아 백성들의 생활을 안정시키는 데에만 열중하였다.

그 후 무신들은 이성계를 중심으로, 문신들은 정몽주를 중심으로 단결하여 서로 다투게 되었다. 이성계와 정몽주는 겉으로는 서로의 우정을 계속했지만, 속으로는 서로를 경계하고 있었다.

이 때 이성계의 아들 이방원은 정몽주에게 섣불리 손을 댔다가 큰 변을 당할까 싶어 그의 마음을 돌이켜보려고 애를 썼다. 그래서 이성계에게 문병을 온 그에게 술자리를 마련해 주고 '하여가'란 시 한 수를 지어 읊었다. 그러자 이 시조가 자기의 마음을 떠보는 것임을 알아챈 정몽주는 '단심가'를 지어 답하였다.

〈충신은 두 임금을 섬기지 않는다〉

단심가를 들은 이방원은 크게 실망하고, 심복 부하에게 쇠뭉치를 주어 선죽교를 지키게 하였다. 이 때 정몽주는 말 위에 돌아앉아 말을 끌게 했다. 말을 끄는 사람은 정몽주가 술에 너무 취해서 그런가 하였지만, 정몽주는 이미 죽음을 각오한

연대	중요 사항
1337	(고려 충숙왕 6년)~1392(공양왕 4년)
1376	성균관 대사성으로 친원 정책을 반대하다 귀양을 감.
1377	일본에 가서 담판하고 포로들을 귀국시킴.
1380	왜구 토벌에 나감.
1383	왜구 토벌에 나감. 명나라에 가서 국교를 맺음.
1389	이성계와 함께 공양왕을 세움.
1392	이방원의 자객에게 살해됨.

지 오래였다.

"부모에게 물려받은 몸이라 맑은 정신으로 죽을 수 없어 술을 마셨고, 괴한이 앞에서 흉기로 나를 때리는 것이 끔찍하여 말을 돌려 탄 것이다."

이런들 어떠하리 저런들 어떠하리.
만수산 드렁칡이 얽혀진들 어떠하리.
우리도 이같이 얽혀져 백년까지 누리고저.
　　　　　　　　—이방원—

이 몸이 죽고 죽어 일백 번 고쳐 죽어
백골이 진토(흙) 되어 넋이라도 있고 없고
임 향한 일편 단심이야 가실 줄이 있으랴.
　　　　　　　　—정몽주—

'하여가'와 '단심가'

이 말을 들은 김경조가 말없이 고삐를 잡고 선죽교 위를 지나는 순간 4, 5명의 괴한이 나타나 두 사람을 무참히 살해하고 말았다. 이 때 정몽주의 나이는 55세였다. 정몽주는 그 날 아침 조상들의 신위에 절을 한 다음, 이미 부인과 두 아들에게 다음과 같은 말을 남기고 집을 나섰다.

"우리는 충성과 효성을 받드는 가문이니 조금도 낙심 말라."

그 후 이성계는 곧 조선을 세우고 자신이 왕의 자리에 올랐다.

이상 정치를 구현하려 한 정도전

〈어려서부터 학문을 좋아함〉

정도전 글씨

정도전은 고려 시대 말기에 형부 상서 정운경의 아들로 경상 북도 영주에서 태어났다. 어려서부터 학문을 좋아하여 제도, 음악, 군사, 의학까지도 잘 알았고, 정몽주가 보내 준 '맹자'를 읽을 때에는 하루에 꼭 한 장만 읽을 정도로 정독하였다.

그는 공민왕 11년에 문과에 급제하였고, 8년 뒤 대학자 이색이 대사성에 올랐을 때에는 김구용, 정몽주, 박상충, 박의중, 이숭인과 함께 성균관 박사로 임명되어 우리 나라의 주자학 발전에 크게 이바지하였다. 또한, 경연에 들어가 임금에게 '대학'을 강의하였다. 그는 원나라를 멀리하고 새로 일어난 명나라와 가까이하는 정책을 가졌기 때문에 공민왕이 죽고 우왕이 즉위했을 때, 원나라 사신을 맞이하지 말라는 주장을 펴 전라도 나주로 귀양을 갔다.

〈새로운 인물 등장의 필요성〉

고려 말기에 정치가 어지럽고 백성들의 생활이 안정을 이루지 못하게 되자, 정도전은 나라를 바르게 이끌어갈 새로운 인물이 필요하다고 생각하였다. 그래서 함흥에서 동북면 도지휘사가 되어 활약하고 있는 이성계를 찾아가 그의 참모 구실을 하였다.

이 때 정도전은 이성계가 거느린 군사들의 질서 정연함을 보고, "훌륭합니다. 이 군대만 가지면 무슨 일인들 못 하겠습니까."하고, 만약 새 나라를 일으키면 적극적으로 돕겠다는 뜻을, 이성계를 큰 소나무에 비유한 시로써 나타냈다.

> 아득한 세월에 한 그루 소나무,
> 청산에 자라서 몇 만 겹이라.
> 다른 때 서로 만날 수 있으리까,
> 사람들의 틈바구니에서 좆으리이다.

우왕 14년, 드디어 요동 정벌에 나섰던 이성계가 위화도에서 군대를 되돌려 우왕을 쫓아 내고 최영 등을 죽인 다음, 나라일을 도맡게 되자, 정도전은 대사성이 되어 이성계의 주위에서 모든 정책을 구상해 내는 참모 구실을 맡게 되었다.

당시에는 귀족들이 많은 토지를 차지하고 세금도 내지 않았으므로 부자는 더욱 큰 부자가 되고 가난한 사람은 더욱 가난하게 되었다. 또 장군들은 개인적으로 군대(사병)를 거느렸기 때문에 왕의 힘은 미약할 수밖에 없었다. 그래서 정도전은 이성계를 따르는 조준과 함께 고려 말기 정치의 최대 과제인 토지 제도, 군사 제도부터 고쳐 나갔다. 또 당시에는 사회를 어지럽히는 승려들이 많았으며 왕실에서도 여러 가지 불교 행사를 하여 폐단이 컸으므로, 불교를 배척하고 유교적인 제도로 바꾸어 나가는 일에 앞장을 섰다. 정도전은 그러한 일을 하면서 여러 번 죽을 고비를 넘기기도 했으나, 이러한 정책에 반대하는 인물들은 누구든지 없애 버렸다.

〈이성계를 받들어 조선을 세우다〉

끝내는 고려 왕실을 쓰러뜨리고 이성계를 받들어 조선을 세운 다음, 새 나라 새 정치의 방향을 바로잡는 데 힘을 기울였다. 그는 또 개경에서 한양으로 도읍지를 옮길 때 궁궐과 성문의 위치와 이름까지 정하였고, '조선경국전'을 지어 나라를 다스리는 근본을 마련하였다.

그러나 이방석을 왕위에 앉히려다가 역적으로 몰려 이방원(태종)의 습격을 받아 세상을 떠나고 말았다.

◎ 참고 자료

〈정도전의 시조〉

선인교 나린 물이 자하동에 흐르르니,
반천년 왕업이 물소리 뿐이로다.
아이야, 고국 흥망을 물어 무엇하리오.
○ 선인교 : 개성 자하동에 있는 다리 이름
○ 자하동 : 개성 북쪽 송악산 기슭에 있는 골짜기
○ 반천년 왕업 : 500년 왕업. 여기서는 '고려'를 뜻함.

연대	중요 사항
?	(고려 말기)~1398(태조 7년)
1362	문과에 급제함.
1383	이성계의 참모가 됨.
1385	성균관 대사성이 됨.
1388	이성계의 위화도 회군으로 권력을 잡고 공양왕을 세움.
1392	이성계를 도와 조선을 세움.
1394	한양으로 천도함.
1398	이방원(태종)에게 참수당함.

조선 관리의 사표 황 희

황 희

〈옳고 그름을 가리지 않은 까닭〉

우리는 청렴 결백한 관리라고 하면 곧 조선 시대 세종 임금 때의 영의정 황희를 떠올리게 된다. 또 그에 관한 인품을 나타내는 일화를 여러 문헌에서 볼 수가 있다. 또 황희는 조선 시대 초기의 문화를 꽃피운 세종 대왕의 업적을 이야기할 때 빼놓을 수 없는 인물이기도 하다.

황희는 20세에 생원시에 합격하고 26세에 문과에 급제하여, 고려의 마지막 임금인 공양왕 때부터는 성균관의 학관이 되었는데 이것이 그의 관직 생활의 시작이었다.

흔히 옳고 그름을 가리지 않는 사람을 가리켜 '황희 정승'이라고 하는데, 그것은 다음과 같은 일화 때문에 생긴 말이다.

하루는 종들 사이에 싸움이 벌어졌다. 결말이 나지 않자, 두 노비는 황희에게로 가서 자기의 정당성을 주장하고 싶었다. 먼저 한 노비가 황희에게 오더니, 먼저 싸움을 건 상대방의 잘못을 자세히 말하고 자신에게는 잘못이 없음을 밝혔다. 그러자 황희는 그의 말을 시인하였다.

"과연 네 말이 옳구나."

그러나 이번에는 다른 노비가 들어와 역시 상대방의 잘못을 낱낱이 밝히고 자기에게는 잘못이 없음을 주장하자 황희는 그의 말도 시인하였다.

"과연 네 말도 옳구나."

이와 같은 모습을 지켜 보던 황희의 조카가 말했다.

"아저씨, 어떤 일이든 옳고 그름이 있는 법인데, 아저씨는 둘 다 옳다고 하셨으니, 왜 그렇게 아리송한 말씀을 하십니까?"

그러자 황희는 조카를 보고 깨달았다는 표정으로 대답하였다.

"네 말 또한 옳구나."

싸움에는 그의 조카의 말대로 잘잘못이 있으므로, 옳고 그름을 가려 내야만 할 것이다. 그러나 그런 이치를 몰라서 세 사람의 말을 옳다고 한 것은 아니었을 것이다. 다만 자질구레한 일이었으므로 남을 꾸중하지 않았을 뿐이었다.

〈청렴 결백을 신조로 삼다〉

황희는 89세로 세상을 떠나기까지 60여 년이란 긴 세월을 관리로 있었다. 또 그 중 18년간은 세종 임금 밑에서 영의정을 지냈다. 이러한 관직 생활을 하며, 황희는 나라일에 대해서는 철저한 시시비비를 가려 옳은 일이 아니면 행하지 않았다. 오히려 늘 곧고 바른 말을 잘하여 더 낮은 관직으로 내려 앉은 것이 두 번이었고, 파면을 당한 것이 세 번, 양반에서 서민으로 몰린 것이 한 번, 귀양살이를 한 것이 4년간이었다.

그는 또 60여 년을 관리로 지내고 18년간이나 영의정을 지내면서도 늘 가난하게 살았다.

하루는 임금이 황희의 집에 들렀는데, 자리를 보니 화문석이 아니고 짚으로 만든 멍석이었다. 임금은 이렇게 말하였다.

"이 자리는 가려운 데를 긁기는 좋겠소."

또 한 번은 병조 판서를 지내는 황희의 장남 호만이 새 집을 짓고 잔치를 열어 조정의 전 관리들을 모두 초대하였는데, 황희도 그 집을 처음으로 방문하였다. 그런데 황희는 온 집 안을 두루 살펴보더니 잔치에 참석하지도 않고 돌아가 버렸다. 그러자 다른 사람들도 마음이 불편하여 곧 돌아가고 말았다. 병조 판서 황호만은 다시 그보다 간소하게 집을 지

옥동 서원(상주)

었다.

 황희가 53세 때였다. 태종 임금(이방원)은 양령 대군, 효령 대군, 충령 대군, 성령 대군 등 네 명의 아들을 두었는데, 황희는 첫째아들인 세자 양령 대군을 감싸 주다가 호조 판서에서 공조 판서로 좌천되었다. 그는 또 2년 후에 충령 대군(세종 대왕)을 세자로 정하게 되자 서인이 되어 경기도 파주로 쫓겨나고 말았다. 그러나 황희는 그 곳에 가서도 좌의정 이직과 함께 첫째아들인 양령이 세자가 되어야 한다는 것을 주장하다가 이번에는 남원으로 쫓겨갔다.

 태종 임금은 다른 신하들의 눈 때문에 그를 쫓아 냈지만, 그의 마음 속은 그렇지 않았다. 임금은 황희의 조카에게, 대신들이 황희를 처벌하라고 하여 한성이나 개경에는 있을 수 없으니 어머니를 모시고 시골에 가 있으라는 말을 전해 달라고 부탁하였다. 태종 임금은 4년 만에 그의 아들 세종 임금에게 황희의 귀양살이를 풀고 관직을 되돌려 주라고 부탁하였다. 세종 임금은, 황희가 자기의 세자 책봉을 반대하다 그렇게 되었지만, 그 인품과 학식을 존경하여 왔으므로 곧 그렇게 하였다. 이로써 황희는 다시 중요한 직책을 맡아 충성을 다했으며, 특히 세종 임금 때 더욱 빛나는 업적을 남겼다.

 황희는 67세 때 허조와 함께 '오례의'를 지었다. 그것은 제사, 혼인, 외교, 군사, 상례 등에 관한 예절을 정리한 책으로 우리 나라에서는 처음 나온 것이었다.

 황희가 69세 때에는 북쪽 국경 지대에서 야인들이 노략질을 일삼아 최윤덕이 군사를 이끌고 가 이들을 물리치게 되었는데, 곧 승전 소식이 들어왔다. 이에 임금은 크게 기뻐하였다.

 "과인이 왕이 된 이후 국토 방위에는 힘쓰지 아니했는데도 이처럼 승리하였으니 기쁘기 한량없으며, 어떻게 하면 이 공을 보전하여 후환이 없게 할 수 있겠소?"

 "전하, 옛 사람들은 큰 일에 힘쓰는 것을 경계하였습니다. 큰 승리를 거두었다고

옥동 서원(원경)

너무 기뻐하시지만 말고, 성을 굳게 쌓고 군인들의 양식을 준비하여 뜻밖의 변에 대비하는 것이 좋겠습니다."

황희는 그렇게 아뢰었다.

황희가 74세 때 임금은 천흥사라는 절의 건립을 기념하여 보석과 여러 가지 물건을 많이 하사하였다. 그러자 한 해 동안에 머리를 깎고 중이 되는 사람이 수만 명에 이르렀다. 이에 정극인 등은 불교에 대한 숭배를 반대했으나, 임금이 이를 받아들이지 않아 성균관 학생들이 모두 나와 시위를 하게 되었다. 임금은 정극인을 불러 시위하는 이유를 물었다.

"전하께서 불교를 중히 하시므로 여러 유생은 모두 돌아가 머리를 깎고 중이 되고자 합니다."

이에 임금은 크게 화를 내며 정극인을 당장 처형하려고 하자, 황희가 임금을 말렸다.

"만일 전하께서 정극인을 죽이신다면 역사책에다 무어라 쓰시겠습니까?"

황희의 말을 들은 임금은 정극인을 죽이지 않고 귀양 보냈다. 얼마 후 정극인은 돌아오고, 임금의 관심을 핑계로 야단스럽게 굴던 승려들은 모조리 제주도로 귀양을 갔다.

황희는 시를 짓는 데도 능숙하여 맑고 고운 마음을 잘 나타내었다.

강호에 봄이 드니 이 몸의 일이 많다.
나는 그물 깁고 아이는 밭을 가니,
뒷산에 자란 약초는 언제 캐려 하느냐.

대추 볼 붉은 골에 밤은 어이 떨어지며,
벼 벤 그루에 게는 어이 나리는고.
술 익자 체장사 돌아가니 아니 먹고 어이리.

위의 시조 두 편은 농촌에서의 생활 모습을 나타낸 시조이다. 다음은 임금을 그리워하는 마음을 나타낸 시조이다.

> 맑고 맑은 경포 물에 초생달이 젖었는데
> 낙락한 한송정에는 푸른 연기 끼었구나.
> 아침 안개 땅에 자욱하고 경포대 대숲이 푸르다.
> 티끌 세상에도 해중 선경이 있구나.
> ―황희가 경포대에서 읊은 시―

파랑새야 오는구나, 반갑다 임의 소식.
약수 삼천리를 네 어찌 건너왔느냐.
우리 님 만 갈래 마음을 네 다 알까 하노라.

이와 같은 마음씨를 지녔던 황희는 부모에 대한 효도 또한 지극하였다. 아침 저녁으로는 꼭 관복을 입고 부모님께 인사를 드렸고, 맛있는 음식을 손수 갖다 드리며 부모님의 뜻을 거슬린 적이 없었다.

황희가 늙었을 때의 모습은 얼굴이 불그스레하고 머리가 희어 마치 신선과 같았다. 그는 86세가 되던 해에 60년간의 관직 생활을 끝내고 영의정에서 물러나, 89세가 되던 해 한양 석정동에서 세상을 떠났다.

조선 시대 세종 때에 이르러 찬란한 문화의 꽃이 핀 것은, 거룩한 임금 밑에 어진 재상이 있었기 때문이었다.

연대	중요 사항
1363	(고려 공민왕 12년)~1452(조선 문종 2년)
1389	문과에 급제, 성균관 학관이 됨.
1416	이조 판서로 세자(양령)의 폐출을 반대하다 공조 판서로 전임됨.
1449	이후 18년간 영의정을 지내면서 세종을 보좌함.

우리 나라의 악성 **박 연**

박연은 조선 시대 세종 임금 때의 음악가이다. 그를 가리켜, 고구려의 왕산악, 신라의 우륵과 함께 우리 나라 3대 악성(음악의 성인)이라고 한다.

<음악에 대한 정열>

박연은 지금의 충청 북도 영동에서 태어났다. 그는 어렸을 때부터 공부도 열심히 하였을 뿐아니라 피리를 열심히 불었다. 서당이나 향교를 다니면서도 틈틈이 피리를 불어 동네에서는 피리 잘 부는 것으로 이름을 날렸다. 그에게 피리를 가르쳐 준 동네 아저씨도 더 가르쳐 줄 것이 없다고 손을 들었다. 박연의 피리 소리를 들은 사람들마다 "저 소리는 사람이 내는 소리가 아니다."하고 감탄하였다.

박연은 학문에 열중하면서도 그의 가슴속에는 늘 음악에 대한 정열이 불타고 있었다. 그래서 과거를 보려고 서울에 머물고 있을 때에도 음악에 관한 일을 맡아 보는 관청인 장악원에 찾아갔다. 그는 악공 앞에서 피리를 꺼내어 한 곡 불고는

박연과 그를 모신 '난계사'

자신의 솜씨가 어떠냐고 묻고 잘못된 점을 지적해 달라고 졸랐다.

"피리 소리가 촌스럽고 가락이 법도에 맞지 않으나, 그것이 이미 습관이 된 것 같으니 고치기가 어려울 거요."

악공이 시골에서 올라온 박연을 보고 이렇게 말했을 때, 그는 실망하지 않고 다시 연습하여 그 악공을 찾아갔다. 박연의 피리 소리를 들은 악공은 눈을 둥그렇게 뜨고, 그의 앞날에 기대를 걸었다. 악공은 박연을 부지런히 가르쳐 주었고 얼마 지나지 않아

"정말 귀신 같은 솜씨요, 이제는 내가 배워야겠소."
하고 감탄하였다.

세종 대왕이 즉위한 뒤에는 악학 별좌가 되어 음악에 관한 일을 맡아 보았다. 세종 대왕의 음악에 대한 관심도 대단하였다. 박연은 당시 악기들의 음이 많이 틀리고 악보도 없는 점을 임금에게 아뢰고 편경 등 여러 악기를 고쳤으며, 궁궐에서 쓰는 음악을 품위 있게 고치고, 그 때까지 기생이 추던 춤도 무동이 추도록 하는 등 궁중의 여러 의식에 쓰이는 음악을 바로잡았다.

55세에 관직을 잠시 물러나기도 했으나, 곧 공조 참의, 동지중추원사 등의 벼슬을 하다가 67세에는 사신으로 명나라를 다녀왔고, 그 후 중추원 부사, 예문관 대제학까지 되었다. 그가 75세 때에는, 세조(수양 대군)가 반대파를 처형할 때 그의 아들 박계우도 처형되었는데 그는 그 동안의 공로가 인정되어 죽음을 면하고 고향으로 내려가 가야금, 비파, 피리 연주로 여생을 보냈다.

편경

연대	중요 사항
1378	(고려 우왕 4년)~1458(조선 세조 4년)
1411	문과에 급제하여 이후 집현전 교리, 지평, 문학, 악학 별좌를 지냄.
1427	편경을 고치고 악보를 편찬함.
1431	궁중 음악으로 아악을 정리함.
1445	명나라에 사신으로 다녀와 예문관 대제학 등을 지냄.

위대한 임금 세종 대왕

〈신하에 대한 깊은 애정〉

세종 대왕과 집현전 학자들

길재는 고려 시대 말기의 학자로 정몽주의 제자였다. 그는 성균관 박사가 되어 국자감의 학생들을 가르쳤다. 그러다가 고려가 망하고 이성계가 조선을 세우자 두 나라를 섬길 수 없다며 태상 박사의 벼슬을 거절한 채 세종 대왕이 즉위한 해에 세상을 떠났다. 그러므로 그는 태조 이성계 이후의 왕들을 고려에 대한 반역자로 생각한 것이라고 할 수 있다.

그러나 길재가 세상을 떠났다는 말을 들은 세종 대왕은, 쌀 열다섯 섬과 종이 일백 권을 보내어 조의를 표하면서 다음과 같이 말하였다.

"길재 선생은 제자들에게 충성과 효도, 믿음, 예의, 부끄러움이 무엇인지를 가르치셨소. 그분은 어머님을 여의었을 때 옛 성현인 주자의 가르침대로 장례를 치르셨고, 항상 단정하게 앉아 밤이 깊도록 조용히 책을 읽으셨으니, 우리가 지켜야 할 인간으로서의 도리를 바로 그분에게서 찾을 수 있을 것이오."

세종 대왕은 한때 목이 마르는 병(조갈증)에 걸렸었다. 물이나 꿀물, 차를 계속하여 마셔도 금방 또 목이 타는 것이었다. 그러자 의원이 흰 수탉, 노란 암탉, 양고기를 고아서 만든 탕을 만들어 와서, 그것을 마시면 나을 것이라고 하였다. 이를 보고 임금이 말하였다.

"지금 먹는 음식도 황희 정승 보기에는 부끄럽기 짝이 없어 목으로 가시가 넘어가는 것 같은데, 이런 고깃국을 마시라고 하다니……. 더구나 양은 백성들이 소 다음으로 귀하게 여기는 가축이 아닌가. 이런 보신탕으로 내 목마름을 낫게 하려면 앞으로 여러 마리의 양이 필요하겠지. 양을 먹고 낫게 하느니 차라리 황 정승 댁 소금을 먹고 목마름이 심해지면 내 마음 도리어 편하겠구나."

황희 정승의 나이는 임금보다 서른다섯 살이나 많았다. 그는 세종 대왕이 셋째왕자이므로 왕위를 잇는 것에 반대했었으나, 세종 대왕의 높은 뜻과 학문만은 인정하였다. 임금 역시 황 정승의 인품과 학식을 존경하였다.

하루는 임금이 황희에게 물었다.

"정승께서는 개를 싫어하신다면서요? 귀엽지 않으신가요?"

"주인을 위해 목숨을 바치는 개를 제가 싫어할 리가 있겠나이까?"

"그런데 왜 댁에서는 개를 기르지 않으시오?"

"신에게는 도둑이 훔쳐 갈 것이 없습니다. 또 개에게 먹일 밥만큼 가난한 사람에게 줄 수 있을 것 같아 기르지 않을 뿐이옵니다."

어느 날 임금은 다른 신하에게 걱정스러운 표정으로 물었다.

"황 정승은 연세가 많아 걱정인데, 매일 죽을 드신다면서요?"

"그렇사옵니다."

임금이 크게 걱정하더라는 말을 들은 황희가 임금에게 아뢰었다.

"신은 후한 녹을 받고 있어 맛있는 반찬도 먹을 수 있으나, 죽을 먹는 것은 즐겨서 스스로 하는 일이니 근심 마시옵소서. 더구나 돈 많고 사치하는 사람을 군자라 하지는 않으므로, 신은 흐뭇한 마음으로 건강하게 지내오니 안심하시옵소서."

임금은 그 후로 황희의 검소한 생활을 본받으려고 아주 간소한 식사를 준비하게 했다.

"집현전에 가 보고 오너라. 방이 춥지나 않은지 모르겠구나."

날씨가 매우 추운 겨울밤이라 세종 대왕은 집현전에서 수직(숙직)하는 학자가 걱정이 된 것이다. 집현전을 다녀온 사람은, 신숙주가 가끔 손을 부비며 책을 읽고 있다는 것을 아뢰었다. 임금도 다시 책을 펼쳤

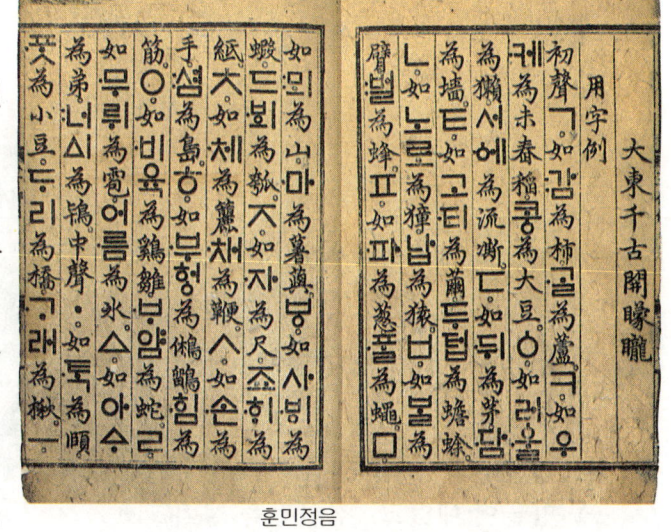

훈민정음

고려 때의 해시계

다. 한참 동안 책을 읽더니, 임금은 다시 집현전으로 사람을 보냈다. 신숙주가 아직도 책을 읽고 있다는 말을 들은 임금은 다시 책을 들었다.

첫 닭이 울었다.

"이제 잠들었을 것이다. 가 보아라."

비로소 불이 꺼졌더라고 아뢰자, 임금은 솜을 잘 두고 지은 자신의 옷을 벗어 주며 말했다.

"종일 편하게 지내는 과인도 이처럼 졸리니 오죽하겠느냐. 새벽이 되면 그 방은 몹시 추울 것이니 이 옷으로 조심스럽게 덮어 주고 오너라."

이튿날 아침, 잠이 깬 신숙주는 이불 위에 걸쳐진 옷을 보고 깜짝 놀랐다.

"아니, 이건 어의(임금이 입는 옷)가 아닌가?"

그는 눈시울이 뜨거워졌다. 어의도 고맙지만, 자기가 잠들 때까지 지켜 본 임금의 따뜻한 마음이 더욱 고마웠다. 그는 나라와 임금을 위해 몸과 마음을 다 바칠 것을 굳게 다짐하였다.

세종 대왕은 이처럼 어질고 현명한 임금이었으며, 학문을 즐겼고 나라 안의 정치는 물론 국방, 문화 발전 등 여러 방면에서 위대한 업적을 남겨, 조선 시대 초기의 나라 기틀을 튼튼히 하였다.

조선 3대 임금 태종(이방원)은 양령, 효령, 충령, 성령의 네 왕자를 두었는데, 그 중 가장 영리하고 성품이 어진 셋째왕자 충령에게 왕위를 물려주었으니, 그분이 바로 세종 대왕이었다.

왕은 정음청을 두고 훈민정음을 만들어 내었고, 집현전을 설치

세종 때의 해시계(앙부일구)

하여 정인지, 성삼문, 이개, 하위지, 박팽년, 최항 등 여러 학자를 길러 내었다. 왕은 책을 좋아하였다. 그래서 왕이 된 후에도 언제나 책을 읽었고, 구리 활자, 납 활자를 만들어 여러 가지 책을 편찬하였다. 이 때 나온 책으로는 '월인천강지곡'과 '용비어천가', '농사직설', '고려사', '삼강행실도', '팔도지리지', '석보상절', '의방유취', '치평요람' 등 여러 가지가 있다.

왕은 불교에 관한 책도 내고 과거에 승과를 두어 불교를 발달시켰고, 농업 제도를 다듬는 등 농업 발달에도 힘썼다. 또 측우기를 고안하고, 장영실, 이천 등을 시켜 해시계, 물시계, 혼천의 등 과학 기구를 발명하게 했으며, 박연으로 하여금 악보를 그리고 악기를 만들어 음악을 정리하게 하였다.

한편, 북쪽 국경 지대의 국방을 튼튼히 하기 위해 두만강변에는 6진, 압록강 상류 유역에는 4군의 군대를 배치하고, 그 곳에도 백성이 살게 하여 오늘날의 우리 나라 국경이 이루어졌다. 또, 일본에 대하여는 웅천, 부산, 울산의 3포에서 우리 나라와 무역할 수 있게 하였다.

세종 대왕은 백성들이 온천에 가서 질병을 치료한다는 것을 알고는 전국의 온천을 찾게 할 만큼 백성을 위해 크고 작은 일들을 세심하게 보살폈다.

왕은 21세에 즉위하여 32년간 나라를 다스리고 세상을 떠나 그 아들 문종이 뒤를 이었다.

연대	중요 사항
1397	(태조 6)~1450(세종 32)
1418	왕위에 오름.
1419	대마도 왜구 정벌
1420	집현전 설치
1433	최윤덕을 보내어 야인을 정벌함.
1437	김종서로 하여금 6진 설치, 훈민정음 제정 반포

가사 문학의 효시 정극인

 정극인은 조선 시대 초기에 전라 북도 태인에서 태어난 학자였다.
 정극인은 세종 임금 때 생원시에 합격하였으며, 문종 임금 때 종사랑에 올랐고, 단종 임금 때에는 문과에 급제하여 벼슬이 정언에 이르렀다.
 그러나 세종 대왕의 둘째아들인 수양 대군이 어린 조카 단종 임금의 왕위를 빼앗자, 벼슬을 버리고 고향으로 내려가 제자들을 가르치기에만 힘을 썼다.
 정극인은 세조(수양 대군)의 손자인 성종 임금이 즉위했을 때, 나라를 바로 잡는 데 필요한 일들에 대한 상소를 올렸다. 이를 본 성종 임금은 가상히 여겨 3품 교관의 직위를 내려 주었는데, 정극인은 이에 감격하여 '불우헌가', '불우헌곡' 등 우리 나라 문학에 있어 매우 중요한 위치를 차지하는 작품들을 지어 냈다.

〈속세에 묻혀 사는 분들이여 ……〉

 정극인이 남긴 문학 작품으로 가장 유명한 '상춘곡'은 3·4 혹은 4·4조로 길게 연결되는 가사체이며, 가사를 짓기 시작한 것은 정극인이 처음인 것으로 알려져 있다. '상춘곡'은 말 그대로 '봄날의 경치를 즐기는 노래'라는 뜻으로, 속된 세상을 떠나 자연에 묻혀 살며, 한가한 생활 가운데 봄날의 흥겨움을 마음껏 즐기며, 부귀와 공명을 버리고, 가난함을 달게 여기며 군자의 도를 즐기겠다는 내용을 담고 있다. 그 앞 부분은 다음과 같다.

 속세에 묻혀 사는 분들이여, 이 나의 생활이 어떠한가.
 옛 사람의 멋있는 생활을
 따를까 못 따를까?
 세상에 남자로 태어나
 나 만한 사람은 많지만,
 산림에 묻혀 사는 즐거움을
 누릴 줄은 모른다.
 소나무 대나무가 울창한 속에
 자연의 주인이 되었도다.

얼마 전에 겨울이 지나
새봄이 돌아오니,
맑은 시냇가에 초가집 지어 놓고,
복숭아꽃 살구꽃은 저녁 햇볕 속에 피어 있네.
푸른 버들과 향기로운 풀은 이슬비 속에 푸르구나.
칼로 잘라 냈는가, 붓으로 그려 낸 것인가.
조물주의 신비로운 창조의 솜씨는 온갖 자연에 나타나 있다.

 정극인의 상춘곡으로 생겨나게 된 가사 문학은 송순의 '면앙정가'를 거쳐 정철의 '성산별곡'으로 이어져 발전하면서 아름다운 우리 문학을 이루었다. 정극인은 학자로서뿐아니라 가사 문학의 효시를 이룬 것에서 더욱 이름을 빛내게 되었다.

◎ 참고 자료
〈불우헌집〉
 정극인의 시문을 그의 후손인 정효목이 간행한 문집으로, 모두 2권 1책이다. '불우헌곡'과 가사 문학의 처음으로 꼽는 '상춘곡'도 이 책에 실려 있다.

단종의 모습

연대	중요 사항
1401	(태종 2년)~1481 (성종 12년)
1429	생원시에 합격함.
1453	문과에 급제함.
1455	세조가 즉위하자 사직함.
1472	삼품 교관이 됨.

정극인

서릿발 같은 절개를 지닌 **박팽년**

박팽년 묘

〈세종 대왕의 유언〉

박팽년은 27세에 과거에 급제하여 성삼문, 정인지 등 집현전의 학자들과 함께 세종 대왕의 사랑을 받으며 한글 창제에 큰 공헌을 하였다.

그는 세종 대왕의 유언에 따라 김종서, 황보 인 등 여러 정치가와 함께 문종 임금을 잘 받들었다.

그러나 문종 임금은 몸이 약하여 왕위에 오른 지 2년 만에 세상을 떠나고, 아직 나이가 어린 단종이 임금의 자리에 즉위하게 되었다. 그리고 그 때 박팽년은 충청도 관찰사로 나갔다.

〈단종 복위의 실패〉

세종 대왕은 문종 임금을 첫째아들로 두었고 그 외에도 일곱 명의 아들이 있었는데, 둘째아들은 수양 대군, 셋째아들은 글씨와 문학에 뛰어난 안평 대군이었다. 세종 대왕의 손자인 단종이 임금이 되자, 수양 대군은 어린 조카인 단종을 보살펴 주는 척하더니 마침내 강원도 영월로 쫓아 냈다가 죽여 버리고 스스로 왕이 되었다. 이 일에 반대한 정치가들도 많았지만, 수양 대군(세조)은 이들을 모조리 죽이거나 귀양 보냈다. 이 때 세조 임금의 바로 아래 동생인 안평 대군도 강화도로 귀양을 가 있다가 사약을 받고 세상을 떠났다.

수양 대군이 왕위에 오르는 날, 박팽년은 경복궁 경회루의 연못에 뛰어들어 죽으려고 했다. 그러자 성삼문은 기회를 엿보아 세조를 쫓아 내고 다시 단종을 왕위에 앉히도록 하자며 적극적으로 말렸다. 박팽년도 그게 좋겠다고 생각하여 세조로부터 형조 참판 벼슬을 받았다. 그들은 명나라 사신을 초대하는 잔칫날 세조 임금을 죽이고, 강원도로 쫓겨난 단종을 모셔 오기로 하였다. 그러나 김질이

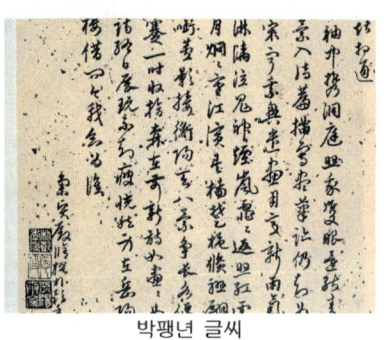
박팽년 글씨

이 계획을 알아차리고 거사에 참가한 성삼문, 하위지, 이개, 유응부, 유성원, 박팽년 (사육신) 등을 체포함으로써, 이 계획은 실패로 끝나고 말았다.

세조는 이들의 학문과 재주, 인품을 잘 알고 있었기 때문에 은근히 타일러 보려고 했다. 세조가 박팽년에게 귓속말로,

박팽년 유허비

"만일 네가 나를 섬긴다면 살려 주겠다."
고 하자, 박팽년은 끝까지 거부하였고, 임금 앞에서 자신을 낮추어 부르는 '신'이라는 말조차 하지 않았다. 그러자 세조가,

"네가 전에는 내 앞에서 신하라 하더니, 이제 와서는 신하라 하지 않으니 그것은 무슨 까닭이냐?"

하고 은근히 물었으나 박팽년은 이렇게 말했다.

"나는 단종 임금의 신하이지 결코 당신의 신하가 아니오. 나는 당신에게 신하라는 말을 한 적이 없소."

이에 세조는 전에 받았던 편지를 꺼내 보고는 깜짝 놀랐다. 그 글에는 '신(臣)'자인 줄 알았던 글자가 모두 '거(巨)'자로 씌어 있었기 때문이었다.

결국 박팽년 등 여섯 사람은 세조에게 갖은 고문을 받게 되었지만 끝까지 굴복하지 않았다. 유성원은 자기 집 사당에서 자결하고 말았고, 성삼문, 하위지, 이개, 유응부, 박팽년은 형장의 이슬로 사라졌다. 이 때 유응부는

"단종 임금을 복위시키려다가 불행하게도 간신들이 밀고하여 일을 그르치고 말았으니, 이제 다시 무엇을 하겠소? 사람들이 말하기를 글 쓰는 자들과는 함께 일을 할 것이 못 된다 하더니 과연 그렇구나. 지난 번에 성삼문 당신은 내가 당장 일을 일으키겠다고 하자, 그토록 말리며 다음에 보자고 해

사육신 묘

놓고, 오늘 우리가 이와 같은 화를 당하게 되었으니 그 무모함이 어찌 이다지도 심하단 말인가!"

하고는, 불에 달군 쇠로 살을 지져도 얼굴빛이 변하지 않고 오히려 그 쇠를 빼앗아 던지며 말했다.

"불이 식었으니 더 달구어 오라."

이렇게 하여 죽은 여섯 사람을 사육신이라고 부르게 되었다. 그 때 그들의 가족도 모두 붙잡혀 죽었지만 박팽년만은 그의 집 유모가 지혜롭게 처리하여 후손이 살아 남았다.

단종 복위를 모의하다 사형을 당한 이들은 나중에는 모두 충성의 상징이 되었고, 선조 임금은 특히 박팽년을 칭찬하였다.

"옛날에 박팽년은 그가 추천하여 벼슬에 오른 친구들이 감사의 물건을 보내자, 그것도 받지 않았으니 그런 인물은 세상에 드물도다."

이 몸이 죽어 가서 무엇이 될고 하니,
봉래산 제일봉에 낙락 장송 되었다가,
백설이 만건곤할 때 독야청청 하리라.
　　　　　　―성삼문―

• 봉래산 : 신선이 산다는 산
• 낙락 장송 : 높은 절벽 위의 키가 큰 소나무
• 만건곤할 때 : 하늘과 땅에 가득할 때

금생 여수라 한들 물마다 금이 나며,
옥출 곤강이라 한들 산마다 옥이 날까.
아무리 여필종부라 한들 임마다 좇을소냐.
　　　　　　―박팽년―

• 금생 여수 : 금은 아름다운 물에서 난다.
• 옥출 곤강 : 옥은 중국 곤륜산에서 난다.
• 여필종부 : 부인은 끝까지 남편을 섬겨야 한다.
　　　　(세조를 따를 수 없다는 말)

간밤에 부던 바람 눈서리 치단말가.
낙락 장송이 다 기울어 가는구나.
하물며 못다 핀 꽃이야 일러 무엇하리오.
　　　　　　―유응부―

• 못다 핀 꽃 : 아직 피지 못한 꽃(단종)

방 안에 켰는 촛불 누구와 이별하였기에,
겉으로 눈물지고 속타는 줄 모르는가.
저 촛불 나와 같아서 속타는 줄 모르는구나.
　　　　　　―이개―

연대	중요 사항
1417	(태종 17년)~1456(세조 2년)
1434	문과에 급제하여 집현전 학사가 됨.
1456	형조 참판으로, 단종 복위를 모의하다가 탄로되어 처형당함.

조선 시대의 과학자요 발명왕 **장영실**

장영실이 발명한 측우기

〈과학 시대에 태어나다〉

장영실은 세종 대왕의 과학적인 재능에 맞추어 태어난 발명가였으며, 우리 민족의 창조성을 증명한 인물이었다.

장영실은 기생의 아들로 태어난 동래현의 노비였다. 어려서부터 관찰력과 손재주를 가지고 있었던 그는, 처음에는 공조 참판 이천의 밑에서 활자를 만드는 일을 했다.

〈발명에 대한 정열〉

그러나 세종 대왕이, 농업 국가인 우리 나라에서는 천문 관측과 기상 관측이 중요하다는 것을 깨닫고, 관측대를 건설하면서부터 장영실은 그의 과학적 재능을 나타내기 시작하였다. 그는 먼저 이천과 함께 오늘날의 지구본이나 천구의라고 할 수 있는 천문의, 혼천의를 만들어 내어 호군(정4품)이라는 벼슬에 올랐다. 그는 또 구리 활자의 단점을 보완한 금속 활자의 제작을 지휘, 감독하는 한편, 우리 나라 최초의 물시계인 자격루를 만들어 내었다. 이 물시계는 1434년에 만들어져 보루각에 세워졌다.

1437년, 장영실은 5년 만에 천체를 관측하는 간의도 만들어 내었고, 해시계인 '현주 일구', '천평 일구', '정남 일구', '앙부 일구' 등을 만들었으며, ('일구'를 '일영'이라 하기도 한다) 밤낮으로 사용할 수 있는 시계인 '일성정시의'도 만들었다.

그는 또 태양의 높이와 뜨고 지는 것을 측정하는 '규표'를 만들고, 1438년에는 물시계 '옥루'를 만들고 경상도로 내려가 구리와 철

자격루(국보 229호)

을 캐 내고 제련하는 일을 감독하는 관리가 되었다.

경복궁 내의 간의대에는 장영실의 발명품들을 설치하였는데, 그 당시로는 세계 최대의 규모인 천문 관측 시설의 하나였다.

장영실의 발명에 대한 정열은 여기서 그치지 않았다. 그는 농업 연구에 필요한 측우기의 제작을 시작하여, 1441년에는 오늘날에 쓰이고 있는 것과 똑같은 원통형 그릇의 측우기를 만들어 내었다. 그는 또 냇물의 높이로 비가 온 양을 재는 방법도 생각하여 청계천과 한강 가에 '수표'를 세웠다.

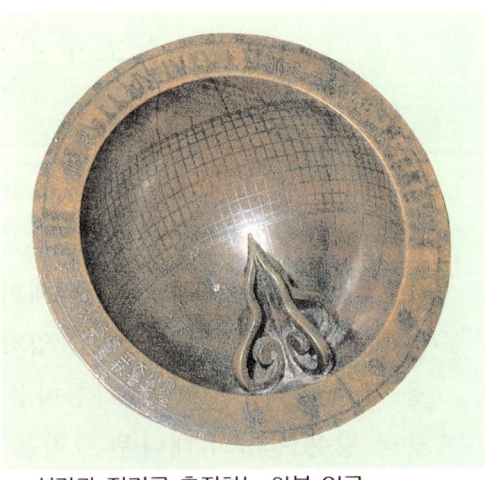
시각과 절기를 측정하는 앙부 일구

〈불행으로 마감한 그의 생애〉

그러나 위대한 발명가 장영실의 생애는 불행하게 끝나고 말았다. 측우기와 수표를 만들어 상호군이라는 벼슬을 받았지만, 그가 감독하여 만든 세종 대왕의 가마가 곧 부서지는 일이 생기고 말았다. 이것이 불경죄가 되어 의금부로 잡혀 갔고, 백 대의 매를 맞고 관직도 빼앗기게 되었다. 그를 사랑하던 세종 대왕이 의금부에 부탁하여 매를 맞는 횟수가 크게 줄어들기는 했지만, 끝내 관직은 되돌아오지 않았다. 그의 태어나고 죽은 때에 대한 기록이 없는 것은 기생의 몸에서 태어난 천민 신분이었기 때문이다.

규표(해시계)

연대	중요 사항
?	~(세종 대왕 때)~?
1423	상의원 별좌가 됨.
1432	이천과 함께 천문의를 만듦.
1433	호군이 됨. 혼천의를 만듦.
1434	금속 활자 갑인자를 만들고 물시계 자격루를 완성함.
1437	간의를 완성하고, 여러 가지 해시계를 만듦.
1438	물시계 옥루를 만듦.
1441	측우기, 수표를 만듦.

조선 전기의 화가 안 견

〈자연 모습 그대로〉

 안견은 김홍도, 장승업과 더불어 조선 시대의 3대 화가의 한 사람으로 불리어 왔다. 그러나 그는 화원으로 호군의 벼슬을 지냈다는 기록이 남아 있을 뿐 그의 생활에 대해서는 자세히 밝혀져 있지 않다.

 그의 그림을 보면 웅건, 장엄하고 묘사가 정확하므로, 실제로 자연의 모습을 잘 관찰하고 자연의 아름다움을 잘 파악하여 그렸음을 알 수 있다. 당시 중국 왕은 안견의 대나무 그림을 보고, 비로소 그림다운 그림을 보았다는 칭찬을 했다고 한다.

 안견은 재능이 뛰어나 다른 화가의 그림을 모방하여 그리면 그 화가의 그림과 구별할 수 없을 정도로 치밀한 모방력을 가지고 있었다. 그래서 그는 이필, 곽희, 마원 등의 여러 화가의 필치를 그대로 모방할 수 있었다고 하며, 그가 자연의 모습을 나타낸 그림이 너무도 뛰어나 어떤 사람은 그림에 너무 재주가 들어갔다고 하는 사람까지 있었다.

 그러나 그는 자연의 모습을 사진처럼 똑같이 나타낸 화가는 아니었으며, 그의 그림을 보고 있으면 화면에 고상한 기상이 넘쳐 흐르는 것을 느낄 수 있다. 가령 여덟 폭으로 된 '산수화첩'의 '추경산수도'를 보면 산봉우리와 짙은 색의 나무, 고목, 폭포 등이 어딘지 모르게 가을의 느낌을 주며 먼 산으로부터 눈을 품은 구름이 다가오는 것 같다.

안견의 '몽유도원도'

〈안평 대군과의 예술적 만남〉

안견은 세종 대왕의 셋째왕자인 안평 대군과 특히 친하였다. 그것은 안견이 그림을 그리고 안평 대군이 그 그림에 글씨를 쓴 것만 보아도 잘 알 수 있으며, 바로 그의 대표작인 '몽유도원도'는 안평 대군이 꿈 속에서 박팽년과 함께 도원(신선이 살았다는 복숭아 나무가 많은 정원)을 찾아간 내용을 안견에게 그리게 한 것으로, 그는 이 그림을 3일 만에 그려 냈다고 한다. 이 그림은 우리 나라 산수화의 가장 대표적인 작품의 하나로 안평 대군의 글과 함께 신숙주, 박팽년, 성삼문 등 당시의 유명한 21명의 학자들이 칭찬의 글을 써 이었는데, 지금은 일본의 덴리(천리) 대학교 중앙 도서관에서 보관하고 있다.

안견의 '적벽도'

안견의 화풍은 그 이후 여러 화가에게 큰 영향을 끼쳤는데, 이이의 어머니인 사임당도 그 중의 한 사람이다.

김홍도의 '씨름 그림'

연대	중요 사항
1418	(태종 18년) ~ ?
1447	'몽유도원도'를 그림. 조선 시대 3대 화가의 한 사람으로 산수화에 뛰어났음.

안 견 **123**

성리학의 주춧돌 김종직

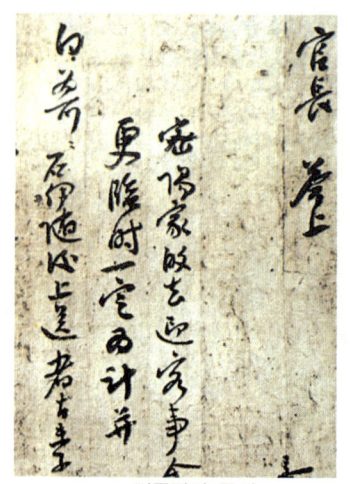

김종직의 글씨

〈아버지의 가르침〉

김종직의 아버지 김숙자는 고려 말기의 대학자 길재의 학문을 이어받은 조선 초기의 대학자였다. 그는 수양 대군이 어린 조카 단종의 왕위를 빼앗자, 벼슬을 버리고 경남 밀양으로 내려가 교육에 힘썼다.

김종직이 글 공부를 시작한 것은 다섯 살 때였는데, 그의 아버지는 늘 이렇게 강조하였다.

"공부를 하는 데에는 반드시 지켜야 할 차례가 있는 법이니 이것을 무시하고 아무렇게나 공부하는 것은 옳지 못하다. 먼저 '동몽'을 완전히 학습한 후에 '소학'을 읽어야 하며, 그 다음에는 '효경', '대학', '논어', '맹자'를 자세히 배우고 '중용'을 읽어야 한다. 이 공부가 끝나면 '시경', '서경', '춘추', '주역', '예기'의 차례로 학습하고 그 다음에는 '통감' 등의 역사와 훌륭한 학자들에 대한 글을 읽을 수 있다. 활쏘기를 익히는 것도 잊어서는 안 되니, 그것은 몸을 튼튼히 하여 때로는 자신을 보호할 수 있어야 하기 때문이다."

〈효성이 지극하였던 대학자〉

김종직은 22세 때 진사 시험에 합격하여 오늘날의 국립 대학교와 같은 성균관에 입학하였고, 25세 때에는 형과 함께 과거 시험을 보게 되자, 그의 아버지는 병석에 누워 있다가 일어나 술잔을 들어 두 아들을 축하해 주었다.

과거를 치른 결과 형은 합격했으나 김종직은 낙방이었다. 형제는 아버지의 병환이 걱정스러워 걸음을 재촉하여 돌아왔지만, 아버지는 두 아들이 도착하기 전에 세상을 떠나고 말았다. 김종직은 과거 응시 때문에 아버지의 죽음을 지키지 못한 것을 철천의 한으로 생각하게 되었고, 그의 형과 3년간 산소를 지키며 통곡할 때에는 지나가던 사람들도 그 소리를 듣고 울지 않을 수가 없었다고 한다. 그리하여 홍유순이란 학자는 "그들의 효성은 다른 사람을 모두 감동시키므로, 그것은 거짓 효성이 아니다."라고 하였다.

그는 28세에 과거에 급제하였고, 뛰어난 학문과 품행으로 임금(성종)의 총애를 독차지하여 다른 사람들로부터 많은 미움을 받기도 하였다. 그가 승

김종직을 모신 '예림 서원'

문원 관리에 임명되어 시를 지어 보이자, 먼저 그 곳에서 일하고 있던 어세겸이란 사람이 "나를 채찍으로 때리고 노비로 삼는다 하더라도 나는 달게 받겠다."고 할 정도로 그의 문장은 뛰어났고, 어떤 일을 맡아도 언제나 맡은 바 임무에 충실하였다.

성종 임금은 즉위하자 곧 임금의 앞에서 토론하는 경연을 열고 학문이 두터운 선비를 가렸는데, 이 때 뽑힌 19명 중 김종직이 가장 뛰어났고, 이 일로써 그에 대한 임금의 사랑과 믿음은 더욱 깊어졌다. 그래서 그가 그 해 겨울 밀양에 있는 어머니를 보살피기 위해 관직을 그만두겠다고 하자, 임금은 그를 함양 군수로 임명하여 고향에서 벼슬을 살며 어머니를 돌볼 수 있게 해 주었고, 그것은 그가 수많은 제자들을 길러 내는 좋은 기회가 되었다. 정여창, 김굉필 등은 이 때 그가 가르친 제자 중 가장 뛰어난 학자였다.

헌종 임금이 내린 서원 현판 '예림 서원'

김종직은 주민들을 다스리는 데도 게을리 하지 않았다. 봄과 가을에는 꼭 잔치를 열어 노인들을 위로하였고, 함

김종직의 문집 목판

양성을 새로 쌓는 등 군수로서 해야 할 일들을 빠짐없이 해내었다.

김종직의 이러한 공적으로 임금은 다시 그를 궁궐로 불렀는데, 1년도 안 되어 어머니의 병환을 이유로 또 사퇴서를 내니, 이에 임금은 그의 선조들이 살던 선산의 부사로 임명해 주었다. 그가 선산에 이르자 그의 가르침을 받으려는 학생들이 또 모여들기 시작했고, 그 곳에서 나온 그의 수많은 제자들은 후에 모두 이름을 날렸는데 그 중 뛰어난 학자가 김일손, 김맹성, 조위, 남효온, 임희재 등이었다.

그의 문장을 이어받은 김일손은 후에 수양 대군(세조)이 조카(단종)의 왕위를 빼앗은 일을 적은 스승 김종직의 글을 실록에 실어 무오사화가 일어나게 하였고, 김맹성은 스승과 더불어 시로써 마음을 주고받은 학자였다. 임희재는 또 정치를 그르치는 연산군을 빗대어 "요·순 임금은 살기 좋은 세상을 만들었는데, 진 시황은 어째서 백성을 괴롭히는가, 화가 자기에게서 일어날 것을 알지 못하고 쓸데없이 만리 장성만 쌓는구나."라는 시를 병풍에 썼다가 연산군에게 화를 당하였다.

〈영남 학파를 이루다〉

그의 수많은 제자들이 당시의 정치와 학문에서 이룬 업적도 대단하였는데, 김종직의 제자들을 가리켜 '영남 학파'라고 부르게 되었다. 그리고 이들은 모두 개인적인 이익을 생각하지 않고 한결같이 의리를 생명으로 하는 공통점을 지녀 스승 김종직의 이름은 더욱 빛나게 되었던 것이다.

김종직은 선산에서 다시 서울로 불려 올려져 여러 가지 중요한 직책을 맡았고, 임금은 그 보다 벼슬이 높은 서거정이나 유자광을 두고도 그에게 '동국여지승람'이란 55권의 책을 만들게 하였다. 이에 몇몇 관리들은 그의 벼슬이 오르는 것을 방해하기도 하였다. 즉 서거정은 26년간이나 대제학을 지내 사람들의 비난을 받고 있는 줄 알면서도, 만약 그 자리를 내놓으면 김종직에게 돌아갈 것이 뻔하였으므로 그대로 버티고 있다가 홍귀달이라는 사람에게 물려 주었다. 이를 본 학자 김시습은 '평생 웃음거리는 홍귀달이 문장(대제학)이 된 것'이라 하여 서거정과 홍귀달을 한꺼번에 비웃었다.

그러나 김종직은 부모에게 효성이 지극했던 만큼 임금을 섬기는 데에도 소홀하지 않았다. 한번은 그가 성종 임금에게, 단종을 죽인 세조에게 반대하다 죽은 성삼문·박팽년 등 사육신은 충신이라는 발언을 하게 되었다. 세조는 바로 성종의 할아버지였으므로 임금은 김종직의 말을 듣고 당장 얼굴빛이 변하였다. 이에 김종직은 임금의 그러한 모습을 천천히 살펴본 다음, 이렇게 말하였다.

"만약 불행하게도 임금님께 단종과 같은 변고가 있게 된다면 신은 성삼문이나 박팽년 같은 사람이 되겠습니다."

이 말을 들은 성종 임금은 곧 노여움을 풀었다.

김종직은 나이가 들어 고향으로 돌아갈 때 충청도 진천에서 시를 한 수 읊었는데, 그 내용은 그의 맑은 마음을 잘 나타내고 있다.

> 마음이 착잡하여 섣달도 안 되어 돌아가는데,
> 진천을 지나는 길에 흰눈이 오는구나.
> 나귀에서 내려 걸어가는 나그네 몸에,
> 한 송이 두 송이 눈이 내려 흰옷을 만드는구나.

김종직이 태어난 마을에 세운 신도비

그가 고향으로 돌아가자 그 곳 사람들이 물었다.
"임금님께서 훌륭하신데, 선생은 왜 벼슬을 버리고 내려오셨습니까?"
"새로 왕이 될 분의 눈동자를 보니, 이 늙은 신하의 목을 온전히 보전하기가 어려울 것 같았습니다."

새로 왕이 될 분은 연산군을 말하는 것인데, 그 후 연산군이 왕이 되자 처음에는 모두 훌륭한 임금이라고 칭송하였지만, 과연 오래지 않아 수많은 선비들을 죽이고 귀양 보내는 일이 벌어져 사람들은 김종직의 안목에 감탄하였다.

김종직은 관직 생활을 30년이나 하였지만, 끝내 훌륭한 집 한 칸 마련하지 않았으므로 사람들은 그의 청렴 결백함을 알고 더욱 존경하였다. 이토록 청렴 결백한 김종직이 알아눕자 왕은 종 15명과 토지를 내렸지만, 그는 끝내 사양하였다.

김종직은 61세에 세상을 떠났다. 그가 죽었다는 소식이 알려지자 선비들은 물론, 일반 백성들 특히 천민들까지도 슬퍼하였고, 임금은 이제 그가 죽었으니 선비의 표본을 잃었다고 애석해 하였다.

김종직은 세상을 떠난 후에도 영광과 욕됨을 함께 받은 인물이었다.

〈학문의 기본〉

그는 학문의 기본에 대하여 학자들에게 큰 가르침을 남겼다. 김굉필이 가르침을 받고자 했을 때 그는 벌써 많은 책을 읽은 이 학자에게 사람들이 아주 쉬운 책이라고 생각하는 '소학'을 내주면서 말했다.
"그대가 학문에 뜻을 두었으면 다시 이 책으로부터 시작하라."

이 말을 들은 김굉필은 그 뜻을 받들어 30세까지 이 책만을 열심히 읽었으며, 김종직의 제자들이 모두 소학을 중시한 것도 이러한 가르침 때문이었다. 김종직은 학문을 할 때 기초를 튼튼히 해야 한다는 것을 강조한 것이다.

김종직은 또 효성과 공경, 충성, 믿음을 행동의 기본으로 강조하여 "이것만 익히면 모든 사람이 편안한 마음으로 생활할 수 있으며, 흐려진 풍속이 바로잡힌다."고 하였다. 그는 또 이렇게 말했다. "집에는 부모가 있고 학교에는 스승이 있으니 잘 공경하라. 또 집에는 형제가 있고 학교에는 친구가 있으니 우애와 믿음으로 대해야 한다."

그가 가르친 제자들은, 세조가 단종의 왕위를 빼앗을 때 세조의 편을 든 유자광, 이극돈 등의 정치가들을 속된 무리라고 항상 비판하였다. 이극돈은 전라 감사로 있을 때 성종이 세상을 떠났음에도 불구하고 술이나 마시고 놀면서 백성들로부터 재산을 빼앗는 일에 힘썼는데, 당시 사관(역사 기록 담당관)으로 있던 김일손은 이 일을 낱낱이 사서(역사 기록책)에 기록하였으며, 이극돈이 고쳐 달라고 사정을 해도 거절하였다.

성종에 이어 연산군이 즉위하자 유자광과 이극돈은 김종직이 쓴 '조의 제문'을 임금에게 보이고 선조 임금을 비난했다는 것을 밝혔다. 연산군은 학자들이 바른 말을 하는 것을 아주 싫어하였으므로 곧 김종직의 무덤을 파서 그 시체의 목을 칼로 자르게(부관 참시) 하였고, 김일손, 김굉필, 정여창 등 그의 제자들 40여 명도 모두 사형을 시키거나 귀양을 보냈다.

연대	중요 사항
1431	(세종 13년)~1492(성종 23년)
1459	문과에 급제함.
	경연관, 형조 판서, 지중추 부사를 지내고 영남 학파를 일으킴.
1498	그가 지은 '조의 제문'이 역사책에 실려 무오사화가 일어남.

개혁 정치가 조광조

〈스승을 깨닫게 한 제자〉

조광조의 유허비

무오사화는 연산군 때, 김종직과 그의 제자들 중에서 나라의 정치를 맡고 있던 학자들 40여 명을 사형에 처하거나 귀양을 보낸 사건이었다. 그것은 김종직이, 단종 임금의 왕위를 빼앗은 단종의 숙부 수양 대군(세조)의 행위를 질책하여 쓴 글인 '조의 제문'을, 김종직의 제자인 김일손이 사초(성종의 실록을 위한 역사 기록)에 실었기 때문이었다.

이 때 김종직의 제자이며 대학자였던 김굉필도 멀리 평안도로 귀양을 갔는데, 조광조는 마침 그 곳의 관리인 아버지를 따라가 있다가 귀양살이를 하고 있던 김굉필을 스승으로 모시게 되었다.

조광조는 연산군이, 훌륭한 학자인 김종직이 이미 죽었음에도 그 시체를 꺼내어 칼로 자르게 한 일(부관 참시)이며, 김일손 등 훌륭한 학자들을 사형에 처하거나 귀양 보낸 일을 그의 스승이 한탄하는 것을 보고 스승의 가슴이 얼마나 아플까를 생각하며 분한 마음을 누를 길이 없었다.

조광조는 어릴 때부터 몸가짐이 어른스러웠으며, 인물이 좋고 말을 아무런 거리낄 것 없이 하여 장차 남을 이끌 지도자가 될 소질을 갖추고 있었다. 어느 날 그는 스승 김굉필이 계집종을 몹시 꾸중하고 있는 것을 보았다. 왜 그렇게 나무라고 있는지 물어 보았더니, 스승이 그의 어머니께 보낼 꿩고기를 햇볕에 말리게 했는데, 그 고기를 고양이가 물고 달아났다는 것이었다. 이 광경을 본 조광조는 그 스승에게 서슴지 않고 자기의 생각을 말씀드렸다.

"선생님, 부모님을 모시는 선생님의 정성은 지극하신 줄 압니다만 군자가 말씀을 지나치게 한다는 것은 어떨까 하옵니다. 저에게는 선생님의 말씀이 적이 염려스럽습니다."

그러자 스승은 곧 얼굴을 붉히고 대답하였다.

"네 말이 옳구나. 내가 부끄러움을 잊었다. 너는 진정 내 스승이니 내가 너의 스승이 될 수가 없겠구나."

조광조는 스승 김굉필이 그 곳에서 끝내 사약을 받고 세상을 떠나자, 스승의 뜻과 학문을 이어받아 다른 젊은 이들을 가르쳤다.

그는 28세 때 진사 시험에 장원으로 급제한 후 오늘날의 국립 대학에 해당하는 성균관에 들어가 더욱 학문에 힘썼다. 때로는 새벽까지 책을 읽거나,

성균관

친구들과 토론의 꽃을 피울 때도 있었다. 이러한 노력으로 그는 33세 때 성균관 학생 200명 중에서 성적이 제일 우수한 학생이 되었고, 임금 앞에서 실시하는 과거 시험에 급제함으로써 성균관 전적이라는 벼슬에 오르게 되었다. 그는 그 후 계속 나라의 중요한 직책을 맡게 되었고, 그만큼 그의 활동은 점차 활발해졌다.

한번은 중종 임금이 왕비를 바꾸는 행동을 하자, 몇몇 정치가들이 이 문제를 옳지 못한 일이라고 비판하다가 화를 당했는데, 조광조는 곧 임금에게, 정치가들의 바른 말을 못하게 막는 것은 나라를 위해 옳지 못하다고 말하였다. 임금은 조광조의 말을 듣고 크게 깨달아, 판단을 흐리게 한 대신들을 쫓아 냈는데, 그 자리는 모두 조광조의 스승인 김굉필의 제자들이 차지하게 되었다.

〈이론과 실천을 함께 하다〉

조광조는 이처럼 나라의 정치에 깊이 참여하여, 조선 시대의 역사책인 실록에는 그가 죽은 후에도 약 300 군데에 그의 이야기가 나오고 있다.

그는 또 우리 나라의 생활 풍습을 유교식으로 바꾼 인물이었다. 그에 의하여 우리 나라의 학문이 크게 발전하였고, 퇴계 이황, 율곡 이이 같은 훌륭한 유학자가 탄생하게 되었다.

조광조는, 학문이 깊지 않으면서 나라의 중요한 일을 맡고 있는 정치가들을 다음과 같이 공격하였다.

"군자와 소인을 구별하기는 어려운 일이다. 왜냐 하면, 소인은 군자를 소

왕조 실록

인이라 하고 군자도 소인을 소인이라고 하기 때문이다. 그리고 소인은 밤낮으로 군자를 욕하는 것밖에 생각하지 않고, 임금의 앞에서 예의를 갖추어 좋은 말만 하므로 그를 가려 내기가 쉽지 않은 것이다."

그 당시에는 수해나 가뭄이 계속되는 등 나라에 좋지 못한 일이 있을 때 고사를 지내는 일이 있었다. 조광조는 이를 미신이라 하여 중지하자고 여러 차례 주장했으나, 중종 임금은 지금까지 훌륭한 임금들도 그렇게 했으므로 그만둘 수 없다고 고집하였다. 그러자 성균관 학생들은 모두 궁궐 앞에 모여 앉아 떠나지 않았고, 조광조 등 여러 대신은 밤이 되어도 임금의 앞을 지키고 있어 임금은 할 수 없이 그 청을 들어 주었다.

조광조는 또 과거 시험은, 단 한 번의 시험으로 그 재주를 겨루어 글을 잘 짓는 것만 보고 사람을 뽑는 것은 옳지 못하다고 주장하였다. 그리고 각 지방이나 중앙의 여러 관청에서 재능이 있는 사람을 추천하여, 그들 중에서 임금이 직접 훌륭한 인물을 뽑는 것이 더 좋다는 것을 역설함으로써 이 때부터는 이 방법에 의해 많은 학자들이 등장하였다.

〈공신들의 비판〉

중종 임금은 연산군에 이어 자연스럽게 왕위를 물려받은 것이 아니고, 연산군이 여러 가지로 잘못된 정치를 함으로써 왕위에서 쫓겨난 뒤에 즉위한 임금이었다. 그래서 연산군을 물러나게 하고 자기가 왕위를 잇도록 하는 데 공적이 있는 신하들을 많이 표창하였다. 이에 조광조는 공신이 된 사람이 너무 많다는 것을 주장하고, 그들의 공적을 삭제해야 한다고 주장하였다.

그러자 공신으로 대접받고 있던 신하들은 일제히 조광조를 비판하고, 그에 의하여 나라가 어지러워졌으므로 그 죄를 다스려야 한다고 주장하였다. 임금은 가뜩이나 조광조의 하는 일에 대해 싫증을 느끼고 있던 중이어서 좋은 기회라 생각하고, 조광조와 그를 따르는 인물들을 잡아 가둔 다음, 그 죄를 다스리게 되었다. 옥에 갇힌 조광조는 다음과 같이 말하였다.

"선비로서 믿을 수 있는 것은 결국 임금의 마음뿐이다. 나는 우리 나라의 병폐가 대신들의 개인적인 욕심에 있다고 생각하였고, 우리 나라가 영원히 발전하는 길만을 생각했을 뿐 다른 마음을 가져 본 적은 추호도 없다."

그러나 그를 미워하던 대신들은, 이미 그가 빠져나올 수 없도록 임금의 마음을 돌려 놓고 말았기 때문에 결국 그는 사약을 받아 세상을 떠나고 말았다. 이 때 조광조 외에도 함께 벌을 받은 선비들이 많았는데, 이 일을 '기묘사화'라고 한다.

◎ 참고 자료

⟨4대 사화⟩

1. **무오사화**(1498년) : 김일손 등 신진 선비들이 유자광을 중심으로 한 훈구파에 의해 화를 입은 사건
2. **갑자사화**(1504년) : 연산군의 어머니 윤씨의 복위 문제로 연산군이 일으킨 사화, 성종 임금 당시 양성해 놓은 많은 선비가 수난을 당하였음.
3. **기묘사화**(1519년) : 중종 임금 당시, 남곤 등 훈구 재상들이 조광조 등 젊은 선비들을 몰아 내어 참화를 입게 한 사건
4. **을사사화**(1545년) : 왕실의 외척인 대윤·소윤의 맞섬으로 일어난 사화로 소윤이 대윤을 몰아 낸 사건

조광조의 유허비각

연대	중요 사항
1482	(성종 13년)~1519(중종 14년)
1515	문과에 급제함.
1519	대사헌이 됨.
1519	유교를 정치의 근본으로 삼고 여러 가지 업적을 쌓았으나, 기묘사화 때 사약을 받고 죽음.

만방의 우뚝한 별 이 황

퇴계 이황

〈성리학의 대가〉

이황은 우리 나라를 대표하는 성리학(주자학)의 대가로, 오늘날까지 중국 일본은 물론, 세계 여러 나라 학자들에게까지 알려져 있다.

이황은 연산군 때 지금의 경상 북도 안동에서 진사 이식의 막내아들로 태어났다. 이황은 태어난 지 겨우 7개월 만에 아버지가 세상을 떠나 여섯 형과 함께 홀어머니를 모시고 살았다. 다섯 살 때 공부를 시작한 그는, 11세에 이르러 숙부 이우에게서 학문을 배우게 되었는데, 이우는 안동 부사, 강원도 감사를 지낸 학자였다. 이 때 이황은 공부에 열중하는 태도가 지극하기로 소문이 났으며, 전날 배운 것을 모조리 외운 다음 그 날 공부를 시작하였다고 한다.

〈과거 시험과는 인연이 없어〉

이황은 18세 때 송나라 학문을 대표하는 책 '성리(주자)대전'을 읽어 새로운 진리를 알게 되었고, 22세 때에는 '심경부주'라는 책을 읽고 깊은 깨달음을 얻었는데, 특히 '심경부주'는 이황 평생의 학문이나 다름없었다.

이황은 이처럼 학문 연구에 힘썼지만 세 차례나 과거에 떨어지는 불행을 겪었다. 그러나 이러한 실패에도 불구하고 오히려 그의 학문과 인품은 더욱 빛나게 되었는데, 그 이유는 그만큼 피나는 노력과 학자다운 생활 태도를 지켜 나갔기 때문이었다.

그는 33세가 되자 주위 사람들의 권유로 다시 과거를 보았고, 급제하여 드디어 벼슬길에 오르게 되었다.

〈몸에 밴 청렴 결백〉

24년 동안 부정자, 박사, 전적, 호조 좌랑, 수찬, 지제교, 검토관, 정언, 형조 좌랑, 승문원 교리, 검상, 충청도 암행 어사, 문학, 교감, 장령, 사예,

필선, 대사성, 사복시정, 응교 등 중앙의 여러 관직을 거친 이황은 57세에 이르러 단양 군수로 내려갔다가 풍기 군수로 옮기게 되었을 때의 일이었다.

이황이 죽령에 다다르자, 단양의 관청 사람들이 삼베를 한 짐 지고 와서 공손히 이황 앞에 올리며 말했다.

"이 삼은 관가의 밭에서 거둔 것입니다. 떠나실 때 필요한 경비로 쓰시도록 하십시오. 사또께 삼을 드리기는 이번이 처음이 아니고 전에도 해 왔던 관례이니 부디 가져가 주시기 바랍니다."

"내가 부탁한 일이 아닌데 네가 어떻게 마음대로 이것을 가져왔느냐? 관가의 밭에서 거둔 것이라면 이것은 관청의 재산이니 도로 가져가거라."

단호하게 물리친 이황의 짐 속에는 여러 권의 책과 평소에 곁에 두고 보던 돌 두 개뿐이었으니, 이를 보아도 얼마나 검소하였던가를 알 수 있다.

이황이 서소문 밖에서 살 때 좌의정 권철이 찾아온 적이 있었다. 밥상이 나왔는데, 그것은 이황이 평소에 먹던 그대로였고, 참고 먹기가 어려울 정도로 초라하였다. 밥맛을 잃은 권철은 수저도 들지 않고 있다가 돌아갔다. 권철은 그 후 이황의 인품과 학식, 생활 태도에 이렇게 감탄하였다.

"나는 입맛의 버릇을 잘못 들여 참으로 부끄러운 짓을 하였다."

〈학문에만 열중하다〉

그 무렵 이황은 건강이 좋지 않고 가정에도 불행한 일이 계속되어 벼슬을 내놓고 고향으로 돌아갔다. 그 곳에 한서암이라는 집을 짓고 '주자전서'를 읽으며 학문에 열중하였다. 그는 주자전서를 간추려 '주자서절요'라는 책을 지었고, 주자가 지은 '역학계몽'을 연구하여 '계몽전의'라는 책도 엮었다.

이황은 중종, 명종, 선조 등 세 임금으로부터 모두 지극한 사랑과 존경을 받았다. 특히 명종 임금은 수차례 그에게 벼슬을 내리고 불러도 고향에서 돌아오지 않자 화공을 시켜 그가 있는 도산의 경치를 그려 오게 하여 병풍을 만들고, 그 병풍을 바라보고 있을 만큼 이황

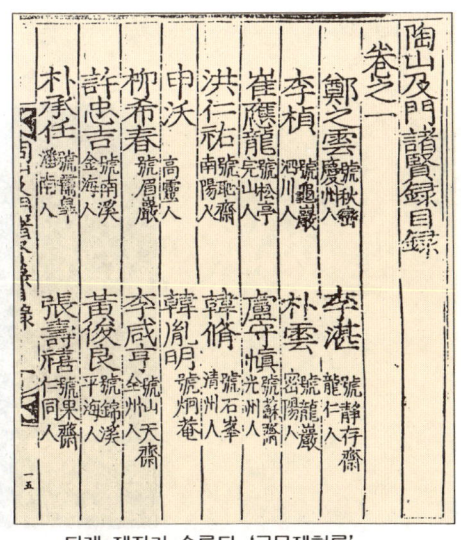

퇴계 제자가 수록된 '급문제현록'

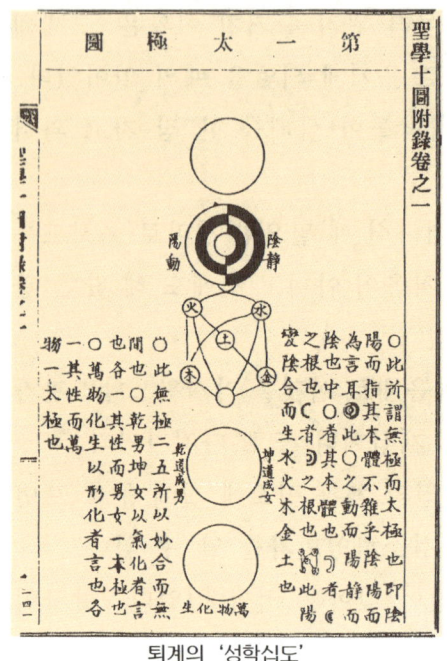
퇴계의 '성학십도'

을 그리워하였다.

이황은 그 후에도 대사성, 형조와 병조의 참의, 첨지중추부사, 부제학, 공조 참판, 공조 판서, 예조 판서, 우찬성, 대제학 등을 지내고 68세에 고향으로 돌아갔다. 그는 이 때 새로 임금이 된 선조에게 '성학십도'라는 글을 지어 올렸는데, 이 글은 유학의 근본이 되는 사상과 실천 방법을 간추린, 실로 엄청난 것이었다.

이황의 학문은 김성일, 류성룡, 기대승 등 수백 명의 학자에 이어져 허목, 이익, 정약용 등으로 전해져 내려왔다. 특히 기대승과 8년 동안 편지를 주고받으며 인간의 마음(사단 칠정론)에 대한 토론을 벌였던 일은 매우 유명하다.

율곡 이이의 제자들인 기호학파에 대하여 그의 제자들은 영남 학파를 이루어 서로 맞서기도 했지만, 이황은 우리 나라 학자 중 가장 대표적인 인물이며, 오늘에 와서는 세계적인 학자임에 틀림없다.

도산 서원

◎ 참고 자료

〈이황의 '도산 12곡'이란 어떤 노래인가?〉

이 노래는 퇴계 이황 선생이 도산 서원에서 제자들을 가르치기 위해 지은 연시조로 모두 12수이다.

인간 속세를 떠나 자연에 도취하여 사는 생활과 제자를 가르치기 위한 학문, 그리고 사색에 몰두하는 학문의 자세를 꾸밈없이 표현해 놓은 것이다.

'도산 12곡' 가운데 몇 수를 소개한다.

〈제1곡〉
이런들 어떠하며 저런들 어떠하료?
초야 우생이 이렇다 어떠하료? ⎤ 자연에 묻혀 사는 삶
하물며 천석 고황을 고쳐 무엇하료? ⎦
  ○ **초야 우생**: 시골에 묻혀 사는 어리석은 사람
  ○ **천석 고황**: 자연 속에 묻혀 살고 싶은 마음의 절실함.

〈제10곡〉
당시에 예던 길을 몇 해를 버려 두고,
어디 가 다니다가 이제야 돌아온고? ⎤ 학문 수행에 전념할 결의
이제나 돌아오나니 딴 데 마음 말리라. ⎦
  ○ **예던 길**: 행하던 길, 여기서는 '실천하던 도리' 또는 '학문과 수양의 길'

〈제11곡〉
청산은 어찌하여 만고에 푸르르며,
유수는 어찌하여 주야에 긋지 아니는고? ⎤ 영원히 변하지 않는 의지
우리도 그치지 마라, 만고 상청 하리라. ⎦
  ○ **만고 상청**: 영원히 변함 없이 푸르름.

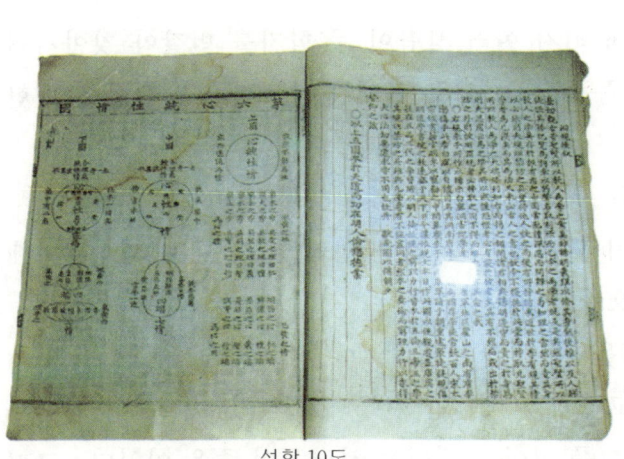

성학 10도

퇴계의 단계 벼루

벼슬을 하지 않은 학자 조 식

조식

〈스승다운 학자, 조식〉

조식은 판교라는 아주 낮은 벼슬을 하고 있는 조언형의 아들로 태어났다.

그는 6, 7세에 벌써 많은 책을 읽어 주위 사람들에게 소문이 났는데, 그러한 학문 연구의 태도를 평생 동안 지켰다. 또 다른 학자들처럼 책을 읽고 글을 쓰는 데에만 열중하는 학자가 아니라, 배운 것은 꼭 실천할 것을 주장하면서 모든 행동을 꼭 배운 대로 행한 학자로도 유명하였다.

51세 때에는 경상도 관찰사가 조정에 알려 주부라는 벼슬자리에 임명되었지만, 오로지 학문 연구만 계속하였고 관리 생활을 하지는 않았다. 그 후에도 단성 현감, 상서원 판감 등으로 세 차례 더 임명되었으나 그는 끝내 벼슬을 사양하였고, 65세 때에는 명종 임금이 한번 만나 볼 것을 간곡히 부탁하여 처음으로 궁궐에 들어가서 나라를 다스리는 방법에 대한 설명을 해 주고 돌아갔다. 이를 본 율곡 이이는 이렇게 말하였다.

"그분의 떳떳하고 우뚝한 기상에 비교할 만한 인물은 없고, 그 기상을 보고 자세를 바로하지 않을 선비가 없으니, 참으로 스승다운 학자라고 할 수 있다."

당시에 경상도에서는 퇴계 이황과 남명 조식이 쌍벽을 이루는 학자였는데, 이들 두 사람의 소문이 전국에 퍼져 여러 사람이 두 학자를 번갈아 찾아가며 학문을 배웠다. 그리고 이들 두 학자는 서로 편지를 주고받으며 학문에 대한 토론을 벌이기도 했다.

조식의 특징은 도덕에 관한 학문을 즐기는 것이었다. 그리고 그는 "중국의 정자와 주자가 이미 도덕에 관한 책을 낼 만큼 다 내었으므로 이제 와서 또 다른 책을 낼 필요가 없다."

고 하며, 그 자신은 별로 책을 내지 않았다.

조식은 이와 같은 태도로 고향에서 학문만 연구하고 있었지만 그의 학문과 인품은 너무나 널리 알려져, 그를 찾아 배우려는 사람들이 줄을 이었다. 그러나 조식은 이들에게 모두 똑같은 가르침을 주지 않고, 마치 옛날에 공자가 그 제자들을 가르친 것과 같이 각자의 적성에 알맞은 교육을 해 주었다고 한다. 그의 여러 제자 중에는 임진왜란 때 의병을 일으킨 홍의장군 곽재우도 있다.

조식의 친구인 성혼은 조식의 다음과 같은 말을 가장 중시하였다.

조식이 글공부를 가르치던 '산해정'

"요즈음 학자들은 절실하고 가까운 것은 연구하지 않고, 공연히 높고 멀어 실제 생활과 관계가 적은 것을 찾아 연구하는 폐단이 있다. 학문을 한다는 것은 우선 어버이를 섬기고 형을 공경하며, 어른에게 공손하고 어린이를 사랑하는 것에 지나지 않는 것인데, 여기에는 힘쓰지 않고 다른 심오한 것만을 탐구하려 한다면 이것은 우리 생활에서 진리를 구하는 것이 아니므로 아무 이익이 없게 되는 것이다."

조식은 이러한 태도로 71세까지 벼슬을 하지 않고 학문 연구에만 힘쓰다가 일생을 마쳤다.

그가 죽은 뒤에 광해군은 영의정 벼슬을 내렸다.

연대	중요 사항
1501	(연산군 7년)~1572(선조 5년) 성리학 연구에 일생을 바친 대학자. 남명집, 학기 등을 남김.

조 식

한국 여성의 표상 사임당 신씨

신사임당

〈우리 나라를 대표하는 여성상〉

　사임당은 어진 어머니요, 슬기로운 아내였으며 효녀였다. 또 훌륭한 인품을 갖춘 여성이었고, 학문이 깊고 시를 잘 지었을 뿐만 아니라 글씨와 그림에도 소양을 갖춘 인물이었다.

　사임당은 지금으로부터 약 500년 전, 강원도 강릉 북평에서 아버지 신명화와 어머니 이씨 사이의 다섯 딸 중 둘째로 태어났다. 신명화는 순박하고 강직한 성품을 가진 선비로, 41세에 진사가 되었지만, 벼슬을 사양하고 학문 연구에만 힘쓴 사람이었고, 어머니 이씨는 무남 독녀로 귀엽게 자라 시집을 갔지만 무남 독녀였기 때문에 친정에 계속 머물러 살았다.

　사임당은 어려서는 늘 어머니의 교훈을 받으며 자랐다. 어머니 이씨는 친정 어머니에게도 효성을 다하였을 뿐만 아니라, 남편 신명화가 병이 나자 온갖 정성을 다하여 조정에서 이를 알고 열녀 정각까지 세워 준 부인이었으므로 사임당 같은 어질고 현명한 딸을 두었다는 것은 당연한 일이었다.

　사임당은 6세 때 안견의 그림을 보고 그대로 모방하여 그려 내어 사람들을 놀라게 하였고, 학동들이 서당에서 배우는 책들을 열심히 읽었다. 또 어릴 때부터 여러 가지로 뛰어난 재주를 보여 부모님의 귀여움을 받았다. 18세에 이르러 서울 청년 이원수에게 시집을 갔지만, 딸만 다섯인 친정에서 귀여움을 많이 받으며 자란 탓이었는지 어머니 이씨처럼 얼른 시댁으로 가지 않고 오랫동안 강릉에서 지내고 난 다음에 시댁의 고향인 파주 율곡리, 서울 시댁으로 와서 살았는데, 항상 강릉에 홀로 남은 친정 어머니를 잊지 못하여 '사친시' 같은 시를 지어 그 마음을 달래기도 했다.

　사임당은 아들(이선), 딸(매창), 아들(이번), 딸, 아들(이이), 딸, 아들(이우)의 차례로 모두 4남 3녀를 두었다. 이들 중에는 율곡 이이 같은 대학자도 나왔지만, 큰딸 매창은 학문, 시, 인격, 지혜 등 여러 면에서 뛰어나 이이에게도 많은 가르침을 주었고, 넷째아들 이우도 거문고, 글씨, 시, 그림에 뛰어난 재주를 가져 사임당의 가르침을 그대로 이어받은 인물이었다.

한편 남편인 이원수는 6세 때 아버지를 여의고 독자로 자랐기 때문에 학문에 깊이 들어갈 형편이 못 되었던 사람이어서, 결혼 후 부인 사임당으로부터 듣고 깨달은 점이 많았다. 그가 39세에 수문 판관이란 벼슬을 한 것도 바로 사임당의 도움이 컸기 때문이었다.

오죽헌

사임당이라는 호는 옛날 중국 문왕의 어머니 태임을 본받는다는 뜻(태임은 역사상 가장 현명하고 정숙한 것으로 전하는 여인)이었다고 한다.

사임당은 시를 잘 썼다. 어머니 이씨의 가르침으로 여러 학자의 문집을 읽고 많은 시를 썼는데, 지금까지 남아 있는 것으로는 친정을 떠나 시댁으로 갈 때 대관령을 넘다가 친정 쪽을 바라보며 지었다는 '유대관령 망친정'과 '사친' 등이 있다.

사임당은 글씨도 잘 썼다. 그의 글씨는 전통적인 필법을 잘 익힌 위에 고상한 정신과 단정한 마음을 담아 훌륭하였다. 또 사임당은 그림도 잘 그려서, 다음과 같은 평을 받기도 하였다.

사 친
산 첩첩 내 고향 천리언마는
자나깨나 꿈 속에도 돌아가고파
한송정 가에는 외로이 뜬 달
경포대 앞에는 한 줄기 바람
갈매기는 모래밭에서 헤어졌다 모이고
고깃배들 바다 위를 오고 가리니
언제나 강릉 길 다시 돌아가
색동옷 입고 앉아 바느질할까

"포도와 산수는 그 솜씨가 안견 다음가는 것으로, 어찌 부녀자의 그림이라고 업신여길 수 있으며, 그림 그리는 것이 부녀자에게 합당하지 않은 일이라고 할 수 있으랴."(명종 때 어숙권의 평)

"벌레, 나비, 꽃, 오이 등은 그 모양이 똑같을 뿐만 아니라 그 빼어나고 맑은 기운이 산뜻하여 마치 살아 있

사임당의 그림

는 것 같으니, 붓이나 핥고 먹이나 빠는 저속한 화가 따위가 따를 수 없다."(숙종 때 김진규의 평)

"소리 없는 시로다."(숙종 때 신정하의 평)

사임당은 47세 되던 해의 여름에 갑자기 병으로 자리에 눕게 되었고, 그로부터 며칠 후 어느 날 아침, 집에 있는 자녀들을 불러 모아 놓고,

"내 다시 일어나기 어려울 것 같구나."

라는 한 마디를 남기고 조용히 이 세상을 떠났다.

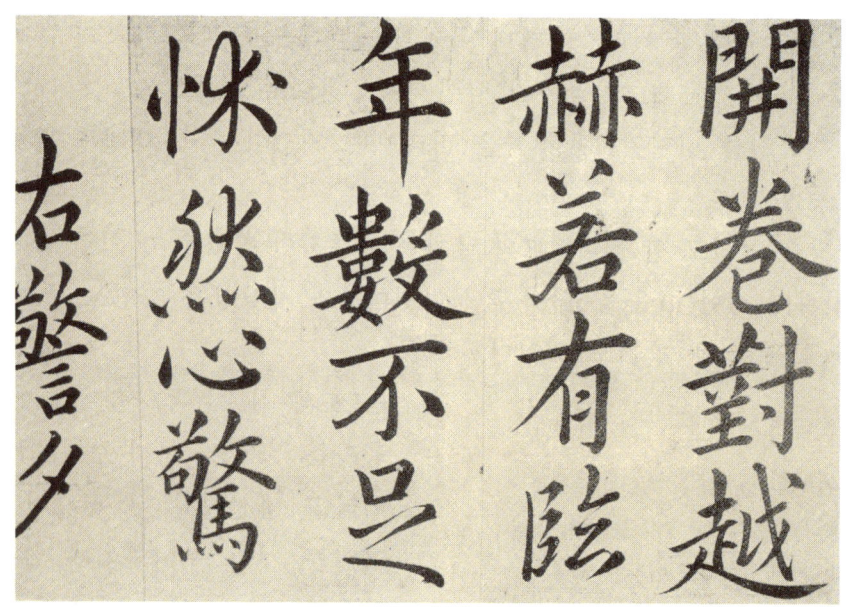
사임당의 글씨

연대	중요 사항
1504	(연산군 19년)~1551(명종 6년) 조선 시대 여류 문인, 서화가. 율곡 이이의 어머니

학자 기대승

기대승

〈홀로 익힌 학문〉

기대승은 지금으로부터 460여 년 전, 조선 시대 중종 때 나주에서 태어났다.

그는 독학으로 학문을 익혔지만, 14세에 이미 '서경부'라는 글을 지었고, 18세에는 명종 임금의 외척이 정권을 잡아, 인종 임금 때 정권을 잡았던 여러 대신을 죽인 사건을 보고 슬퍼하며 스스로 조심해야 함을 뜻하는 '자경설'을 썼다.

기대승은 22세에 사마시에 합격하였고, 31세에는 다시 문과에 급제함으로써 관직에 나가게 되었다. 이 때 그는 독학으로 유학(주자학)을 연구하고 '주자대전' 중 중요한 부분을 간추려 '주자문록' 3권을 발간했다.

〈퇴계 선생의 평가〉

또, 처음으로 관직에 나가기 위해 서울에 와 있던 퇴계 선생을 찾아가, 제자가 되겠다는 예의를 갖추고, 이후 유학의 깊은 뜻에 대한 가르침을 받게 되었다. 두 학자는 10여 년에 걸쳐 저 유명한 '4단 7정설'에 대하여 토론을 전개했는데, 편지 왕복만도 8년을 계속하여, 후에 이 문제를 이야기하지 않은 학자가 없을 정도였다. 우리 나라의 유학은 이 때 두 학자 간의 토론으로 완성되었다고 할 수 있으며, 퇴계 선생은 그를 단순히 제자로만 대하지 않고 존중해 주었다.

한번은 선조 임금과 퇴계 선생이 그에 관한 대화를 나누었다.

"조정의 대신들 가운데 누가 학문이 높소?"

"기대승이 능히 문자를 두루 알고 있으며, 유학의 이치에 있어서도 뛰어난 조예를 지니고 있어 가히 통달하였다 할

빙월당(기대승 사당)

수 있겠습니다."

퇴계 선생은 기대승이야말로 뛰어난 재주가 있어 장차 훌륭한 업적을 이루어, 결국 조선 최고의 학자가 될 것으로 기대된다고 설명하였다. 퇴계 선생은 그가 43세 때 세상을 떠났는데, 이 때 그는

- 4단 : 사람의 네 가지 마음씨
  - 인(仁) : 불쌍함을 느끼는 마음
  - 의(義) : 부끄러움을 느끼는 마음
  - 예(禮) : 사양하는 마음
  - 지(智) : 옳고 그름을 가리는 마음
- 7정 : 희(기쁨), 노(성냄), 애(슬픔), 락(즐거움), 애(사랑함), 오(미워함), 욕(욕심)

4단 7정

여러 학자의 추천으로 퇴계 선생의 묘비명을 쓰는 영광을 갖게 되었다. 그는 그 묘비명의 글 속에 '나처럼 어리석은 자가 선생의 지도를 받아 이룩한 것이 친지 부모의 은혜와 같았으나, 이젠 산이 무너지고 대들보가 꺾여진 듯 어디가 의지할 데가 없다.'고 썼다.

기대승이 학문 연구 기관인 홍문관 교리를 거쳐 임금에게 잘잘못을 고하는 사간원 사간으로 있을 때, 학자들끼리의 다툼에 휘말려 관직에서 밀려나기도 했으나 곧 복직되었고, 이어 우부승지와 시강원 시강관이라는 두 가지 벼슬을 맡았다.

또 선조 임금 때에는 형조 참의와 성균관 대사성을 지내다가 영의정 이준경과의 불화로 파직되기도 했으나 곧 홍문관 부제학으로 복직되었고, 사간원 대사간을 지내던 중 병으로 사퇴하고 고향으로 가는 길에 고부에서 45세라는 젊은 나이로 세상을 떠났다.

◎ 참고 자료

〈사단 칠정 이기 왕복서〉

이황·기대승 간에 4단 7정에 관한 변론집으로 '사칠 왕복서'라고도 한다.

퇴계 이황은 '4단'이라는 것은 '이'에서 일어나고, '7정'은 '기'에서 일어난다고 하였으며, 기대승은 '4단 7정'은 처음부터 별개의 것이 아니고 '이'와 '기'가 함께 일어나는 것으로, '4단'은 '이', '7정'은 '기'라고 구별할 필요가 없는 것으로 주장하였다.

이 두 학자의 논쟁은 결국 결말을 보지 못하였지만, 당시 학문 세계에서는 매우 장하고 아름다운 일로 여겼다.

연대	중요 사항
1527	(중종 22년)~1572(선조 5년)
1549	사마시에 급제함.
1558	문과에 급제하여 사관이 됨. 퇴계 선생의 제자가 됨.
1570	영의정과 불화하여 대사성에서 해직당함.
1571	부제학을 사퇴함.
1572	대사간을 사퇴하고 귀향 도중 병으로 세상을 떠남.

의병장 김제민

〈이항에게서 학문을 익힘〉

이치 대첩비

김제민은 지금으로부터 460년 전, 전라 북도 정읍에서 태어났다.

그를 가르친 학자 이항은 왜적에 대한 경계심과 나라를 위한 희생 정신을 늘 강조하여, 그 제자 중에는 김제민 외에도 김천일, 변사성 같은 훌륭한 의병장이 많이 나왔다.

그는 31세에 진사 시험에 급제한 후, 46세에는 문과에 급제하였고, 여러 가지 벼슬을 거쳐 조선 8도의 각 지방에서 치르는 과거(향시)를 관리하는 일을 맡기도 하였다.

〈의병을 일으키다〉

김제민이 임진왜란이 일어났다는 소식을 들은 것은, 전라도 감사 아래에서 도사 벼슬을 지내다가 병으로 그만두고, 제자들을 가르치던 때였다. 이미 66세의 노인이었지만, 그는 비통한 심정이 되어 가족들에게 말했다.

"우리 집은 대대로 벼슬을 했는데 이제 왜적의 침입으로 임금이 평양으로 몽진(피난)까지 하셨으니, 나는 그 신하로서 의롭게 죽을 것이다."

그는 곧 전라도 각 고을의 의병을 모집하여 아들 안에게는 총군, 다른 두 아들 엽과 혼에게는 물자 운반을 맡겨 부대를 편성하였다. 존경받는 김제민과 그 아들들이 앞장을 섰으므로 의병들의 사기는 드높아졌고, 곡창 지대인 전라도까지 적에게 빼앗겨서는 안 된다는 각오 또한 더욱 굳어졌다.

이 때 왜적은 의령에서 곽재우 장군에게 패배한 분을 풀기 위하여 웅치(곰티재)를 넘어 전주를 점령하려 하였으므로, 전라 감사 이광은, 권율 장군을 절제사로 하여 전라도와 경상도의 경계를 지키게 하고 다른 군대들은 웅치, 이치에서 적을 막아 내게 하였다. 김제민은 곧 웅치로 달려가, 신식 무기인 조총을 쏘아 대며 진격해 오는 왜군을 막아 내었다. 이 전투에서 김제 군수 정담이 장렬한 최후를 마치는 등, 아군과 적군 양쪽이 큰 피해를 당하는 싸움을 계속하였다. 이 때 아들 안이 김제민의 앞으로 나섰다.

"지금 적은 세력을 떨치고 우리는 응원군이 오지 않으니, 4부자가 함께 죽는 것은 쓸데없는 일입니다. 아버님께서는 잠시 물러나셨다가 다시 싸우시는 것이 옳을 듯합니다."

말을 마친 안은 칼을 휘두르며 적진으로 나아가 수십 명의 왜병을 죽이고 장렬하게 전사하였다. 이에 김제민은 군사를 이끌고 나아가 용맹을 떨치며 왜적을 무찌르는 눈부신 전과를 올렸다.

의병 비각

이어서 그는 아들 엽과 혼을 선조가 있는 곳으로 보내고, 장성에서 다시 1600여 명의 의병을 모아 직산에서 100여 명의 왜적을 무찔렀고, 해남에 이르러서는 아홉 번을 싸워 모두 승리하였다. 그 동안 엽은 왕을 호위하는 군대로서, 혼은 권율 도원수의 선봉장으로 전공을 세웠다.

김제민은 정유재란이 일어났을 때에도, 70세의 나이도 아랑곳하지 않고 의병을 모집하였고, 아들 엽과 혼을 권율 장군에게 보내 힘을 합하게 하고, 난이 끝난 후 학문 연구에 전념하였다. 그는 특히 사마 천의 사기에 정통하였으며, 많은 저서를 남기고 72세에 세상을 떠났다.

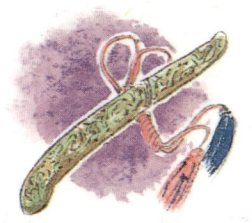

연대	중요 사항
1527	(중종 22년) ~1599(선조 32년)
1558	진사에 급제함.
1573	문과에 급제함.
1579	8도의 향시를 관장함.
1586	전라도 도사가 됨.
1592	(65세) 임진왜란이 일어나자, 의병장이 되어 웅치, 직산, 해남에서 적을 무찌름.
1597	정유재란이 일어나자, 두 아들을 권율에게 보냄.

금산 전투에서 전사한 고경명

고경명을 표창한 삼강문(광주)

〈의병 최초의 승리〉

1592년 5월, 왜군이 서울까지 침략했다는 소식을 듣고, 경상도와 전라도 각지의 선비들이 중심이 되어 의병이 일어나기 시작했다.

전라도 지방의 의병은 나주에서 일어난 김천일의 부대와 유팽로, 양대박을 중심으로 담양에 모인 고경명의 부대가 중심이었다. 김천일 부대는 서울을 되찾기 위해 경기도에서 싸우다가 이듬해에는 제2차 진주성 전투를 벌였다. 한편, 그 해 6월에 고경명이 담양을 출발하여 전주에 이르렀을 때, 서울의 북쪽 임진강을 지키던 우리 군사들이 패전했다는 소식이 들렸다. 고경명은 우부장 양대박을 남원으로 보내 의병을 더 모으도록 했다.

남원에서 1천여 명의 병사를 모아 전주의 고경명 부대로 가려던 양대박은 임실에 왜적이 나타났다는 급보를 받았다. 이 왜군은 소조천융경이 거느린 부대로서 무주, 진안 쪽에서 진주성을 공격하려 하고 있었다. 왜군은 진주성을 차지하여 그들의 군대에 필요한 식량을 구하려는 것이었다. 6월 25일 새벽, 의병 1천여 명을 두 진영으로 나눈 의병장 양대박은, 섬진강 상류의 골짜기에서 아침 식사를 준비하고 있는 왜군의 대부대를 양쪽에서 공격했다. 왜군이 미처 대열을 갖추기도 전에 기습적으로 공격한 의병은 1200여 명의 군사를 죽이는 큰 승리를 거두었다. 임진왜란 당시 의병이 거둔 최초의 승전이었다.

이 때, 6천 명으로 이루어진 고경명의 부대는 북쪽으로 진군하다가 금산에 진을 친 왜군이 전주를 침략할 것이라는 소식을 듣고, 진군 방향을 바꾸어 금산을 향하였다.

7월 9일, 고경명은 전라 방어사 곽영의 부대와 함께 금산성 밖 10리 지점에

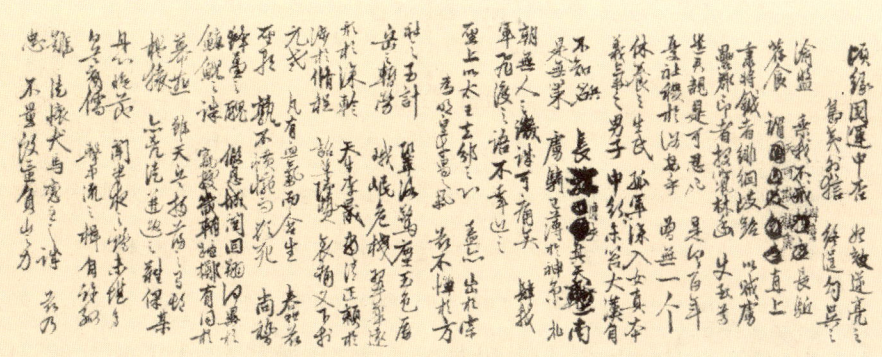
의병장 고경명이 의병 모집을 위해 널리 알린 글

진을 치고 전투를 시작했다. 의병장 고경명은 우선 군사 일부를 성 밑으로 보내어 주위의 건물에 불을 지르게 하고, 동시에 대포를 성 안으로 쏘게 하여 첫 싸움을 승리로 이끌었다.

〈장렬한 최후를 맞다〉

다음 날에도 관군 곽영의 부대와 의병이 합세하여 적진을 공격하기 시작했다. 그러나 북문을 공격하던 관군이 왜적의 집중 공격을 받고 무너져 버렸다. 고경명은 이제 의병만으로 싸울 수밖에 없다고 판단하고 용감하게 싸웠다. 그렇지만 의병마저 무너지고 말았다. 이미 관군 장수들은 싸움터에서 탈출하고 없었다. 그러나 의병 지휘자들은 부대가 무너지는 것을 보면서도 그 곳을 떠나지 않고 끝까지 싸웠다.

의병 지휘자의 한 사람인 유팽로는 달려드는 왜적의 무리로부터 재빨리 빠져 나왔으나, 아직도 그 속에서 온 힘을 다해 싸우는 의병장 고경명을 보고는 번개같이 그 곳으로 달려갔다. 이 치열한 싸움에서 나이가 60에 가까운 의병장 고경명이 죽음을 피하기 어렵겠다는 것을 안 유팽로는, 그의 부하 안영과 함께 고경명의 몸을 감싼 채 왜적의 칼날을 받아 한자리에서 최후를 함께 하였다. 또 고경명의 아들 인후도 장렬하게 싸우다가 아버지의 뒤를 따랐다.

그러나 고경명의 죽음에 이어 각지에서는 다시 새로운 의병들이 계속 일어나 자기들의 고장과 나라를 지키기에 앞장섰다.

연대	중요 사항
1534	(중종 28년)~1592(선조 25년) 임진왜란이 일어나자 의병을 일으켜 싸우다가 금산 전투에서 전사함.

학자 이 이

〈지극했던 효성〉

이이는 지금으로부터 450여 년 전, 경기도 파주의 이원수와 여류 문필가로 이름난 신 사임당의 4형제 중 셋째아들로, 강릉 외가에서 태어났다.

율곡 이이

어릴 때부터 어머니로부터 글을 배우며 천재로 소문이 났는데, 네 살 때 외할머니와 함께 석류가 익은 모습을 구경하며, "붉은 주머니 안에 붉은 구슬이 부서져 있구나."란 시를 지었으며, 대동강에 오리가 노는 것을 보고 "그 누가 큰 붓을 쥐고 '乙(새 을)'자를 써 놓았노?"라고 읊었다.

이이는 효성도 지극하였다. 네 살 때 어머니가 앓아 눕자 혼자 사당에 들어가 기도를 올렸다고 하며, 열 살 때에는 아버지의 병환이 위독하자 칼 끝으로 팔을 찔러 흐르는 피를 마시게 했다. 또 12세에 이미 진사 시험에 합격했지만, 15세 때 어머니가 세상을 떠나자, 어머니 무덤 앞에 묘막을 짓고 3년을 지내는 동안 불경을 읽고는 속세를 버리고 불도를 닦기 위해 금강산으로 들어갔다.

그러나 불교는 유가의 사상과 비슷한 점이 많지만 죽어서 극락에 간다는 것이 다르다는 것을 깨달은 이이는 1년 만에 강릉 외가로 내려가, 앞으로 지

1. 성인의 경지에 이를 때까지 줄기차게 노력한다.
2. 마음을 결정할 때는 말을 적게 한다.
3. 놓아 버린 마음을 가다듬어야 한다.
4. 공손하고 조심해야 한다.
5. 생각이 행동에 앞서야 하며, 실천이 없는 독서는 쓸 데가 없다.
6. 재산과 명예에 마음을 두지 않아야 한다.
7. 일에 정성을 다해야 한다.
8. 출세를 위해 다른 사람을 하나라도 희생시켜서는 안 된다.
9. 포악한 사람도 감동시켜야 한다.
10. 때아닌 잠을 자서는 안 된다.
11. 서두르거나 쉬지 않고 꾸준히 공부해야 한다.

켜 나갈 11조의 다짐을 지어 실천하기로 했다.

이어서 그는, 관직에서 물러나 도산 서당을 세우고 제자들을 가르치며 명성을 떨치고 있던 이황을 찾아가, 학문과 인격이 원숙한 그의 가르침을 받게 되었다.

〈재능 발휘〉

그가 벼슬길에 나선 것은 28세 때, 사마시와 문과에 장원으로 급제했을 때부터였다. 이로써 그는 모두 아홉 번의 장원을 차지한 것이었다. 호조 좌랑으로 시작된 그의 관직은, 29세에는 사간원 정언과 이조 좌랑, 32세에는 사헌부 지평, 성균관 직강, 홍문관 부교리, 34세에 홍문관 교리, 35세 때에는 청주 목사, 37세 때 홍문관 직제학, 38세 때 승정원 우부승지와 사간원 대사간, 황해도 관찰사, 45세 때 사헌부 대사헌과 호조 판서, 홍문관과 예문관 대제학, 46세 때 이조 판서, 형조 판서, 병조 판서, 47세 때 이조 판서와 우참찬 등을 거치며, 48세에 세상을 떠날 때까지 어디서나 그 재능을 거침없이 발휘하였다.

〈자치 활동인 '향약' 실시〉

그러나 이이는 관직 생활보다는 학문 연구에 뜻이 있어 여러 번 벼슬을 사양하였다. 홍문관 교리를 사퇴하고 해주 처가에 가 있을 때에는 나라에서 주는 벼슬을 사양하다 결국 청주 목사로 임명되었다. 이에 그는 백성들을 직접 가르치고 다스려 살기 좋은 고장을 만들어 볼 기회라고 생각하였다. 고장 사람들 스스로 자치 활동을 하도록 한 향약은 바로 이 때 나온 것이다.

그 뒤 황해도 관찰사로 있을 때에도 그는 이 향약 운동을 크

이이가 태어난 강릉 오죽헌

> **향 약**
> 1. 착한 일을 서로 권하자.
> 2. 잘못을 서로 고쳐 주자.
> 3. 바른 예절로 서로 사귀자.
> 4. 어려운 일은 서로 도와 주자.

게 일으키고 백성들을 잘 보살피고 가르쳐 썩은 관리들이 부끄러워하며 몸둘 곳을 모르게 하였다.

홍문관 직제학으로 있을 때에도 그는 병을 핑계로 세 번이나 청하여 가까스로 고향 파주의 율곡으로 돌아갔지만, 선조 임금은 한 달도 못되어 다시 그를 부르고 간곡한 부탁을 하였다.

"이제부터는 어떤 일이 있더라도 물러가지 않는 것이 좋겠소."

그러나 이 무렵, 조정에서는 김효원, 심의겸을 중심으로 갈라진 당파 싸움이 심했다. 두 파의 싸움을 도저히 그치게 할 수 없겠다고 생각한 이이는, 재상 노수신으로 하여금 임금에게 글을 올리게 함으로써, 그 두 사람이 삼척 부사와 개성 유수로 나가게 했다.

이이는 40세에 이르러, 이제는 고향으로 내려가 조용히 글을 읽고 쓰는 일에 몰두할 작정으로 파주로 내려가 은병 정사를 세웠는데, 이 때 길러 낸 제자가 108명이나 되었다. 그 동안에도 선조 임금은 여러 차례 벼슬을 내리며 그를 불렀으나 그 때마다 훌륭한 정치에 필요한 글만 올렸다. 그러자 선조는 "부디 와서 내 외로움을 위로해 주오!" 하고 간곡히 부탁하므로 다시 올라가 대사간 벼슬을 맡았다. 결국 그는 임금과 함께 모든 일을 일일이 의논하는 그 벼슬을 아홉 번이나 맡은 셈이었다.

이이는 병조 판서를 맡았을 때 시무 6조를 지어 임금에게 올렸는데, 나라의 힘이 약해 10년 안에 큰 난리를 당할 것이니, 서울에 2만, 8도에 각 1만 합하여 10만의 군사를 기르자고 한 것으로 '율곡행장'에 기록되어 있다. 그러나 이 의견은 나라의 예산이 부족하고 반대파의 비난이 심하여 받아들여

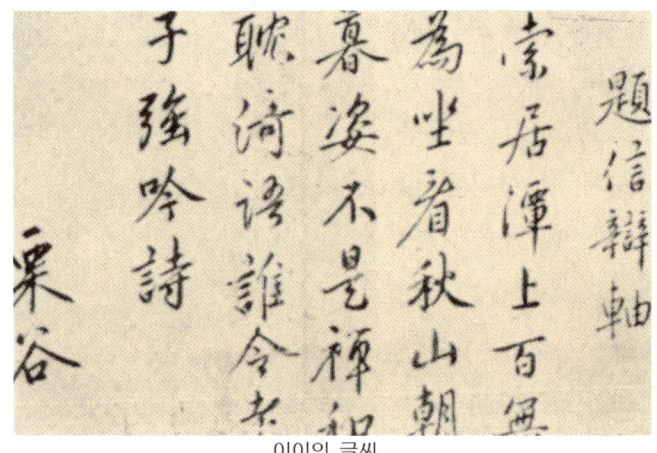

이이의 글씨

지지 않았다. 그 뒤 10년 후에 임진왜란이 일어났다.

이이는 죽기 1년 전에 임금의 허락 없이 군사를 북방으로 보냈다는 비난을 받고 파면당하였다. 그러나 제자 성혼의 호소로, 선조 임금은 그를 파면시킨 관리들을 내쫓고, "이제 이이와 성혼을 나무라는 자는 엄히 다스리겠다."하고 다시 그를 불렀지만 그는 끝내 이를 사양하였다. 이에 임금은 탄식하였다.

"하늘이 나라를 편안케 할 뜻이 없구나! 어찌 경은 때를 얻지 못하였는가……."

선조 17년, 48세의 이이는 끝내 회복할 수 없는 병으로 세상을 떠났다. 그 이틀 전에도 그는 병석에서, 국경을 지키러 가는 서익에게, 변방을 편안하게 할 것, 왕의 위엄을 떨칠 것, 백성들을 마구 부리지 말 것, 장수들의 재능을 살릴 것 등을 부탁하였다. 그가 세상을 떠나자 온 백성들이 안타까워했지만, 그의 집에는 아무런 재산이 없어 마지막 입고 가는 옷 한 벌인 수의까지 남의 것을 빌려야 했다. 그가 남긴 책 중에서는 '성학집요', '격몽요결' 등이 있다.

시무 6조
1. 어질고 능력 있는 학자를 믿을 것.
2. 군대를 기를 것.
3. 물자를 풍족하게 준비할 것.
4. 국경선을 잘 지킬 것.
5. 말을 많이 기를 것.
6. 교화를 밝힐 것.

연대	중요 사항
1536	(중종 31년)~1584(선조 17년)
1548	(12세), 진사 초시에 합격함.
1564	생원시와 문과에 장원으로 급제함.
1571	청주 목사가 됨.
1573	직제학이 됨.
1574	우부승지, 대사간 등을 지냄.
1581	대사헌과 예문관 대제학을 겸임함.
1583	이조 판서로 당쟁을 없애려고 노력함.

시인 정철

'사미인곡'을 쓴 송강정

〈자연 경치에 비유된 인물〉

정철은 조선 시대의 시인이며 우의정, 좌의정의 높은 벼슬을 한 정치가이기도 하다.

이황, 이이, 성혼 등 여러 학자와 가깝게 지냈고, 어린 시절에는 학자 기대승에게서 학문을 배웠다. 한번은 산으로 소풍을 가게 되었는데, 경치가 아름다운 곳에 이르러 어떤 제자가 기대승에게 물었다.

"선생님, 이 세상에서 이 경치에 비할 만큼 훌륭한 인품을 가진 인물이 있겠습니까?"

"정철이 바로 그런 사람이다."

스승 기대승의 대답을 들은 제자들은 깜짝 놀라 정철을 바라보았다.

〈주옥 같은 가사 문학 작품을 남기다〉

정철은 25세 때 사마시에 1등으로 합격하여 진사가 되었고, 다음 해에는 문과에 장원으로 급제하여 홍문관 정자로부터 여러 가지 벼슬을 거쳐 함경도 암행 어사를 지냈다. 그는 또 홍문관 수찬, 교리, 사헌부 지평이 되었다가 스스로 관직을 그만두고 고향에 내려가 학문을 닦고 글을 짓는 데 열중하기도 했다. 선조 임금이 다시 불러 사헌부 사간, 집의, 홍문관 직제학을 거쳐 승정원 승지에 오른 그는, 진도 군수의 뇌물 사건에 관련하여 또 한 번 벼슬자리에서 물러났다. 그러나 곧 오해가 풀려 강원도, 전라도, 함경도 관찰사를 지냈는데,

아버님 날 낳으시고 어머님 날 기르시니
두 분 곧 아니시면 이 몸이 살앗으랴
하늘과 같은 은덕을 언제나 다 갚을까.

형아 아우야 네 살을 만져 보아라
누구에게서 태어났기에 생김새도 같은가
한젖 먹고 자랐으면서 딴 마음을 먹지 마라.

마을 사람들아 옳은 일 하자꾸나
사람으로 태어나서 옳은 일을 못하면
마소를 갓고깔 씌워 밥 먹임과 다르랴.

이 때 그는 시인으로서의 재능을 발휘하며, 가사 '관동별곡', 시조 '훈민가' 등 아름다운 우리말로 명작들을 남겼다. '관동별곡'은 금강산을 비롯하여 관동 8경의 아름다운 자연을 노래한 가사이고, '훈민가'는 백성들에게 알리거나 가르치고 싶은 내용을 표현한 16수의 시조이다.

다시 예조 참판과 형조, 예조 판서를 거쳐 사헌부 대사헌이 된 정철은, 그 무렵 동서로 갈라진 당파 싸움에서 서인편에 들었다가 또 관직에서 물러나게 되었는데, 이 때 그는 '사미인곡', '속미인곡', '성산별곡' 같은 여러 편의 가사와 수십 편의 시조를 썼다.

정철은 두 누이가 왕자들과 결혼하여 명종과 친밀한 사이였고, 선조도 그 인품과 재능을 인정했지만, 당파 싸움 때문에 결국 파란 만장한 일생을 보내게 되었다. 고향에서 4년을 보내고 나자, 선조 임금이 다시 불러 우의정이 되었고 그 다음 해에 좌의정에 올랐다. 이 때 조정에서는 세자를 책봉하게 되어 정철은 혼자서 임금의 맏아들인 광해군을 추천하였다. 그러나 선조 임금은 광해군의 이복 동생인 신성군을 더 좋아했으므로 임금의 노여움을 사게 되었고, 그는 파면과 동시에 경상도 진주, 평안도 강계로 돌아다니며 귀양살이를 했다.

마침 그 다음 해에 임진왜란이 일어나자, 그는 의주까지 임금을 모시게 되었고 경기도, 충청도, 전라도 체찰사로 활약하였으며, 명나라에 사신으로 다녀왔다. 그러나 그 동안에도 당파 싸움은 계속되어 그는 또 관직에서 밀려나 강화도의 송정촌에서 지내다가 곧 세상을 떠났다.

송강 정철이 공부하던 한벽당

연대	중요 사항
1536	(중종 31년)~1593(선조 26년)
1561	문과에 장원으로 급제함.
1580	관찰사가 됨.
1583	예조 참판이 됨.
1584	대사헌이 됨.
1589	우의정이 됨.
1590	좌의정이 됨.
1591	세자 책봉 문제로 귀양을 감.
1592	임진왜란 때 다시 관직에 오름.

행주 대첩의 명장 권 율

권율 장군상

임진왜란 때 가장 큰 공을 세운 장군을 꼽으면 육지의 권율과 바다의 이순신이다. 왜적이 쳐들어왔을 당시의 권율은 광주 목사였는데, 왜적이 서울까지 빼앗았다는 소식이 들렸다.

권율은 우선 1천 명의 병사를 이끌고 금산으로 나아가 왜장 고바야카와의 부대를 무찔렀고 그 공으로 나주 목사가 되었는데, 아직 나주에 도착하기도 전에 다시 전라도 순찰사로 승진되었다.

〈치마로 나른 돌이 가져다 준 승리〉

이번에는 병사 8천 명을 모집하여 서울로 진격하던 중, 수원 독산에 이르러 유격전을 전개함으로써 우키다의 부대를 격퇴시켰다. 그 후 그는 병사들을 부사령관에게 맡겨 시흥을 지키게 한 후, 2800명을 이끌고 한강을 건너 행주 산성에 이르렀다. 명나라 이여송 장군과 협력하여 서울의 왜적을 무찌르기로 한 것이다. 그러나 이여송은 왜군의 힘을 과소 평가하여 무턱대고 진격하다 크게 패하고 부하 몇 명과 함께 도망치고 말았다.

이렇게 되자 권율은 그의 병력으로만 격전을 벌일 각오로 부사령관 조경의 건의를 받아들여 성 주위에 튼튼한 나무 울타리를 세웠다. 그리고 병사들에게 짧은 치마를 입게 하여 그 치마로 돌을 모으고, 화살과 물도 준비하게 하였다. 왜장은 금산에서 권율 장군에게 패하여 쫓겨갔던 고바야카와였다. 그는 3만 대군을 이끌고 이여송을 무찌른 후 맹렬한 기세로 달려들었다. 1593년 2월 12일, 몹시 추운 새벽에 일어난 이 싸움의 모습을, 권율 장군의 사위였던 이항복은 다음과 같이 기록하였다.

"권 장군은 병사들에게 밥을 넉넉히 먹인 후 활 쏘는 병사를 앞세웠다. 3만 명의 왜적이 들판이 까맣도록 달려들자, 일제히 활을 쏘게 한 다음, 힘센 병사들이 큰 돌과 바위를 굴려 떨어뜨리게 했다. 이러한 공격과 방어가 아홉 차례나 계속되자, 왜적은 마른 풀을 쌓아 나무 울타리를 태우려고 하였다. 장군은 준비해 둔 끓는 물을 쏟아 내리게 했다. 치열한 싸움이 계속되는 동안 권율 장군은 왜군 2만 4천 명을 무찌르는 큰 승리를 거두었다."

행주 산성에서의 이 싸움은 이치 대첩, 한산도 대첩, 진주성 싸움과 함께 임진왜란의 여러 전투 중 가장 치열했던 싸움 중 하나였다. 그리고 병사들이 돌을 나른 그 짧은 치마에서 유래하여, 부엌일을 할 때 많이 쓰는 앞치마를 '행주 치마'라 부르게 되었다는 이야기도 전한다.

권율 장군은 그 후 총사령관인 도원수가 되었는데, 한때 물러갔던 왜적이 또 쳐들어왔다. 그러나 3도 수군 통제사 이순신 장군의 빛나는 해전으로 기세가 꺾인 왜적은 결국 후퇴하고 말았다.

◎ 참고 자료

〈행주 대첩의 의의〉
◦ 권율 장군의 효과적인 방어 준비 태세에 의한 승리를 거둠.
◦ 왜군들의 서울 방어 계획을 교란시킴.
◦ 명나라 군사에 대한 우리 군사의 전투력을 과시함.
◦ 명나라 군사의 적극적인 전투력을 불러일으킴.

행주 대첩 기념관

연대	중요 사항
1537	(조선 중종 때), 영의정 권철의 아들로 태어남.
1582	문과에 급제함.
1587	전라 도사가 됨.
1591	의주 목사가 됨.
1592	광주 목사로 군병을 모집, 금산 전투에서 승리하여 전라 순찰사가 되었고, 수원 전투에서도 승리함. 이 공으로 왕이 검을 하사, 군율을 엄히 다스림.
1593	행주 산성에서 왜군 3만을 무찌름.
1596	충청도 순찰사, 도원수가 되어 전군을 지휘함.
1597	정유재란을 치름.
1599	영의정을 추증받음. (선조 때) 세상을 떠남.

삼 장사의 한 분, 의병장 김천일

김천일은 전라 남도 나주에서 태어났다. 일찍이 부모님을 여읜 그는 퇴계 이황 선생에게 글을 배웠고, 과거에 급제하여 임실 현감을 지낸 뒤 고향에 돌아와 있었다.

임진왜란이 일어나자 곧 의병을 일으키고, 담양에서 일어난 고경명과 함께 북으로 왜군을 뒤쫓기도 했다.

▲ 김천일을 모신 창열사

그 해 7월에, 치열했던 금산 전투에서 패한 김천일은 전열을 가다듬어 다시 수원, 행주, 고성을 거쳐, 8월에는 강화도로 진을 옮기고 그 곳의 왜적을 모조리 무찌르는 큰 승리를 거두었다. 그는 이어 결사대를 조직하여 한강변의 적 진지에 큰 피해를 주었다. 그러자 많은 백성들이 그에게 의병을 위해 쓸 군자금과 쌀을 내놓았다.

또 임진왜란이 일어난 이듬해에는 명나라 이여송 장군과 함께 개성으로 진격하여 큰 승리를 거두었다. 왜군들이 남으로 물러가자 김천일은 곧 진주성으로 내려가 진을 치고, 왜군과의 큰 싸움을 준비했다.

그러나 우리 의병의 수는 개미떼처럼 몰려드는 왜군에 비해 너무나 적어 드디어 성이 함락될 지경에 처하였다. 총지휘를 맡은 의병장 김천일은 성이 함락될 무렵, 아들 상건과 함께 남강 촉석루 아래로 몸을 던져 56세의 나이로 세상을 떠나고 말았다. 뒤에 '좌찬성'의 벼슬이 내려졌다.

▲ 김천일의 글씨

연대	중요 사항
1537	(중종 32년), 전라 남도 나주에서 태어남.
1578	임실 현감이 됨.
1592	임진왜란이 일어나자 의병을 일으켜 금산, 수원, 행주, 고성, 강화, 서울 등지에서 일본군을 무찌름.
1593	진주성에서 싸우다 아들과 함께 자결함.

임진왜란을 한몸에 짊어진 재상 류성룡

⟨퇴계 선생의 예언⟩

경상 북도 안동군 하회에서, 관찰사를 지낸 류중영의 아들로 태어난 류성룡은, 우리 나라가 임진왜란을 극복하는 데 가장 큰 공을 세운 정치가요 학자였다.

5세에 벌써 '대학'을 읽고 7세에 '맹자'와 '논어'를 배워 15세 때 향시에 합격하리만큼 재능이

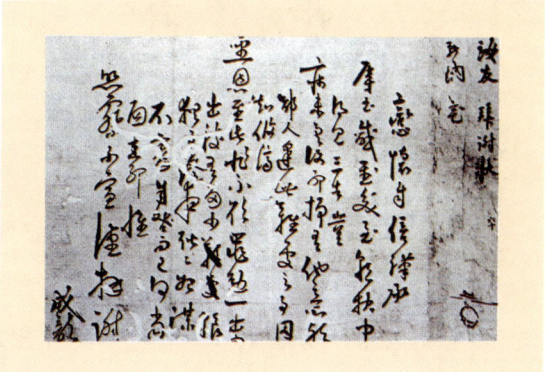

서애 류성룡의 글씨

뛰어났던 그는, 20세에 이황의 제자가 되어 심오한 학문을 닦음으로써 장차 훌륭한 유학자로서 또 정치가로서의 길을 걷게 되었다.

소년 시절에 이미 어른과 같은 품위 있는 행동을 하여 주위의 칭찬을 받았던 류성룡이 도산 서당을 찾아갔을 때, 이황은 첫눈에 감탄하였다.

"이 사람은 하늘이 낳은 인재인 바 반드시 큰 인물이 되리라."

그 후 22세에 사마시에 합격하여 생원과 진사가 되고, 24세에는 문과에 급제함으로써 관직에 오른 그는, 25세에 예문관 검열, 27세에 성균관 전적, 공조 좌랑 등을 지내고, 명나라에 가는 사신의 일행으로 뽑혔다.

⟨명나라 학자들을 깨우쳐 주다⟩

명나라 서울에 도착해 있을 때였다. 그 곳의 학자들이 몰려오자 류성룡이 물었다.

"요즘 명나라에서는 특히 어떤 학자를 사표로 삼고 있습니까?"

"왕양명과 진백사를 으뜸으로 삼습니다."

그러자 류성룡이 말했다.

"백사는 학문에 대해 아는 것이 거칠어 세밀하지 못하고, 양명의 학문은 불교에 대한 연구를 바꾼 것이므로 차라리 학자 설문청을 사표로 삼는 것이 옳지 않겠소?"

류성룡의 이 지적에 명나라 학자들은 깜짝 놀랐고, 나중에 이 이야기를

이여송이 서애 류성룡에게 선물한 부채

들은 스승 이황도 칭찬하였다.

"명나라에 간 이가 한둘이 아니었음에도, 그 나라 학자를 만나 그러한 말을 한 사람이 있었겠는가, 그대가 수백 명의 학자를 만나 바른 말로 깨우쳐 주었으니 이는 쉬운 일이 아니로다."

〈임진왜란을 예견하고 대비하다〉

그 뒤 류성룡은 홍문관 수찬, 사간원 정언, 이조 좌랑, 홍문관 교리, 이조 정랑, 홍문관 직제학과 부제학, 승정원 동부승지, 이조 참의, 상주 목사, 사간원 대사간, 사헌부 대사헌, 성균관 대사성, 승정원 도승지, 함경도 관찰사, 경상도 관찰사, 예조 판서, 형조 판서, 성균관과 홍문관 대제학, 병조 판서, 지중추 부사 등 여러 가지 벼슬을 지내고 49세에는 우의정, 그 다음 해에는 좌의정이 되었으며 곧 선조 임금의 특명으로 홍문관 대제학을 겸임하게 되었다.

좌의정에 오른 류성룡은 일본에 사신으로 다녀온 황윤길이, 일본이 명나라로 쳐들어갈 것 같다고 하자, 영의정 이산해의 반대를 무릅쓰고, 명나라에 알리는 한편, 형조 정랑 권율을 의주 목사, 정읍 현감 이순신을 일곱 품계를 건너 뛰어 전라 좌도 수사에 추천하였다.

임진왜란은 그 일이 있은 바로 다음 해에 일어났다. 왜군이 쳐들어오자 병조 판서까지 맡은 그는 이일과 신립을 순변사로 삼아 왜적의 침입을 막게 하였다. 그러나 이일은 제대로 싸움을 하지도 못했고, 신립은 장렬히 싸우다 전사했다는 소식을 듣고는 직접 조정의 모든 일과 군대 업무를 총괄하는 도체찰사가 되어 여러 장군을 통솔하게 되었고, 이어 북쪽으로 피난하게 된 선조 임금으로부터 서울을 지키라는 명을 받았다. 이 때 도승지 이항복이 임금에게 아뢰었다.

"서쪽으로는 바다 건너편에 바로 중국 땅이 있으므로 위급하면 어떤 방안이 생길 것인 바, 지금 대신들 중에서 가장 현명하고 능숙하며, 중국을 잘 아는 이는 오직 류성룡뿐이니 당연히 함께 가셔야 합니다."

이리하여 선조는 류성룡과 함께 임진강을 건너며 말했다.

"장차 나라가 발전하려면 당연히 경의 도움을 받아야 할 것이오."

동파역에 이르렀을 때 선조는 안타까운 마음으로 말했다.

"일이 이 지경에 이르렀으니, 나는 장차 어디로 가야 할 것이냐?"

이에 이항복과 류성룡이 차례로 아뢰었다.

류성룡의 유물을 보존하는 하회 영모각

"의주로 가셨다가 조선을 모두 빼앗기게 되면 명나라로 가셔야 합니다."
이항복이 이렇게 아뢰자, 류성룡은
"아닙니다. 임금께서 우리 나라를 한 발자국이라도 떠나신다면 그 날로부터 이 땅은 이미 조선 땅이 아닐 것입니다."
라고 하였으며, 이항복에게 이렇게 말하였다.

"우리의 법도가 옛날과 다름이 없을 뿐아니라, 아직 동북쪽의 군대가 그대로 남아 있고, 호남 지방의 의병들이 창의를 부르짖고 곧 일어설 것인데도 어찌 그런 말을 함부로 하는가!"

그 뒤 류성룡은 호조 판서 이성중에게 일렀다.

"이항복을 만나거든 내 뜻을 전하게, 그가 어찌 가볍게 임금께서 우리 나라를 떠나시도록 주장한단 말인가! 만약 그렇게 되면 그가 나라를 위해 일하다 길에서 죽는다 해도 이는 시녀나 내시의 충성에 불과한 일이야. 임금이 우리 국토를 버린다는 소문이 퍼지면 백성들의 단결된 마음이 무너지는 것을 그 누가 막을 수 있겠는가?"

그들이 평안도에 이르러, 임금이 조선을 떠난다는 소문이 퍼진 것을 안 이항복은 그제서야 크게 뉘우치고 류성룡에게 잘못을 빌었다.

〈반대당의 모함으로 얼룩진 만년〉

류성룡은 곧 호서, 호남, 영남의 3도 도체찰사가 되었고, 명나라 응원군을 이끌고 온 이여송 제독과 이순신 장군, 권율 장군이 펼치는 육지와 바다의 모든 싸움을 감독하였다. 또 군사 훈련을 실시할 것과 훈련 도감 설치를 건의하고, 선조를 서울로 모신 다음, 영의정에 올라 왜적을 물리치는 일에 온 힘을 기울였다.

그는 경기, 황해, 평안, 함경도 도체찰사까지 겸임하였지만, 충무공 이순신 장군의 잘못이 없음을 변호하다 반대당의 사람들에게 오해도 받았다. 그리고 57세에 이르러, 명나라의 정응태가 조선이 일본과 연합하여 명나라를 공격하려 한다고 본국에 말한 사건이 일어나자, 이 사건을 해명하러 가지 않는다는 북인들의 모함으로 관직에서 물러나 고향 하회로 돌아가 학문에만 열중하면서 '영모록', '신종록' 등 여러 권의 책을 지었다. 그에 대한 임금의 오해는 그가 59세 때 풀렸다.

그는 나라에서 주는 상을 사양하는 상소를 올렸지만 임금은 이를 허락하지 않았다. 그가 남긴 책 '징비록'은 국보로 지정되어 오늘날까지 전한다.

◎ 참고 자료

〈징비록〉

'징비록'은 저자 류성룡이 벼슬에서 물러나 한가로울 때 저술한 것으로 '미리 징계하여 뒤에 닥칠 후환을 경계한다'는 뜻을 담은 것이다.

서애를 모신 병산 서원

이 '징비록'은 임진왜란 당시의 기록으로 매우 중요한 가치를 지니고 있다. 또한 저자의 능숙하고 아름다운 문장력이 돋보이기도 하는 자료이다.

'징비록'은 류성룡의 아들인 류진에 의해 간행되었고, 숙종 21년에 일본에서도 간행된 바 있다.

숙종 임금은 '징비록'이 일본으로 건너가게 됨을 엄히 금하였다는 기록도 남아 있다.

일제 시대에도 영인본으로 다시 간행되기도 하였으며, 지금 원본은 국보 132호로 지정되어 서애 류성룡 종가인 충효당 영모각에 보존되어 있다.

징비록(국보 제132호)

연대	중요 사항
1542	(중종 36년)~1607(선조 40년)
1584	예조 판서와 지경연·춘추관사를 겸직함.
1588	대제학이 됨.
1590	우의정이 됨.
1591	좌의정, 영의정이 됨.
1592	임진왜란이 일어나자 도체찰사로 군무를 총괄함.

부슬비 오는 외론 마을 해가 저무니
차운 물갓 잎새 지는 가을입니다.
절벽에 담쟁이 덩쿨 푸르게 쌓여 있고
하늘 밖 돌아가는 기러기 소리
도를 배움에 온 힘을 다하지 못하였더니
느지막히 돌아가는 갈래진 길에 근심만 더할 뿐입니다.
본디 경세 제업을 뜻하였지만
물구름 짙은 시골로 돌아갑니다.

어머니가 만든 명필 한호(석봉)

한석봉 글씨

〈노력이 드러나는 글씨〉

조선 시대 전기의 명필로는 한호와 세종 대왕의 셋째 아들 안평 대군을 들 수 있다. 윤순이라는 명필은 이 두 사람의 글씨를 비교하여,

"안평 대군의 글씨는 노력보다는 재주가 뛰어난 글씨이고, 한석봉의 글씨는 재주보다 노력이 드러나는 글씨이다."

라고 평가하였다.

안평 대군은 둘째 형인 수양 대군이 단종 임금의 왕위를 빼앗을 때 강화도로 귀양가서 35세에 사약을 받아 죽은 천재 명필이었고, 한호는 무척 가난한 집안에서 태어났지만 어머니의 철저한 가정 교육과 정성에 의해 벼루가 닳도록 연습하여, 그 재주를 세상 사람들에게 알린 명필이었다.

특히 한호는 종이가 없어 돌이나 도자기에 글씨를 쓰면서도 일찍부터 중국의 명필인 왕희지와 안진경의 필체를 잘 익혔다. 그러나 그는 필체를 모방하는 데 그치지 않고, 자기 나름대로 새로운 필체를 개발하여 오늘날에도 글씨를 잘 쓰는 사람을 보면 '한석봉 같다.'는 말이 생기게 되었다.

한호가 어린 시절부터 글씨 공부

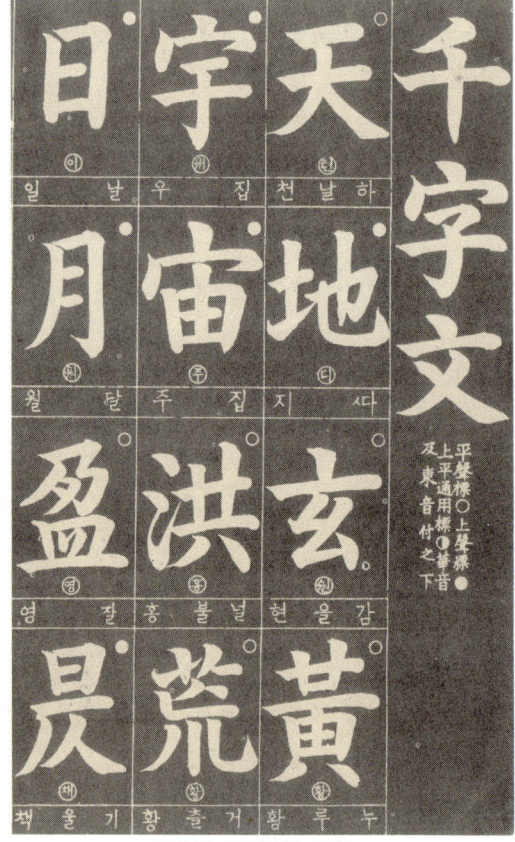

한호의 '천자문' 글씨

164

에 열중하도록 하기 위해, 그 어머니가 어떻게 그를 대했는지에 대한 일화도 많이 남아 있다. 어머니는 그에게 절에 들어가서 공부를 하도록 했는데, 곧 돌아와서 공부를 많이 했다고 말을 하자 어머니는 한석봉을 그 즉시 절로 쫓아 보냈다는 이야기도 있고, 다시 돌아왔을 때에는 불을 끈 캄캄한 방 안에서 어머니는 떡을 썰고 아들은 글씨를 써 그 솜씨를 비교하여 아들을 다시 돌아가 공부하게 했다는 이야기도 있다.

〈하늘·땅과 조화를 이룬 글씨〉

한호가 비로소 명필이 되고 관리가 되었을 때, 선조 임금은 그의 글씨를 벽에 걸어 두고 늘 감상하였다고 하며, "하늘과 땅과 그대의 글씨가 조화를 이룬다."는 칭찬의 글을 써서 그에게 주었다. 또 다른 나라로 보내는 글은 모두 그에게 쓰도록 했다.

임진왜란이 일어나 우리 나라를 도우러 온 명나라 장군 이여송, 마귀 등은 자기 나라로 돌아갈 때 한호의 글씨를 부탁하여 얻어 가지고 갔을 정도로 이름을 떨쳤다.

한호의 글씨로는 고양의 '행주대첩승전비', 과천의 '허엽신도비', 평양의 '기자묘비', 개성의 '선죽교비'와 '서경덕신도비' 등이 있다. 세상에 전하는 '석봉 천자문'은 그의 글씨체를 모방한 것이라 한다.

연대	중요 사항
1543	(중종 38년)~1605(선조 38년)
1567	진사시에 합격함.
1599	가평 군수가 됨.
1604	흡곡 현령, 존숭도감 서사관이 됨. 김정희와 함께 조선 시대의 2대 명필로 침.

칠백 의병의 주인공 조 헌

조헌을 모신 우저 서원

〈의병의 활약〉

경기도 김포에서 태어난 조헌은, 학자 이이, 성혼의 제자로서 학문을 닦고, 23세 때 문과에 급제하였다. 그는 사신으로 명나라를 다녀오기도 했고, 호조와 예조의 좌랑, 감찰을 지냈다.

임진왜란이 일어난 바로 전 해에 일본 사신이 와서 '내년 봄에 조선을 거쳐 명나라를 정벌하겠다.'는 풍신수길의 국서를 전하자, 이 때 충청 북도 옥천에 있던 조헌은 곧 대궐로 달려가 일본 사신을 처단하고, 일본의 침략에 대비하여 국방을 강화해야 한다는 상소를 올렸다.

이듬해 5월 임진왜란이 일어났다. 이에 충청도 지방에서는 조헌, 영규, 박춘부, 장지현, 조웅 등이 일제히 의병을 일으켰다.

6월 12일, 조헌은 제자 이우, 김경백, 전승업 등과 의논하여 의병을 모은다는 글을 사방으로 보내니, 7월 4일에는 그 수가 수백 명에 이르렀고, 며칠 뒤에는 1천 명으로 불어났다. 그러나 관군이 될 수 있는 사람들까지 모두 의병이 되는 것을 본 충청도 순찰사 윤국행이 의병의 가족들을 옥에 가두어 방해를 하였다. 모여들었던 의병들은 뿔뿔이 흩어지고 말았다.

그러자 조헌은 웅진에 이르러 이광륜, 장덕개, 신난수, 고경우, 노응탁 등과 힘을 모아 관군에 소속되지 않은 사람들을 모으니 이번에는 1600명이나 되었다. 이에 힘을 얻은 조헌의 의병군은 8월 1일, 영규의 승군과 힘을 합쳐 청주성에 진을 친 왜군을 공격하자, 왜군은 군대가 있는 것처럼 위장해 두고 북문으로 빠져 달아났다. 또 청주 주변에 진을 친 다른 왜군들도 모두 도망쳐 버렸다.

〈700 의병의 장렬한 최후〉

청주성을 빼앗은 조헌의 의병군은 고경명의 의병을 쓰러뜨린 왜적을 무찌르기 위해 공주로 들어갔다. 그러나 충청도 순찰사가 다시 방해하여 의병군은 뿔뿔이 흩어져 달아나고, 겨우 700명 정도가 남아 생사를 같이 하기로 했다. 조헌은 공격 날짜를 8월 17일로 정하고, 전라도 관찰사 권율에게 연락하여 함께 공격하자고 했다. 8월 15일에는 영규의 승군을 합치고, 그 이튿날 금산성이 가까운 경양산에 진을 쳤다.

조헌의 무덤

그러나 기다리던 관군은 오지 않았다. 이를 알아챈 왜군은 몇대로 나뉘어 번갈아 공격해 왔다. 조헌은 군사들에게 "오늘은 죽음이 있을 뿐이므로 정의에 부끄럽지 않게 하라!"하고 소리치며 용감하게 싸웠다. 의병군은 왜군의 세 차례에 걸친 공격을 모두 물리쳤으나, 온종일 치른 전투로 화살이 다 떨어지자 더 싸울 수가 없게 되었다. 이를 틈탄 왜군은 공격을 늦추지 않고 막사 안까지 쳐들어왔다. 조헌의 부하들은 그에게, 위급한 상황을 잠시 피하자고 했다. 그러나 그는 웃는 얼굴로 오히려 말 안장을 풀면서 말했다.

"이 곳이 내가 죽을 땅이다. 장부는 한 번 죽을 뿐 구차하게 살기 위해 피할 수는 없다."

조헌의 이 말에 의병군은 죽기를 작정하고 육박전을 벌였다. 그리하여 700명 가운데 한 명도 빠져나가지 않고 조헌과 함께 장렬한 전사를 하고 말았다. 의병군은 수가 적어 모두 전사를 했지만, 왜군도 3일간이나 저희들의 시체를 거두어 물러갈 정도로 피해가 컸다.

연대	중요 사항
1544	(중종 39년)~1592(선조 25년)
1567	문과에 급제함.
1574	사신으로 명나라에 다녀옴.
1592	임진왜란이 일어나 금산 전투에서 700 의병으로 싸우다가 전사함.

조 헌 **167**

충무공 이순신

이순신 영정(제승당)

⟨'큰 그릇은 늦게 이루어짐'의 표본⟩

이순신은 어릴 때 글 공부도 열심히 하였고, 전쟁 놀이도 즐겼다. 장차 군인이 되고 싶어한 그는 21세가 되자, 무술을 익히기 시작하여 13년 만인 34세에 무과에 급제하였다. 이처럼 급제가 늦어진 것은 시험을 보다가 말에서 떨어져 부득이 과거 시험을 포기한 때도 있었기 때문이었다.

무관이 되어 함경도의 국경을 지키다가 돌아와 정읍 현감으로 있던 이순신이 10여 년 만에 7계급을 건너뛰어 전라 좌도 수군 절도사가 된 것은, 왜군의 침입이 있을 것을 미리 내다본 당시의 좌의정 류성룡이, 권율과 함께 그를 추천했기 때문이었다. 이로써 이듬해에 시작된 임진왜란 7년을 통하여 육지에서는 권율·곽재우, 바다에서는 이순신이 조국을 구하는 방패를 담당함으로써 고난을 당한 우리 겨레에게 끝까지 희망과 용기를 잃지 않게 한 주인공이 되었다.

⟨시대가 영웅을 낳다⟩

좌수영(여수)에 부임한 이순신은 곧 군사를 훈련시키고 전선을 수리하는 데 힘썼다. 1592년 5월, 일본은 5년간 조선 침략을 준비하고, 30만 대군 중, 우선 16만의 군사를 700척의 전선으로 실어 나른 것이다.

부산진성, 동래성을 함락시킨 왜군은 승승장구의 기세로 서울을 향해 진군하는 한편, 바다에 남은 왜군은 첫 싸움의 승리에 들떠 경상도 해안 이곳 저곳을 휩쓸며 노략질을 일삼았다. 그러자 경상도를 지키던 수군 쪽에서 전라도의 바다를 지키는 이순신에게 도움을 청하였다. 이순신은 80여 척의 전선을 이끌고 거제도의 옥포로 달려갔다.

우리의 수군과 왜군이 맞부딪치자, 북소리와 함께 온 바다가 진동하는 격전이 벌어지게 되었다. 우리 수군은 삽시간에 적선 30여 척을 불질러 옥포 앞바다가 불길에 휩싸이자, 왜군은 정신 없이 달아나고 말았다. 이 싸움에서 승리를 거둔 우리 수군은 자신감에 불타올랐다.

이순신은 이어 사천에서 거북선을 처음 사용하여 왜선 13척을 격파하였고, 당포에서는 20척, 당항포에서는 100여 척을 격파함으로써 나라에서는 자헌 대부라는 지위를 내렸다. 조총을 가진 왜군은 육지에서는 우리보다 강했지만, 바다에서는 번번이 우리 수군에게 참패를 당하였다. 더구나 우리 수군의 판옥선은 튼튼하고 빠른 데에다 천자포, 지자포, 현자포 등의 대포가 우세하였는데, 일본 수군의 충각선은 크고 육중하지만, 느리고 튼튼하지 못했다.

해상 격전도

화가 난 히데요시는 육지 싸움에 나간 수군 대장 와키자, 구기, 가토 등을 불러 조선 수군을 완전히 쳐부수라는 명령을 내렸다. 마지못한 이들은 안골포로 내려와 세 개 함대로 나누어 이순신이 거느린 우리 수군과 맞겨루려 나왔다. 적은 한꺼번에 100여 척의 전선이 부서진 상태였으므로 남아 있는 73척의 전선을 가지고 총공격을 해 왔다. 임진왜란이 일어난 이후 가장 치열한 해전이 벌어지게 된 것이다.

이순신은 50여 척의 전선을 이끌고 일본 함대가 진을 친 충무 앞바다로 나갔다. 그러나 통영만은 섬과 곶이 많아 싸움을 벌이기에 좋지 않았다. 이에 이순신은 왜적을 한산도 앞의 드넓은 바다로 유인한 다음, 우리 함대를 학익진(학이 날개를 편 모양)으로 배치하

왜병들의 모습

거북선 모형

고 총공격을 명령하였다.

적 함대를 포위한 우리 수군이 사방에서 포를 쏘아대자, 적군은 갈팡질팡하다 결국 무너지고 말았다. 이 싸움에서 우리 수군은 40여 척의 왜선을 격파하는 큰 승리를 거두어, 나라에서는 이순신에게 다시 정헌대부의 지위를 주었다.

이순신은 한산도 대첩이 끝나자마자 안골포로 내달아 다시 왜선 40척을 더 쳐부순 다음, 전열을 가다듬고 왜군이 조선 침략의 근거지로 삼고 있는 부산으로 쳐들어가 그 곳의 왜선 100여 척을 통쾌히 물리쳤다.

그러자 일본은 대규모의 해전을 피하고 기지를 중심으로 하는 작은 싸움을 꾀하였다. 그러나 이를 알아챈 이순신은 이들을 곳곳에서 무찔러 남해안 일대의 일본 수군을 모조리 소탕한 다음, 한산도를 본부로 삼고 그 후 3도 수군 통제사가 되었다.

임진왜란 3년째에는 중국의 명나라가 조선을 도우려고 육군에 이어 수군도 보냈다. 그 후 이순신은 죽도로 본부를 옮기고 이어 장문포에서 적을 격파함으로써 황해로 나아가려는 적의 계획을 무너뜨렸다. 적의 기세는 완전히 꺾이고 말았다.

그러나 또다시 왜군의 침입이 잦아들자, 이순신은 곧 군사들을 훈련시키면서 다음 전쟁을 준비하는 한편, 피난민들의 생활을 보살펴 주고 주민들이 마음 놓고 일할 수 있도록 해 주었다.

이순신 장군이 쓴 '난중일기'에는 전쟁을 겪는 동안의 그 마음이 잘 나타나 있다. 난중일기에는 1592년 1월 1일부터 1595년 11월 16일까지의 일기가 기록되어 있는데, 그 중 며칠을 살펴보면 다음과 같다.

1592년 1월 1일

맑음. 새벽에 아우 여필과 조카 봉, 아들 회가 와서 이야기했다. 어머님 곁을 떠나 이 바다에서 두 번이나 설을 쇠니, 간절한 심정을 이길 길이 없다.

군관 이경신이 편지와 설 선물, 화살 등을 가져왔다.

1592년 4월 15일

맑음. 나라의 제삿날이다. 순찰사에게 보낼 답장을 써서 역졸을 시켜 달려 보냈다. 해질 무렵, '왜선 90여 척이 나타나 부산 앞 절영도에 있다.'는 경상 우수사의 통첩을 받았고, '왜선 350여 척이 벌써 부산포 건너편에 와 있다.'는 수사의 공문도 받았다. 즉시 서울로 이를 알리는 글을 써 보내고, 순찰사, 병사, 우수사에게도 공문을 보냈다. 영남 관찰사의 공문도 왔는데, 역시 같은 사연이었다.

군사들을 훈련시키던 세병관

1592년 4월 16일

오후 10시경, 경상 우수사의 공문이 왔다. '크나큰 부산진이 벌써 함락되었다.'고 했다. 분하고 원통함을 이길 길이 없다. 즉시 서울로 이를 알리고, 3도에도 공문을 보냈다.

1592년 5월 29일

맑음. 전라 우수사가 오지 않으므로, 혼자 장수들을 거느리고 새벽에 떠나 곧장 노량에 이르렀다. 약속한 곳에서 경상 우수사와 만났다. 왜적이 있는 곳을 물었더니 사천 선창이라고 하였다. 바로 거기로 달려가 보니, 왜군들은 벌써 상륙하여 산 위에 진을 치고 배는 그 기슭에 대어 놓았는데, 그들의 항전 태세가 아주 튼튼했다. 모든 장수를 격려하여 일제히 달려들어 화살을 빗발치듯 퍼붓고 각종 총통을 우레같이 쏘아 보냈더니, 적들은 두려워서 물러났다. 화살에 맞은 적군이 몇백 명인지 알 수 없고, 왜적의 머리도 많이 베었다. 군관 나대용이 적이 쏜 탄환에 맞았고, 나도 왼편 어깨 위에 탄환을 맞아 등으로 뚫고 나갔으나 중상은 아니었다. 군사들 중에도 탄환을 맞은 사람이 많았다. 적선 13척을 불태우고 돌아왔다.

1592년 6월 1일

맑음. 사량 뒷바다에 진을 치고 밤을 새웠다.

1592년 6월 2일

충무공 동상(진해)

맑음. 아침에 떠나 바로 당포 앞에 이르니 적선 20여 척이 보여, 둘러싸고 싸움을 시작했다. 그들의 큰 배 한 척은 우리의 판옥선 만한데, 배 위에 누각을 만들어 높이가 두 길은 됨 직했다. 그 누각 위에 왜장이 우뚝 앉아서 끄덕도 하지 않았다. 화살과 포를 비 퍼붓듯 쏘아 왜장이 화살에 맞아 떨어지자 왜적은 모두 놀라 흩어졌다. 우리 장병들이 일제히 모여들어 화살을 쏘아대니 거꾸러지는 자의 수를 알 수 없었다. 남김없이 모조리 섬멸시켰다. 조금 뒤 큰 왜선 20여 척이 부산으로부터 바다에 깔려 들어오다가, 우리 군사들을 보고 도망쳐서 개도로 갔다.

1592년 6월 5일

아침에 떠나 고성 당항포에 이르니 왜선은 1척이 우리 판옥선 만한데, 배 위에는 누각이 우뚝하고 그 위에 적장이 앉아 있었다. 중간 배가 12척이고 작은 배도 20척이었는데, 한꺼번에 무찔러 깨뜨리면서 비오듯 화살을 쏘아대니 죽은 자가 얼마인지는 알 수 없었다. 왜장 일곱이 죽었고 남은 놈들은 육지로 올라가 달아났지만 그 수는 얼마되지 않았다. 이번 싸움에 우리 군사의 기세를 크게 떨쳤다.

1593년 5월 21일

새벽에 떠나 거제의 유자도에 이르니 대금산 정찰 부대가 와서 적의 출입이 여전하다고 했다. 저녁에 우수사와 함께 오랫동안 이야기했다. 이홍명이 다녀갔다. 오후 2시쯤부터 비가 내려 농작물이 조금 깨어나게 되었다. 이영남도 다녀갔다. 원 수사가 거짓으로 공문을 돌려 큰 부대를 움직였다. 진중에서도 이렇게 속이니 그 음흉하고 고약함을 이루 말할 수 없다. 밤에 바람이 미친 듯 불고 비가 내렸다. 새벽에 거제 선창에 배를 대니 곧 22일이다.

1593년 6월 12일

비가 오다 말다 했다. 아침에 흰 머리털 여나믄 오라기를 뽑았다. 흰 머리털인들 무엇이 어떠랴마는 위로 늙으신 어머님이 계시니 걱정이다. 종일 혼자 앉아 있었다. 사량이 다녀갔다. 밤 10시쯤 변존서와 김양간이 들어왔다. 궁궐의 소식을 들은즉, 동궁께서 편찮으시다 하니 걱정스럽다. 류성룡 정승의 편지와 윤 진사의 편지가 왔다. 하인 둘이 병으로 죽었다니 참으로 가엾다. 해당이란 스님도 왔다. 밤에 원 수사의 군관이 와서 명나라 군인 5명이 들어왔다고 전하고 갔다.

1594년 2월 15일

새벽에 보낸 거북선 두 척과 보성의 배 한 척이 초저녁에 이르러 재목을 실어 왔다. 저녁 식사 후 좌조방장이 늦게 온 죄를 심문하였다. 흥양 배를 검열해 보니 허술한 곳이 많았다. 순천 우조방장과 우수사 우후, 발포 만호, 여도 만호, 강진 현감 들이 와서 함께 활쏘기를 했다. 날이 저물어 순찰사가 공문을 보냈는데, 조도 어사 박홍로가 순천, 광양, 두치 등지의 복병 파수 문제로 글을 올렸으나 군대 이동이 합당하지 않다는 대답이 내려왔다고 한다.

1594년 6월 15일

맑더니 오후에 비가 내렸다. 신경황이 돌아오면서 영의정(류성룡)의 편지를 가지고 왔다. 나라를 근심하는 이로 영의정보다 더할 분은 없을 것이다. 지사 윤우신이 세상을 떠났다는 소식을 들으니 슬픈 마음을 참을 길이 없었다. 순천, 보성에서의 보고를 들어 보니 '명나라 총병관 장홍유가 백여

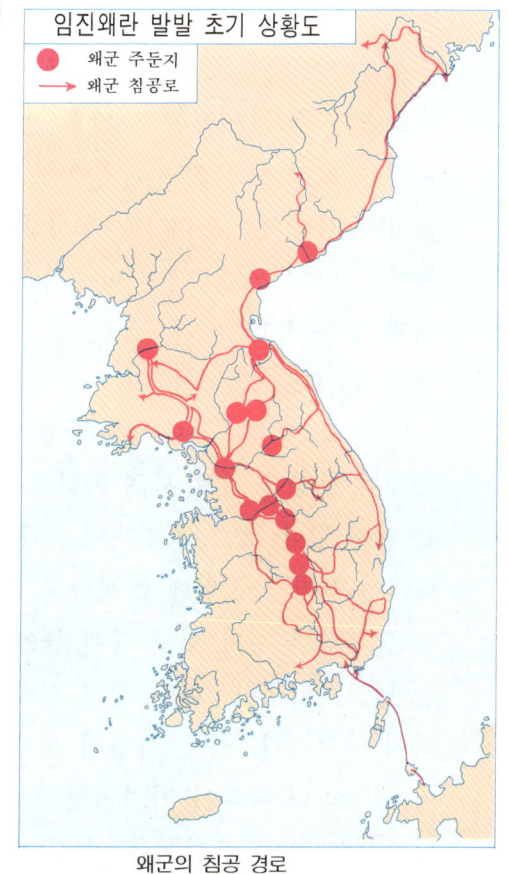

왜군의 침공 경로

충무공의 우국 충정

명을 거느리고 바다를 거쳐 벌써 진도 벽파정에 이르렀다.'고 한다. 날짜를 따지자면 오늘 내일 중에 도착될 것이지만, 폭풍으로 배를 마음대로 부리지 못한 것이 닷새째다. 밤에 소나기가 많이 내렸으니 어찌 하늘이 우리 백성을 살리려는 뜻이 아니냐.

잘 돌아갔다는 아들의 편지가 왔다. 아내의 편지에는 아들 면이 더위를 먹어 앓는다고 했다. 괴롭고 답답하다.

1594년 8월 17일

흐리다가 저물 녘에 비가 내렸다. 원 수사가 정오에 사천으로 와서 이야기하자고 군관을 보냈으므로 말을 빌려 타고 사천 원의 집으로 갔다. 임금님이 보내신 교서에 절을 한 뒤 서로 인사를 마치고 이어 이야기를 하니 오해가 많이 풀리는 빛이었다. 원 수사를 몹시 책망했더니 머리를 들지 못했다. 우스웠다. 가져간 술을 내어 마시자고 하여 여덟 잔씩을 마셨다. 원 수사가 잔뜩 취해 상을 물리고 나도 숙소로 돌아왔다.

1594년 9월 3일

비가 조금 왔다. 새벽에 궁궐에서 밀지가 내려왔는데, '육지나 바다의 장수들이 팔짱만 끼고 서로 바라보면서, 한 가지라도 계획을 세워 적을 무찌르는 일이 없다.'고 했지만, 내 이제 3년 동안 바다 위에 있어 그럴 리가 만무하다. 여러 장수와 함께 맹세하고 죽음으로써 원수를 갚고자 날을 보내지만 적들은 험난한 곳의 소굴 속에 들어가 웅크리고 있으니 경솔하게 나가 싸울 수는 없고, 더구나 '나를 알고 적을 알아야만 백 번 싸워도 위태함이 없다.'고 하지 않았는가. 종일 바람이 세게 불었다. 초저녁부터 불을 켜 놓고 혼자 앉아 생각하니 나라가 어지럽건만 안으로 내가 할 일이 없으니 이 일을 어찌하랴. 밤 10시쯤 흥양이 내가 혼자 있음을 알고 들어와 자정까지 이야기하다

헤어졌다.

1594년 10월 29일

맑음. 서풍이 불어 살을 에는 것 같았다.

1595년 1월 19일

맑음. 대청에 나가 일을 보았다. 옥구의 피난민 이원진이 왔다. 장흥, 낙안, 발포의 책임자가 들어왔다. 그들의 늦은 죄를 처벌했다. 잠시 후 불이 나서 전함 네 척이 타 버렸다. 통탄함을 누를 길이 없다.

1595년 2월 27일

한식. 맑음. 원균이 포구에 있는 수사 배설과 교대하려고 왔기에 교서에 절을 하라고 했더니 불편한 표정을 감추지 않았으므로 두 번 세 번 타일러 억지로 행하게 했다. 너무도 무식한 것이 우습다.

1595년 5월 21일

흐림. 오늘은 필시 누가 오겠지만 어머님 안부를 몰라 답답하다. 그래서 하인 옥이와 무재를 보냈다. 항복한 왜놈들이, 저희들의 동료 산소란 자가 흉측한 일을 많이 하여 죽이겠다고 했다. 그래서 그들을 시켜 목을 베게 했다. 활을 20번 쏘았다.

1595년 5월 29일

종일토록 비바람이 그치지 않았다. 나라의 위엄과 은혜로써 겨우 조그마한 일을 한 내게는 임금님의 사랑과 영광이 너무 커 분에 넘친다. 장수의 직책을 가진 몸으로 티끌만한 공로도 이루지 못했으면서 입으로는 임금님의 교서를 외고 얼굴에는 군인으로서의 부끄러움을 나타내고 있음을 어찌하랴.

1595년 6월 6일

종일 비가 왔다. 몸이 몹시 불편했다. 송희립이 들어왔다. 그 편에 농사 형편을 물었더니 '흥양이 무척 애를 써 추수가 잘 될 것 같다.'고 했다. 계원 유사 임영도 힘을 많이 쓴다고 했다. 정항이 왔으나 몸이 불편하여 종일 앓았으므로 따뜻이 맞이하지 못했다.

1595년 9월 14일

맑음. 늦게 나가 일을 본 뒤, 우수사와 경상 수사가 들어와 작별의 술잔을 나누고 밤이 깊어 헤어졌다.

임진왜란 당시 왜군들이 사용하던 조총

북쪽(함경도)에 있을 때도 함께 일하고
이 곳 남쪽에 와서도 죽고 삶을 함께 하더니
오늘 밤 이 달빛 아래 술잔을 나누면
내일은 우리 서로 이별이구려.

〈사리 사욕을 초월한 백의 종군〉

1596년, 임진왜란이 일어난 지 5년 째가 되어 왜군의 공격이 뜸한 틈을 타, 그 동안 이순신 장군과 함께 싸우면서도 그 공적을 시기하던 원균이 당파 싸움을 이용한 거짓 상소를 올리니, 이순신은 서울로 끌려가 사형을 받게 되었다. 이 위급한 상황에서 이순신에게 잘못이 없음을 잘 알고 있는 영의정 류성룡이 정탁을 시켜 그를 변호해 주었다. 그러자 나라에서는 이순신에게 아무 계급도 주지 않은 채 권율 장군을 도와 전쟁터로 나가(백의 종군)게 했다. 이순신은 사형을 받게 되었을 때도, 권율 장군을 따라 백의 종군하게 되었을 때도 그 억울함을 주장하지 않고, 오직 나라를 위하여 일생에 부끄러움이 없도록 할 것만 결심하였다.

그러나 잠시 물러갔던 왜군이 그 해에 다시 쳐들어왔다. 바다에서의 싸움이 중요한

착량묘(충무공 사당의 효시)

것을 알게 된 히데요시는 전선을 새로 준비하여 이번에는 해전에 더욱 힘을 기울였으므로, 원균이 거느린 우리 수군은 칠천량에서 대기하고 있다가 제대로 싸워 보지도 못하고 여지없이 무너지고 말았다.

이에 나라에서는 이항복의 추천으로 이순신을 다시 3 도 수군 통제사로 임명하였다. 그러나 원균이 이미 대패했으므로, 이순신이 거느릴 수 있는 전선은 겨우 12척뿐이었고 군사의 사기도 크게 떨어져 있었다. 사기가 오른 왜군은 이순신의 함대를 끝까지 추격하여 명량에서 결전을 벌이게 되었다.

〈달걀로 바위를 깨뜨리다〉

이순신은 12척의 배에 군사들을 태우고 용기를 북돋운 다음, 벽파진에서 우수영으로 진을 옮겨 적을 기다렸다. 적의 함대는 133척이나 되었다.

왜군은 겨우 12척뿐인 우리 수군 함대를 보고 의기양양하게 포위하니 곧 격전이 벌어졌다. 이순신은 군사들에게 결코 후퇴할 기색을 보이지 않고 싸워 적장 마타시를 넘어뜨렸다. 이로써 적의 사기가 꺾인 것을 본 이순신은, 때마침 조류가 바뀌는 순간을 이용하여 적선 31척을 격파하는 치열한 싸움을 벌임으로써 왜군들은 끝내 도망을 치고 말았다.

이 싸움으로, 우리 수군은 다시 바다에서의 기세를 되찾게 되었고, 일본은 황해로 나아가려던 계획이 수포로 돌아가 힘을 잃었다. 12척으로 그 열 배가 넘는 133척의 대함대를 무찌른 명량 해전은 왜란을 일으킨 일본의 기세를 마지막 단계에서 꺾어 버린 중요한 싸움이었다.

이 충무공 수군 대첩비

연대	중요 사항
1545	(인조 1년)~1598(선조 31년)
1579	무과에 급제함.
1591	전라 좌도 수군 절도사가 됨.
1592	임진왜란이 일어나자 목포에서 30여 척, 직진포에서 11척, 사천에서 13척, 당포에서 20척, 당항포에서 26척, 한산도에서 70여 척, 안골포에서 40척, 부산포에서 100여 척의 일본 수군을 격파함.
1593	부산 등지에서 적군을 소탕하고 3도 수군 통제사가 됨.
1597	명량에서 12척의 함대로 적 함대 133척 중 30여 척을 격파하여 승리함.
1598	노량 해전에서 전사함.

〈충무공의 비장한 최후〉

　이순신은 그 다음 해에 고금도로 진을 옮기고 철수하는 왜선 500 척이 노량에 모여들자, 명나라 수군 대장 진인과 힘을 합쳐 이들을 무찔렀으나, 싸움이 막바지에 접어들었을 때 적군이 쏜 총에 맞아 숨을 거두었다. 장군이 53 세이던 해 11 월 18 일의 일이었다.

　임진왜란 7 년간, 싸울 때마다 승리를 거두었던 이순신은 마지막 숨을 거두면서도, 우리 수군의 사기가 꺾일 것만 걱정하여, 자신의 죽음을 알리지 못하게 하였다.

　임진왜란이 우리 나라의 승리로 끝난 것은 권율 장군이 이끈 육군과 각 지방에서의 의병의 힘도 컸지만, 충무공 이순신이 남해에서 왜군의 통행을 끊어 버린 덕분이었다.

의병 대장 권응수

의병들의 전투 모습

권응수는 조선 시대 명종 때 경상도 영천에서 태어났다. 그는 17세에 결혼했는데, 장모가 될 분이 꿈에 용을 보고 사랑방에 자고 있는 권응수와 딸을 혼인시켰다고 한다.

권응수는 38세에 무과에 급제하여 경상 좌수사 박홍의 부대에 있었는데, 임진왜란이 일어나자 겁을 먹고 피하는 박홍을 보고 고향으로 돌아가 의병을 일으켰다. 그는 처음에는 동생 권응전·권응평과 같은 고을 이온수 집안의 장정들을 데리고 적을 무찌르기 시작했고, 차츰 이웃 고을 의병들을 합하여 큰 부대를 이루게 되었다. 그리하여 임진왜란이 일어난 그 해의 7월 말에는 경산, 경주, 청송 등지의 의병을 합하여 3500여 명을 거느리고 영천성의 적군과 싸우게 되었다.

그는 군사들 중에, 겁을 먹고 함부로 소문을 내는 사람, 적을 보고 물러서는 사람, 장수의 명령에 복종하지 않는 사람, 대열을 잃는 사람은 참형으로 다스려 의병의 기강을 엄하게 하였다. 7월 24일부터 성을 포위한 권응수의 의병들은 이튿날 대장 권응수가 적장을 쏘아 넘어뜨리고 27일에는 도끼로 성문을 부수자, 물밀듯 쳐들어가 수백 명의 적군을 베어 버렸다.

영천성을 되찾은 이 싸움의 승리로 권응수는 경상 좌도 병마사 및 충청 방어사가 되었고, 이후 수십 차례에 걸친 왜적과의 싸움에서 빛나는 전과를 거두었다.

이러한 업적으로 전쟁이 끝나고 공조 판서에 오른 다음, 그 이듬해에 세상을 떠났다.

연대	중요 사항
1549	(명종 1년)~1608(선조 31년)
1587	무과에 급제함.
1592	임진왜란 때 의병을 일으킴. 경상좌도 병마사, 충청 방어사가 됨.
1607	공조 판서가 됨.

학자 김장생

김장생

김장생은 율곡 이이에게서 학문을 배우고 송시열 등의 학자들을 길러 낸 조선 시대의 유명한 학자이다. 또 '구운몽'을 지은 김만중은 바로 김장생의 증손자이다.

학문이 높은 만큼 그를 따르는 학자들도 많아서, 조선 시대에는 그를 일러 기호 학파를 이룩한 사람이라고 하였다. 기호 학파란, 경상도에서 난 학자들을 영남 학파라고 부르듯이 경기도와 충청도 및 황해도의 학자들을 일컫는 말이었다.

김장생은 특히 윤리와 도덕을 중심으로 하여 학문을 깊이 연구하였고, 가정 의례를 하나의 학문으로 발전시켜 이에 관한 많은 책을 썼다. 그의 이러한 연구로써, 우리 조상들은 족보를 만들어 가문의 내력을 기록하고 그것을 잘 외우는 것을 매우 중요한 교양으로 여기게 되었다.

그는 또 30세 때부터 50년간 여러 벼슬에 올랐지만, 한 번도 자기의 뜻을 굽히거나 그릇된 일을 한 적이 없어, 여러 번에 걸쳐 스스로 관직에서 물러나 학문 연구와 교육에 힘썼고, 그럴 때마다 임금이 다시 찾아 더욱 중요한 직책을 맡겼다. 광해군 때에는 광해군이 그 아우 영창 대군을 역모죄로 몰아 죽이고 신하들을 괴롭혔는데, 이 때 그는 벼슬을 버리고 고향에 내려가 학문에만 전념하다가 10년 후 인조 임금 때에야 다시 관직에 오른 일도 있었다.

그 후 그는 형조 참판에 임명되었으나, 스스로 그만두고 고향에서 교육에 힘썼다. 그의 제자로는 송시열, 송준길 등이 있으며, 서인을 중심으로 한 기호 학파를 이룩하여 조선 유학계에 영남 학파와 쌍벽을 이루었다.

연대	중요 사항
1548	(명종 3년)~1631(인조 9년)
1578	학문과 덕행으로 천거됨.
1592	임진왜란에 참전한 명나라 군사를 돕기에 힘씀.
1602	청백리에 뽑힘.
1613	기축 옥사로 관직을 사퇴함.
1623	인조가 즉위하자 공조 참의 등을 지내다가 다시 사퇴함.
1625	특명으로 동 지중추 부사가 됨.
1627	정묘호란 때 군량미 조달에 힘씀.
1628	형조 참판을 사퇴함.

찬란한 충절의 꽃 송상현

부산진 전투 장면

〈장수 아닌 장수가 군대를 지휘하다〉

1592년(선조 25년) 5월 25일(음력 4월 14일), 부산성을 함락한 왜군은 그 이튿날 아침 3만 명에 가까운 군사로써 동래성을 향해 쳐들어왔다.

이 때 이 지역 육군 사령관인 경상 좌병사 이각은 왜적에게 겁을 먹고, 송상현 동래 부사의 만류에도 불구하고 달아나고 없었으므로, 이제 장수도 아닌 송상현이 군대를 지휘하여 성을 지키는 수밖에 없었다. 송상현은 문과에 급제하여 벼슬을 하고 있지만 장수처럼 씩씩한 기상을 갖춘 용감한 인물이었다. 그는 '나라가 이 성을 나에게 맡겼으므로, 이제 나는 이 성과 운명을 같이하겠다.'는 굳은 결심을 하고 군대와 주민들을 성 안으로 불러들였다.

왜군은 아침 여덟시경에 성 밖에 이르렀다. 왜장은 동래성이 부산진성보다 두 배나 길고 성문도 큰 것을 보고 놀랐지만, 군사를 성문 앞에 보내어, "싸우려면 싸우고, 싸우지 않으려면 우리에게 길을 빌려 달라."는 팻말을 세우게 했다. 이에 송상현은 곧 "싸워서 죽기는 쉬우나, 길을 빌려 주기는 어렵다."는 글을 써서 던졌다.

곧 전투가 시작되었다. 왜군은 성을 포위하고 조총을 쏘며 사다리로 기어오르기 시작했다. 성 위의 우리 군사들은 일제히 화살을 쏘았고, 부녀자들은 지붕의 기와를 벗겨 적을 향해 던졌다. 송상현이 남문에 올라 지휘하니 우리 군사들의 사기는 더욱 올라 왜군은 물러가지 않을 수 없게 되었다.

그러나 왜군은 잔꾀를 생각해 내었다. 그들은 싸울 때 깃발을 등에 메고 다니는데, 이것을 이용하여 허수아비를 만들고 거기에 깃대를 꽂은 다음 긴 장대에 매달아 흔들며 사다리를 올라왔다. 우리 군사들은 이것을 보고 착각하여 화살을 잘 조준할 수가 없게 되었다. 왜군이 성을 넘어와 성 안에서 다시 격전이 벌어졌다. 그러나 우리 군사의 수는 너무 적었고, 왜군의 일본도가 우리 군사들이 쓰는 칼보다 더 날카롭고 길었으므로 도저히 당해 낼 수가 없게 되었다.

전세가 불리하자, 송상현은 방으로 들어가 갑옷 위에 부사의 붉은 관복을 입고 지휘하던 자리로 돌아왔다. 그러자 우리 군사와 주민들은 더더욱 결사적으로 싸우며 송상현을 둘러쌌다.

〈피하란 것도 물리치고〉

이 때 왜장 평조익이 달려왔다. 그는 전부터 송상현을 알고 존경하여 얼른 피하라고 했다. 그러나 송상현은 태연히 일어나서 임금이 있는 북쪽을 향해 절을 한 뒤,

외로운 성은 달무리지듯 적에게 포위되었는데,

주변의 성에서는 베개만 높이 베고 구원해 주지 않는구나.

임금과 신하의 의가 중하여,

부모와 자식 간의 은혜가 오히려 가볍도다.

동래성 전투 모습(송상현의 최후)

라는 글을 부채에 써서 남기고 장렬하게 전사했다. 그를 따르는 장수들과 노비들도 함께 전사하자 왜장들도 그의 죽음에 경의를 나타내었다.

동래성이 함락되자 왜군은 곧 서울을 향해 물밀듯이 진격해 갔다.

연대	중요 사항
1551	(명종 6년)~1592(선조 25년)
1570	진사가 됨.
1576	문과에 급제함.
1584	명나라에 사신으로 다녀옴.
1591	동래 부사가 되어 1592년, 임진왜란 때 동래성을 지키다 전사함.

승려 장군 영규

승병 부대임을 알리는 표지

서산 대사 휴정의 으뜸가는 제자 중 한 분인 영규는 충청 남도 공주에 있는 청련암에서 불도를 닦고 있었다. 그는 승려의 길을 걸으면서도 멀지 않아 전란이 일어날 것을 예견하고 틈틈이 무술을 익히면서, 장차 무기를 만들기 위해 눈에 띄는 대로 쇠붙이를 모았다.

1592년에 드디어 임진왜란이 일어나자 재빨리 승병 300여 명을 모은 그는, 다시 여러 절에 글을 보내어, '우리들의 이번 거사는 임금의 명령 때문이 아니다. 죽음이 두려우면 의병에 들어오지 말라.'고 하니 한때는 승병 수가 800여 명이나 되었다.

8월 1일, 영규는 조헌의 의병군과 힘을 합쳐 무서운 기세로 청주성을 공격, 왜군은 견디지 못하고 성 안으로 쫓겨 들어갔다. 이 날 밤, 왜군은 그들의 시체를 거두어 불태우고, 깃발을 세워 군대가 있는 것처럼 꾸민 뒤에 북문으로 빠져 나갔다.

이튿날, 성 안에 있던 한 여인이 나와 왜군들이 하는 말을 전했는데, "의병들은 죽음을 겁내지 않고 곧장 달려들어 그 기세가 조금도 꺾이지 않으니, 도무지 당할 수가 없다."고 하였다. 또 이 소식이 퍼지자, 청주 주변의 다른 왜군들도 모두 도망쳐 버렸다. 영규와 조헌이 거느린 의병은 8월 18일 다시 금산 전투에 참전하여, 죽기를 각오하고 끝까지 육박전을 벌여 모두 전사하였다. 그렇지만 이 싸움 이후 충청도와 전라도는 왜군의 침략으로부터 안전하게 되었다.

연대	중요 사항
?	~1592(선조 25년) 휴정의 제자로 공주 청련암에서 수도하다가 승병을 모으고 임진왜란에 참전하여 공을 세우다 금산 전투에서 전사함.

하늘이 내린 홍의 장군 곽재우

<장수도 아닌 주제에 왜적과 싸워?>

황해도 관찰사(곽월)의 아들로 태어난 곽재우는 글과 무술에 뛰어난 사람으로 33세에 문과에 급제했지만, 그 글이 선조 임금의 뜻에 거슬려 급제가 취소되었다.

그가 40세가 되었을 때 임진왜란이 일어났다. 그는 왜적이 부산에 상륙했다는 소식을 듣고 경남 의령에서 의병을 일으켰다.

"장수도 아닌 주제에 왜적과 싸워? 제 집과 제 목숨이나 잘 보살피시지."

곽재우 장군상

그렇게 비웃는 사람도 많았지만, 그는 전 재산을 털어 출전 준비를 하고 용기 있는 젊은이들을 모집하니, 그와 뜻을 함께 하는 사람 수백 명이 모여들었다. 그에게는 오직 왜적에 대한 적개심과 이 나라를 지키겠다는 마음뿐이었다.

<신출 귀몰한 작전>

그는 명나라에 사신으로 갔던 아버지가 명나라 황제로부터 선물로 받아 온 붉은 비단으로 군복을 지어 입고, 또 백금으로 만든 투구를 쓰고 눈부신 백마를 타고 달리며 왜적과 싸웠다. 그는 적이 나타나면 피하지 않았고, 싸울 때마다 승리를 거두었다. 왜적들은 그를 '붉은 옷을 입고 하늘에서 내려와 싸우는 장군'이라는 뜻으로 '천강 홍의 장군'이라고 불렀다.

곽재우는 뛰어난 전략을 갖춘 장군이었다. 전라도 방면으로 쳐들어오는 왜적의 선발대가 비가 와서 수렁이 된 나루터를 피하며 마른 땅을 찾아 표시해 둔 것을 알아챈 곽재우는, 밤중에 그 표시를 진흙이 많은 곳으로 옮기고 이튿날 왜적이 진흙 속에서 허둥대고 있을 때 의병들을 출전시켜 전멸케 하였으며, 또 적병의 바로 앞에서 북을 치고 피리를 불며 유유히 지나가 왜적들로 하여금 정신을 못 차리게 한 적도 있었다.

드디어 곽재우가 지휘하는 의병은 수천 명으로 늘어나 창원, 웅천, 함안

의병탑

등 여러 곳으로 돌아다니며 수많은 왜적을 물리쳤다.

"적을 죽였으면 그것으로 그만이다. 그 머리를 베어 옴으로써 공을 자랑하고 상을 받을 생각은 아예 하지도 말라."

그는 부하들에게 늘 그렇게 강조하였다.

곽재우는 한때 관찰사 김수 때문에 도둑 누명을 쓰고 옥에 갇히기도 했으나 곧 무죄임이 밝혀졌고, 왜적이 다시 쳐들어왔을 때(정유재란)에는 경상 좌도 방어사가 되어 더욱 용감하게 싸웠다. 그는 또 영창 대군이 아버지 선조의 미움을 사 죽게 되자, 영창 대군의 선처를 바라는 상소문을 올린 후 벼슬을 버리고 고향으로 내려갔다. 하지만 그에게 더 높은 관직이 내려졌다.

그러나 광해군이 임금이 되자, 세상의 어지러움을 통탄하며 관찰사의 벼슬을 사퇴하고 비슬산으로 들어가 조용한 나날을 보내었다.

그의 호 '망우당'은 '근심, 걱정을 하지 않는다'라는 뜻이다.

◎ 참고 자료

〈곽재우전〉

지은이와 지은 연대가 확실하게 밝혀지지 않은 소설로, 조선 시대 때 지어진 것으로만 알려져 있는 '군담 소설(군인들의 전쟁을 내용으로 한 소설)'이다. 뒤에 '하늘이 내려 보낸 붉은 옷을 입은 장군〔천강 홍의 장군〕'이라는 책 제목으로 출판되기도 하였다.

홍의 장군 곽재우가 신출 귀몰한 전법으로 왜군을 통쾌하게 쳐부순다는 것을 내용으로 담고 있다.

연대	중요 사항
1552	(조선 명종 2년), 관찰사 곽월의 아들로 태어남.
1585	문과에 급제했으나 무효가 됨.
1592	임진왜란이 일어나자 의병을 일으켜 왜적을 무찌름.
1597	정유재란 때, 경상 좌도 방어사가 됨. 그 후의 관직 : 경상 우도 조방장, 경상도 병마 절도사, 수군 통제사, 부총관, 한성부 좌윤, 함경도 관찰사.
1617	(광해군 9년), 세상을 떠남.

부산진성에서 전사한 정 발

정발 등을 모신 충렬사

〈임진왜란 최초의 전투〉

1592년(선조 25년) 5월 24일(음력 4월 13일) 오후 4시경, 경상 남도 남쪽 끝 가덕진 응봉의 봉수대에서는 몇십 척으로 보이는 왜선이 부산포를 향해 들어오고 있는 것을 발견하였다. 처음에는 약 90척으로 보이던 왜선은 곧 150여 척, 다시 400여 척으로 불어났고, 나중에 알고 보니 총 700여 척이었다. 일본의 풍신수길은 소서행장을 총대장으로 하여, 약 1만 5천 명의 군사로, 그 동안 그들을 도와 주기만 하여 마음을 놓고 있던 조선을 침략한 것이다.

이 때 부산진 첨사 정발은 절영도로 사냥을 나갔다가 이 소식을 듣고 급히 돌아와 군사와 백성들을 모두 성 안으로 불러들이고 성을 굳게 지켰다.

오후 5시경에 부산포 앞바다에 도착한 왜군 대장 소서행장은 곧 부산진성의 주변에 불을 지르고, 그의 사위인 종의지를 부산진 첨사 정발에게 보내 항복할 것을 전하였다. 성 안에 있던 사람들은 왜군의 종의지 일행을 보고 비웃음을 쳤고, 정발은 즉시 그 제안을 거절하였다. 종의지 일행은 오후 8시경에 돌아갔다.

〈목숨보다 귀한 조국〉

부산진성의 싸움은 그 다음 날 새벽 4시에 시작되었다. 이 싸움이 임진왜란의 첫 전투였다. 왜군이 성 주위를 포위하였다. 성은 4m의 높이로 둘레의 길이는 약 500m였고, 성벽 바깥쪽 둘레에는 사람의 키 정도 깊이로 못을 파 놓았다. 그러나 왜군은 1만 5천 명이었음에 비해 우리 군사의 수는 겨우 350명이었으므로 처음부터 상대가 안 되는 싸움이었다.

왜군이 접근하자 우리 군사들은 성 위에서 일제히 포를 쏘고 활을 쏘았다. 그러자 왜군이 잠시 물러났다.

그러나 곧 대열을 새로 갖춘 왜군은 다시 공격해 왔다. 왜군은 성 밖 높은 고사에 올라가 성 안을 향해 조총을 비오듯 쏘아댔다. 정발은 서쪽 문을 지키며 항전하여 적의 무리 중에는 화살에 맞아 죽는 자가 매우 많았다.

왜군은 전사자가 많이 생기는 데도 성벽 둘레의 못을 메우고, 성벽으로 다리를 놓아 줄기차게 기어올랐다. 드디어 왜군이 성 안으로 침입하기 시작하자, 우리 군사 중에는 성 위에서 아래로 뛰어내려 적과 육박전을 벌이는 군사도 있었다.

이 때 우리 군사의 화살이 떨어지고 말았으며, 무기도 없이 싸우던 부산진성 첨사 정발이 적탄에 맞아 전사하고 말았다. 성 안에서 다시 전투가 벌어졌다. 장군의 죽음을 본 우리 군사들은, 수는 적었지만 죽음을 각오하고 용감하게 싸웠으며,

부산진 격전을 그린 '부산진 순절도'
(보물 391호 : 육군 박물관)

3백 여 민가의 백성들도 충성을 다하여 싸웠다. 끝내는 한 명도 남지 않고 장렬하게 죽고 말았다. 일본군을 따라온 포르투갈 신부 프로이스는 우리 군사들의 충성심, 고귀하고 명예를 중히 여기는 여자들의 죽음을 기록으로 남겼다.

연대	중요 사항
1553	(조선 명종 8년) ~1592(선조 25년)
1579	무과에 급제함.
1592	부산진 첨절제사가 됨, 이 해 5월 14일 임진왜란의 첫 싸움에서 부산진성을 지키다 전사함.

정 발 **189**

진주성의 별 김시민

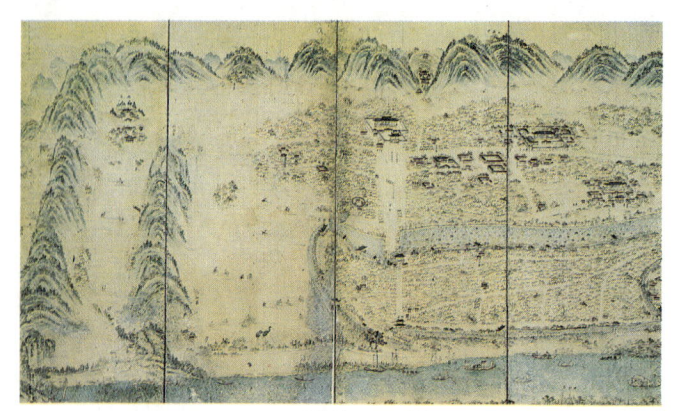

진주성 그림(부분)

〈관군 대장 김시민〉

김시민은 34세 때 무과에 급제하여 훈련 판관이 되었고, 37세에는 진주 통판이 되었는데 그 이듬해에 임진왜란을 맞게 되었다.

왜적은 7년 동안의 싸움 끝에 결국은 패전하고 돌아갔는데, 이 전쟁에서 우리 나라가 이길 수 있었던 원인은 전국에서 의병이 일어났고 이순신 장군이 바다를 막아 왜선을 격퇴시킴으로써 침략의 길을 끊었기 때문이었다.

조선 시대의 군대는 대체로 지휘자가 관리이면 관군이었고, 의병 속에서 대장이 나온 군대는 의병이었는데, 김시민은 관군 대장이었다. 임진왜란이 일어났을 때 진주 목사 이경은 지리산으로 도망을 갔다. 이에 김시민은 목사 대신 진주성을 지키겠다는 결심을 하고 왜군을 맞아 싸울 준비를 서둘렀다. 그러자 조정에서는 그를 목사에 임명해 주었다.

힘을 얻은 김시민은 사천, 고성, 진해로 돌아다니며 닥치는 대로 왜적을 무찔렀고, 그 공적으로 또 승진하여 영남 우도 병마 절도사가 되었으며, 금산에서도 적을 크게 무찔러 백성들의 사기를 높였다.

〈승리의 기쁨이 가시기도 전에〉

가을로 접어들자 왜군은 경상도의 큰 도시이자 경상도에서 전라도로 나아가는 교통의 요지인 진주로 수만 명의 군대를 집중시켰다. 그들은 동래와 김해의 군대만 해도 3만 명이 넘는 육군으로 침략하는 동시에, 가까운 웅천 해안에 수군을 배치하여 전라도에 있는 우리 군사들이 진주로 향하는 길을 막아 놓았다.

진주성의 김시민은 겨우 3천 명의 군사만 거느리고 있었다. 그렇지만 그는 용기를 잃지 않고, 성 안의 높은 곳에 수많은 깃발을 꽂아 군사가 많은 것처럼 보이게(허장 성세) 하였다.

성 앞으로 다가온 왜적은 일제히 조총을 쏘아 대었다. 김시민은 총소리가 뜸해지기를 기다렸다가 재빨리 명령하여 일제히 활을 쏘게 했다. 그러자 왜적은 나무판자를 방패로 삼고 또 총을 쏘아 대더니, 며칠 후에는 사다리를 만들어 기어오르려고 하였다. 김시민은 며칠 동안 활을 쏘았으므로 이제 화살을 아끼는 대신, 이번에는 펄펄 끓는 물을 부어 내리게 했다.

오늘날의 진주

"이 성을 빼앗기면 우리는 모두 죽는다!"

김시민이 밤낮으로 격려하자, 우리 군사들은 열심히 싸웠다. 식량도 왜적 몰래 운반한 데에다 의병장 곽재우가 군사를 이끌고 도우러 왔으므로 사기는 더욱 높아 하늘을 찌를 듯했기 때문에 왜적들은 한 명도 성 안으로 들어와 보지 못했다.

그러자 왜적은 최후의 결심으로 공격해 왔다. 이에 김시민은 마른 갈대에 화약을 싸 던지고 끓는 물과 돌로써 적의 공격을 막게 하였다. 그리하여 왜적은 3만 명의 전사자를 내고 2주일 만에 물러갔다. 그러나 왜병이 물러간 뒤 성을 순시하던 김시민은 시체 속에 숨어 있던 왜병이 쏜 총탄에 맞아 중상을 입었고, 한 달 동안 꿋꿋하게 버티었지만, 끝내 세상을 떠나고 말았다. 그가 죽자 성 안은 온통 울음 바다를 이루었다고 한다. 김시민이 승리로 이끈 진주성 싸움은 한산도 대첩, 행주 대첩과 함께 임진왜란 3대첩의 하나가 되었다.

연대	중요 사항
1554	(명종 9년)~1592(선조 25년)
1578	무과에 급제, 훈련 판관이 됨.
1591	진주 통판이 됨.
1592	진주 목사, 영남 우도 병마 절도사가 됨. 진주성 싸움을 승리로 이끌고 전사함.

'동의보감'의 저자 허 준

허 준

〈명의 유의태와의 만남〉

　허준의 증조부 허지는 영월 군수를 지냈고, 조부 허곤은 무과에 급제하여 경상 우수사를 지냈으며, 아버지 허논도 용천 부사를 지낸 무관이었다.

　허준은 이렇게 가문이 뚜렷한 집안의 둘째아들로 태어났으나, 불행히도 서자였기 때문에 양반의 대열에 속하지 못하였다. 조선 시대에는 양반집 자손은 글을 읽어 관리가 되는 것을 자랑으로 삼고, 일을 하여 살아가는 것을 수치로 알고 있었다. 그러나 허준은 중인 계급에 한하여 길을 열어 준 의과의 과거에 급제하고 오늘날까지 그 업적이 빛나는 '동의보감'을 지어 냈다. 당시 광해군은 그의 숙원을 풀어 주기 위하여 양천 허씨에게는 영원히 적자와 서자의 차별을 하지 못하도록 하는 어명을 내렸다.

　허준은 경기도 김포에서 태어나 경상 남도 산청에서 자라났다. 그 때 산청에는 유의태라는 의원이 있었다. 그는 학식과 의술이 뛰어났을 뿐만 아니라 호탕하고 자유 분방한 성품을 지닌 인물이었다. 그는 늘 해진 옷과 남루한 모자를 쓰고 다니며 잘못된 세상을 풍자하고 올바른 주장을 내세웠으므로, 사람들은 그의 멋진 삶을 부러워하고 존경하였다.

　허준은 이러한 유의태에게서 그 재능과 의술에 관한 지식을 물려받은 것이다. 허준은 유의태의 의술과 인품에 탄복하여, 그의 가르침만을 따르며 평생 부귀를 멀리하고 오직 의학 공부에만 정열을 불태운 인물로 자라날 수 있게 된 것이다.

〈허준에 대한 임금의 믿음〉

　허준은 28세에 의과 과거에 급제함으로써 궁중에서 일하는 의관(전의)이 되었으며, 어머니의 엄격한 가정 교육을 통하여 몸에 익힌 '충효'와 '청렴 결백'을 신조로 근무함으로써 곧 인정을 받게 되었다. 그리하여 그 이듬해에 이미 내의로서 왕의 가족을 진찰하는 영예를 안게 되었고, 44세 때에는 위중한 왕자의 병을 낫게 하여 선조 임금은 특명으로 그를 승진시켜 주었다. 이후 허준에 대한 임금의 신망은 끝없이 계속되었다.

허준이 46세가 되자 임진왜란이 일어났다. 당파 싸움이나 하며 권력을 늘리기에만 급급하던 대신들은 피난을 가기에 바빴고, 이에 선조 임금도 몇몇 신하들과 함께 명나라와 가까운 압록강 하류 유역의 의주까지 떠나게 되었다. 이 때 허준은 시의로서 임금의 곁을 지키며, 임금과 대신들의 건강을 정성을 다하여 보살폈다. 선조 임금은 그에게 남다른 정을 느꼈고, 허준도 임금의 건강을 지키는 일에 최선을 다하였다.

〈한글로 된 의학책을 펴내다〉

허준은 내의원이던 35세에 이미 '찬도맥결'이란 의학책의 잘못을 고쳐 '찬도방론맥결집성'이란 의학책 4권을 펴냈다. 이 책이 나옴으로써 맥을 짚어 건강을 진단하는 방법이 올바르게 되었고, 조선 시대 말기까지 가장 올바른 진맥 방법으로 이용되었다.

그는 또 그 때까지의 의학책이 모두 한자로 되어 있는 것을 보고 누구나 알아볼 수 있도록 한글판 '두창집요'라는 책을 내었다.

또 임진왜란이 일어나기 바로 전 해에는 '태산요록'이라는 한자판 의학책을 고쳐 한글판으로 '태산집요'와 '구급방'을 내었다. '태산집요'는 부인병에 관한 의학책이고 '구급방'은 위급한 병을 치료하는 방법에 관한 책이었다. 그 때의 의학책이 너무 복잡하고 어렵기도 했지만 주로 왕실을 중심으로 기록된 책이어서 일반 백성들이 이용하기에는 어려움이 많아 질병으로 고생하고 덧없이 죽어 가는 사람들이 너무나 많았으므로, 허준은 이러한 한글판 의학책을 간행한 것이다.

〈15년만에 '동의보감' 완성〉

임진왜란이 막바지에 이르자, 굶주림과 질병으로 목숨을 잃는 사람이 더욱 늘어났고 여러 가지 전염병도 나돌았다. 그 무렵 선조 임금은 동양 최고의 의학책을 내보려는 생각으로, 시의장 양예수를 중심으로 한

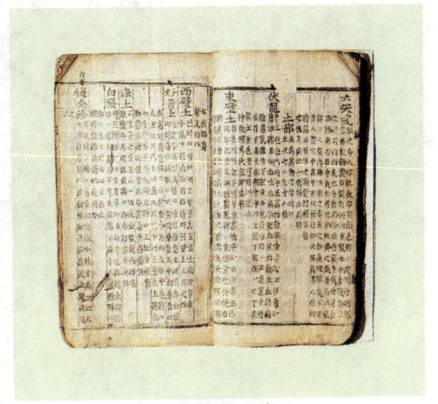

동의보감

내의원 정작, 허준, 김응탁, 이명원, 정예남 등으로 이루어진 편찬국을 두어 의학책 발간 사업을 시작하게 하였다. 그러나 이 사업은 허준에 대한 선조의 인정으로 결국 허준 혼자 담당하게 되었다.

임금은 허준에게 궁궐에 있는 의학책 500여 권을 모두 내주었고 다른 도움도 아끼지 않았다. 허준은 임금의 은혜에 감격하여, 자신의 재능과 경험, 노력을 다하여 이 사업을 마무리할 것을 다짐하였다.

그가 집필한 지 10여 년, 다른 일은 돌볼 겨를도 없이 노력한 결과로 '동의보감'이 거의 완성될 즈음에 선조 임금이 그만 세상을 떠나고 말았다. 허준은 임금의 건강을 책임진 시의였으므로 한때 귀양을 가 있었는데, 그는 그 동안에도 '동의보감'의 편찬에 뜻을 두었던 선조 임금을 생각하며 집필에 여념이 없었다.

허준의 이러한 피맺힌 노력으로, 1610년 8월 6일, 모두 25권의 방대한 '동의보감'은 세상에 나오게 되었다.

책을 본 광해군은

"양평군 허준이 일찍이 선왕의 명을 받들어 15년간이나 정성을 들여 난리 때나 귀양 중에도 게을리하지 않고 이 책을 완성하여 나에게 주니, 스스로 슬픔을 금하지 못하겠구나."

하고 이 위대한 업적을 경탄하였다.

약재를 분류하여 보관하던 오동나무 약장

이렇게 하여 세상에 나온 '동의보감'은 오늘날까지 나온 우리 나라와 중국, 일본의 의학책 중 가장 훌륭한 책으로 평가되고 있으며, 오늘날에도 우리 나라는 물론 중국, 일본, 멀리 유럽에까지도 널리 소개되고 있다.

'동의보감'은 목차 2권, 내과 4권, 외과 4권, 유행병, 급성병, 부인병, 소아과를 합한 것 11권, 약을 제조하는 법과 달이는 법 3권, 침술 1권 등 모두 25권으로 되어 있다.

'동의보감'의 특징은 다음과 같다.

1. 그 당시까지 나온 의학책을 모두 살펴보고, 복잡하고 어려운 것을 간추려 간편하고도 정확하고 쓰임새 있게 엮었다.
2. 마음과 몸을 튼튼히 하여 병에 걸리지 않도록 애쓰는 것을 제일로 치고, 약을 먹고 치료하는 것을 그 다음이라는 생각으로 엮어, 오늘날의 의학 정신과 합치된다.
3. 우리 나라에서 생산되는 약재를 쓰는 것이 좋다는 생각으로 약의 이름에 보통 사람들이 알고 있는 이름(속명)을 한글로 하나하나 붙여 두었다.
4. 허준이 참고로 한 86종의 책 이름을 일일이 기록하여 다른 의원들이 더 연구하는 데 도움이 되게 하였다.
5. 약재의 표준량을 두어 적당히 더하거나 줄일 수 있도록 하고, 약을 먹는 법까지 밝혔다.

허준은 이어 '신찬벽온방'과 '벽력신방' 등의 책을 내었다. 이 책들은 임진왜란 후 전국에 퍼져 있던 장티푸스, 발진티푸스 등의 예방과 치료에 쓰였다.

이 두 책은 전염병에 관한 의학책으로는 완전한 것이었다. 당시에는 전염병의 증세 진단에 대하여 서양에서도 아직 확실한 의술이 없었던 때였으므로, 모든 전염병에 대한 예방과 치료법은 아니었다 할지라도 그만큼 정확한

〈동의보감 편찬을 위한 선조의 분부〉

요즈음 중국에서 들어온 의학책은 모두 대수롭지 않아 오히려 복잡하기만 하고 기준으로 삼을 만한 것이 없다. 질병은 대체로 쇠약해진 몸을 잘 돌보지 않거나 몸가짐을 바르게 하지 않아서 생기는 것이므로, 일상 생활을 바르게 하는 것이 중요하고 약을 쓰는 것은 그 다음이라는 것을 중심으로, 옛날부터 쓰여 온 치료 방법 중 실용성이 적은 것은 버리고 가치 있는 것만을 모아 정연하게 책을 만들라. 이로써 저 산골짜기의 시골 사람들까지 일찍 죽고 갑자기 죽는 불운을 맞지 않도록 하고, 우리 나라에서 나는 많은 약초를 하나하나 살펴 분류함으로써 지식이 모자라는 어리석은 백성들도 의료에 대한 지식을 쉽게 얻을 수 있도록 하라.

-동의보감 서문에 있는 글-

것을 밝혀 낸 것은 철저한 관찰과 연구에 의한 놀라운 결과라고 하지 않을 수 없다.

'동의보감'이 나온 지 5년이 지난 해에 허준은 세상을 떠났다. 그러나 양반이 아니면서도 선조 임금으로부터 양평군 숭록 대부의 직위를 받았던 그 명의는 오늘날까지 우리들의 입에 자주 오르내리고 있다.

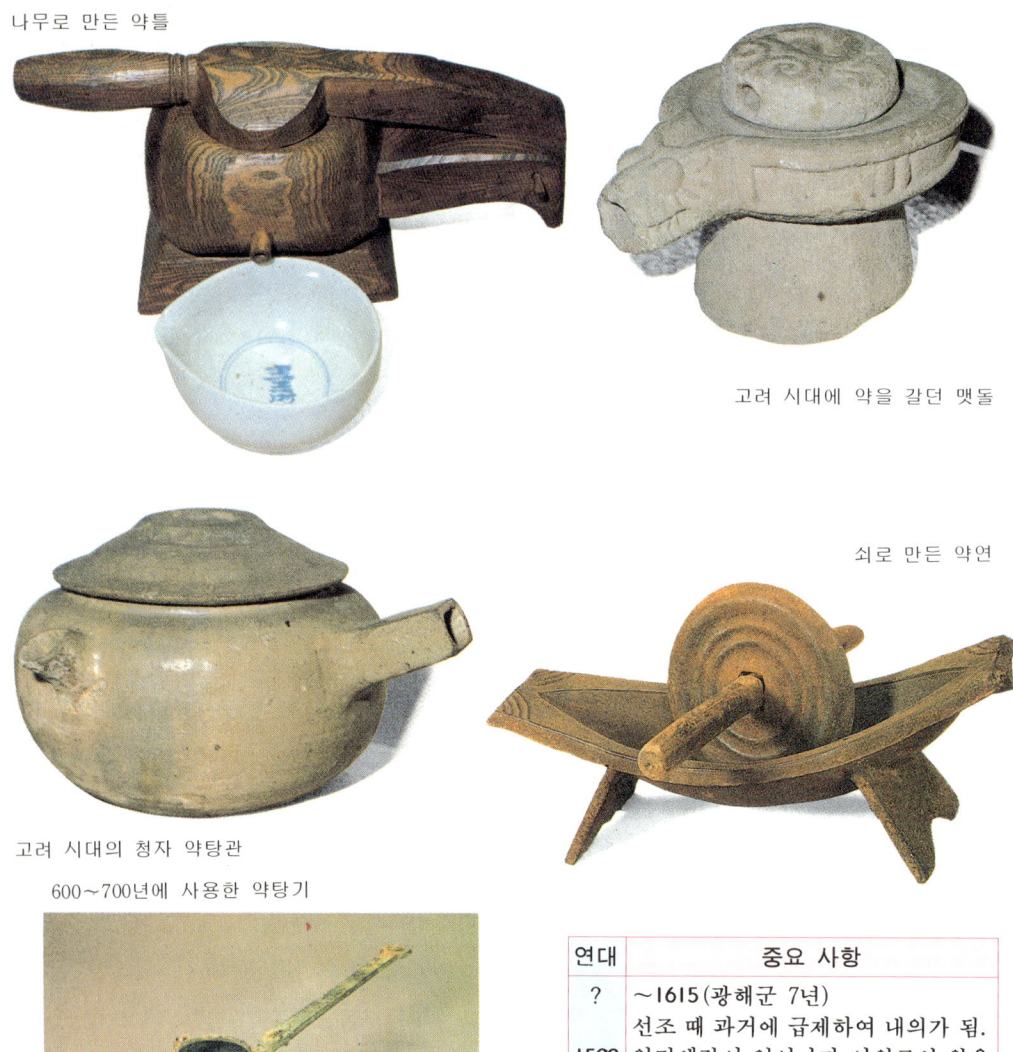

나무로 만든 약틀

고려 시대에 약을 갈던 맷돌

쇠로 만든 약연

고려 시대의 청자 약탕관

600~700년에 사용한 약탕기

연대	중요 사항
?	~1615(광해군 7년) 선조 때 과거에 급제하여 내의가 됨.
1592	임진왜란이 일어나자 어의로서 왕을 따라 의주까지 피난함.
1610	16년의 연구로써 25권의 의서 '동의보감'을 완성함. 그 밖의 저서 : 언해 구급방, 언해 태산집요 등

규수 시인 허 난설헌

〈어깨너머로 배운 글솜씨〉

'허 난설헌'이란 '홍길동전'을 지은 허균의 누나 허초희의 호이다.

난설헌의 아버지 허엽은 서경덕에게서 글을 배워 부제학까지 오른 사람이었다. 허엽은 허성, 허봉, 허초희, 허균의 3남 1녀를 두었는데, 모두 정치가나 문인이 되었다.

난설헌도 뛰어난 문학적 재질과 매우 아름다운 용모를 타고나 사람들의 칭찬을 받으며 자랐고, 네 살 때 벌써 시를 지었다. 그러나 당시 우리 나라의 여성들에게는 학문을 하는 것이 허락되지 않았으므로, 그녀의 아버지는 딸에게 글을 가르치지 않았다. 그래서 그녀는 허성, 허봉 두 오빠가 공부하는 방에 가서 어깨너머로 공부를 하였는데, 때로는 오빠들보다 더 잘 이해하기도 하였다.

난설헌은 세상의 훌륭한 학자들이 쓴 글과 지은 책을 모조리 읽고 싶었다. 그러나 그녀는 결혼할 나이가 되어 경상도 안동 출신의 김성립과 혼인하였다. 그 집안은 김성립까지 4대 동안 문과 과거에 급제를 하였고, 김성립도 후에 승지까지 오른 인물이었다.

〈슬픔을 시로 달래다〉

결혼을 했지만 난설헌은 평범한 여인으로 살기가 싫었다. 더구나 딸과 아들 하나씩을 낳았는데, 그녀 자신의 몸이 약하기 때문이었는지 모두 일찍 죽어 버렸고 배 안의 아이마저 죽었다.

난설헌에게는 슬픔과 괴로움이 겹쳐서 다가왔다. 오빠 허봉이 당파 싸움에 몰려 귀양을 가게 된 것이다. 오빠는 우리 나라에서 가장 깊은 산골짜기인 갑산으로 귀양을 가 5년 만에 풀려나더니, 방랑 생활을 하다가 금강산으로 숨었다.

> 작년에 딸 잃고
> 올해에 아들을 여의다니.
> 슬프다, 광릉 땅에
> 두 무덤이 마주 서다.
> 백양나무에 쓸쓸히 바람 불고
> 소나무 숲에 도깨비불 밝구나.
> 찬물 놓고 네 혼에 바치노니

> 아노라, 오누이 혼이
> 밤마다 서로 만나리.
> 배 안에 또 아이 있으니
> 어찌 잘 자라기를 바랄까.
> 이제 황대사 읊고
> 피나게 울어 슬픔을 머금는다.

술을 많이 마시고 폐까지 앓던 그는 의원을 찾아 서울로 오다가 죽고 말았다.

더구나 남편인 김성립도 난설헌과 다정한 사이가 아니었으므로, 그녀는 살고 싶은 마음을 잃고 우울한 심정으로 초당에 나가 책을 읽고 시를 지었다. 그녀는 '신선 사상'에 젖어 신선을 만나고 싶어하였고, 때로는 무당을 불러 굿까지 하면서 지냈다. 그래서 그녀가 쓴 시 중에는 이러한 심정을 나타낸 것이 많았다. 또, 여성의 애닯은 생활과 마음을 나타낸 시도 많았다. 조선 시대의 여성들은 아무리 뛰어난 재주가 있더라도 그것을 나타내지 못하고 혼자서만 속으로 삭여야만 했다. 또 어려서는 부모를 따르고 출가해서는 남편을 따르며 늙어서는 아들을 따라야 한다는 '삼종'의 예절과 '칠거지악'으로 여성을 꼼짝 못 하게 한 사회였다. 난설헌은 그러한 조선 시대의 생활 풍습에 얽매여 하고 싶은 일을 마음껏 하지 못하는 것에 울분이 쌓였던 것이다.

<난설헌의 재치>

난설헌도 남편과 다정하게 지내고 싶었다. 그래서 기회가 있을 때는 남편을 돕기도 했다. 남편의 친구 송도남은 꼭 남편의 이름을 놀리며 불렀다. 남편은 그럴 때 대답도 못하고 얼굴만 붉히는 것이었다.

"멍성립이 덕성립이 김성립이 있느냐."

남편을 딱하게 여긴 난설헌은 대답할 말을 가르쳐 주었다.

다음 날 또 그 친구가 부르자 김성립은 의기양양하여 대답했다.

> 강물은 가을 되어 잔잔하고
> 구름은 석양에 막혔구나.
> 서릿바람에 기러기 울고 가니
> 차마 떠나지 못하네.
> ─오빠가 귀양 갈 때 쓴 시─
> 어둠 깃든 창에 은촛대 낮추고
> 반딧불 고각을 지나쳐 여름 가네.
> 근심스레 차가운 밤 깊었는데
> 가을 잎은 쓸쓸히 떨어지네.
> 산과 내가 막혀 소식 드무니
> 시름은 풀 길 없고.
> 멀리 청련궁을 생각하니
> 적막한 산에 달빛만 밝구나.
> ─오빠가 귀양 가 있을 때 쓴 시─

"오! 귀뚜라미 맨드라미 송도나미가 왔구나."

그러자 송도남이 웃으며 말했다.

"부인께서 그대를 가르치신 모양이군!"

그러나 학문을 벗삼아 살던 난설헌도 곧 병이 들어 27세의 젊은 나이로 세상을 떠났고, 남편 김성립은 3년 후 임진왜란 때 왜적에게 목숨을 잃었다.

난설헌의 작품들은 죽기 얼마 전에 자신이 불태워 버리고 말았는데, 남동생 허균이 가지고 있던 작품을 주지번이란 사람에게 주어 명나라에서 '허난설헌집'이란 책으로 발표되었다.

반만 핀 연꽃 3·9 송이

꽃은 떨어지는구나, 달과 서리 찬 날에……

그녀가 쓴 시처럼, 난설헌은 기이하게도 연꽃 3·9송이(3×9=27)처럼 27세를 일기로 세상을 떠난 것이다.

연대	중요 사항
1563	(조선 명종 18년)~1589(선조 22년) '홍길동전'의 작가 허균의 누나.
1577	김성립과 결혼함. 명나라에서 '허난설헌집'이 출판됨.
1711	일본에서도 작품집이 출판됨.

허 난설헌

다대포에서 전사한 윤흥신

〈죽음으로 맞선 다대포 전투〉

윤흥신

1592년(선조 25년) 5월 25일(음력 4월 14일)에 벌어진, 부산진성에서의 임진왜란 첫 전투는 소서행장이 이끄는 1만 5천의 왜군을 맞아 350명의 군사와 성 안의 주민들 전체가 용감하게 싸웠으나, 정발 장군 이하 모든 사람이 장렬하게 전사하여 한나절 만에 끝나고 말았다.

처음 일본의 대군이 부산포로 침입했을 때, 왜적의 배를 공격해야 할 경상 좌수사 박홍은 왜적과 싸워 보지도 못한 채 도망가고 없었다. 왜군 대장 소서행장이 부산진성을 공격하고 있을 때, 그의 다른 부대는 서평포와 다대포를 공격하고 있었다.

다대포 첨사 윤흥신은 왜군이 쳐들어오자, 첫날은 온 힘을 다해 싸워 이들을 물리쳤다. 그 때 그의 부하가 말했다.

"장군, 내일은 왜적이 더 많이 몰려올 것 같으니, 우선 피하시는 것이 좋겠습니다."

그러자 윤흥신이 대답했다.

"죽음밖에는 다른 길이 있을 수 없다. 어찌 욕되게 피할 수 있겠느냐."

이튿날은 더 많은 왜군이 쳐들어왔다. 이미 부산진성은 함락된 뒤였다. 윤흥신은 그의 아우 윤흥제와 함께, 왜군과 싸우다 장렬하게 전사하고 말았다. 이를 본 병사와 주민들은 끝까지 목숨을 다하여 싸우다 모두 전사하였다.

〈동래성의 위기〉

부산진성과 다대포가 함락되자, 왜군은 저희들의 부상병을 치료하고 군량을 보급하며 그 날은 부산진성에서 머물렀다. 그리고 소서행장은 부장 종의지를 시켜 다음 공격 목표인 동래부를 살펴보게 하였다.

동래부는 그 동안 일본의 사절단이 왔을 때, 이 곳에서 사신을 접대하며 일본과의 외교를 담당하던 곳이었으므로, 임진왜란이 일어나기 얼마 전에 '부'라는 행정 구역으로 승격되어 남쪽에서는 으뜸가는 큰 고을이었다. 이 곳

왜적과 싸우는 우리 조상들의 모습

에는 4m의 높이로 약 1km 길이의 성을 쌓았으며, 그 둘레를 깊은 못이 둘러싸고 있었다.

 부산진성 싸움이 벌어진 그 다음 날 아침 6시경, 왜군은 부산을 출발하여 동래부로 향했다. 왜군의 수는 새로 도착한 왜병들을 합하여 3만 명에 가까웠다. 이제 부사 송상현이 지키고 있는 동래성이 무너지면, 우리 나라가 왜군의 북진을 막을 만한 곳이 거의 없을 지경이 되었다. (동래성 전투는 송상현편을 읽어 보기 바람.)

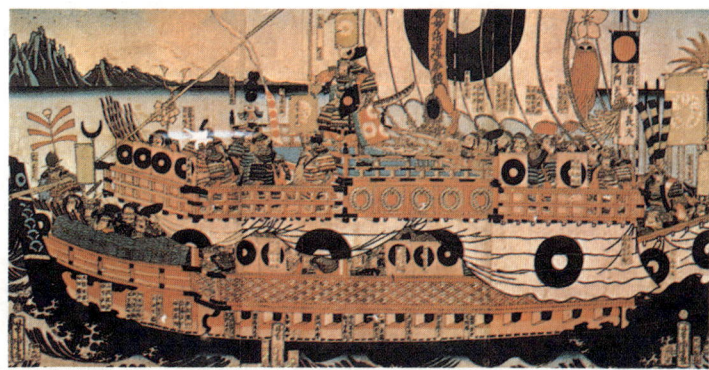

우리 나라로 쳐들어온 왜적의 군선

임진왜란을 일으킨 풍신수길

연대	중요 사항
?	~1592(선조 25년), 다대포진 첨절제사로 왜군과 싸우다 전사함.

날개 달린 범, 의병 대장 김덕령

충장사

〈용기 있는 소년〉

김덕령은 전라도 광주에서 가난한 집안에 태어났다. 어릴 때부터 그는 총명하고 침착한 성격을 지녔으며, 아무도 올라가 보지 못한 바위 위에도 올라가는 용기를 지닌 소년이었다.

김덕령은 19세 때 대학자 성혼에게서 학문을 익혔고, 그 이후에는 어머니가 앓아 눕게 되자 어머니를 모시고 있으면서 무술을 닦았다.

김덕령이 25세가 되자 임진왜란이 일어났고, 그의 형 김덕홍이 의병으로 나아가 의병장 고경명과 함께 금산 전투에서 전사하였다. 이에 김덕령은 그의 자형 김응회와 송제민의 격려를 받으며 의병장을 맡게 되었다.

김덕령이 의병을 일으켰다는 소식은 담양 부사 이경린, 장성 현감 이귀, 전라 감사 이정암에게 전해졌고, 이어서 조정에서도 호익 장군이라는 호를 내려 격려해 주었다. 그는 곧 5천 명의 군사를 거느리게 되었는데, 이 때 그의 나이는 25세였다.

그 이듬해에 본격적인 의병 활동에 들어간 김덕령은 남원에서 군대를 훈련시키고 있었다. 이 무렵 조정에서는 그에게 다시 선전관의 벼슬을 주고, 권율 장군 휘하로 들어갈 것을 명하였다. 이에 김덕령은 권율의 지휘를 받으며 의병장 곽재우와 함께 여러 차례에 걸쳐 왜적의 무리를 격파하였다. 김덕령은 유격전과 정규전을 함께 쓰는 작전을 펼쳤으므로, 그의 부대를 만난 왜적들은 정신을 차릴 수가 없었다.

김덕령 장군 의복

김덕령은 키는 작았지만 무술에 뛰어나 한 길도 넘는 긴 칼을 마음대로 다루었다. 또 커다란 쇠뭉치 두 개를 항상 허리에 차고 다녔는데, 이러한 그의 날렵함과 힘을 보고 "김덕령 장군은 겨드랑이에 날개를 달고 있다."는 소문이 퍼지기도 했다.

그러나 그가 29세 되던 해, 군대의 기강을 바로잡으려고 역졸을 매로 다스리다가 그만 죽여 버린 사건이 일어난 탓으로 김덕령은 체포되었으나 왕의 특명으로 곧 석방되었다. 그러나 그 후에도 김덕령을 시기하는 관리들은 끊임없이 그를 모함하였다.

그 무렵 충청도에서는 이몽학이라는 사람이 반란을 일으켰다. 그러자 충청도 순찰사의 종사관인 신경행은 김덕령도 이 반란에 관련되었다고 거짓 보고를 하였다. 이에 김덕령은 서울로 잡혀가 모진 고문을 받게 되었다. 김덕령은 자기의 무죄를 밝혔지만, 혹독한 고문을 받아 끝내 다리가 부러지고 온몸이 성한 데가 없도록 맞아 숨을 거두고 말았다. 그가 죽은 후 그의 부인 이씨도 자결하고 말았다. 김덕령은 옥중에서 다음과 같은 시조를 남겼는데, 그의 억울한 심정을 잘 알 수 있다.

춘산에 불이 나니 못 다 핀 꽃 다 붙는다.
저 뫼 저 불은 끌 물이나 있거니와
이 몸의 내(연기) 없는 불이 나니 끌 물 없어 하노라.

김덕령의 '춘산곡' 시비

연대	중요 사항
1567	(명종 22년)~1596(선조 29년)
1593	의병을 일으켜 호익 장군, 충용의 시호를 받음.
1593	적과 내통한다는 혐의로 서울로 압송.
1594	선전관이 되어 곽재우와 함께 왜적을 크게 무찌름.
1596	누명을 쓰고 옥사함.

만년 홍수를 바로잡은 이 서

대구 시가지의 중심부를 흐르는 신천

조선 시대 후기에 판서 이주진의 아들로 태어난 이서는, 아버지가 훌륭한 정치가로서 사람들의 존경을 받는 것을 보고, 장차 자신도 백성들의 존경을 받는 훌륭한 인물이 되고 싶었다.

이서는 이러한 꿈을 간직한 채 학문을 닦았으며, 벼슬길에 올라서도 나라를 위하는 일에는 개인적인 욕심을 내세우지 않았다. 그리하여 그는 여러 관직을 거쳐 영조 35년인 1759년에는 목사가 되었고, 정조 임금이 즉위한 1776년에는 대구 판관으로 부임하였다.

당시의 대구 시가지를 흐르던 신천은 비만 왔다 하면 전 시가지를 물에 잠기게 하는, 아주 골칫덩어리였다. 2년간 신천의 물줄기에 대해 조사하고 연구한 이서는, 이 강물을 시가지의 남쪽에서 낙동강의 지류인 금호강을 향해 똑바로 흐르게 해야겠다고 생각하였다. 그리하여 1778년에 이 일을 시작한 이서는 공사에 드는 비용 일체를 자신의 개인 재산으로써 충당하였고, 둑도 튼튼히 쌓아 이후로는 홍수의 피해를 보지 않게 되었다.

이에 감동한 대구 주민들은 강둑의 이름을 이공제 ('이공' 곧, 이서가 쌓은 둑)라 부르고 강둑에 이공제 비를 세워 해마다 음력 1월 14일에 제사를 드렸다.

지금도 신천은 대구 시가지의 중심부를, 이서가 바로잡은 그 길로 흐르고 있다.

뜻을 못다 편 장군 **임경업**

임경업

임경업은 조선 시대 선조 임금 당시 충청도에서 태어났다. 그는 소년 시절부터 진터를 만들고 전쟁 놀이를 하였고, 차츰 활쏘기와 말타기를 익히게 되었다. 또 글은 이름만 쓸 줄 알면 되고 우선 외적을 쳐부수는 병법을 익히는 것이 급하다는 생각으로 무술을 배워 26세에 무과에 급제하였다.

그리고 4년 후, 이괄이 난을 일으켜 순식간에 서울을 점령하고 선조의 열 번째 왕자 흥안군을 왕으로 삼자, 임경업이 관군의 진압 장군으로 나서 반란군을 크게 이김으로써 이 때부터 그 이름을 떨치게 되었다.

임경업이 39세 때에는 명나라 장군 공유덕과 경중명이 명나라를 배반하고 중국 북쪽 오랑캐가 일으킨 나라인 후금(청)에 항복한 일이 일어나자 명나라는 조선에 군사를 보내 도와달라고 하였다. 이에 조선에서는 임경업을 선봉장으로 삼아 큰 성과를 거두었다.

임경업은 그 후 평안도 의주 부윤이 되었는데, 이 때 후금은 나라 이름을 청으로 고치고 당시의 일을 보복하기 위해 곧 조선으로 쳐들어올 기세를 보였다. 이에 임경업은 조정에 이들을 막을 군사 2만 명을 요구했다. 그러나 나라에서는 이를 허락하지 않았고, 오히려 의주 성내의 군졸들마저 달아나 버리고 겨우 남녀 노소 800여 명밖에 남지 않았다. 임경업은 곧 허수아비 수천 개를 만들어 성 주위에 세웠는데, 이를 본 청나라 군사들은 다른 길로 쳐들어와 서울을 점령하였다. 결국 인조 임금이 청나라 태종에게 삼전도에서 굴복하는 수치스러운 결과를 낳고 말았다.

더욱이 청나라는 평안도 앞바다에 있는 명나라의 군사 기지를 치겠다고 하며 조선에 군사를 청하였다. 그러나 임경업은 명나라를 칠 생각이 없었으므로 오히려 명나라에 연락하여 준비하게 하였고, 할 수 없이 싸우게 되었을 때에는 활촉을 뺀 활을 쏘고 총도 공포만 쏘아 두 나라의 군사들이 한 명도 다치지 않았다.

이러한 사실이 드러나자, 청나라 태종은 크게 노하여 당장 임경업과 영의정 최명길을 함께 잡아오게 하였다. 그러나 만주가 가까워졌을 때 임경업은 틈을 엿보아 달아났다. 그 후 중의 행색을 하고 우리 나라로 돌아온 임경업은 다시 명나라로 건너가 버렸다.

한편 명나라로 건너간 임경업은 부총병의 관직을 받아 청나라와 싸울 준비를 했으나, 명나라는 이미 기울 대로 기운 나라였으므로 황제는 목을 매어 죽고 마지막 장군 마등홍까지 임경업을 잡아 청나라에 항복하고 말았다. 청나라 황제는 임경업에게 부귀를 약속하면서 달래었으나, 그는 끝내 굴복하지 않았다.

이 때 조선에서는 대신 심기원이 회은군을 왕으로 삼으려 했으며, 임경업도 이 일에 관련되었다는 누명을 씌우고는 청나라로부터 그를 잡아왔다. 임경업은 자신의 무죄를 호소했지만, 혹독한 고문으로 결국 억울한 죽음을 당하고 말았다.

충렬사(충주 달천)

임경업 장군 추모비

탄금대

연대	중요 사항
1594	(선조 27년) ~ 1646(인조 24년)
1618	무과에 급제함.
1624	이괄의 난 때 큰 공을 세움.
1636	의주 부윤으로 병자호란을 일으킨 청나라와 싸움.
1642	명나라로 도피함.
1646	역적 모함을 받아 살해됨.

예학의 대가 송준길

송준길은 어려서부터 글 읽기를 무척 좋아하여 그를 가르치는 사람이 바쁜 일이 있을 때에는 늦은 밤이라도 졸라서 배우고 잠자리에 들었다고 한다.

송준길은 이이, 김장생, 김집 같은 대학자에게서 학문을 배우며 차츰 예학에 밝은 학자가 되었다. 그 후 18세 때 진사가 되었지만 그 후에도 20여

송준길이 북벌론을 강론하던 '동춘당'

년 간 학문에만 힘을 쓰다가, 43세에 비로소 집의라는 벼슬을 하고 그 당시 청나라에 아부하던 정치가 김자점을 조정에서 쫓아 내어 많은 칭찬을 받았다. 송준길은 효종 임금의 신임을 얻어 송시열과 함께 청나라를 정벌하려는 계획을 세웠으나, 김자점이 이 일을 청나라에 밀고함으로써 벼슬에서 물러나게 되었다.

당시의 정치가들이 벼슬에서 물러나거나 다시 오르는 것은 대부분 당파 싸움 때문이었으며, 송시열과 함께 서인이었던 송준길도 다시 이조 참의가 되었다가 반대당에 의해 또다시 물러나는 불운을 겪었지만, 송시열처럼 끝내 사약을 받지는 않았다. 그것은 그의 성품이 매우 훌륭했기 때문으로, 그의 친구 송시열은 그를 가리켜

"누구라도 송준길과 대하면 그의 인품에 감동을 받을 수밖에 없다."

고 하였다. 마지막으로 조정을 물러날 때에는 임금과 왕자가 간절히 말려 왕자를 보살피는 일도 하고 예학에 관한 글도 지어 올린 다음, 겨우 벼슬자리에서 물러나도 좋다는 허락을 받아 더욱 큰 칭송을 받았다.

연대	중요 사항
1606	(선조 39년)~1672(현종 13년)
1624	진사에 합격함.
1649	집의가 됨.
1659	이조 참의가 됨.

당파 싸움을 이끈 정치가 송시열

송시열

〈주자학에의 관심〉

송시열은 주자학을 깊이 연구한 학자였고, 그 결과 조선 시대 정치계에 당파 싸움의 주동자가 된 정치가였다.

그는 7세 때부터 친구 송준길과 함께 송준길의 아버지인 송이창에게서 글을 배웠는데, 총명하고 몸집이 커서 사람들은 그를 보고 장차 큰 인물이 되겠다고 칭찬하였다. 그는 이 때 함께 글을 배운 친구 송준길과 일생 동안 기쁨과 슬픔을 함께 나누는 사이가 되었다.

송시열의 아버지는 아주 엄격한 사람으로, 아들에게 율곡 이이가 지은 어린이용 교육 도서 '격몽요결'을 가르치며 이렇게 강조하였다.

"주자는 새로 태어난 공자이고 율곡은 새로 태어난 주자이므로, 공자를 배우려면 먼저 율곡을 배워야 하느니라."

독서하는 법, 마음을 바르게 하는 법, 부모에게 효도하는 법 등이 수록된 이 책을 배우며, 송시열은 대학자 이이를 존경하게 되었다.

23세에 아버지를 여읜 송시열은 이이의 으뜸가는 제자 김장생에게서 주자학을 배우게 되었고, 이이와 주자에 대한 존경심을 더욱 키워 나갔다. 스승 김장생이 세상을 떠나자, 그는 스승의 아들 김집으로부터 계속하여 글을 배우며, 모든 생활을 주자의 가르침에 따르려고 노력했다.

송준길은 송시열에게 한마을에 살면서 함께 공부하자고 했다. 친구의 뜻에 따른 송시열은 그 곳에서 스승의 집까지의 거리가 50리나 되었지만, 하루도 빠지지 않고 도시락을 싸 들고 다니며 부지런히 공부하였다. 그는 스승의 집 가까이 가서 도시락의 반을 먹고 남은 점심을 나뭇가지에 걸어 두었다가 돌아오는 길에 먹으며 다녔다.

송시열은 늙어서도 젊은 제자들이 잘 따라가지 못할 정도로 잘 걸었고 개울을 잘 건너뛰었는데, 이것은 이 때 익힌 것이라고 한다.

⟨효종의 신망을 받다⟩

송시열은 26세 때에 생원 시험에 장원으로 급제하였다. 이 때 그는 만물의 이치에 대하여 묻고 답하는 식의 글을 써 냈는데, 다른 관리들은 좋은 답안이 아니라고 했으나 우의정 최명길이 보고 '보통 사람들의 글과 비교할 수 없는 큰 학자의 글'이라고 하여 장원이 되었다.

이어 송시열은 인조 임금의 둘째아들인 봉림 대군의 스승이 되었다. 이러한 인연으로 후에 효종 임금과는 특별한 관

남한 산성

계를 갖게 되었다. 그러나 병자호란이 일어나 인조 임금이 남한 산성에서 청나라에 치욕적인 항복을 하고 봉림 대군이 볼모로 잡혀가게 되자, 송시열은 충청도 황간으로 내려가 독서와 교육에만 열중하였다.

그 곳에는 송시열과는 달리 이이의 학설을 배척하고 주자와 어긋나는 주장을 하는 윤휴라는 학자가 살고 있었다. 송시열과 윤휴는 아주 친한 사이였을 뿐만 아니라 친척이었기 때문에 서로 만나면 며칠 동안 토론을 하며 지냈는데, 서로 다른 주장으로 두 사람의 사이가 멀어지기 시작했고 드디어 원수처럼 지내게 되었다. 송시열과 윤휴는 훌륭한 학자로 성장하였지만, 학문에 대한 관점이 너무도 달라 서로의 의견은 항상 어긋났다.

한편 인조 임금은 송시열이 가난한 생활을 하면서도 교육에 전념하고 있다는 소식을 듣고 여러 번 벼슬을 내렸으나 그는 끝내 이를 사양하였다. 그러나 효종이 왕위에 올라 간곡히 부탁하자 송시열은 할 수 없이 서울로 올라가 임금을 뵙고, 4서 5경을 강의하고 정치에 대한 의견도 내었다. 효종은 무관으로는 이완, 문관으로는 송시열을 가장 사랑하였다.

이 때 김자점이 권세를 부리고 행패가 심하여 임금은 그를 귀양 보냈는데, 그의 아들 김식은 조선이 청나라를 침략할 계획이라는 연락을 청나라의 조정으로 보내어, 청나라 군사가 국경까지 내려와 협박하는 사건이 일어났다. 그러자 송시열은 또 벼슬을 버리고 고향으로 내려가 5년 동안이나 온갖 벼슬을

사양하였다.

효종 임금의 비밀 편지까지 받은 송시열은 서울로 올라가서, 여섯 번에 걸친 사양 끝에 이조 판서에 오르게 되었고, 그의 본격적인 정치 생활이 시작되었다. 이 때 송시열은 황간에서 서로 다툰 적이 있는 윤휴가 9품의 벼슬자리에 있는 것을 보고 8계급이나 위인 1품으로 승진시켜 주었지만, 황간에서의 그 다툼이 결국 당파 싸움의 원인이 되어 윤휴는 사약을 받고 죽는 비참한 일을 당하게 되었다. 이것만 보아도 조선 시대의 당파 싸움은 학문 연구와 사상의 자유까지 억압한 지나친 논쟁이었음을 알 수 있다.

효종 임금의 밀지

송시열에 대한 효종 임금의 믿음은 날로 두터워져서 그의 말이라면 무엇이라도 들어 주었고, 특히 압록강 건너 요동 지방을 정복할 계획을 할 때에는 비서인 승지와 대화를 기록하는 사람(사관)까지 물리치고 둘이서만 무릎을 맞대고 이야기했다.

어느 날 효종 임금은 다음과 같은 전교를 내렸다.

"이조 판서 송시열의 옷을 보니 너무 얇아 이 추위에 병이 날까 걱정이니 털옷 한 벌을 만들어 주어라."

그러자 송시열은 즉시 이를 사양하였다.

"지금 우리는 국력을 길러야 하므로 실오라기 하나라도 허비할 수 없습니다. 하물며 이같은 사치품을 입을 수는 없습니다."

며칠 뒤 임금은 송시열을 보고 말했다.

"경은 내가 옷을 주는 뜻을 모르는가? 장차 눈보라 치는 요동 평야에서 이 털옷을 입고 같이 달려 보자는 것이오."

효종 임금의 이 말을 들은 송시열은 감격의 눈물을 흘리면서 그 털옷을 깊이 간직해 두었다.

〈당파 싸움의 원인〉

그러나 효종 임금이 그 계획을 이루지 못하고 세상을 떠나자, 송시열은 효종 임금의 제삿날마다 그 옷을 꺼내 보며 눈물을 흘렸다.

효종 임금이 죽자 선왕인 인조의 후비, 자의 왕후가 입을 상복이 문제가 되었다. 송시열 등은 효종이 둘째왕자였으니, 자의 왕후가 1년 동안 상복을 입도록 결정했지만 허목, 윤휴, 윤선도 등은 3년간을 입어야 한다고 주장

송시열의 '송자대전' 판각

하였다. 그러자 새 왕인 현종 임금은 반대하는 사람들을 귀양 보내거나 먼 지방의 관리로 내쫓았다. 이에 또다른 대신들이 들고 일어났지만 임금은 그들도 귀양 보냈고, 영남 지방의 선비 1400여 명이 함께 반대하는 상소를 올리자, 그들에게는 과거에도 응시할 수 없도록 해 버렸다.

이처럼 끝없이 계속되는 당파 싸움에 지친 송시열은 벼슬을 그만두려고 무척 애를 썼다. 병이 났다고 핑계를 대기도 하고, 반대파의 주장에 따라 죄가 내려지기를 기다리겠다는 이유를 대기도 했으며, 강릉의 오죽헌, 속리산 등을 돌아다니며 주자학의 연구에 몰두하였다. 특히 속리산 기슭의 화양동에서는 아담한 집을 짓고 중국의 생활 방식을 따르려고, 가족들까지 중국식 옷차림으로 지내게 했다.

이렇게 지내며 12년째가 되자, 현종 임금이 간곡하게 타일러 할 수 없이 우의정, 좌의정을 차례로 맡다가 또 사퇴하였다. 그 때 송시열이 주장한 곳에

송시열이 북벌을 강론하던 남간 정사

송시열이 기거하던 한천 정사

모셨던 효종 왕릉을 여주 영릉으로 옮기게 되었다. 사람들이 송시열의 잘못에 대한 상소를 올렸다. 현종 임금은 송시열에게 죄를 묻지는 않았지만, 송시열을 중심으로 한 서인측 인물들이 귀양을 가거나 벼슬을 빼앗기는 일이 일어났고, 송시열에 대한 임금의 감정도 전보다는 좋지 않게 되었다.

게다가 현종이 즉위한 지 15년째에 선왕인 효종의 왕비 인선 왕후가 세상을 떠나자, 시어머니인 자의 대비의 상복 문제로 시끄럽게 되었다. 효종이 죽었을 때 1년간 상복을 입었으므로 이번에는 9개월 간 상복을 입는 것으로 결정되긴 했지만, 이에 대한 반대 의견이 많았고, 그에 따라 송시열 등을 따르는 관리들에게는 매우 불리하게 되었다. 현종 임금은 영의정 김수홍에게 그러한 상소문을 읽게 하고는 영의정을 파면시키고, 자의 대비가 1년간 상복을 입게 하였다.

그런데 바로 그 해에 현종이 세상을 떠나자 왕위를 이어받은 숙종은 송시열을 반갑게 맞이해 주었다. 그러나 송시열의 반대편 사람들이 높은 직위에 앉아 임금에게 아뢰어, 숙종 임금은 송시열을 서울 밖으로 쫓아 내라고 명령하였고, 이어 이곳 저곳으로 귀양을 다니는 신세가 되었다. 그러나 당파 싸움이 송시열 측에 유리하도록 전개되자, 송시열은 5년 만에 자유로운 몸으로 고향으로 돌아갈 수 있었다.

윤선거라는 사람은 젊었을 때 송시열, 송준길과 함께 공부한 사람이었다. 그는 병자호란 때 강화도를 지키다가 성이 함락되자 도망을 갔는데
"왜 죽을 때까지 싸우지 않았느냐?"
는 세상 사람들의 비난을 받다가 세상을 떠났다. 그의 아들 윤증은 송시열에게 글을 배웠다. 윤증은 아버지의 친구이자 스승인 송시열에게 묘지명을 써 달라고 했다. 부탁을 받고 쓴 송시열의 묘지명은 윤선거를 칭찬하는 글인지

비난하는 글인지 구별하기 힘들었다. 윤증은 이를 고쳐 달라고 하게 되었고, 송시열이 이에 응하지 않게 되자, 같은 서인파인 두 사람의 사이가 갈라지게 되었다. 이 싸움은 서인이 노론, 소론의 두 당파로 갈라지는 원인이 되었고, 서로를 헐뜯어 죽이고 귀양 보내는 결과를 빚었다.

〈송시열의 최후〉

그런 다툼 속에서도 송시열에 대한 숙종 임금의 믿음은 계속되었지만, 숙종 임금이 왕후가 아닌 희빈 장씨가 낳은 왕자를 세자로 정하려 했을 때 송시열이

"더 기다려 보자."

고 했을 때에는 크게 노하고 말았다. 숙종 임금은 그를 제주도로 귀양 보내더니 이윽고 사약을 내려 처형하고 말았다. 송시열은 제자들에게 다음과 같은 글을 남겼다.

"천지 만물이 생긴 까닭과 성인들이 모든 일을 처리하는 길은 오직 '곧음〔直〕' 한 가지뿐이니, 이것은 공자와 맹자의 가르침에 따르는 것이다."

888권으로 된 조선 시대의 실록에는 송시열의 이름이 3천 번 이상 나오고 있으며, 그는 그만큼 크고 작은 일, 좋고 나쁜 일에 많이 관련되어 온 인물이었다.

연대	중요 사항
1607	(선조 40년)~1689(숙종 15년)
1633	생원시에 장원으로 합격함.
1635	봉림 대군(효종)의 사부가 됨. 이후 여러 차례 사직함.
1658	이조 판서가 됨. 이후 여러 차례 사직함.
1671	우의정, 좌의정이 됨.
1675	귀양을 감.
1689	사약을 받고 죽음(정읍)

◎ 참고 자료

〈효종의 '북벌 계획'〉

　　조선 효종 임금 당시, 청나라를 정벌하기 위해 세운 계획을 말한다.

　　1634년 인조 임금 때 청나라 태종이 직접 10만 군사를 거느리고 우리 나라를 침입(병자호란)하여 우리 조선은 남한 산성에서 용감히 맞서 싸웠으나, 결국 싸움에 지고 말아 '삼전도'에서 굴욕적인 항복을 하고 말았다.

　　이 때 청나라 태종에 의해 볼모로 잡혀갔던 봉림 대군(훗날의 효종)은 함께 잡혀간 많은 조선인들과 온갖 고초를 겪어야만 했다.

　　다시 조선으로 돌아와 인조 임금의 뒤를 이어 효종 임금이 된 그는, 당시의 치욕을 씻기 위해 청나라를 정벌할 계획을 세웠다.

　　효종 임금은 이완 장군을 훈련 대장에 임명하고 비밀리에 군대를 훈련시켰으며, 아울러 성곽도 고치고 다시 쌓는 등 준비를 해 나갔다.

한편 그 당시 제주도에 표류해 온 네덜란드 인 하멜 등을 훈련도감에 있게 하여 신무기를 만들게 하고, 송시열·송준길 등으로 하여금, 초야에 묻혀 있는 인재들을 뽑아 쓰게 하여 나라의 정치를 쇄신하고 전투력을 증진시키는 데 힘썼다.

　　또, 북쪽 변방에 있던 의주 부윤 임경업 장군을 시켜 명나라와 함께 청나라에 대응하는 태세를 구축하고 있었다.

　　그러나 중국의 정세는 우리 조선에게 이롭지 않게 전개되어 명나라는 결국 청나라에게 망하는 지경에 처하였고, 불행히 효종 임금 또한 왕위에 있은 지 10년 만에 세상을 뜨고 말아 이 북벌 계획은 흐지부지 되고 말았다.

　　그렇지만 이 북벌 계획은 사대주의를 신봉한 당시 조선 시대로 보면 단 한 번의 귀중한 북진 정책이었다는 것을 우리는 알아야 하겠다.

실학자 유형원

<농민의 비참한 현실>

유형원은 370여 년 전, 요즘의 서울 정릉에서 전통적인 선비의 집안인 한림원 학사 유흠의 아들로 태어났다.

그는 다섯 살 때부터 글을 배워 일곱 살에는 4서 3경(논어, 맹자, 중용, 대학, 시경, 서경, 주역)을 읽었고, 열 살 때에는 중국 역사와 문장에 두루 능통하게 되었다.

그가 철이 들기 시작할 무렵에는 정묘호란(1627년)과 병자호란(1636년)이 잇달아 일어나 백성들의 살림이 말이 아니었다. 군대에 나간 사람들이 죽거

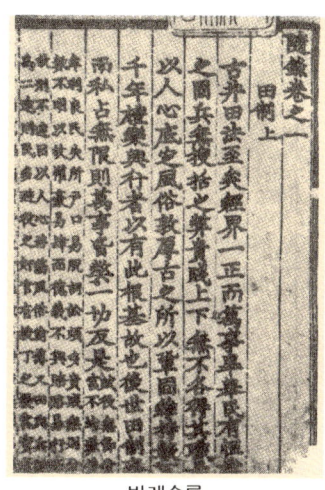
반계수록

나 다쳐 농사를 짓지 못하자, 양반들이 그 토지를 빼앗아 세금도 내지 않았으므로 나라의 재정도 어려웠다. 그러나 그럴수록 조정의 대신들은 농민들만 세금을 많이 내게 하며 쓸데없는 학문을 앞세워 당파 싸움을 일삼았고, 지방에서는 지방대로 백성들의 재물을 빼앗는 관리들이 많았다. 그래서 유형원은 '억울한 농민을 살리는 방법을 알아보자.'는 결심을 굳히게 되었다.

그는 또 미신은, 백성들의 혼을 빼앗고 요행만 바라게 하여, 게으르게 되는 근본이라고 생각하였다. 그래서 만약 환난이 닥치면 더 큰 신당을 지어 주기로 하고 마을의 신당을 헐어 내었고, 체한 아이를 두고 굿을 하는 모습을 보면, 그 아이를 업고 동구 밖 느티나무를 돌고 오게 하여 씻은 듯이 낫게 함으로써 굿이 곧 미신임을 증명해 보이기도 하였다.

<잘못된 제도를 고치기 위한 '반계수록' 편찬>

유형원은 서른두 살에 서울을 떠나 전라 북도 부안군 무반동으로 이사하였다. 아버지와 할아버지가 세상을 떠났으므로 조용한 곳에서 학문에 힘쓰기 위해서였다. 그는 이사한 이듬해에 진사 시험에 합격했지만, 벼슬을 단념하고 독서와 집필에 전념하여, 읽고 쓴 책과 종이가 수십 상자가 되었다.

그는 그러한 연구 결과로써 '반계수록'을 비롯한 20여 권의 책을 만들고,

나라가 발전하려면 우선 농민을 살려야 하며 농민을 살리기 위해서는 양반들이 빼앗은 토지를 농민들에게 돌려 주고 양반도 세금을 내어야 할 뿐만 아니라 행정 기관과 관리의 수를 줄여야 하며, 그렇게 하려면 임금의 강력한 힘과 조정 대신들의 단결된 협력이 있어야 한다고 주장하였다.

그러나 이 주장은 조정 대신들과 양반들의 완강한 반대로 실현되지 못했다. 이러한 주장은, 그 후에도 다른 학자들에게 이어져 '실학'이라는 학문의 뿌리를 이루게 되었다. 특히 실학자 이익은 이 주장을 정리하여 '성호사설'이라는 책을 내어 널리 읽혔고, '목민심서'를 쓴 실학자 정약용도 그 제자들에게 '반계수록'이야말로 꼭 읽어야 할 책이라는 것을 늘 강조하였다.

◎ 참고 자료

〈반계수록〉

우리 나라의 여러 가지 제도에 관하여 기록하고 그릇된 제도를 바꾸어야 할 것을 기록한 책으로, 우리 나라 실학 사상 으뜸이 되는 저서이다.

내용은 논밭에 관한 제도, 관리를 임명하는 제도, 관리의 봉급 제도, 군사에 관한 제도, 각 고을에 관한 제도 등으로 되어 있으며, 우리 나라와 중국의 제도나 그에 관한 논설을 인용하여 정치·경제·사회 등 모든 문제를 비판하고 건설적이고 혁신적인 개혁안을 제시하였다.

이 책에서 가장 중심이 되는 것은 토지 개혁안으로 곧, 농사를 짓는 한 사람 당 1경의 밭을 주어 농가의 생계를 유지하게 하여 그 토지에서 세를 받아 나라 재정의 기틀을 삼고 나아가 병역이나 공물 등을 납부하게 함으로써 부국 강병을 이룩하자는 것이다.

이 책은 이익의 '성호사설', 정약용의 '경세유표', '목민심서' 등 유명한 저술에 큰 영향을 주었다.

〈실 학〉

'실학'은 '실사구시학'을 줄인 말이다. 곧, 실제와는 동떨어진 케케묵은 학문에 비판 정신을 고취한 것으로, 청나라의 '고증학'과 서양의 '과학적 사고 방식'을 말한다.

물론 실학의 우두머리는 유형원이며, 이익이 그 뒤를 이었고, '정약용', '안정복', '이종익', '김정희' 등 훌륭한 학자들이 나타났다.

이들 실학파들은 퇴폐해진 사회·경제·정치에 비판을 가하고 현실적인 여러 가지 문제를 해결, 이상적인 사회와 희망적인 장래를 건설하고자 하였다.

연대	중요 사항
1622	(광해군 14년)~1673(현종 14년)
1654	진사 시험에 합격했으나 벼슬을 단념하고 독서와 저술에 전념함.
1770	(영조 46년), 왕명으로 '반계수록'이 간행됨.

효자요 소설가인 김만중

〈유복자로 태어난 김만중〉

김만중은 지금으로부터 약 350여 년 전, 강화도에서 태어났다. 그의 아버지 김익겸은, 청나라 태종이 10만 대군으로 쳐들어와 임금이 남한 산성에서 싸우게 되었을 때, 나라의 사당을 강화도로 모시는 일을 맡았는데, 강화성이 함락되자, 자결하고 만 충신이었다. 김만중이 태어나기 바로 직전의 일이었다. 또 어머니 윤씨는 선조 임금의 따님인 정혜 옹주의 손녀였다.

김만중

전쟁이 일어나 나라가 어지러운 데에다 아버지마저 계시지 않으니 살림살이가 말이 아니었다. 그러나 김만중의 어머니는 베를 짜 생계를 이어 가는 어려움 속에서도 만기, 만중 형제를 키우는 데 온갖 정성을 다하여 비싼 책은 손수 베껴서라도 자식들을 가르쳤다.

〈항상 자신의 생각을 뚜렷이 밝혀〉

김만중 형제도 늘 어머니에 대한 고마움을 마음에 새기며 열심히 공부하였다. 그리하여 형 만기는 벼슬이 정2품까지 올랐고 그 따님이 숙종의 왕비가 되었다. 또 동생 만중도 28세에 벌써 문과에 장원으로 급제하였고, 정언, 지평, 수찬, 교리 등의 벼슬을 거쳐, 34세에는 암행 어사가 되어 지방 관리들의 정치를 살펴보기도 하였다.

당시에는 당파 싸움이 심하였으므로, 김만중도 이 다툼에 휘말릴 수밖에 없었다. 그러나 그는 항상 옳고 그름을 잘 판단하여 자기의 생각을 뚜렷이 밝혔으므로, 동부 승지, 예조 참의, 공조 판서, 대사헌 등으로 점점 더 높은 벼슬을 하게 되었다. 또 48세 때에는 학문 연구에 관한 최고 기관인 홍문관 대제학이 되었고, 이어서 임금이 백성을 위해 바른 정치를 할 수 있도록 좋은 이야기를 들려 주는 구실까지 하였는데, 이는 학문이 뛰어난 사람이 아니고는 맡을 수 없는 것이었다.

김만중이 첫번째 귀양살이를 한 것은 숙종 임금이 일개 궁녀(희빈 장씨)를 왕비로 책봉하는 등, 여러 가지 그릇된 일을 행하는 것을 보고 그 잘못을 지적했기 때문이었다. 한 나라의 임금이 한낱 여인의 손에 놀아 난다면 나라가 망하게 될 것이라고 바른 말을 한 것이다. 평안도 선천으로 귀양을 가며, 그는 난생 처음으로 어머니 곁을 떠나게 된 것을 한스러워하였다. 그러나 어머니는 죽음이 두려워 바른 말을 하지 않으면, 그것이 바로 임금에 대한 불충이고 어머니에 대한 불효라고 하였다.

첫 귀양살이는 곧 풀렸다. 그러나 그 궁녀(희빈 장씨)에 대한 임금의 생각이 바뀌지 않은 것을 안 김만중은 또 그 부당함을 지적하였다. 그리하여 돌아온 그 해에 다시 귀양을 가게 되었다. 이번에는 남해의 외딴 섬에서 울타리를 치고 가두어, 밖에 나오지도 못하게 하는(위리 안치) 형벌을 받게 되었다.

이제 김만중의 어머니는 너무 노쇠해졌다. 나라일이 아니고는 어머니 곁을 한시도 떠나지 않았고, 혹 나라 일로 멀리 있을 때에도 사흘이 멀다 하고 편지를 올렸던 그로서는 어머니에 대한 걱정뿐이었다.

그의 효성은 이미 온 나라가 알고 있을 정도였다. 그는 자신의 형과 함께 저녁에는 어머니가 잠든 후에야 방을 나왔고, 이른 아침에 꼭 문안을 드렸다. 또 아이들이 입는 때때옷을 입어 어머니를 즐겁게 해 드리기도 하였다. 그리고는 어머니가 즐겁게 웃으시면 그도 즐거워 따라 웃었다.

그의 어머니는 옛날 이야기를 좋아하였다. 그래서 재미있는 책을 구해 읽어 드리고, 어머니가 즐거워하면 그도 함께 기뻐하였다.

〈유배지에서 어머니를 위한 소설을 쓰다〉

유배지에 도착한 53세의 김만중은 이제 재미있는 이야기를 써 위로해 드리는 수밖에 없다는 생각으로 '구운몽'이라는 유명한 소설을 썼다. 인간의 부귀와 영화는 결국 하룻밤 꿈에 불과하다는 내용의 소설을, 그는 당시 대부분의 학자들이 업신여기는 한글로 써서 한글 소설 문학의 빛나는 업적

김만중의 편지

을 남겼다.

그는 또 어머니가 돌아가셨다는 소식을 듣고, 어머니에 대한 한없는 그리움으로, 생일, 환갑 등에 잔치를 못하게 한 점, 양반과 상민을 구별하지 않은 점, 누구에게나 바른 가르침을 준 것 등 어머니의 아름다운 행실들을 썼는데, 그것이 바로 '윤씨 행장기'이다. 김만중이 쓴 또 하나의 소설로 '사씨 남정기'가 있다. 이것은 숙종과 희빈 장씨를 빗대어 쓴 이야기인데, 이 소설의 줄거리대로, 숙종도 희빈 장씨를 폐하고 인현 왕후를 다시 왕비로 맞았으나, 김만중은 이 소식을 못 듣고 세상을 떠났다.

숙종은 이를 뉘우쳐 삭탈했던 그의 벼슬을 모두 되돌려 주고, 길이 빛날 그의 효성을 칭찬하고 정표를 내렸다.

◎ 참고 자료
〈김만중의 한글 소설〉
○ **구운몽**

중국 당나라 시절, 서역 천축국으로부터 육관 대사가 수백 명의 제자를 거느리고 오악 중에서도 형산 연화봉에 커다란 법당을 짓고 불경을 읊고 살았다.

제자 가운데 성진은 인물이 뛰어나고 지혜도 총명하여 스승인 육관 대사의 귀여움을 많이 받았다. 하루는 육관 대사의 심부름으로 수궁에 가서 용왕을 만나고 돌아오게 되었다. 성진은 용궁을 다녀오던 중, 여덟 선녀를 만나 노닥거린 죄로 다시 인간 세계에 태어나게 되었는데, 양 처사의 아들인 양소유로 태어나게 되었다.

그가 다 자라 어른이 되어 과거를 보러 가는 도중에 진 어사의 딸인 진채봉을 만나게 되고, 또 낙양의 기생인 계섬월을 만난다. 계랑의 소개로 정 사또의 딸 정경패를 만나게 되고 가춘운도 만나게 된다.

토번을 치러 군사를 거느리고 나갔다가, 적경홍도 만나게 되고 토번의 자객인 심요연도 만난다.

돌아오는 길에 백능파와도 만나게 되는데, 이는 모두 전생의 인연이 깊던 여덟 선녀로, 여덟 선녀마저 인간 세계에 환생한 것이다.

양소유는 이들 여덟 선녀와 즐겁게 여생을 보내다가 문득 종소리에 깨어 보니 그것은 한 마당 길고 긴 꿈속의 일이었다.

다시 연화 도량의 성진으로 돌아가 도를 깨달으니, 여덟 선녀와 함께 극락 세계로 돌아가게 되었다.

연대	중요 사항
1637	(인조 15년), 강화도에서 태어남.
1665	정시 문과에 장원 급제함.
1671	암행 어사가 됨.
1679	예조 참의가 됨.
1683	공조 판서, 대사헌이 됨.
1685	홍문관 대제학이 됨.
1686	지경연사가 됨. 1688년까지 선천에서 귀양살이를 함.
1689	남해로 귀양을 감. '구운몽'을 씀.
1692	세상을 떠남.
1698	관직이 복구됨.

실경 산수화의 천재 정 선

정선의 오이밭 청개구리

〈어려웠던 어린 시절〉

정선의 집안은 광주를 고향으로 하여 대대로 벼슬을 지낸 명문이었다. 정선이 태어나 생활한 곳은 서울 백악산 밑 난곡 마을이었는데, 이 곳에서는 율곡 이이가 살았고 성혼, 정철, 김상헌, 김상용 등 유명한 학자들이 많이 나와 정선도 스승 김창흡으로부터 이들의 학문을 이어받을 수 있었다.

그러나 정선이 6세 때 광주의 큰아버지가 세상을 떠나게 되자, 그 곳으로부터 경제적인 도움이 끊어졌고, 14세 때 아버지 정시익이 세상을 떠남에 어머니와 아우를 봉양해야 하는 가장이 되어야 했다. 그런 데에다가 숙종 임금이 세자(경종) 결정 문제에 반대한 송시열 등을 파면시키고 처형함에 따라, 그를 가르치던 스승도 떠나게 되었다. 별안간에 여러 가지 어려움을 한꺼번에 겪게 된 정선은 공부를 계속하고 싶은 의욕을 잃고 과거에 급제하겠다는 희망도 버렸다.

그는 성품이 부드럽고 따뜻하며, 부모에 대한 효도와 아우에 대한 우애가 남다르고 남들과 사귈 때에도 전혀 꾸밈이 없었다. 또 집안이 가난하게 되어 자주 끼니까지 걸렀으나 남에게 도리가 아닌 것을 무리하게 요구하는 경우가 거의 없었다.

〈철학이 깃든 그림을 그리다〉

마침내 그는 화가가 되기로 결심하였다. 그 때 우리 나라에는 정철이 훌륭한 시를 연달아 써 내고, 석봉 한호가 글씨를 멋지게 쓰고 있었지만, 아직 그림에서는 우리 나라의 자연과 사람들의 생활 모습을 잘 그

유연견남산

려 내는 화가가 없었다. 우리 나라의 산천을 잘 그려 내는 화법을 개척하는 것은 스승의 염원이기도 하였다.

이렇게 하여 정선은 그림을 그리는 기초 훈련을 철저히 익히고 백악산과 인왕산 일대의 빼어난 경치를 대담한 필치로 그리기 시작하였다. 그러던 중, 숙종 임금이 새 왕비 장씨의 행동에 싫증을 느끼고 그의 일파를 몰아 내게 되자, 정선의 스승도 다시 서울로 돌아왔으므로, 정선은 그 가르침까지 받을 수 있게 되었다. 스승 김창흡은 정선에게 '주역'이라는 철학책을 먼저 가르쳤다. 그 이유는 그 책 속에 우주 만물이 생기고 어우러지는 이치가 들어있으므로, 자연의 모습을 화폭에 나타내려는 정선에게는 그 근본을 아는 것이 꼭 필요하다고 생각했기 때문이

낚시하는 노인

었다. 이렇게 하여 그림 속에 깊은 이치를 담게 된 정선의 그림은 한낱 겉으로 드러난 그 그림만 보아서는 잘 감상했다고 할 수 없는 훌륭한 작품으로 남게 된 것이다.

〈순수한 우리 나라 화풍을 개척〉

정선은 또 중국의 그림들을 보고 강인하게 표현하는 북쪽 화법과 부드럽게 표현하는 남쪽 화법이 한 화폭에서 잘 조화되는 기법을 개척하여, 바위로 이루어진 산봉우리와 소나무 숲이 울창한 산자락이 어우러진 우리 나라의 자연을 표현하는 데 가장 적합한 그림을 그릴 수 있게 되었다. 이 때 그가 금강산 부근의 현감인 친구를 따라가 그린 그림들이 중국에까지 알려지자, 중국인들까지 그의 그림을 구하려고 애를 썼다.

또 그가 46세 때는 경상도 하양 현감으로 나가게 되었는데, 이후 어릴 때 같은 마을에서 생활했던 영조 임금은 그의 인품을 존경하고 그의 그림을 좋아

금강산 만폭동 그림

하며 큰 관심을 갖게 되었다. 영조 임금은 그가 58세가 되었을 때에는 경치가 아름다운 동해의 청하 현감으로 보내어 마음껏 산수화를 그리게 하였고, 65세가 되었을 때의 초가을에는 서울 부근에서 가장 경치 좋고 자원이 풍부한 고을인, 한강 건너 양천현(서울 강서구 가양동)의 현령으로 보내어 한양을 둘러싼 자연의 절경을 마음껏 그릴 수 있게 해 주었다. 이 때 정선은 현재 팔당 댐이 있는 양수리에서 행주에 이르는 한강변의 풍경과 백악산 일대에서 바라본 서울의 풍경을 합친 33폭의 그림을 그렸는데, 이 그림들은 청록색으로 섬세하게 그린 명작이 되었다.

그는 또 72세가 되었을 때 금강산을 여행하여 금강산을 새로 그렸고, 75세 때 절친한 친구가 세상을 떠나자 슬픔에 잠겨 '인왕제색'이라는 대작을 그리는 등 83세를 일기로 세상을 떠날 때까지 창작에 골몰하며, 당시에 이미 추상적으로 나타내는 산수화까지 그렸다.

◀ 함흥 본궁 소나무 그림
(독일, 성오틸리엔 수도원 소장 작품)

1676(숙종 2년)~1759(영조 35년)
도화서 화원, 현감 등을 지냄.
산수화와 독자적 특징을 살린 '진경화'를 많이 그려 냄.

겸재 정선의 '인왕제색'

겸재 정선의 '청풍계' 겸재 정선의 '인곡유거도'

실학의 큰 별 이 익

<불행을 학문으로 극복하다>

이이, 유형원이 시작한 조선 시대의 실학은 이익이 이를 이어받아 더욱 발전시켰고, 그의 영향으로 역사학의 안정복, 지리학의 윤동규와 이중환, 경학(유학을 연구하는 학문)의 이병휴, 수학의 이가환, 경제학의 박지원과 정약용으로 이어져 내려갔다.

이익은 증조부 이상의가 좌찬성, 조부 이지안이 사헌부 지평, 아버지 이하진이 대사헌을 지낸 집안에서 태어났지만, 그가 태어난 곳은 아버지가 당파 싸움으로 귀양을 간 곳이었고, 그 이듬해에 아버지는 세상을 떠나고 말았다. 이익은 당파 싸움에 의해 무너진 집안에 태어난 것이다.

이익은 어려서부터 친척들의 기대를 한몸에 받았다. 그는 둘째형 이잠과 함께 밤낮으로 책을 읽었고, 기억력이 뛰어나 한 번 읽은 책은 그 줄거리를 모두 외우고 있었다. 그러나 그가 겨우 15세 때, 형 잠은 숙종의 왕후 희빈 장씨의 무고함을 상소로 올려 역적으로 몰렸고 곧 매를 맞아 죽는 끔찍한 변을 당하였다. 형의 죽음을 본 이익은 이 때 관리가 되겠다는 꿈을 버리고, 괴로운 마음을 누르며 독서에 더욱 열중하였다.

이익은 어머니께 아침 저녁으로 인사를 드리는 일 이외에는 꼭 방 안에 단정히 앉아 책을 읽었다. 그는 특히 대학자 이황의 '퇴계문집'을 깊이 연구하고 마음에 새겨 한 글자, 한 구절의 글도 놓치지 않았다.

그러나 불행은 계속 닥쳐왔다. 그가 34세가 되던 해에 어머니가 세상을 떠나게 된 것이다. 그러자 종가에서는 그의 집, 모든 재산과 노비, 살림 도구 일체를 거두어 감으로써 살림살이가 어렵기 짝이 없게 된 것이다. 그러나 이익은 부지런히 농사를 지어 생계를 꾸려나갔고 검소한 생활을 몸에 익혔다. 또 고아가 된 형의 아이들을 맡아 친자식과 다름없이 길렀고, 가난한 일가와 친척도 일일이 보살펴 주었다.

이익은 농사를 지으면서도 훌륭한 인물들의 가르침을 직접 실천하는 데 힘써 선비들의 존경을 받았다. 점차 그에게서 학문을 배우고 싶어하는 사람들도 늘어 갔다. 또 그의 이름이 조정에까지 알려져 46세 때에는 건축 기술을 맡는 말단 관리의 벼슬을 받았지만, 그는 그 벼슬을 사퇴하고 말았다. 대학자인 그에게 종9품의 낮은 벼슬이 어울리는 것도 아니었다.

당시에 거듭되는 흉년으로, 친척들 중에는 굶어 죽는 사람까지 나오게 되었다. 그래서 그는 가난에 허덕이는 사람들을 구하는 학문을 연구하겠다는 결심을 더욱 굳게 하여, 82세로 세상을 떠날 때까지 오로지 실학 연구에만 정열을 불태웠다.

이익이 지은 책으로는 '대학질서', '제경질서', '근사록질서', '가례질서', '사칠신편', '관물편', '백언해', '해동악부', '성호사설', '곽우록' 등이 있는데, 그 중에서도 '성호사설'과 '곽우록'은 그의 실학 사상을 가장 잘 나타내고 있다.

이익은 나라가 발전하고 망하는 것은 오직 왕의 마음에 달려 있다고 보고, 좋은 정치를 능력 있는 왕에게 기대하여, 당시 농업이 중심 산업이었던 우리 나라의 토지 제도를 바꾸어야 한다고 주장하였다.

"모든 농민에게 일정한 면적의 땅을 고르게 나누어 주는 정전제는, 달갑게 여기지 않는 자가 한 명만이라도 있으면 도저히 이루어지기가 어려운 것이다.

그러므로 토지를 사고 파는 데 다소의 제약을 두어 점차 토지를 고르게 갖도록 해 주어야 한다. 또 마음대로 사고 팔 수 없는 영업전이라는 토지를 따로 정하여 빈민들로 하여금 땅을 못 팔게 하면, 사는 사람도 적어질 것이고 한 사람이 넓은 땅을 차지하는 일도 줄어들 것이다."

이익의 이 주장은 후에 박지원이 정조 임금에게 올린 '과농소초'라는 책의 주장과 같은 것이었다.

밭갈이와 타작

수 차

〈실학 사상을 국사 전반에 걸쳐 적용하다〉

"선조 이래 당파가 둘로 갈리더니 둘이 넷이 되고, 넷이 다시 여덟이 되어 서로 역적으로 모함하는 혈전을 벌인 끝에 원한이 쌓여 내려옴으로써 한 조정에서 벼슬하고 한 동네에 살아도 늙어 죽을 때까지 서로 오고 가지도 않고 서로 결혼도 하지 않는다. 그리고 마침내는 말하는 것, 행동하는 것이나 옷차림에 있어서도 서로 모양이 달라져서 길에서 만나도 곧 반대편을 알아볼 수 있게 되었다. 당파는 싸움에서 생기고 그 싸움은 이익을 따져서 생기니 이익이 절실할수록 당파는 심해진다. 그러면 어찌하여 당파가 생기는가, 그것은 과거 시험을 너무 자주 보아 많은 사람을 급제시켰기 때문이다. 그리하여 벼슬할 사람은 무한히 많은데 벼슬자리는 적으니 여기서 문제가 생기는 것이다. 이익을 볼 수 있는 권리는 하나인데 사람은 둘이라면 당은 둘이 되고, 사람이 넷이면 당은 넷이 된다. 일단 당파가 갈리면 당인의 눈에는 자기 당파의 이익만 보이고, 백성들의 복된 생활을 생각할 여유가 없게 된다. 그리고 자기 편을 위하여 용감히 싸우다 죽는 자는 훌륭한 사람으로 칭찬받고, 공정한 입장을 취하려는 사람은 못났다고 하니 당파 싸움은 더욱 치열해지는 것이다.

그러므로 과거 시험의 횟수를 줄이고, 중요한 직책에는 꼭 필요한 사람

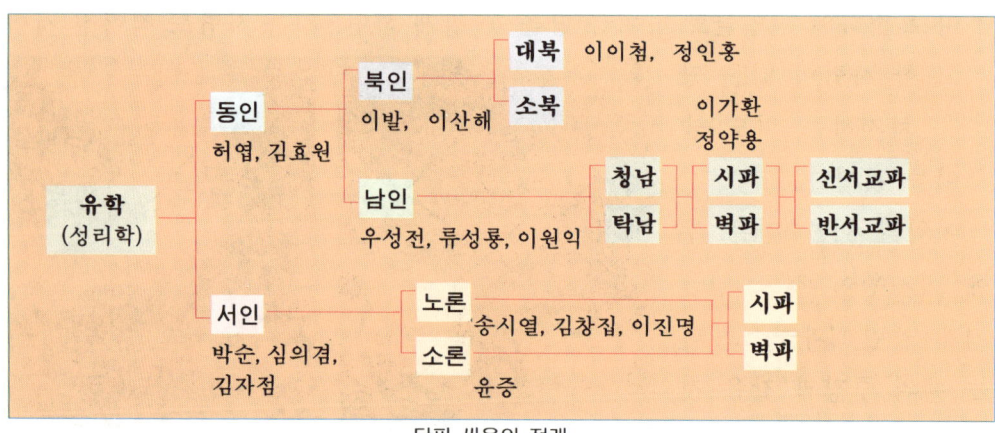

당파 싸움의 전개

에게 맡겨 그 일을 오래 담당할 수 있게 함으로써 사람들이 각자의 본분을 지키도록 해야 한다."

당시에는 경제 문제가 주로 농산물의 증산을 뜻하였다. 이익은 농산물의 증산을 위한 방안을 네 가지로 주장하였다.

1. 놀고 먹는 사람이 없이, 많은 사람이 생산에 종사해야 한다. 벼슬이나 학식이 없는데도 양반이면 아무리 가난하여도 직접 일하지 않으며, 군역을 피하여 중이 되는 사람이 많으므로 엄격한 제도로써 그 생산에 종사하지 않는 사람들의 수를 제한해야 한다.
2. 백성들이 애써 농사지은 것을, 앉아서 놀고 먹는 관리의 수를 줄여야 한다.
3. 농사일로 바쁜 철에 나라일을 시켜 농사를 방해하는 일이 없도록 하고, 황무지를 골라 개간해야 한다.
4. 중국으로부터 값비싼 물건과 비단을 사들이는데, 그것이 나라에 무슨 도움이 되는가. 절약하고 검소한 생활을 해야 한다. 또 2, 30 리 안에 시장이 겹쳐 열리는 일도 없도록 시장의 수를 제한해야 한다.

이익은 여성들이 하는 일에 대해서 당시 사람들과 같은 생각을 가지고 있어서 다음과 같이 주장하였다.

"여자는 부지런히 일하고 '남녀 칠세 부동석'만 지키면 되는 것이지 책을 읽고 배우는 것은 남자가 할 일이므로, 만약 부녀자가 옷감 짜는 일을 뒤로 미루고 먼저 공부를 하면 이것은 잘못이다."

"평생 한 남편을 섬겨야 할 여자로서 무엇 때문에 여러 사람 앞에서 단정한 모습을 보이려고 애쓰는가."

임진왜란의 원흉, 도요토미 히데요시

이익은 또 일본에 대한 외교에 대해서도 자세한 생각을 나타내었다.

"일본은 임진왜란을 일으킨 후 그들도 큰 타격을 입었으며, 조선은 중국과 친하니 만약에 조선을 침략하면 중국이 반드시 원군을 보낼 것으로 알고 있다. 그러므로 지금 중국과의 유대를 굳게 하고 약속에 따라 대마도에 해마다 식량을 주면 그들도 까닭없이 침략하지는 않을 것이다. 우리는 또 그들을 이끌어 중국의 문화를 따르게 하면 장차 그들도 학문에 힘써 우리와 같이 학문으로써 관리를 뽑게 될 것이니 이렇게 되면 아무 염려가 없을 것이다."

이익은 이처럼 과거를 더듬고, 현실을 잘 살펴본 다음, 앞날을 생각하여 자기의 주장을 편 위대한 실학자였다.

◎ 참고 자료

〈조선 시대 후기 실학자의 대표적 인물〉

제 1 기	한백겸・유몽인・이수광・허균
제 2 기	유형원・박세당・김만중・정제두・이이명・정상기・이익・이중환・유수원・
	정항령・신후담・안정복・신경준・위백규・홍대용・이긍익・이만운・박지원
	・이덕무・우하영・유득공・박제가・성해응・정약용・한치윤・유희
제 3 기	김정희・이규경・김정호・최한기・이제마

〈내용상의 갈래〉

1. **이익** : 경세치용파
   토지 제도 및 행정 기구 등 여러 가지 제도의 개혁에 치중한 학파
2. **박지원** : 이용후생파
   상공업의 유통 및 생산 기구 일반 기술면의 혁신을 목적으로 하는 학파
3. **김정희** : 실사구시파
   경전(4서 3경 등) 및 금석(쇠붙이와 비석에 새긴 글씨) 등의 고증을 위주로 하는 학파

※ '정약용'을 위 3개 유파를 집대성한 인물로 보기도 한다.

연대	중요 사항
1681 1705	(숙종 7년)~1763(영조 39년) 과거에 낙방하고 형이 당파 싸움으로 죽음을 당하는 것을 보고 벼슬을 단념함. 유형원의 학풍을 이어 실학을 발전시킴.

실학자 홍대용

홍대용은 학자 김원행을 스승으로 모시고 30세에 이르기까지 열심히 공부하여 수학, 음악, 천문학, 군사학, 지리 등 어느 것 하나 모르는 것이 없을 정도가 되었다.

<'북학파'의 지도자>

그는 또 허례 허식이나 일삼고 그 허례 허식 문제로 당파 싸움까지 벌이는 선비나 정치가들과는 달리, 마음이 맞는 사람이 아니면 친하게 지내지 않았고 특히 박지원, 박제가, 이덕무, 유덕공 같은 실학자들과 가까이 지냈다. 당시 경제적으로 우리

엄성이 그린 홍대용의 캐리커처

나라보다 발전한 청나라의 문물을 배워야 한다고 주장한 이 학자들을 '북학파'라 하였는데, 홍대용은 그들 중의 지도자라 할 만한 인물이었다.

홍대용은 늘 순박하고 공손한 태도로 남을 대하였고, 근면하고 검소한 생활을 하여 낡은 의복을 탓하지 않았으며 찬 없는 음식에 대해서는 그 맛을 이야기하지 않았다.

홍대용이 일생 동안 가장 보람 있었던 일은 34세 때의 겨울에 숙부 홍억을 따라 청나라의 서울 연경에 가서 지낸 몇 달 동안이었다. 그는 그 곳에서 특히 학자 육비, 엄성, 반정균 같은 사람들을 깊이 사귀었고 서양 문물과 과학의 신기함에 마음을 빼앗겼다. 또 도시의 모습, 물자의 생산, 큰 책방, 시장의 모습 등을 자세히 관찰하기도 했다.

그는 특히 그 곳에 설치되어 있는 천문대를 보고 싶어했는데, 출입이 금지된 곳에 있어서 몇 번이나 간청해도 허락되지 않았다. 마침내 보고 싶은 욕망을 억제할 수 없게 된 그는 무턱대고 관상대로 갔다. 함부로 접근하면 처형되는 줄 뻔히 알면서도 그는 수위에게 거듭 관람을 간청하였다. 그가 물러갈 생각도 않고 버티고 서 있자, 그 태도에 감동한 수위는 이른 아침이라 관리가 없는 틈에 잠시 관람하도록 해 주었다. 마침내 홍대용은 현대식 천문대, 그리고 양수기, 양조장 등 여러 가지 시설을 구경하게 되었다.

그는 연경을 떠나 귀국하면서 앞으로도 청나라의 문물을 계속해서 연구하기로 결심하고, 세상을 떠날 때까지 20년간 그 곳에서 사귄 친구들과 편지를 주고받으며 학문을 토론함으로써 다른 친구들의 부러움을 샀다.

그는 또 청나라를 다녀온 기록을 '연행기'라는 이름으로 발표했는데 시장, 주택, 음식, 의복, 그릇, 무기, 악기, 가축 등 여러 가지에 걸쳐 그 곳에서 본 것과 우리 나라의 것을 비교하면서, 청의 문물을 받아들이고 배워야 이익이 된다는 것을 주장하였다.

〈엄성과의 두터운 우정〉

홍대용이 청나라에서 사귄 친구 중에는 엄성이라는 사람이 있었다. 엄성은 홍대용을 친형제보다 가깝게 생각하였고, 세상을 떠날 때에는 홍대용이 보낸 먹의 향기를 맡아 본 후 그것을 가슴 위에 놓고 숨졌다. 엄성이 죽었다는 소식을 들은 홍대용은 곧 조사를 지어 보냈는데, 그것이 도착된 날은 마침 대상이어서 그 제문을 읽어 제사를 지냈으며, 엄성의 아들 엄양은 아버지의 문집 '소청량실유고' 8권을 홍대용에게 보냈다. 홍대용이 그 책들을 받아 보니 편지를 모은 책 속에는 엄성이 그린 홍대용의 초상화도 들어 있었다.

그러나 홍대용이 중국 학자들과 사귀는 것을 비난하는 사람도 있었다. 그들은, 중국은 옛 중국이 아니고 이제 오랑캐가 지배하는 나라라고 욕하였다. 이에 홍대용은 다음과 같이 반박하였다.

"우리들은 비록 넓은 소매가 달린 옷과 큰 갓을 쓰고 돌아다니며 기뻐하지만, 이것도 그들이 볼 때에는 이상하게 보일 것이다. 그러니 귀하고 천한 차이를 어떻게 자로 잴 수 있는가?"

그는 또 청나라에 나라를 빼앗긴 명나라의 한족 문화를 숭배하는 사람에게는 다음과 같이 말했다.

"그대가 한족을 높이 받드는 이유는 무엇인가. 나는 차라리 그들로부

문물이 앞선 당시의 자금성(중국)

터 '동쪽 오랑캐는 천하다.'는 말은 들을지언정, '한족은 귀하다.'는 말을 하고 싶지 않다."

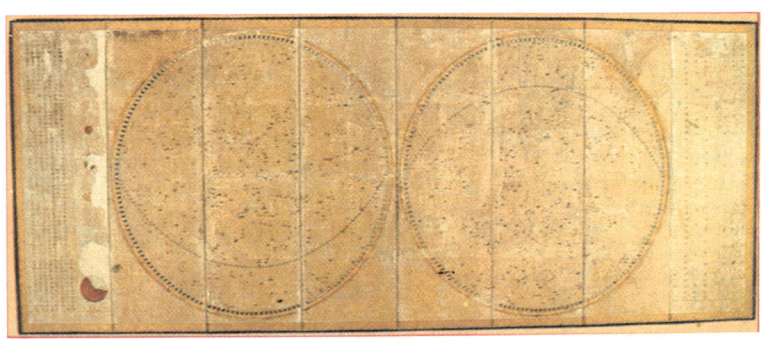
신법 천문도

홍대용의 이 말은 그가 어디까지나 조선인임을 자랑스럽게 생각한다는 뜻이며, 중국 문물을 배우자는 것은 우리에게 이익이 되도록 하자는 것임을 분명히 하였다.

홍대용은 연경을 다녀온 후 과거에 여러 번 떨어졌는데, 그것은 그의 공부가 과거 시험을 위한 것이 아니고, 실학에만 관심을 두었기 때문이었다. 그는 36세에 병이 들어 3년간 앓고 난 후 전국의 유명한 산과 바다를 구경하며 수양에 힘쓰다가, 영조 임금의 부름을 받고 조정에 들어가 선공감 감역이라는 낮은 벼슬을 하게 되었고, 사헌부 감찰, 영주 군수 등을 지내다가 관직 생활 9년을 마감하였다.

그 후에도 그는 학문에 대한 자신의 생각을 책을 지어 발표하였다. 그는 학문에 대하여 실제적인 경험과 그 효과를 강조하였다.

"아무리 책을 읽어도 그 뜻을 체험하지 못한다면, 책은 책대로 나는 나대로 아무 효과가 없는 것이다."

혼천도

그는 학문 중에서도 천문, 수학에 특히 관심이 많아 새로운 과학 기구를 소개하고 지구의 자전을 나타내는 '혼천의'를 만들어 내기도 했다.

"사람들은 서양에서 들어온 과학 기구를 보고 말세라고 하나, 책상 위의 자명종 시계는 시각을 알림에 틀림이 없으니, 그것은 다만 법에 맞추어 만든 것이다."

"하늘의 모습을 마치 손바닥을 들여다보듯 관찰할 수 있는 혼천의는 태양과 지구의 위치를 보여 주고, 그것들이 돌아가는 모양, 계절을 따져볼 수 있는 신기롭고 절묘한 기구이다."

그는 또 "지구는 하루에 한 번씩 돈다."고 하였는데, 그 이치는 당시 중국 사람들도 아직 모르고 있었던 것이어서 그의 발표를 들은 세상 사람들은 깜짝 놀랐다.

또한 홍대용은 '임하경륜'이라는 책에서, 착취와 압박에 시달리는 농민을 동정하면서 부자와 가난한 사람의 차이를 한탄하고 놀고 먹는 양반 무리들을 미워하며, 양반들이 차지하고 있는 토지를 백성들에게 고르게 나누어 주고 교육도 능력에 따라 평등하게 받는 살기 좋은 나라를 만들자고 하였다.

백각환 해시계

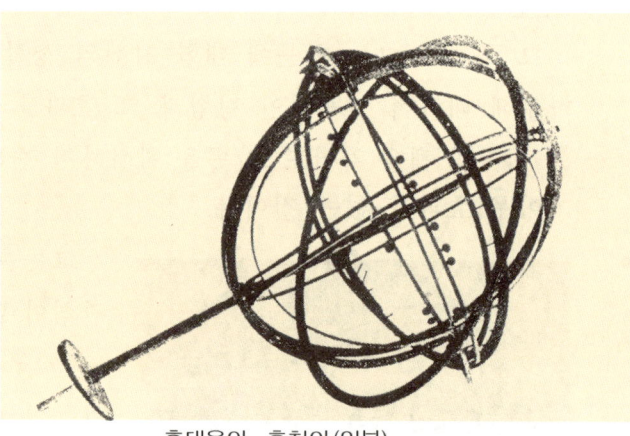

홍대용의 혼천의(일부)

연대	중요 사항
1731	(영조 7년)~1783(정조 7년)
1765	숙부를 따라 청나라를 다녀옴.
1774	선공감 감역(종 9품)이 됨.
1780	영주 군수가 됨.
	담헌연기, 임하경륜 등을 남김.

비극의 왕자 사도 세자

사도 세자는 영조 임금이 늦게서야 얻은 왕자로, 임금과 주위의 사랑을 독차지하였고, 태어난 지 1년 만에 세자로 책봉되었다.

그는 아홉 살 때 홍봉한의 딸을 세자빈으로 맞이하였고, 그 후에도 부지런히 공부하면서 세자로서의 갖추어야 할 것을 착실히 갖추어 14세 때에는 아버지 영조 임금 대신 정치를 돌보는 일까지 맡게 되었지만, 이 때부터 세자로서 지켜야 할 일을 지키지 않고 어지러운 생활을 일삼기 시작하였다. 그래서 여러 신하는 학문을 게을리하고, 궁녀나 내시를 함부로 죽이며, 부녀자들을 놀리는 세자의 행실을 임금에게 알리게 되었지만, 세자는 좀처럼 그러한 행실을 고치려는 기색을 보이지 않았다. 또, 임금의 허락도 받지 않고 평안도로 여행을 다녀오기도 했다.

드디어 세자가 27세 되던 해 5월, 신하들이 세자의 나쁜 행동 열 가지를 적은 상소를 올리자, 영조 임금은

"너는 죽어야 할 죄가 너무도 많다. 그러니 어서 스스로 죽어라."

하고 세자를 폐하여 서인(평민, 보통 사람)으로 낮추는 동시에 열 살난 손자(정조)의 애끓는 간청에도 불구하고 뒤주 속에 가두어 버렸다. 결국 사도 세자는 8일간 고초를 겪다가 뒤주 속에서 세상을 떠나고 말았다.

그가 죽자, 영조 임금은 '매우 슬프다'라는 뜻을 지닌 '사도'라는 호를 내려 주었다. 그러나 사도 세자의 참혹한 죽음은, 아버지를 그리워하는 정조의 효성과 남편의 죽음을 지켜 본 세자빈 혜경궁 홍씨의 슬픔에 의하여 오늘날까지 비극의 왕자로 불리게 되었다. 사도 세자는 당시 당파 싸움에 의해 죽게 되었다는 이야기도 있고, 엄격한 궁중의 생활에 싫증을 느껴 자살하였다는 이야기도 전하고 있다.

영조 임금

연대	중요 사항
1735	(영조 11년)~1762(영조 38년) 영조의 아들, 정조의 아버지
1736	왕세자가 됨.
1749	정무에 대한 대리 정치를 맡게 됨.
1761	관서 지방을 유람함.

사도 세자의 부인 혜경궁 홍씨

영의정 홍봉한의 딸로 태어난 혜경궁 홍씨는 8세 때 영조 임금의 아들 사도 세자의 비로 뽑혀 9세 때 혼례를 치루었다.

궁중에 들어간 혜경궁 홍씨는 2남 2녀를 두고 인자하고 현명한 며느리가 되어 영조 임금의 지극한 사랑을 받았으며, 이러한 임금의 사랑으로 그의 친정 가족들도 세력을 얻게 되었다.

〈기구한 운명의 세자빈〉

그러나 혜경궁 홍씨에게는 한 가지 큰 걱정이 있었다. 그것은 남편 사도 세자가 아버지 영조 임금의 미움을 사게 되었고, 그것이 병이 되어 마침내 미친 사람 같은 발작을 일으켜, 궁녀를 살해하는 일까지 일어난 것이다.

결국 영조 임금은 더운 여름에 사도 세자를 뒤주 속에 1주일 동안이나 가두어 굶겨 죽이고 말았다.

혜경궁 홍씨는 회갑 때와 66세, 67세, 70세 때에 이러한 자신의 기구한 삶을 '한중록'이라는 회고록에서 표현하였다. 한중록에는 자신이 자라서 세자빈이 된 이야기, 혼례, 궁중 생활의 이모저모, 친정이 화를 입은 이야기, 아들 정조 임금과 수원의 사도 세자 능에 다녀온 기쁨, 손자 순조 임금에 대해 바라는 점 등이 아름다운 문장으로 잘 표현되어 있다. 한중록에는 다음과 같은 이야기가 실려 있다.

"영조께서 세자를 부르신다 하니, 이상한 것은 세자께서는 '피하자.'란 말씀도, '달아나자.'란 말씀도 아니하시고, 주위를 치우시지도 아니하셨으며, 조금도 화를 내신 기색도 없이 '썩 용포를 달라.'하여 입으시며 말씀하시기를 '내가 학질을 앓는다고 하겠으니 세손(아들)의 방한모를 가져오라.'하시었다. 내가 그 방한모는 작으니 세자의 것을 쓰시라고 하며 나인더러 세자의 방한모를 가져오라 하였다. 그러자 꿈에도 없는 뜻밖의 말씀을 하시기를 '자네가 아무튼 무섭고 흉한 사람이로세. 자네는 세손 데리고 오래 살고 싶기 때문에, 내가 오늘 나가 죽을 것을 알고 꺼림칙하여 세손의 방한모를 주지 않으

영조 임금

려는 그 심보를 알겠네.'하셨다. 그러니 내 마음은 그분이 그 날 그 지경(뒤주 속에 갇히는 일)에 이르실 줄 모르고 이 일이 어찌 될까, 사람이 다 죽을 일이요, 우리 모자의 생명이 어떻게 될까, 아무 생각도 없는 터에 천만 뜻밖의 말씀을 하시니 마음이 더욱 서러워, 다시 세손의 방한모를 갖다 드리며, '그 말씀은 전혀 마음에도 없는 말씀이오니 그러면 이것을 쓰소서.'하였지만, '싫어, 꺼림칙해 하는 것을 써 무엇할까.'하셨다. 저녁 때 내관이 들어와 술 빚는 방의 쌀 담는 상자(뒤주)를 내라 한다 하

정조 임금(사도 세자 아들) 그림

니 웬말일까? 당황하여 내지 못하고, 세손이 망극한 일인 줄 알고 그 문에 들어가 '아비를 살려 주옵소서.'하였으나, 영조께서는 '나가라'고 엄하게 꾸중하셨다. 할 수 없이 나와 앉아 있으니 그 때 그 모습이야 고금 천지 간에 유례가 없었다. 세손을 내보내고 나자 하늘과 땅이 맞붙고 해와 달이 희미해지니 내 어찌 한 시나 세상에 살아 있을 마음이 있으리오. 칼을 들어서 목숨을 끊으려 했더니 곁에서 빼앗았으므로 이루지 못하고……. 아무것도 보이지 않고 다만 영조께서 칼 두드리는 소리에 섞여, '아버님, 잘못했으니 이제는 하라 하옵는 대로 하고 글도 읽고 말씀도 다 들을 것이니 이렇게 마오소서.'하시는 소리가 들리니 간장이 마디마디 끊어지고 앞이 막혀 가슴을 두드려 아무리 통곡한들 무슨 소용이 있으리오."

연대	중요 사항
1735	(영조 11년)~1815(순조 15년)
1744	세자빈이 됨.
1762	남편(사도 세자)이 살해됨.
1776	아들 정조가 즉위함.

혜경궁 홍씨 **235**

실학의 큰 봉우리 박지원

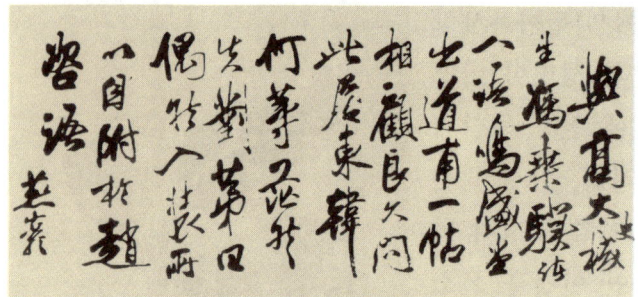
박지원의 글씨

박지원은 조선 시대 영조 임금 때 서울에서 태어났으나 일찍 아버지를 여의고 할아버지 박필균의 자상한 보살핌 속에 자랐다. 공부에는 관심도 없었으나, 15세에 결혼한 다음에는 처삼촌인 이 교리에게서 가르침을 받게 되었다.

그렇지만 그의 벼슬은 49세에 겨우 선공감 감역이라는 보잘것 없는 벼슬살이부터 시작되었고, 63세에 양양 부사가 되었다가, 64세에는 벼슬자리에서 아주 물러났다.

그가 벼슬을 늦게 한 것은 과거 시험에 몇 번 실패한 뒤 자신의 재능은 과거를 위한 것이 아니라고 생각하여 스스로 포기했기 때문이었다.

그는 자기의 성품을 다음과 같이 우스꽝스럽게 써 놓았다.

"술이 있으면 취하여 자기 자랑을 양자(자신이 기르던 학이 춤을 잘 추는 것을 여러 손님 앞에 춤을 추게 하여 자랑하였다고 함.)처럼 늘어놓고, 사람을 차별하지 않는 것은 묵자 같고, 가난한 것은 안회 같고, 할 일 없이 날을 보내는 것은 노자 같고, 생각이 활달한 것은 장자 같고, 참선하는 것은 석가모니 같고, 공손하지 않은 것은 유하혜 같고, 술을 잘 마시는 것은 유영 같고, 밥을 해 주던 종이 도망을 갔으므로 남에게 밥을 얻어 먹는 것은 한신 같고, 잘 조는 것은 진단 같고, 거문고를 뜯는 것은 자상호 같고, 책을 짓는 것은 양웅 같고, 자신을 갖는 것은 제갈 공명 같으니 이렇게 옛날의 유명한 사람의 장점과 특징을 한 몸에 지닌 나야말로 가히 성인이라 할 만하다."

그는 또 자신이 한글을 배우지 못하여 50년을 함께 산 아내와 편지 한번 주고받지 못한 것을 한탄한 적도 있었다.

박지원이 세상에 널리 알려진 것은, 그가 높은 벼슬을 했기 때문도 아니고 이처럼 인간성이 좋았기 때문도 아니었다. 그것은, 그의 사상이 특히 뛰어났을 뿐아니라 그 사상을 글로 잘 표현했기 때문이었다. 그 사상은 특히 '열하일기'란 책에 잘 나타나 있다. 열하는 중국 동북부의 산지와 구릉으로 된 곳인데, 이 곳을 여행한 기록을 묶어 '열하일기'라고 한 것이다.

박지원은 43세 때, 그의 3종 형 박명원이 청나라 황제의 70세 생일 잔치를 축하하는 하례 사신으로 가게 되자, 함께 여행을 하게 되었던 것이다. 그들은 6월에 우리 나라를 떠나 만주, 북경(베이징)을 거쳐 열하를 돌아 겨울에 귀국하였다.

박지원은 이덕무나 박제가보다 늦게 청나라를 여행했는데, 그가 도착하여, 그 곳 학자들에게 이덕무, 박제가가 유명한 인물이 된 것을 알고,

"그들은 나의 제자들이다."

고 말할 수 있었으니, 박지원으로서는 참으로 자랑스러웠다. 비록 벼슬에는 운이 없었지만, 학자들을 사귀는 데는 복이 많았던 박지원은 실학자 홍대용과 매우 친하게 지냈고, 재능 있는 사람으로 이름을 떨친 이덕무, 박제가, 유득공, 이서구(후한문 4대가) 등이 모두 그의 제자였던 것이다. 그들은 때와 장소를 가리지 않고 서로 모여 토론을 했고, 청나라의 문물을 들여오는 것에 대한 의견을 교환해 왔던 것이다.

박지원은 청나라 사람들의 생활 모습을 보고 깜짝 놀랐다.

"책방 안을 들여다보니 집마다 대들보가 높고 지붕을 볏짚으로 덮어서 모두 헌칠해 보였다. 출입문들이 가지런하고 거리가 쪽 곧아서 마치 줄을 친 것 같다. 담도 모두 벽돌로 쌓았다. 사람이 타는 수레, 짐 싣는 수레가 거리를 누빈다. 길가에 팔려고 내놓은 그릇들은 모두 그림 그린 도자기들이다. 그 생활 규모가 어디로 보나 촌스럽지 않았다. 홍대용이, 일찍이 저들은 규모가 크고 솜씨는 세밀하다고 한 말이 생각난다. 중국의 동쪽 변두리인 데도 이러한데, 나라 안으로 갈수록 더 훌륭할 것을 생각하니 더 구경하고 싶은 마음이 없어지고 그만 집으로 되돌아가고 싶은 마음에 온몸이 화끈해진다."

이리하여 박지원은 농부가 일하는 모습이나 농업 정책, 참외 장수와의 대화, 한족과 만주족의 다른 점 등 눈에 띄는 대로, 생각나는 대로, 느낀 대

박지원의 그림

로 적어 나갔다. 그리하여 집의 모양과 짜임, 집 안의 정리 정돈, 말 타는 법, 목축, 논밭에 물대기, 기와굽기, 수레의 이용 등을 관찰하여 우리 나라와 비교하고, 그에 따라 우리가 고쳐 나가야 할 점까지 밝혔다. 예를 들어 수레에 대해서는 다음과 같이 기록하였다.

"어떤 사람은 우리 나라는 길이 좁고 나빠서 수레를 이용할 수 없다고 하지만, 길이 좁은 것은 수레를 이용하지 않았기 때문이다. 수레를 이용하면 자연히 길이 넓고 좋아지기 마련이다."

박지원은 '열하일기'에서 이름만 있고 실제적인 능력은 없는 양반들에 대한 비판을 '마장전', '예덕선생전', '민옹전', '광문자전', '양반전', '김신선전', '우상전', '허생전', '호질' 등의 소설로써 나타내기도 했다.

그의 소설은 한문으로 된 풍자 소설인데, 당시의 모순된 사회상을 우화적으로 우스꽝스럽게 나타내었다.

'마장전'은 거지와 거짓으로 미친 사람이 선비들의 허식에 찬 교제를 비판하는 소설이고, '예덕선생전'은 변소 청소를 하는 엄행수를 주인공으로 하여 선비의 거짓된 생활 태도를 풍자하였다. 또, '민옹전'은 민옹이 등장하여 형식에만 신경을 쓰는 선비의 생활을 보여 주는 소설이며, '양반전'은 강원도 정선의 한 양반이 쌀을 빌려 먹은 것이 수천 석에 이르러 갚을 길이 없게 되자, 한 부자가 그 빚을 갚아 주고 양반 신분을 샀다가 "양반이 되면 일도 안 하고 먹기만 하는 도둑놈이 되는 거냐?"며 양반되기를 그만둔다는 소설이다. 한편, '호질'은 북곽 선생이란 학자가 나쁜 짓을 하다가 호랑이에게 들켜 밤새

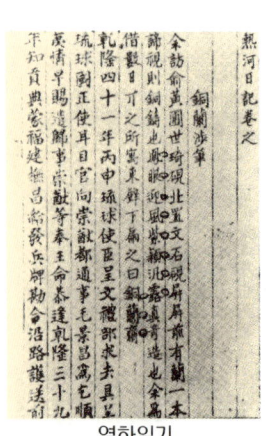
열하일기

도록 꾸중을 듣고도 새벽에 일하러 나온 농부에게 들키자 여전히 거드름을 피운다는 내용이고, '허생전'은 당시 뒤떨어진 경제 제도를 비판하고 하는 일 없이 자랑만 일삼는 양반들을 풍자하는 소설이다.

홍대용은 박지원보다 5년 앞서 중국을 다녀와 '연행록'을 쓰고, 박제가는 2년 앞서 다녀와 '북학의'를 썼지만, 박지원이 '열하일기'를 발표하여, 청나라 문물에 대해서는 최고 권위자가 되었다.

"예의라는 것은 별 것이 아니다. 자기의 마음 속에 본

래부터 가지고 있는 착한 감각이다."
"청나라에 비해 티끌만큼도 나은 것이 없으면서 상투 하나만 가지고 잘난 체하면 말이 되느냐."
"뜻있는 선비는 양반 자랑을 하지 않는다."

열하일기

"글은 왜 읽는가? 글을 잘 짓기 위해서냐, 이름을 날리기 위해서냐, 아니다. 학문을 이야기하고 도리를 이야기하는 것이 독서의 목적이다. 학문을 이야기하는 목적은 효도, 충성이며, 정치를 잘 하는 데 쓰기 위한 것이다. 독서를 했어도 실제적인 쓰임을 모르는 자는 학문을 이야기할 자격이 없다. 학문 이야기를 귀중하게 생각하는 것은 실제적인 쓰임 때문이다."

"올바른 세상은 복된 생활이 이룩된 후에 이루어지는 것이지, 도덕적 수양만 가지고 되는 것이 아니다."

이러한 주장으로써 그는 우선 정치가가 정신을 차려야 하고, 모두들 자기가 해야 할 일을 충실히 하면서, 백성들의 생활을 자세히 살펴보고, 그것을 개선하려고 노력하는 일이 바로 선비들이 해야 할 일이라고 주장한 것이다. 그러자 시나 짓고 예의나 이야기하고 있던 당시의 정치가와 학자들은 당장 반발하고 나섰다. 그들은 상업, 농업 등 실제 생활에 도움되는 학문을 해야 한다는 박지원의 주장을 나무라지는 못하고, 자유로운 형식으로 쓴 그의 글 때문에 벌을 받아야 한다고 주장하였다. 말하자면 지금까지 지켜 온 우리 나라의 문체에 질서가 없어진다는 것이었다. 그리하여 끝내는 청나라에서 책을 들여오는 것이나 청나라 사람과 편지를 주고받는 일조차 법으로 금지되었다. 정조 임금도 할 수 없이 박지원에게 스스로 문체를 바로잡으라고(문체 반정) 일러, 이에 박지원은 '과농소초'라는 농사에 관한 책을 지어 정조 임금에게 올렸다.

그러나 비록 그 뜻이 이루어지지는 않았지만, 청나라를 이기려면 우선 청나라의 것을 배워야 하며, 나라에 유익한 학문을 해야 한다는 그의 뜻만은 굽히지 않았다.

연대	중요 사항
1737	(영조 135년)~1805(순조 5년)
1780	청나라에 다녀와 '열하일기'를 지어냄.
1786	선공감 감역(종9품)이 됨.
1800	양양 부사가 됨.

풍속을 화폭에 담은 김홍도

군선도(신선 그림)

김홍도는 도화서 화원으로 영조 임금의 어진(초상화)을 두 번이나 그리는 등 궁중의 일을 많이 한 조선 시대의 화가였다.

그는 산수화, 인물화, 신선도, 불교 그림, 속화 등 그리지 못하는 것이 없었으며, 수많은 작품을 남겼다.

또 43세 때에는, 스승 김응환이 왕의 명령을 받고 몰래 일본 지도를 그릴 임무를 띠고 떠날 때 함께 일본으로 가기로 했다. 그러나 김응환이 부산까지 가서 병으로 죽게 되자, 김홍도는 홀로 대마도에 도착하여 일본 지도를 구하여 능숙한 그림 솜씨로 그대로 그려 왔다.

〈신선이라 불린 화가〉

김홍도는 마음이 넓고 아름다워서 사람들이 그를 신선이라고 불렀다. 또 집안이 가난하여 끼니를 잇기조차 어려운 형편이었지만, 벼슬이나 재산에는 별로 뜻이 없는 사람이었다. 할아버지가 정4품인 만호(지금의 사단장급) 김진창이었으므로, 50세 때 할아버지의 관직에 의해 과거를 거치지 않고 경상도 영동 현감이 되었으나, 곧 사임하고 말았다.

하루는 어떤 사람이 팔러 나온 매화 화분을 보고 몹시 탐을 내었다. 그러나 돈이 없어 살 수가 없었는데, 마침 그의 그림 한 폭을 구하는 사람이 생겼다.

그는 그 그림값으로 받은 3천 냥 중에서 2천 냥으로 그 매화 화분을 사고, 남은 돈 1천 냥

소 타고 돌아오는 목동 그림

240

중, 8백 냥으로는 친구들과 술을 사서 다 마셔 버리고, 나머지 2백 냥으로 식량을 사니 겨우 며칠의 끼니밖에 되지 않았다. 김홍도는 이처럼, 내일을 생각하지 않고 오직 오늘을 즐겁게 지내며, 있으면 먹고 없으면 굶는 생활을 했다.

정조 임금 때 그는 궁궐 안의 큰 벽에 '해상 군선도'를 그린 일이 있었다. 그는 심부름을 하는 사람에게 먹물

나들이 그림

몇 되를 갈아 들고 있게 한 다음, 모자를 벗고 두 팔을 걷어 부치더니, 먹물을 듬뿍 묻힌 붓을 들어 질풍처럼 날쌔고 크게 휘몰아쳐 그려 내니 얼마 안 되어 그림이 완성되었다. 그 벽화 속의 출렁이는 파도는 마치 집을 무너뜨릴 것 같았고, 신선들은 살아서 구름 위로 오르는 듯했다.

〈중국화가 아닌 한국화를 그림〉

김홍도는 특히 산수화와 풍속화에서 그 때까지는 볼 수 없었던 그림을 그려 내었다. 그의 산수화를 보면, 우리 나라의 자연을 사랑하는 눈으로 표현한 자연 그대로의 모습을 잘 살펴볼 수 있다. 그의 이러한 화풍은 신윤복, 이인문, 김석신, 김득신 같은 여러 화가에게 큰 영향을 미쳤다.

또 풍속화는 서민들의 건전한 생활 모습과 그들의 생각, 농업, 상업, 공업 등을 주제로 하여 재미있고 생동감 넘치는 화풍으로 그려 내었다. 그리는

빨래터 그림

김홍도 **241**

방법에 있어서도 서양에서 들어온 원근법과 같은 새로운 기법들을 받아들여 과감하게 그렸는데, 특히 수원 용주사의 '삼세 여래 후불 탱화'에는 색채의 짙고 옅음과 밝고 어두움, 멀고 가까움을 잘 나타내고 있다.

국립 중앙 박물관에는 그의 그림이 여러 점 전시되어 있다.

김홍도의 아들 김양기도 화가가 되어 아버지의 활동을 이어받았다.

버드나무 아래 꾀꼬리 소리 듣는 그림

연대	중요 사항
1745	(영조 21년)~?
1771	왕세손(정조)의 얼굴을 그림.
1781	정조의 얼굴을 그림.
1788	왕명으로 대마도에 가서 일본 지도를 그려 옴.
1790	수원 용주사 대웅전에 '삼세 여래 후불 탱화'를 그림.
1795	영풍 현감이 됨.
1797	'오륜 행실도'의 삽화를 그림.

단원 김홍도의 '소선도(피리 부는 신선 그림)'

단원 김홍도의 '채약(약초를 캐다)'

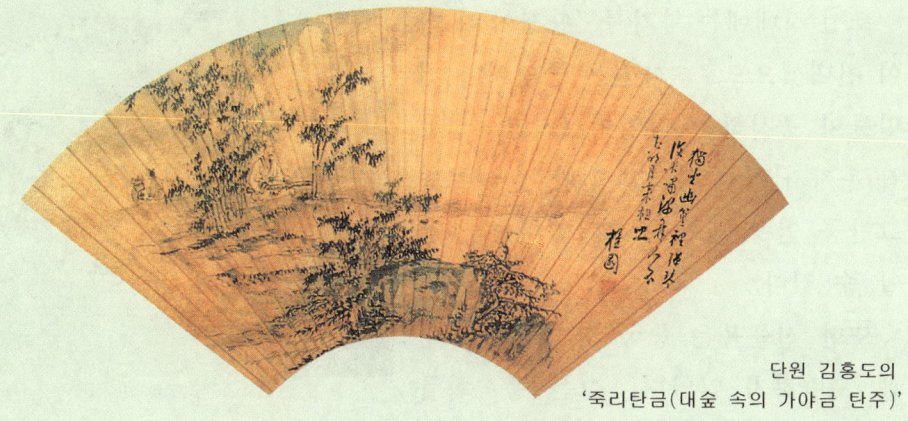

단원 김홍도의
'죽리탄금(대숲 속의 가야금 탄주)'

풍속 화가 신윤복

⟨풍속화의 최고봉⟩

신윤복은 김홍도와 함께 풍속화의 쌍벽을 이룬 조선 시대의 화가였다.

조선 시대의 그림은 주로 중국에서 들어온 화풍(남종화)으로 그린 그림이었고, 대체로 선비들이 그렸다. 그러므로 대개 중국의 산수화를 모방한 그림에 지나지 않았다.

그러다가 직업적인 화가 즉 화원들이 자연의 모습이나 사람들의 생활 모습을 새로운 화법으로 그리기 시작했는데, 대표적인 화가가 새로운 화법으로 산수화를 그린 정선, 김홍도였다. 또 김홍도와 신윤복은 서민들의 일상 생활을 그림으로 나타내었는데, 서민 생활을 주제로 그린 그림을 풍속화라 하였다. 조선 시대의 그림은 선비들이 즐겨 그린 산수화, 사군자, 풍속화가 그 시대의 대표적인 그림이라고 할 수 있다.

사녀도

⟨새로운 화풍 확립⟩

신윤복은 절도사 밑에서 경상도 고령의 첨사(정 3 품의 군인)를 지낸 신한평의 아들이었다. 신한평의 증조부, 아버지, 삼촌이 화원이었던 것처럼 신윤복도 선조의 직업을 이어받아 화원이 되었고, 나중에는 그도 아버지처럼 첨사를 지냈다.

조선 시대에는 화가를 '환쟁이'라 하여 천대했으므로, 화원은 중인이나 천민들이 종사하는 직업이었지만, 신윤복 부자가 첨사 벼슬까지 한 것을 보면 그만큼 인정을 받은 화가였다는 것을 알 수 있다.

또한 신윤복은 중국 화가들의 그림을 모방하지 않았다. 그는 풍속화를

무당 춤 그림

통하여 신분이 낮은 사람들, 그러나 따뜻한 마음으로 눈물겹게 살아가는 사람들의 생활을 그리고 싶었다.

신윤복은 자신의 독특한 화풍으로 예술적 독창성과 개성을 발휘하여 오늘날 국보로 보존되고 있는 숱한 작품을 남기게 된 것이다.

오늘날까지 남아 있는 신윤복의 그림 중에는 당시의 생활 풍습을 그린 것도 있고, 재미있게 놀며 즐기는 모습을 그린 것도 있다. 이런 그림들은 한문을 공부하며 점잖게 생활하는 것을 앞세우던 그 당시에는 비난을 받았지만, 오늘날에 와서는 그의 대담하고 치밀한 구성이 높게 평가되어 김홍도, 정선과 함께 뛰어난 화가로 존경받게 되었다.

미인도

칼 춤

연대	중요 사항
1758	(영조 34년)~? 조선 시대 영조 때의 풍속 화가

실학의 대들보 정약용

정약용(강진)

정약용은 조선 시대 영조 때 경기도 광주에서 태어났다.

　작은 산이 큰 산을 가리우니
　그건 멀고 가까운 거리가 같지 않음이다.

그는 6세 때 이미 이러한 시를 지었는데, '삼미집'은 그가 9세 이전에 지은 시를 모아 엮은 책이다. 그 책을 '삼미집'이라고 한 까닭은 그가 천연두를 앓고 눈썹 위에 흉터가 남아 눈썹이 셋인 것처럼 보였기 때문이었다. 그는 호까지도 다산, 여유당, 사암 외에 삼미자라고도 지었다.

〈훌륭한 가문〉

정약용은 이익의 학문을 많이 이어받았지만, 그 외에도 청나라의 학문, 서양의 학문 등 모든 학문에 해박하였다. 그리고 21세에 생원 시험에 합격하고 23세에 오늘날의 국립 대학격인 '태학'에 들어갔으며, 27세에는 문과에 합격하였다. 그는 또 이황, 이이의 학문에 관해서도 깊이 연구하였는데, 그것은 이익의 학문을 숭배한 나머지 이익의 후손인 이삼환을 초청하여 이야기를 나누던 중, 그들의 훌륭함을 발견했기 때문이었다.

그의 선조들도 대대로 학문으로 이름을 날려, 정약용은 일찍이 "우리 집안은 9대에 이르기까지 홍문관(학문 연구 기관) 관리였다."고 했고, 정조 임금까지도 "그처럼 아름다운 가문으로써 어떠한 벼슬인들 하지 못할까."하고 말한 적이 있는데, 이는 정약용을 반대하는 무리들을 빗대어 꾸짖은 말이었다.

특히 당파 싸움을 없애야 한다고 주장한 정조 임금이 여러 사람에게 훌륭한 인재들을 추천해 보라고 했을 때, 다른 사람들은 모두 자기 당파의 사람들을 추천했지만, 정약용이 당파를 가리지 않고 28명이나 추천하자, 정조 임금 또한 그가 추천한 인물들을 모두 관리로 임명하였다.

그러나 당시의 당파 싸움은 다시
시파와 벽파로 나뉘어 치열해지기
시작하였다. 이 두 당파가 이루어진
까닭은, 영조의 아들 사도 세자가
억울한 누명을 쓰고 아버지 영조의
미움을 사서 뒤주 속에 갇혀 굶어
죽은 후에, 세자를 동정하는 파(시
파)와 세자를 더욱 공격하는 파(벽
파)가 생겼기 때문이었다. 벽파는
시파를 가리켜 서학에 물든 학자들

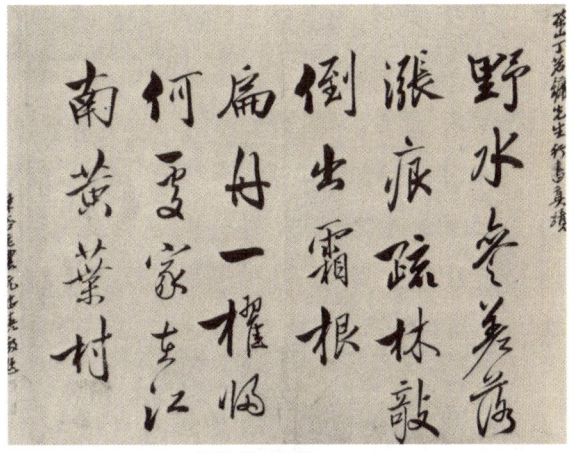

정약용 글씨

이라고 공격하였다. 서학이란 서양의 과학 기술에 관한 학문을 말하는 것으
로, 정약용은 그 때까지 우리 나라가 지켜 온 학문이나 생활 중, 썩고 못 쓰게
된 모든 것은 서학에 의한 새로운 방법으로 고쳐야 한다고 주장하였다. 그는
'예절이나 옳고 그름을 따지는 학문은, 아무리 좋은 것이라 하여도 우선 먹고
입는 것도 스스로 해결하지 못하는 사람에게는 쓸데없는 것'이라고 하였으며,
일부 학자들이 나라를 위한 일에 참여하지 않고 깊은 산 속으로 들어가 책이
나 읽는 것도 슬픈 일이라고 비판하였다.

그러나 벽파의 학자와 관리들은 지금까지의 우리 학문을 지켜야지 그러한
학문을 해서는 안 되는 것이라고 고집을 피웠다. 정약용은 이러한 고집에 대
해 다음과 같은 시를 써서 한탄하기도 했다.

아! 우리 민족이여.
마치 자루 속에 갇힌 것처럼 답답하구나.
3면은 바다로 막히고
북쪽은 산지로 가리웠으니,
팔다리는 오그라들고 뒤틀리어
그 기운과 뜻을 어떻게 펴 볼까.
성현은 머나먼 곳에 있으니
누가 이 어둠을 밝힐 수 있겠는가.

고개 들어 사람들을 바라보니
보고 들은 것이 적고 인정은 흐릿하도다.
남의 것을 모방하는 데에만 급급했으니
우리 것을 갈고 닦을 겨를이 있었겠는가.
백성들의 입에는 자갈을 물리고
어리석은 것 한 가지(유학)만을 받들게 하니,
차라리 단군 시대의 옛날이 그립구나.

이 시는 중국만 바라보고 유학만을 존중하는 그릇된 생각들을 비판한 것이었다. 시파의 이러한 학문에 대하여 벽파 또한 목숨을 건 싸움을 전개하였다. 그러자 정조는 벽파의 이기경을 귀양 보냈는데, 정약용은 이를 속시원하게 여기지 않고, '이로써 우리들의 재앙은 시작되는 것'이라고 한탄하였다.

그는 스스로 반대파인 이기경의 집을 찾아가 남은 가족들을 위로하고 돈 천 냥을 내놓은 다음, 임금에게 간청하여 이기경을 석방해 주었다. 그러나 두 파 간의 싸움은 더욱 치열하여 이번에는 금정 찰방으로 정약용과 같은 학파의 실학자인 이가환은 충주 목사로 쫓겨나고, 정약용의 매부 이승훈은 예산으로 귀양을 갔다. 정약용은 바로 이 때 이황과 이이의 학문에 몰두하였다.

그러다가 다시 좌부승지에 오른 정약용은 끝내 서학에 대한 주장을 굽히지 않았고, 임금에게 길고 긴 상소를 올려 실제 생활에 필요한 학문, 즉 실학의 옳은 점을 밝혔다. 정조 임금도 그 뜻이 옳음을 알았지만, 벽파의 반대 속에 정약용이 시달릴 것을 생각하고, 곧 그를 곡산 부사로 내려보냈다.

곡산에 도착한 그는 그 곳이 가난하고 질서도 없어 다스리기가 어려운 곳임을 알고 주민들의 생활부터 살펴 질서를 바로잡는 한편, 부지런히 일하도록 하니 곧 모든 일이 뜻대로

정약용의 병법에 관한 책

이루어졌다.

그는 그 곳에서 과학의 신기함을 증명해 보인 일도 있었다. 땅을 파고 몹시 추운 날을 가려 기름종이를 깐 다음 물을 부어 조금 차오르자 얼음이 얼기를 기다려, 그 위에 다시 왕겨를 뿌리고 기름종이를 깐 다음, 물을 부어 얼리는 식으로 몇 번을 계속하였다.

그 다음 해 여름 청나라 사신이 이 곳을 지나게 되자, 그는 이 얼음을 꺼내어 시원한 음식과 음료수를 대접하여 사람들을 깜짝 놀라게 했고, 또 그 얼음을 판 돈은 고을을 위해 썼다.

그 무렵 정조 임금은 10권의 책을 그에게 보내어 5권은 자손 대대로 전하며 읽게 하고, 나

다산 초당

머지 5권은 표지에 제목을 깨끗이 써서 돌려 달라고 했다. 심부름을 온 관리가 문 밖을 나가자 정약용은 감격의 눈물을 흘렸는데, 그로부터 며칠 후 임금은 세상을 떠나고 말았다.

정조 임금이 죽고 나자, 벽파의 모함으로 정약용은 장기로, 둘째형 정약전은 신지도로 귀양을 가고, 셋째형 정약종은 피살되었다. 이어 서학에 관련된 사건이 일어나 감옥에 갇히고 갖은 악형을 당한 다음에 그는 강진으로, 둘째형은 흑산도로 귀양을 갔다.

이렇게 귀양살이를 하는 동안 정약용은 책을 쓰는 일에 열중하였다.

"나는 궁핍하게 되자 새삼스레 글을 쓸 수 있음을 깨달았다."

고 말한 바 있는 정약용은 강진의 다산에 이르러서는 천여 권의 책 속에 묻혀 집필에만 힘썼다. 그리하여 그가 낸 책은 '다산 총서' 246권을 비롯, 그의 저술을 집대성한 '여유당전서'까지 250여

정약용의 '거중기'

정약용 **249**

천일각(정약용의 쉬던 곳)

권에 이른다.

그가 지어 낸 책이 오늘날까지 다 전해지고 있는 것은 아니지만, 그 중에서 가장 유명한 것은 '목민심서'와 '경세유표' 그리고 '흠흠신서'이다. 특히 '목민심서'는 지방에 내려간 관리들이 할 일과 지킬 일을 쓴 책으로 오늘날까지 많이 읽히고 있다.

그가 쓴 글 중에는 이런 구절이 있다.

"내가 귀양살이한 지 18년 동안에 오로지 경전에만 마음을 쏟으니 시, 서, 예, 악, 역, 춘추와 논어, 맹자, 중용, 대학의 4서에 대한 여러 학설이 모두 230권인데, 그 속에는 옛 성현의 높고 깊은 지혜와 덕이 충분히 들어 있으며, 시집은 모두 70권이고, 국가의 제도, 정치, 재판, 국방, 의약, 문자학 등에 관한 책도 거의 200권이나 되는데, 모두 옛 경전에 바탕을 두고 시대에 알맞게 꾸몄으니, 만약 이것이 없어지지만 않는다면 참고할 사람이 있을 것이다."

정약용이 이처럼 18년간이나 귀양살이를 하고 떠돌아다니며 살던 어느 날, 김이교라는 친구가 그를 찾아왔다. 김이교는 순조 임금의 외척으로 그도 귀양에서 풀려 서울로 올라가는 길이었다.

두 사람은 젊었을 때 사귀던 늠름한 모습은 어디로 가고 어느덧 흰

약천

수염이 얼굴에 가득한 것을 보고 눈물을 흘리며 하룻밤을 같이 새웠다. 그러나 정약용은 귀양살이에 대해서는 아무 말도 하지 않았고, 이튿날 친구의 부채에 이별의 슬픔을 나타낸 시만 써 주었다.

김이교가 그 부채를 김조순에게 보이자, 김조순은 곧 임금에게 아뢰어 정약용의 귀양살이를 풀어 주었다.

그는 묘지명에 '만약 하늘이 자신의 뜻을 받아 주지 않는다면 자신의 책들을 불질러 버려도 좋다'고 썼을 만큼, 자기의 실학 사상이 꼭 실천되어야 한다는 의지 속에 일생을 살다 간 학자였다. 그의 이러한 사상은 귀양지에서 또 관리로서 농

> 역 마을 가을비 속에
> 그대와 헤어지기 어려운 것은
> 이 먼 곳을 찾아 줄 사람은
> 다시 없기 때문이다.
> 내가 신선이 되기를
> 바랄 길은 전혀 없고,
> 친구가 돌아온다 하나
> 기약마저 아득하니,
> 유산에서 함께 글을 쓰던
> 옛 일이 어제인 듯하지만,
> 또 어느 해엔
> 칼 잃은 때를 차마 말할 것인가.
> 대숲 우거진 곳에
> 새벽 달 걸릴 때,
> 옛 동산이 그리워
> 눈물 그렁그렁하였소.
>
> —정약용이 김이교의 부채에 써 준 시—

촌을 돌아다니며 백성들의 고난을 직접 보고 느낀 끝에 우러나온 것이었기 때문에 더욱 값진 것이었다.

정약용의 필적 '정석(丁石)'

차 닳이던 곳

연대	중요 사항
1762	(영조 38년)~1836(헌종 2년)
1777	이익에게서 서학을 배움.
1789	문과에 급제하여 관리 생활을 시작함.
1794	경기도 암행 어사가 됨. 이후 여러 가지의 벼슬을 함.
1799	서학 문제로 사직함.
1801	장기, 강진으로 귀양을 가서 18년간 저술에 힘씀.
1818	귀양살이에서 풀려 남.

글씨 잘 쓴 이삼만

이삼만이 글씨 쓰던 한벽당

이삼만은 지금으로부터 220여 년 전, 전라 북도 전주에서 태어났다.

그는 어릴 때부터 글씨쓰기에 남다른 열성을 가졌으며 집안이 매우 부유하였으나, 글씨 쓰는 것에만 몰두하여 마침내 재산을 모두 탕진하고 말았다. 나중에는 종이를 살 형편도 못 되어 무명 베에 하루 1천 자씩 붓글씨를 쓰고 그 베를 빨아 다시 썼다. 예로부터 전주는 한지의 명산지였는데, 그는 그 종이를 제대로 사 쓰는 것이 가장 큰 소원이었다.

그의 본래 이름은 규환이었으나 스스로 이르기를, 집안이 가난하여 배움과 친구 사귐, 혼인이 다 늦어 '三(석 삼)', '晩(늦을 만)', '삼만'이라 하니, 이삼만으로 더 알려지게 되었다.

그가 글씨를 잘 쓰는 것으로 알려진 것은, 그가 직접 약재 이름을 쓴 두루마리를 가지고 대구 약령시의 중국 상인에게 간 약재상 주인이, 그 글씨 쓴 두루마리와 비싼 약재들을 무료로 교환해 왔을 때부터였다. 또 단오에 임금이 신하들에게 선물하던 특산물인 전주 부채(합죽선)에 그가 글씨를 쓰면 아주 잘 팔렸다고 한다.

"붓을 비스듬히 하여 찍는 점, 가로 긋는 획, 세로로 세워 당기는 획 하나하나를 연습하는 데에도 처음 붓을 잡는 겸허한 마음으로 한 달씩 걸려 연습하였으며, 글씨를 배우러 오는 사람에게도 점·획 하나에 한 달씩 가르쳤다."

이러한 노력으로 쓴 그의 글씨는 행서, 초서, 예서가 다 뛰어났지만, 특히 흐르는 물 같은 유수체는 독특한 모습을 보여, 추사 김정희도 소문이 사실이라며 인정하였다.

연대	중요 사항
1770	(영조 46년) ~ 1847(헌종 13년)
1840	추사 김정희를 만남. 유수체로 이름을 날림.

예술의 찬란한 꽃 김정희

⟨새로운 예술의 경지를 이룩하다⟩

어른들은 옛날 사람들의 글씨나 그림을 귀하게 여겨 웬만한 집에는 한두 점씩의 작품을 걸어 놓고 싶어한다. 더구나 추사의 글씨를 가지고 있다면, 그것이 바로 보물이므로 더욱 자랑스러워한다.

추사는 명필 김정희의 호이며, 김정희가 쓴 글씨를 '추사체'라고 한다. 추사체는 역대 명필들의 장점만을 모아 하나로 승화시킨 서체로, 전무 후무한 새로운 예술의 경지를 이룩하였다.

김정희

김정희는 어렸을 때부터 남다른 면이 있었다. 일곱 살 때 대문에 써 붙인 '입춘(立春)' 글씨를 보고, 김정희 집안과 반대당이었던 당시 좌의정 채제공도 놀라 어린 추사를 만나 보았다고 하며, 어린 추사는 자주 화암사에 찾아가 스님들과 가까이 지내며 불경을 외기도 했다.

⟨중국 학자들과의 교류와 금석학의 업적⟩

김정희가 학문과 예술에 대해 진정한 깨달음을 갖게 된 것은 24세 때였다. 그는, 사신의 일행이 된 아버지를 따라 중국의 수도 베이징에 가서 옹방강, 완원 등 이름 높은 학자들을 만났다. 당시 금석학과 서예의 대가였던 옹방강은 78세의 노인이었지만 글씨와 그림뿐만 아니라 돌이나 쇠붙이에 새겨진 글씨를 연구하는 금석학에 대해서도 자상하게 가르쳐 주었다. 또 완원은 사실에서 진리를 찾는 과학적인 학문(실사 구시)에 대해 깨우쳐 주었다. 그 후에도 김정희는 이들과의 관계를 깊게 하였는데, 완원은 약 5백 권의 책을 추사에게 보내 주었다.

학문에 대한 이와 같은 정열로써, 김정희는 우리 나라 금석학 연구에 많은 업적을 남겼다. 특히 함흥 황초령과 서울 북한산의 진흥왕 순수비를 해석해 냈는데, 국보 3호인 북한산 순수비는 그 때까지 무학 대사의 비로 알려져 있던 것이었다.

"마음 속에 글자에 대한 향기와 책에 대한 기운(문자향, 서권기)을 가져야 글

추사의 난초

씨를 바르게 쓸 수 있다."
추사체는 김정희가 이러한 생각으로, 역대 명필들의 필적을 연구하고, 그들의 장점을 모아 이룩한 서체였는데, 대부분 중국의 명필 흉내를 내고 있을 때 이처럼 독특한 서체의 훌륭한 글씨를 썼다는 것은 더욱 자랑스러운 일이라고 할 수 있다. 그의 문인화 '세한도'는 국보로 지정되어 있다.

김정희는 24세에 생원시 장원, 35세에 문과에 급제하여 병조 참판, 형조 참판 등 여러 가지 벼슬을 했다. 그러나 당쟁에 휘말려 55세 때에 제주도로 귀양을 가서 9년을 보냈고, 돌아온 지 2년 후에는 다시 함경도 북청으로 귀양을 가는 불행한 정치인이기도 하였다.

귀양에서 풀려난 뒤, 경기도 과천에서 조용히 지내며 봉은사에 자주 들러 학문 높은 스님들과 불법을 이야기하며 지냈다.

"불행한 일만 있어도 좋지 않고, 즐거운 일만 있어도 좋은 것은 아니다."
그는 생전에 이렇게 말했다.

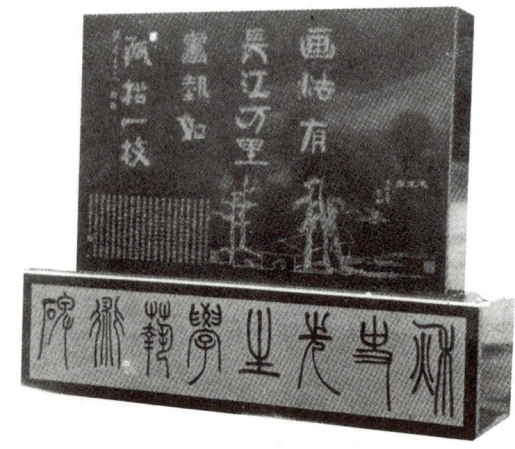
▲ 추사 선생 학예술비

연대	중요 사항
1786	(정조 10년), 충청 남도 예산군 신암면 용궁리에서 태어남.
1810	중국 베이징에서 완원, 옹방강과 사귀고 서화, 금석학을 연구함.
1816	북한산 진흥왕 순수비를 해독함.
1819	문과에 급제함.
1840	당파 싸움에 말려 1848년까지 제주도에서 귀양살이를 함.
1851	궁궐 문제로 이듬해까지 북청에서 귀양살이를 함.
1856	세상을 떠남.

김정희의 돌도장 (보물 제547호)

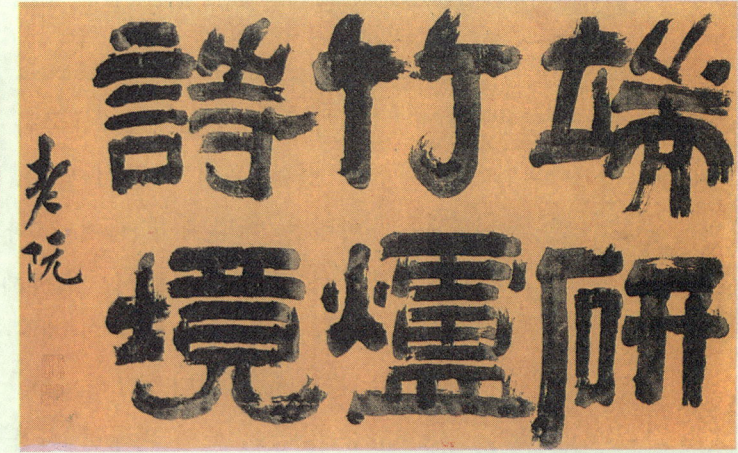
추사 김정희의 글씨 '단연 죽로 시경'

추사 김정희의 고택(옛집)

추사 김정희의 부채 그림 '지란병분'

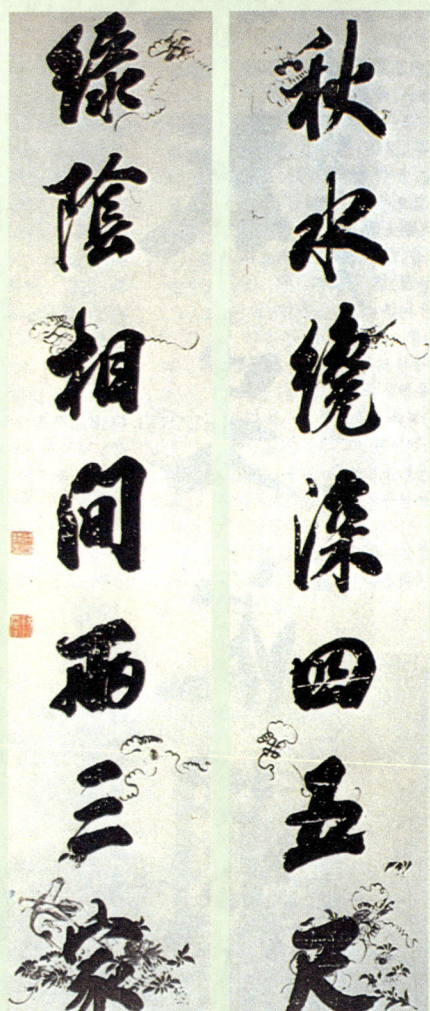
추사 김정희의 글씨(대련)

3대에 걸친 화가 허련

운림 산방

전라 남도 진도에는 한국화 화가인 허련이 그림을 그렸던 운림 산방이 있다.

허련은 해남에서 태어난 화가 윤두서의 작품을 보면서 그림을 그렸고, 추사체로 유명한 김정희로부터 글씨와 그림을 배워 시·서·화에 뛰어난 3절로 불리게 되었다. 그의 그림 솜씨는 매우 뛰어나 헌종 임금이 쓰던 벼루를 사용하여 그림을 그릴 정도로 임금의 사랑을 받았다.

그는 진도군 의신면 사천리에 손수 초당을 짓고 개천을 끌어들여 연못을 만든 다음, 아름다운 정원을 가꾸어 이를 운림 산방이라고 하였다. 그는 또 주위의 산천에도 하나하나 이름을 붙여 예술의 요지를 마련하였다. 그리고는 그 속에서 훌륭한 작품을 많이 남김으로써, 오늘날 예술의 고장이라 불리는 전통을 마련하였다. 허련의 그림을 본 추사 김정희는 "그림이 매우 아름다우며 우리 고유의 습성을 깨뜨려 압록강 이남에서는 이에 겨룰 사람이 없다."고 하며 중국의 화가 황공망의 호 '대치'를 본떠 '소치'라는 호를 지어 주었다.

허련의 아들 허은, 손자 허건 등도 대를 이어 운림 산방을 지키며 유명한 한국화 화가가 되었다. 허련, 허은, 허건의 작품들은 허련의 기념관에 보관되어 있다.

남농 허건의 작품

허련 '선면 추경 산수도'

연대	중요 사항
1807	~1890
1856	운림 산방을 마련하고 그림을 그렸음.

음악가 신재효

⟨천시받던 판소리⟩

신재효는 180여 년 전 전라 북도 고창에서 신광흡의 아들로 태어났다. 그의 아버지는 40세가 되어 아들을 두었으므로 그를 매우 귀여워했고, 그도 부모에게 효도를 다하였다.

그는 아버지가 남긴 재산을 토대로 산기슭을 개

신재효의 옛집

간하여 농사와 양잠으로 큰 재산을 모으고 근검, 절약하는 생활로 곧 큰 부자가 되었다. 그러나 흉년이 들었을 때에는 주위의 굶주리는 사람들을 도와 주었고, 특히 50여 채의 집을 지어 호남 지방의 광대들을 모아 먹여 살렸다. 당시에는 판소리는 물론, 심지어 우리말과 글에 대해서도 천대와 멸시가 심하여, 연극이나 판소리를 하는 사람을 광대라 부르며 제대로 사람 취급도 하지 않아 세 끼 끼니도 잇기 어려운 시절이었다.

그러므로 한문을 배운 사람이나 부유한 사람, 더구나 벼슬아치 가운데 판소리에 관심을 갖는 사람을 찾기란 거의 불가능한 일이었다.

⟨판소리를 집대성하다⟩

그러나 그는 어린 시절부터 호남 지방 판소리를 들으며 자라났고, 조선 시대 말기의 혼란한 사회에서 한 많고 고통스런 삶을 살아가는 사람들의 노래와 이야기를 찾아 내어, 갈고 빛내는 일이야말로 누군가 꼭 이룩해야 할 뜻있고 보람 있는 일이라고 생각했다. 입에서 입으로만 전해지는 우리 민족의 전통 음악, 우리 민족의 마음과 생활이 살아 숨쉬는 판소리의 사설과 내용을 정리해 놓지 않으면 우리의 전통 음악을 보존하기 어렵겠다고 생각한 것이다.

그가 여러 광대의 노래를 통해서 조사한 판소리는 장끼타령, 변강쇠타령, 무숙이타령, 배비장타령, 심청가, 박타령(흥부전, 흥보가), 토별가, 춘향가, 적벽가, 매화타령, 숙영 낭자전, 옹고집타령 등 열두 마당이었다. 그는 그 중에서 가장 가치 있고 중요하다고 생각되는 춘향가, 심청가, 박타령, 가루지기타령, 토별가, 적벽가 등 여섯 마당을 오늘날의 판소리로 고쳐 정리하였다. 이 가운데 '가루지기타령'을 빼고, '판소리 5가'라 한다. 그리고 광대들을 가르쳐 여러 명창들을 길러 내었다.

"명창은 인물이 좋아야 하고, 뛰어난 목청으로 훌륭한 작품을 골라, 작품에 맞는 몸짓으로 표현하는 연기력이 있어야 한다."

"때로는 천사, 때로는 악귀가 되어 구경꾼들을 무섭게 하고, 울리고 웃기는 재주가 필요하다."

"판소리란 들려 주는 소리에 보여 주는 소리가 더해진 것이다."

"낮은 음에서 높은 음으로 점점 높고, 크고, 넓게 발성 연습을 서너 달 하면 피를 토하게 된다. 피를 토하면서 발성을 계속하면 하늘을 뚫듯 대지를 울릴 듯 웅장하고 쾌활한 소리를 낼 수 있다."

그가 가르치고 정리한 판소리는 소설의 발전에 큰 영향을 끼쳤으며, 오늘도 우리에게 웃음과 재미를 더해 주고 있다.

◎ 참고 자료

〈창극 작가(광대)〉

숙종 때	하한담·최선달(판소리 12마당 창시자)
영조 때	권삼득
고종 때	신재효(판소리를 집대성한 사람)
순종 때	고수관·송흥록·염계달·변흥갑 등

〈판소리 '심청가'의 일부분〉

……게가 심 봉사요. 심 봉사 깜짝 놀래며, 속이고자 하다가 안씨 맹인 해몽을 생각하여 예, 내가 과연 그러하오. 나를 따라오시오. 심 봉사 들어가며 또 별일 났다. 인제는 죽나 보다. 더듬더듬 들어가니, 풍상에 적상하여 얼굴이 변형이 되었다. 황후 물으시되, 처자 있는가, 심 봉사, 매양 처자 말만 하면 눈물이 비오듯 한다.……

연대	중요 사항
1812	(순조 12년)~1884 (고종 21년) '춘향전', '박타령', '토끼타령', '심청전'을 창극으로 만듦. 판소리를 여섯 마당으로 정리함.

한말의 풍운아 홍선 대원군

대원군이란, 조선 시대에 왕의 형제나 자손이 없어 왕가의 종친 가운데에서 왕위를 잇는 경우에, 왕의 아버지를 일컫는 말이다. 우리는 대원군이라 하면 곧 고종의 아버지 이하응만을 생각하는데, 그는 홍선 대원군이고 그 외에 다른 대원군도 여럿이 있다.

〈건달이 품은 깊은 뜻〉

이하응은 영조 임금의 현손(손자의 손자)으로 태어났는데, 당시에는 왕비가 많이 나온 안동 김씨 가문이 나라의 권력을 잡고 있어서, 왕가의 종친이라

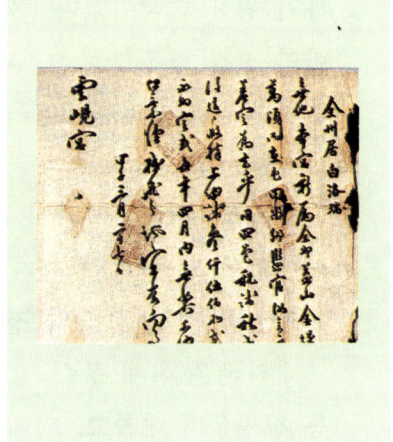

홍선 대원군의 글씨

도 권세가 없었고 오히려 피해를 받지 않으면 다행일 지경이었다. 이하응은 23세에 왕손이면 으레껏 받는 작위인 홍선군이란 칭호를 받았음에도 이러한 사정을 잘 파악하여 일부러 건달이나 바보처럼 행동하였다. 나중에 아들이 임금(고종)이 됨으로써, 그가 대원군이 되어 나라를 다스리는 것을 보고서야 사람들은, 그 때 그가 바보, 건달처럼 지낸 것이 거짓이었다는 것을 알았지만, 당시에는 그의 큰 뜻을 아무도 짐작하지 못했다.

그는 지닌 재산이 없어 초라한 옷차림을 하고서도 안동 김씨 대감 댁을 자주 찾아 다녔다. 왕족의 체면도 생각하지 않고, 거지 취급을 받으면서도 맏아들의 일자리를 부탁하였고 살림에 보태어 쓸 돈도 꾸어 달라고 했다. 그럴 때마다 사람들은 조롱을 했다.

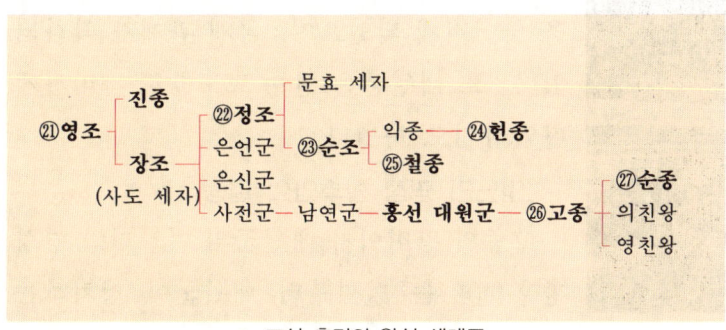

조선 후기의 왕실 세계표

"궁 도령은 대궐이나 지킬 일이지 왜 재상 댁을 찾아 다니시오?"

그는 또 거리의 술집을 찾아다니며 온갖 짓을 다하여

두들겨 맞기도 했고, 선비들이 노는 곳에 갔다가 갖은 냉대와 멸시를 받기도 했다. 그러나 그의 이러한 행동은 모두 안동 김씨의 감시를 피하고 몸을 보전하기 위한 술책이었다. 25대 철종 임금이 왕자를 두지 못하자, 그는 대왕 대비인 신정 왕후(24대 헌종의 어머니) 조씨에게 자기 아들 명복이를 왕위에 앉히겠다는 비밀스러운 약속을 받았다.

〈뜻을 펼치다〉

철종이 세상을 떠나자 드디어 열두 살밖에 안 된 고종이 즉위하였고, 그는 대원군이 되었다. 게다가 신정 왕후는, 왕이 나이가 어리므로 장성할 때까지 대원군이 대신 나라의 정치를 맡으라고 하였다.

대원군은 이제 무슨 일이든 자기의 뜻대로 할 수 있게 되었다. 그는 곧 안동 김씨부터 내쫓고, 당파에 관계 없이 관리를 고루 뽑았으며, 전국의 수많은 서원들이 나라의 재정에 피해를 끼치고 당파 싸움의 원인을 만드는 곳이므로 47개 사액(임금이 현판을 내린) 서원만 남기고 모두 없애 버렸다. 또 법률과 제도를 바꾸고, 행정과 군사에 관한 일을 나누었으며, 귀족과 상민이 모두 세금을 내도록 하여 백성들의 호응을 샀다.

그러나 그가 왕실의 위엄을 나타내려고 경복궁을 새로 지으면서 원납전을 거두고 당백전을 만들어 백성들의 생활을 불편하게 한 일은 두고두고 원망을 들었다. 또 장사를 하러 온 미국 배를 불태운 것이 원인이 되어 프랑스 함대에 이어 미국 함대가 강화도로 침입하여, 병인양요, 신미양요 같은 싸움이 일어났고, 이에 대원군은 서양 오랑캐가 쳐들어오면 물리쳐야 한다는 내용의 척화비를 곳곳에 세우게 되었다. 다른 나라의 교류 요청이 전쟁으로 이어지고, 결국 서양 문명을 받아들이는 일이 더욱 늦어지게 되었으며, 국제 관계가 악화되었다. 또 대원군은 천주 교도를 무자비하게 탄압하기도 하였다.

〈며느리, 명성 황후와의 갈등〉

고종의 왕비이자 대원군의 며느리인 명성 황후(민비)는 벌써부터 대원군이 정치하는 것을 못마땅하게 생각하여, 고종이 22세

강화도의 유적 '초지진'

가 되자 남편인 고종이 직접 정치를 하게 하였다. 명성 황후는 민씨 세력을 앞세우고 외국과의 교류를 서두르는 개화파 관리들이 권력을 잡도록 하는 데 노력하였다. 그러나 대원군은 평생 동안 자기가 직접 나라를 다스리는 데 대한 미련을 버리지 않았다. 그리하여 그를 따르는 군인들과 궁궐을 지키는 군대들이 충돌(임오군란)함으로써 한때 정권을 잡기도 하였다. 그러나 충주에 피난해 있던 민비가 청나라에 도움을 청하여, 청나라 군사들이 들어와 조선과 일본, 청, 러시아의 관계만 복잡해지게 되었고, 대원군 자신은 청나라에 볼모로 잡혀가 4년간 돌아오지 못했다. 또 다른 나라와 교류를 맺고 새로운 문화를 받아들여야 한다는 개화파와, 그러한 움직임에 반대하는 수구파 사이의 다툼도 더욱 치열해졌다.

청나라에서 돌아온 뒤에도 대원군은 계속 기회를 노리고 있었다. 한편, 일본에서도 러시아 세력이 황후와 가까운 것을 보고 이들의 세력을 꺾기 위해 기회를 엿보던 중, 공사 미우라가 자객을 시켜 명성 황후를 시해하는 끔찍한 사건(을미사변)을 일으켰다. 그리하여 대원군은 또 정권을 잡게 되었지만, 그는 이제 일본의 허수아비 노릇에 불과하였고 결국은 정권을 내놓고 은퇴하였다.

흥선 대원군은 이처럼 자기의 아들인 고종, 며느리인 명성 황후와의 관계가 좋지 않았다. 고종은 아버지인 대원군의 장례식에도 결국 모습을 나타내지 않았다.

◎ 참고 자료

〈대원군〉

　조선 시대 때, 왕위를 이어 감에 있어 왕이 형제나 후손 없이 죽게 되어, 종친 가운데에서 왕위를 이어 가야 할 경우에, 그 왕의 아버지를 '대원군'이라 하였다.

　조선 시대 때의 대원군 제도는 덕흥군을 '덕흥 대원군'으로 한 데서부터 비롯되었으며, '흥선 대원군' 외에도 '전계 대원군'이 더 있다.

연대	중요 사항
1820	(순조 20년) ~ 1888 (광무 2년)
1843	흥선군이 됨.
1863	아들 고종이 즉위하여 대신 정치를 하기 시작함.
1866	병인양요가 일어남.
1871	신미양요가 일어남.
1873	고종이 직접 정치를 하기 시작함.
1882	임오군란으로 다시 집권했으나 청나라에 붙들려 감.
1885	귀국하여, 일본 세력과 짜고 다시 집권했으나 곧 정권을 내놓음.

흥선 대원군 당시 천주 교인 박해 때
사용한 여러 가지 형벌 기구들

당백전

흥선 대원군의
묵란(사군자)

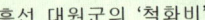

흥선 대원군의 '척화비'

동학의 창시자 **최제우**

최제우는 조선 시대 말기 순조 임금 때에 태어났다. 그는 몰락한 양반의 후예로, 일찍이 부모를 여의었다. 한학을 배운 다음에 아내의 고향인 울산에 내려가 무명 옷감 행상을 하였다. 이 때부터 10년간 전국을 돌아다닌 최제우는 울산에 돌아가 암자를 짓고 도를 닦게 되었다. 그것은 어지러운 나라와 병든 사회를 고치고 백성들의 마음을 바로잡아야 하겠다는 굳은 결심을 했기 때문이었다.

<신서 '을묘천서'를 받다>

암자에서 고행을 하던 어느 날, 그의 앞에 신선 같은 중이 나타나 절을 하더니 책 한 권을 내밀며 말하였다.

최제우 동상(대구 달성 공원)

"내가 금강산 유점사에서 백일 기도를 마치고 탑 밑에서 잠깐 졸다가 깨어 보니 이 책이 놓여 있었습니다. 책을 펴 보았더니 그 내용을 이해할 수 없어 알 만한 사람을 찾던 중 당신을 만났습니다. 부디 이 책의 내용을 깨달아 하늘이 주신 뜻을 저버리지 마십시오."

최제우가 그 책을 받아 펴 보니 지금까지 볼 수 없었던 내용이었다.

그 중은 사흘 후를 약속하고 떠났다가 돌아왔다. 중은 최제우가 글의 내용을 알겠다고 하자 최제우에게 공손히 절을 하고 말했다.

"당신은 분명히 하늘이 내리신 사람입니다. 그렇지 않으면 어떻게 이 책의 내용을 일부인들 알 수 있겠습니까. 나는 이 책을 당신께 드립니다."

말을 마친 그 중은 섬돌로 내려서더니 순식간에 사라졌다.

그 후 최제우는 그 중에게서 얻은 '을묘천서'의 도를 깨달아 천성산 적멸굴에 들어가 49일 동안의 기도를 끝내고 차차 그의 이름을 떨치기 시작하였다. 그는 이어 경주의 용담정으로 가서 나라를 위하고 백성들을 위하는 길을 깨우치기 위한 수련을 하여 크리스트 교적인 영향과 유·불·선의 동양 3교를 우리 나라의 민간 신앙에 결합시켰다. 이를 인내천(사람이 곧 하늘) 사상이라 한다. 인내천 사상이란, 하늘의 뜻과 사람의 마음을 근원으로 하고 성실, 경애, 신의를 기본으로 한 가르침(천도)을 말한다.

그는 한울님을 잘 모셔야 하며, 그 한울님은 밖에 있는 것이 아니고 각자의 마음속에 있다고 가르쳤다. 그리고 우리를 떠난 한울님을 생각할 수 없고, 한울님의 '계시'는 우리의 마음속에서 나오는 것이라고 가르쳤다.

최제우는 남원을 거쳐 보국사에 들어가 동학론을 집필하고 포교에 힘썼다. 차츰 그 신도가 많아져서, 1863년에는 3천여 명에 이르렀다. 그 후 제자 최시형에게 도통을 이어 주고 제2대 교주로 삼았다. 동학은 유럽 세력과 일본의 침략, 사회의 불안, 조선 시대 말기를 맞은 정치의 어지러움 속에서 농민들에게 급속히 퍼져 나갔다. 그러자 조정에서는 이 종교를 사교로 규정하고, 각 지역을 돌아다니던 최제우를 대구에서 붙잡아 처형하고 말았다. 최제우의 처형은 동학 농민 운동이 일어나는 계기가 되었다.

동학은 제3대 교주 손병희에 이르러 천도교로 이름을 바꾸었고, 우리 나라의 독립을 위해 큰 업적을 남겼으며, 오늘날에도 우리의 민족 종교로 발달해 가고 있다.

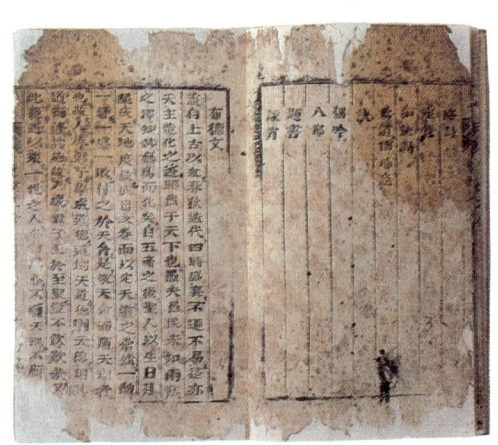

천도교 경전 '동경대전'

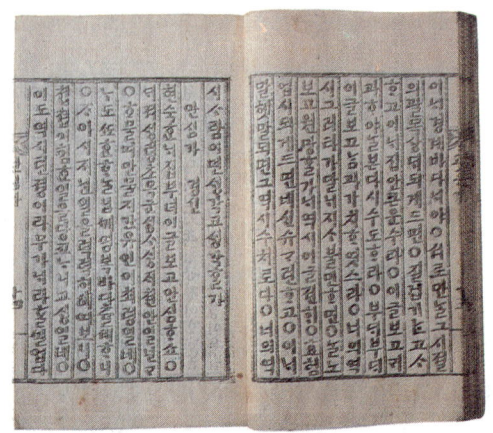

천도교 경전 '용담유사'

연대	중요 사항
1824	(순조 24년)~1864(고종 1년)
1855	'을묘천서'의 도를 깨달음.
1860	인내천 사상으로써 동학을 일으킴.
1862	동학론을 집필함.
1863	최시형을 교주로 삼음.
1864	대구에서 순교함.

애국 지사 송병선

송시열의 후손으로 조선 시대 말기에 대전 회덕에서 태어난 송병선은, 학문이 뛰어나고 인품이 높아 고종 임금으로부터 서연관, 경연관에 이어 세 번이나 대사헌에 임명되었으나, 이를 물리치고 학문을 닦으며 몸가짐을 더욱 바르게 한 대학자였다.

그러던 중, 그가 69세가 되던 1905년 11월 18일, 마침내 일본의 이토 히로부미가 강압적으로 을사조약을 맺고, 통감부를 설치하여 우리의 외교권을 빼앗는 등 본격적으로 내정 간섭을 일삼는 것을 본 송병선은 식사도 않고

"나라가 망하고, 도가 망하였구나."

하고 눈물을 흘렸다.

송병선은 이토와 조약을 맺은 대신들을 처형하고 조약을 철폐할 것을 주장하는 두 차례의 상소를 올린 다음, 직접 고종 황제 앞에 나아가

"적과 내통한 신하들을 처형하고 왕권을 바로잡아야 한다."

고 주장하면서

"폐하의 앞이 바로 내가 죽을 자리이니 물러가지 않겠다."

고 하였다. 그러자 경무사 윤철규가 가마를 가져와

"일본 헌병을 피해야 한다."

고 속여서 태운 다음, 열차에 태워 대전역에 내려 놓았다.

이에 속은 것을 알아차린 송병선은 나라를 위해 자결하기로 작정하고, 임금과 아들 송문생, 전국의 선비들에게 남기는 글을 쓴 다음 극약을 먹었다.

그러나 즉시 죽지 않자, 다시 약을 더 먹은 송병선은 반나절의 고통을 겪다가 69세의 나이로 세상을 떠났다.

통감부

연대	중요 사항
1836	(헌종 2년)~1905 서연관, 경연관, 대사헌 등에 임명되었으나 벼슬에 나아가지 않음.
1905	을사조약에 반대하여 순국 자결함.

항일 유학자 유인석

유인석 동상(춘천)

유인석은 경기도 가평에서 태어나 한문 공부를 열심히 하여 유명한 유학자가 되었다. 또 그는 항일 의지가 누구보다도 강하였다.

1895년 8월 20일, 일본에서 보낸 자객이 명성 황후를 칼로 찔러 죽이고 그 시체를 불사르는 일이 벌어지자, 유인석은 이인영, 이강년 등 여러 사람과 모의하고 경기, 충청, 황해, 강원도를 총망라하여 의병을 일으켰다. 유인석은 의병을 일으키는 격문에,

"분하도다. 우리 민족이 이 한 순간에 모두 죽게 되었도다."

라고 써서 그 울분을 나타내었다. 유인석은 '나라가 위급할 때 선비들은 의병을 일으키거나, 자결해야 하겠지만, 자결은 최악의 경우 부득이한 일이므로 목숨이 있는 한 끝까지 맞서 싸워야 한다'고 주장하였다. 이렇게 하여 시작된 유인석의 항일 애국 운동은 20년간의 의병 활동과 30년간의 독립 운동으로 이어져 평생을 조국 광복에 몸바치게 되었다. 그는 우리 민족이 이 지구상에 단 한 사람이라도 살아 있는 한 의병은 살아 있을 것이고, 그리하여 언젠가는 나라를 되찾을 수 있을 것이라고 믿었다. 그는 또 '우주문답'이라는 책에서, 임진왜란은 단순한 무력 전쟁에 지나지 않았지만, 1910년을 전후한 일본의 침략은 조선이 망하고 우리 겨레의 문화가 멸망하는 것이라고 주장하였다.

연대	중요 사항
1842	(헌종 8년)~1915
1894	의병 활동을 시작함.
1909	블라디보스토크에서 13도 의군 도총재가 됨.
1915	만주 봉천에서 세상을 떠남.

조선 팔도를 그린 김정호

〈땅 모양을 그리고픈 꿈〉

김정호는 보잘것 없는 가정에서 태어났지만 학문에 대한 열성은 대단하였고, 특히 땅 모양에 대해 늘 깊은 관심을 가졌다.

어느 날, 고장을 나타낸 지도 한 장을 구하게 되었다. 그는 뛸 듯이 기뻐하며 지도와 마을의 모습을 맞추어 보고 다녔다. 그러나 그 지도와 실제의 모습이 동떨어진 것을 알고는 실망에 빠졌다.

김정호의 꿈은 땅 모양을 정확하게 축소한 그림으로 나타내는 것이었다. 그래서 가는 곳마다 그

김정호

곳의 지도를 그려 보았다. 또 집안이 넉넉하지 않아 글을 읽는 데에만 열중할 수 없는 처지이면서도, 지리 연구에 마음을 빼앗겼다.

〈꿈을 찾아 집을 나서다〉

20세가 넘었을 때, 김정호는 드디어 집을 나서고 말았다. 정확한 우리 나라 지도를 만들겠다는 결심과, 그러한 지도를 만들려면 집에서 책이나 읽고 있기보다는 직접 돌아다니며 땅 모양을 살펴보아야 한다는 생각 때문이었다. 그는 우리 나라 구석구석을 돌아다니며 거리와 땅 높이를 일일이 재어 보아야 하며, 그렇게 조사하기 전에는 정확한 우리 나라 지도를 그릴 수가 없다고 판단하였다.

그의 이러한 판단과 결심으로 우리 나라 방방곡곡을 돌아다닌 세월은 무려 30여 년이었고, 우리 나라 어느 곳이나 그의 발길이 몇 차례씩 닿지 않은 곳이 없게 되었다. 백두산으로 향하는 개마 고원을 지날 때에는 며칠 동안 사람의 그림자조차 볼 수 없었고, 눈보라와 비바람 속에 피곤한 몸을 이끌고 돌아다닌 것도 한두 번이 아니었다.

실로 피땀어린 노력 끝에 그는 '청구도'를 그리게 되었고, 이에 만족하지 않고 다시 '대동여지도'를 완성하였다. 우리 나라 지리에 관한 책으로는 그 때까지 나와 있던 가장 유명한 '여지승람'의 잘못을 바로잡기 위하여 32권 15

책으로 된 '대동지지'를 썼다. 이외에 '지구도'도 제작했다고 한다.

〈그 노력의 대가는……〉

김정호의 이러한 업적을 도와 주거나 칭찬한 사람은 아무도 없었다. 또, 나라에서는 땅 모양을 자세히 그려 놓으면 이를 외적이 침입할 때 이용한다는 생각으로 우리 나라 지도 제작을 금지하여 김정호는 모진 매를 맞기도 했다. 그러나 그는 뜻을 굽히지 않고 더욱 세밀한 대동여지도를 그려 흥선 대원군에게 바쳤다. 그러자 조정에서는 너무 정밀한 지도에 놀란 나머지 나라의 비밀을 드러낸다 하여 지도를 새긴 판들을 모조리 가져다 불태우고 김정호를 옥에 가두었다. 김정호는 감옥 속에서 고난과 집념으로 얼룩진 일생을 마치고 말았다.

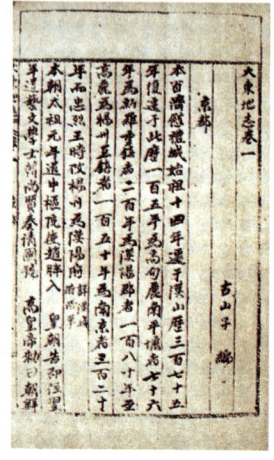

대동지지

김정호의 대동여지도는 옛날에 나온 지도 중 가장 훌륭한 것으로, 오늘날 인공 위성에서 찍은 우리 나라 사진과 비교해 보아도 놀랄 만큼 정밀하다.

연대	중요 사항
?	~1864(고종 1년) 30여 년 간 전국을 돌아다녀 '청구도' 2첩을 완성함.
1861	(철종 12년), '대동여지도'를 완성함. '대동지지' 32권 15책을 집필함. '지구도'를 제작함.
1864	'대동여지도' 판각을 흥선 대원군에게 바치자, 나라의 비밀을 드러내었다는 죄목으로 억울하게 옥에 갇혀 죽음.

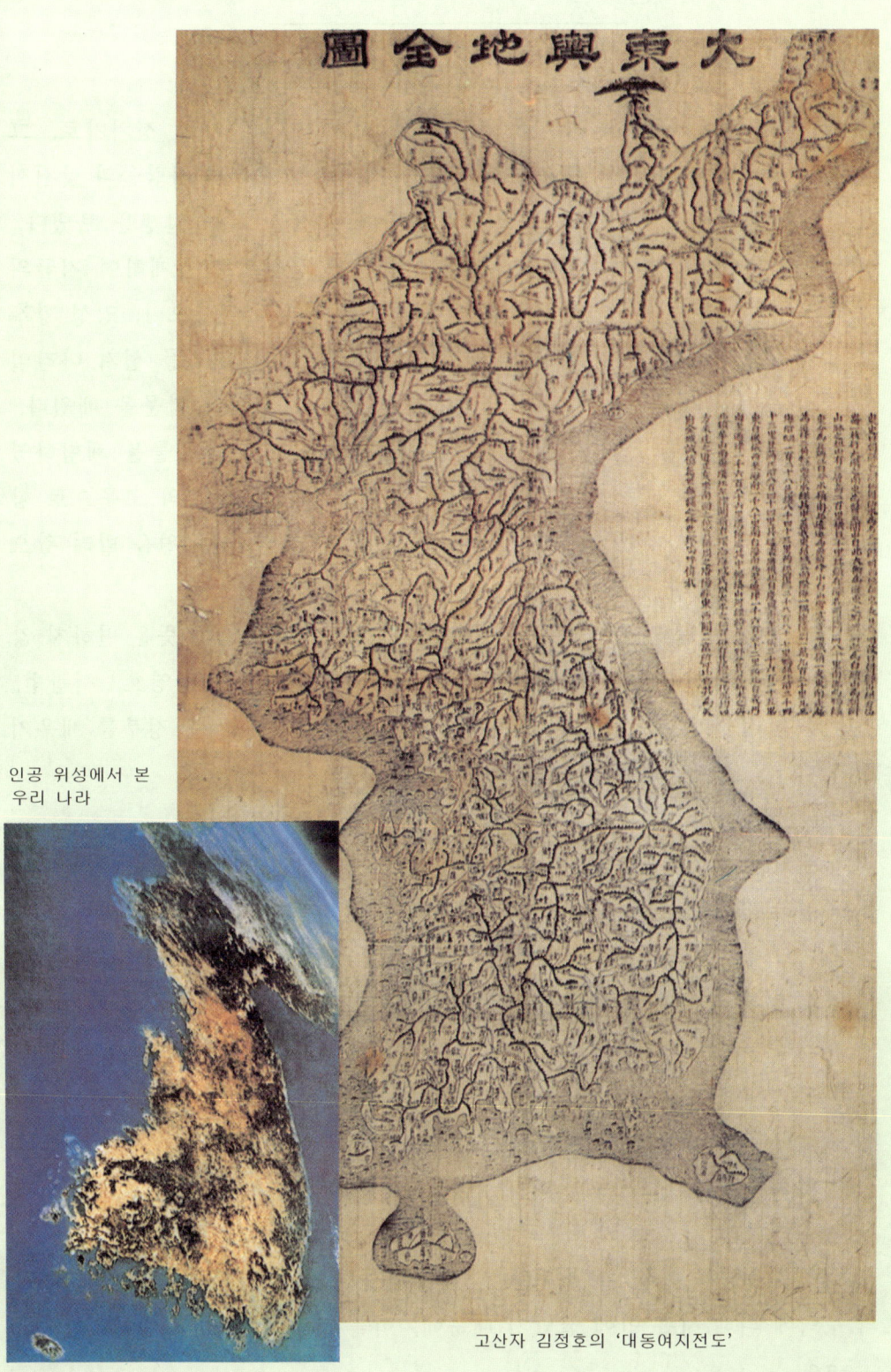

인공 위성에서 본 우리 나라

고산자 김정호의 '대동여지전도'

개화파의 기수 김옥균

김옥균

김옥균은 조선 시대 말기의 개혁 정치가로, 그 때까지의 전통을 지키려는 수구파 사람들과 맞서서 싸웠으므로, 그만큼 고난을 겪는 일생을 보냈다.

그는 21세에 문과에 장원으로 급제하여 지금의 감사원과 같은 사간원 관리로 일했으나, 명성 황후를 둘러싼 수구파 관리들이 청나라를 섬겨 나라일이 그릇되어 가는 것을 보고는 신학문을 배웠다.

그는 일본으로 건너가 새로운 문물을 체험하였고, 다시 일본 통신사 박영효 일행의 고문으로 함께 가서 나라를 위해 쓸 자금 17만 원을 빌려 왔으나, 수구파에 의해 궁궐에서 밀려났다.

그러나 새로운 문물을 빨리 받아들여야 나라가 발전한다는 뜻은 변하지 않아, 서재필 등 청년들을 모아 일본으로 유학을 보냈다. 또 박영효, 서광범, 홍영식 등 젊은이들과 계획을 세워 수구파를 몰아 내고 새로운 정부를 세우기로 했다.

〈3일 천하〉

그 계획은 우정국 건축을 축하하는 잔칫날 저녁에 이루어졌는데, 이웃집에 불을 질러 잔치 장소를 수라장으로 만든 다음, 갑자기 튀어나온 군사들이 민영익을 크게 다치게 하는 정도로 끝났다. 고종 임금에게 개혁안을 올려 허락을 받고 일본 공사와 군대의 협력을 얻어 일을 결행했으나, 결국 실패로 끝난 이 사건을 '갑신정변'이라고 한다. 그러나 김옥균 등은 즉시 고종 임금을 일본군으로 하여금 지키게 하고 이튿날 새로운 정부의 정책을 발표하였다. 그것은 청나라에 잡혀가 있는 대원군을 돌아오게 하고, 앞으로는 청나라에 조공을 바치지 않을 것이며, 관리를 임명할 때 가문을 따지지 않고 평등하게 할 것 등 여러 가지로 새로운 것들이었다.

그러나 개혁을 위한 이 몸부림은, 수구파들의 요청에 의한 청나라 군사들의 무력에 의해 사흘 만에 끝났기 때문에, 이를 '3일 천하'라고 한다. 김옥균의 이 '3일 천하'는, 비록 청나라 군대 때문에 일본군의 도움을 받기는 했지만, 기울어 가는 우리 나라를 완전한 자주 독립국으로 발전시키려 했던 뜻깊은 일이었다.

당시의 집배원 모습

〈망명 생활과 최후〉

갑신정변이 실패로 돌아가자, 김옥균은 일본으로 망명하였다. 그러나 조선 정부에서 보낸 자객들 때문에 10년간이나 이곳 저곳을 헤매고 다니다가 중국 상하이로 건너갔는데, 결국은 그 곳에서 자객 홍종우에게 살해 당하고 말았다.

김옥균이 죽은 바로 그 해에 동학 농민 운동이 일어났고, 그 영향으로 새로운 정부가 세워졌다. 결국 10년 만에 그의 꿈이 이루어졌다고 할 수 있는 일이었다.

비록 그가 죽은 다음이었지만, 새 정부의 개화파였던 서광범과 수구파였던 총리 김홍집의 상소로 김옥균의 죄는 용서를 받게 되었다.

그가 남긴 책으로는 '기화근사', '치도약론', 수기 '갑신일록' 등이 있다.

연대	중요 사항
1851	(철종 2년), 공주에서 태어남.
1872	문과에 장원 급제함.
1874	사간원의 정언이 됨.
1881	일본에 건너가 새로운 문물을 돌아봄.
1883	일본의 자본을 빌려왔으나, 수구파에게 밀려남.
1884	수구파를 몰아 내려고 개화파 정치인들을 모아 갑신정변을 일으켰으나, 실패하여 일본으로 망명함.
1894	(고종 31년), 중국 상하이로 건너갔으나, 자객에게 살해당함.

시아버지인 흥선 대원군과 겨룬 명성 황후

〈외롭고 가난했던 소녀, 왕비가 되다〉

명성 황후

조선 시대 말기에 민치록이라는 사람의 무남 독녀로 태어난 명성 황후는, 8세에 부모를 여의고 외롭고 가난하게 자라났다. 그러나 용모가 뛰어나고 재주가 비상한 데에다 스스로 공부를 하여 누구에게도 뒤지지 않을 인물이 되었다.

고종이 즉위한 지 3년, 왕의 나이가 15세가 되었으므로 왕실에서는 왕비를 고르게 되었다. 고종의 아버지 흥선 대원군은, 그 동안 왕실의 외척 안동 김씨가 나라의 질서를 어지럽혀 온 것을 생각하고, 고종의 왕비만은 친족이 아주 귀한 가문에서 자기가 정권을 잡은 데 대해 순종할 여성을 뽑기로 다짐하였다. 그 때 부인인 민씨가 자기의 친정 조카를 추천했는데, 그 여성이 고종의 비 명성 황후가 되었다. 흥선 대원군은 이 처녀야말로 무남 독녀로 고아나 다름없이 외롭고 가난하게 자랐으니 자기의 생각에 딱 들어맞는다고 생각하였다.

〈대원군과의 권력 다툼〉

그러나 15세에 왕비가 된 명성 황후는 22세에 왕자를 낳은 후부터 시아버지가 남편 대신 정치를 하고 있는 것에 대한 불만을 드러내고 민씨들을 불러들여 정권을 잡으려고 하였다.

마침 흥선 대원군은 경복궁 짓는 일을 무리하게 추진했고, 10년간이나 정권을 잡고 있어 불만을 느끼는 사람들이 많았으며, 그 동안 서원을 없애고 아무나 관리로 뽑는 일 등으로 인해 유학자들의 미움을 사고 있었다. 황후의 불평을 자주 듣는 고종도 아버지가 정권을 내놓지 않는 것이 못마땅하였다.

명성 황후는 이러한 사정을 이용하여 친족인 민승호, 대왕 대비의 친정 조카 조영하, 유학자 최익현 등을 시켜 상소를 올리게 하여 흥선 대원군을 궁궐에서 몰아 내는 데 성공하였다. 이렇게 되자, 민씨 세력 중에는 백성을 괴롭히는 일을 하는 무리가 생기고 그 수가 점점 늘어 갔다.

그 동안 세상을 마음대로 하던 흥선 대원군은 자기가 한 일에 대한 칭찬은 커녕 스스로 선택한 며느리에게서 쫓겨났고, 외척 세력의 뿌리를 뽑으려 했던 일도 실패로 돌아가자, 언젠가는 정권을 또 잡겠다는 생각을 잊지 않았다. 명성 황후는 그러한 생각을 품은 흥선 대원군에 의해 여러 가지로 괴로움을 당하였다. 흥선 대원군의 군대가 난을 일으켜 궁궐을 탈출하여 충주로 피신하기도 했다.

〈비참한 최후〉

　명성 황후는 일본 세력과 손을 잡은 개화파에 대해서도 반대하였다. 그러나 갑오 개혁이 일어나 세력을 잃게 되자, 재빨리 러시아 세력과 친하게 되었다. 그러자 일본인들은 20~30명의 자객을 보내 명성 황후를 시해하고, 시체마저 비단 이불에 싸서 석유를 뿌리고 불태워 버렸다.

◀ 명성 황후가 시해된 현장에 세운 조난비

　흥선 대원군과 명성 황후의 20여 년에 걸친 정권 다툼은, 정치를 잘 해 보려는 고종을 괴롭혔고, 일본, 청, 러시아 세력을 불러들여 나라를 어지럽히는 결과를 낳았다. 그리하여 조선은 점점 일본의 손아귀 속으로 들어가게 되었다.

◀ 명성 황후 장례식

연대	중요 사항
1851	(철종 2년) ~1895 (고종 32년)
1859	부모를 여의고 가난하게 생활함.
1866	왕비가 됨.
1873	고종이 직접 나라를 다스리게 함.
1895	일본인에 의해 살해당함 (44세)

나라 빚을 걱정한 서상돈

계산동 성당(대구)

〈가난한 사람들을 위해 일하리라는 결심〉

서상돈의 집안은 대대로 벼슬을 하며 서울에 살고 있었다. 그러나 그가 어렸을 때에는 집안 형편이 말이 아니었다.

그의 증조부는 일찍이 서양 문물에 눈을 떠 천주교를 믿게 되었는데, 그 때 나라에서는 천주교가 백성들의 마음을 어지럽히는 나쁜 종교라고 탄압을 했기 때문에, 수많은 신도들이 목숨을 잃거나 숨어 다녀야 했다.

그의 삼촌들도 잡혀가 사형을 당하였다. 삼촌들이 감옥에 갇혀 배고픔을 참지 못하는 것을 보고 장차 가난한 사람들을 위해 일하겠다는 결심을 했다.

서상돈은 어려서부터 아버지를 따라 강원도와 경상 북도의 여러 곳으로 이사를 다니며 겨우 목숨을 이어 가다가 21세 때에는 대구로 이사하였다. 이 때부터 그는 재산을 모으기 시작했다. 무엇이든 돈이 되는 것이면 닥치는 대로 사고 팔았다. 이렇게 하여 큰 부자가 된 다음에는 그는 늘 검소하게 지내면서, 그 재산을 가난한 사람들을 위해 썼고 천주교를 위해 바쳤다.

〈나라 빚 갚기 운동을 펼치다〉

그러나 그가 57세가 된 1907년에는 우리 나라가 곧 일본의 손아귀에 넘어가려는 가슴아픈 때였다. 1905년에는 을사조약이 맺어져 우리 나라의 외교권을 일본이 빼앗아 갔고, 1906년 봄부터 각지에서 의병이 일어났지만, 일본은 군대를 동원하여 이들을 탄압했다. 그러면서 해마다 우리 나라에 빚을 지웠는데, 1907년 1월이 되자 그 돈이 1300만 원으로 늘어났다. 이 빚은 일본인이 우리 나라에 관공서를 설치하여 운영하고 그 관공서의 관리들이 쓴 돈이었는데, 그것이 우리 나라를 위해 쓴 돈이라는 것이었다. 1300만 원이라면 그 당시의 우리 나라 전체의 돈과 비슷한 엄청난 금액이었다.

이 때 서상돈은 그냥 앉아 있을 수 없다고 생각했다. 나라가 빚을 져 경제적인 권리를 일본에 빼앗기면 총칼로 무너지는 것보다 더 무섭다는 판단을 한 것이었다. 그는 먼저 인쇄소를 경영하는 김광제와 의논하였다. 그리하여 우리 나라 2천만 동포가 모두 6개월만 담배를 끊으면 이 빚을 갚을 수 있다는 것을 온 세상에 알리기로 했다. 김광제의 인쇄소에서 찍은 '나라 빚 갚기 운동'에 대한 글은 곧 대구의 곳곳에 퍼졌고, 2월 21일에는 대한 매일 신보에 실려 전국에 알려졌다. 이어서 다른 신문들도 이 사실을 보도하였고, 2월 27일에는 고종 황제도 담배를 끊었다는 이야기가 신문에 실렸다. 이제 여자들도 일어나 끼니마다 조금씩 쌀을 아껴 성금을 내기로 하였다.

그러자 이를 본 일본인들은 꾀를 내어, 성금을 거두는 신문사가 이 돈을 다 썼다는 소문을 내게 되었고, 이 소문이 사실처럼 알려져 성금 모으기 운동은 그만 빛을 잃고 말았다. 그리고 이 운동이 사라진 그 이듬해인 1910년 8월 29일, 우리 나라의 주권은 일본인의 손에 넘어갔고, 이후 35년이라는 긴 세월 동안 그들이 우리 나라를 다스렸다.

그러나 우리 겨레는 '나라 빚을 갚자.'는 서상돈의 그 외침을 지금도 잊지 않고 있다.

당시의 신문 편집실

연대	중요 사항
1851	~1913
1907	금연에 의한 국채 보상 운동을 일으킴.

불운했던 황제 고 종

고종 황제

〈연 날리던 아이가 왕이 되다〉

고종은 조선 제26대 왕으로 44년간 나라를 다스렸지만, 일본과 제정 러시아 등 외국 세력에 의해 시달리던 조선 말기의 우리 나라 운명과 함께 한 비운의 왕이었다.

고종의 아버지인 흥선 대원군 이하응은 조선 시대의 뛰어난 임금 중의 한 분인 영조의 현손(손자의 손자)으로, 당시 나라일을 멋대로 처리하던 권력자로부터 피해를 당하지 않으려고 일부러 불량배들과 어울려 다녔다. 마침 철종(강화 도령)이 아들 없이 세상을 떠나자, 그의 아들 고종이 왕이 되었다. 고종은 아직 어려 아무것도 모른 채 연을 날리다가 가마에 태워져 궁궐로 들어갔으며, 아버지인 대원군이 어린 고종 대신 정치를 하게 되었다.

〈흥선 대원군과 명성 황후와의 세력 다툼〉

대원군은 그 동안 어지러워진 나라의 질서를 바로잡고 새로운 제도를 마련하였으며 국방도 튼튼히 했지만, 경복궁을 새로 짓는 데 따른 백성들의 원망, 천주교 탄압, 외국에 대한 치우친 견해 등의 일로 며느리였던 고종의 비(명성 황후 민씨)에 의해 10년 만에 권좌에서 물러났다.

그러나 명성 황후의 친정인 민씨 일가가 세력을 잡게 되자, 고종은 왕비와 아버지의 세력 다툼으로 정치를 하기가 더욱 어려웠다. 더구나 신하들은 서양의 신문물을 받아들여야 한다는 개화파와 계속 청나라에 의존하려는 수구파로 나뉘어 다툼만을 일삼았으며, 이러한 가운데 고종은 러시아 공사관으로 피난(아관 파천)해야 하는 어려움을 겪기도 하였다. 이러한 다툼은, 동학 농민 운동이 일어나자, 이를 해결한다는 구실로 들어온 청나라와 일본군 사이의 전쟁(청일 전쟁)으로 이어졌고, 개화파는 이 전쟁에 승리한 일본측에 기대어 나라의 제도를 신식으로 바꾸었다. 그러나 우리 나라의 정치에 대한 일본의 간섭이 심해지자, 왕비 민씨의 세력은 러시아와 손을 잡고 친일 세력을 물리

경복궁(부용정)

치려 하였고, 일본 세력은 경복궁으로 자객을 보내어 황후를 잔인하게 살해하는 만행을 저질렀다.

〈계속되는 좌절〉

나라의 권력을 서로 차지하려는 두 세력의 싸움이 몇 년 간 이어진 끝에 고종은 나라의 질서를 바로잡아 새 출발을 하려는 뜻으로 나라 이름을 대한 제국이라 하였고, 우리 나라의 완전 독립을 대외에 선포하였으며, 고종은 '광무 황제'가 되었다.

그러나 일본의 침략 세력은 점차 드세어져 드디어 강제로 조약(을사 보호 조약)을 맺고 대한 제국의 외교권을 빼앗더니, 황제를 대신하여 나라를 다스리는 관청인 통감부까지 설치하였다.

고종은 1907년, 제2회 만국 평화 회의가 개최되자, 이준 등을 일본 침략자들이 모르게 파견하여 을사 보호 조약의 옳지 않음을 각국 대표들에게 알리려고 하였으나, 이를 알아챈 일본의 온갖 방해로 끝내 뜻을 이루지 못하였다.

일본은 그에 대한 보복 조처로 고종의 황제위를 황태자(순종)에게 넘겨 주고, 3년 후에는 우리 나라를 완전히 빼앗아 갔다.

황제위를 넘겨 주고, 고종은 '태황제'라는 칭호를 들으며, 12년을 갇혀 살다시피하다가 3·1운동이 일어나던 해인 1919년 1월 21일, 일본인에 의해 독살, 한 많은 세상을 떠났다.

연대	중요 사항
1852	영조의 현손, 흥선 대원군 이하응의 둘째아들로 태어남(이름 : 희, 호 : 주연).
1863	제26대 왕으로 즉위함.
1873	대원군이 물러나고 정치를 맡게 됨.
1875	일본과 병자 수호 조약을 맺게 됨.
1881	일본에 신사 유람단을 보냄.
1882	임오군란이 일어남.
1884	갑신정변이 일어남. 미국, 영국과 통상 조약을 맺음.
1894	동학 농민 운동이 일어나고, 갑오 개혁을 실시함.
1895	명성 황후가 일본에 의해 살해됨.
1897	대한 제국의 건국을 선포함.
1904	일본과 을사 보호 조약을 맺게 됨.
1906	일본이 통감부를 설치함.
1907	황제위에서 물러나고 순종이 즉위함.
1910	일본에 나라를 빼앗김.
1919	고종 황제, 일본에 의해 독살됨.

의학 교육자 지석영

지석영

〈종두에 관심을 가짐〉

지석영은 조선 시대 철종 때 서울 낙원동에서 태어났다.

그는 일찍부터 의학에 관심을 가졌고, 특히 천연두로 목숨을 잃거나 곰보가 되는 어린이들을 구해야 하겠다는 결심을 하였다.

21세 때에는 일본에 수신사로 가는 박영선에게 일본인 구가가 지은 '종두귀감'이라는 책을 구해 오도록 부탁하여 종두에 구체적인 관심을 가지기 시작하였다.

24세 때에는 부산에 있는 일본 병원 제생 의원에 가서 종두법을 배우고, 서울로 돌아오는 길에 충청도 충주 덕산에 들러 처음 종두를 실시하였다.

그는 또 일본에 수신사로 가는 김홍집을 따라가 직접 천연두를 예방하는 세균의 제조 방법을 완전히 배워 왔는데, 종두가 보급되면 굿을 하는 사람들이 줄어들 것을 걱정하여 종두의 보급을 꺼리던 무당들의 부추김에 휘말려 지석영이 체포되는 어이없는 일이 일어났다. 죄명은 일본으로부터 종두법을 수입했다는 것이었다. 그러나 곧 정세가 크게 변함에 따라 그는 다시 종두법을 보급할 수 있게 되었다. 그리하여 1882년에는 전라도 전주, 1883년에는 충청도 공주에 각각 우두국이라는 관청을 설치하여 종두를 실시하고, 그 방법을 가르치기도 하였다.

지석영은 이처럼 우두의 보급과 교육에 힘쓰면서 학문에도 힘써 28세 때인 1883년에 문과에 급제하여 전적, 지평 등의 벼슬을 하였다. 그는 또 그 동안 알게 된 지식과 경험을 종합하여 1885년에는 '우두신설'

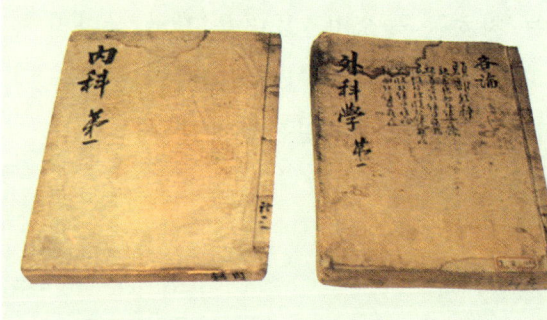

당시 의학 교과서

이라는 책을 내었다.

〈경성 의학교를 세우고, '자전(옥편)'도 간행하다〉

1887년, 지석영은 사헌부의 장령으로 있으면서 기울어져 가는 나라일을 걱정하다가 조정의 미움을 사 전라도 강진현 신지도로 귀양을 가서 6년 동안 고생을 하였다. 그 후 다시 서울로 돌아온 지석영은 곧 서울 교동에 우두 보영당을 설립하여 모든 어린이가 천연두를 앓지 않는 세상을 만들려고 노력하였다. 그리고 이 공적이 인정되어 형조 참의, 승지 등의 벼슬을 지냈다.

지석영은 44세 때인 1899년에 요즈음의 교육부 장관에 해당하는 학부 대신에게 청하여 경성 의학교를 세우고 교장이 되었으며, 1905년에는 학부 안에 국문 연구소를 설치하게 하여 우리 나라 최초의 한자에 한글 해석을 붙인 옥편 '자전석요'를 간행하였다.

그러나 1910년, 일제가 우리의 주권을 완전히 빼앗자, 관직을 버리고 학문에만 힘쓰며 세월을 보내다가 1935년에 80세로 세상을 떠났다.

지석영 간행의 최초 '우두 종서'

연대	중요 사항
1855	(철종 6년)~1935
1879	최초로 종두를 실시함.
1882	전주, 1883, 공주에 우두국을 설치함.
1883	문과에 급제함.
1899	경성 의학교를 세우고 교장이 됨.
1905	국문 연구소를 세우게 함.
1909	옥편 '자전석요'를 간행함.

녹두 장군 전봉준

전봉준

〈관리들의 횡포에 일어서는 농민〉

 전라 북도 고창에서 태어난 전봉준은 어릴 때부터 활달하였으나, 키가 작아 별명이 '녹두'였다. 그는 서당 훈장이었지만, 약장수 노릇도 하고, 풍수도 보아서 생계를 이었다.

 그 무렵 고부 고을의 군수 조병갑은 농민들로부터 세금을 마구 거두었고, 더 많은 세금을 거두려고 한겨울에 사람들을 불러 보가 있는 곳에 또 보를 쌓기도 하였다. 동네 일을 맡아 보던 전봉준의 아버지는 강직하고 정의감이 있었다. 그는 농민들의 억울한 사정을 호소했지만, 오히려 옥에 갇혀 죽고 말았다. 전봉준은 그 슬픔을 가슴에 품고, 분개하는 주민들을 모아 다시 호소했으나 그 또한 매만 맞고 말았으며 결국 군수가 하루바삐 바뀌기만 기다릴 수밖에 없었다.

 그러나 조병갑이 온갖 꾀를 써 군수로 계속 남아 있게 된 것을 안 농민들은 무력으로 그를 쫓아 내기로 하고, 동학 교도를 중심으로 수백 명이 뭉치게 되었다. 농민들은 낫, 죽창 등으로 군청을 습격하여 쌀 4천 섬을 굶주린 백성들에게 나누어 준 뒤, 나라에서 새로 보낸 군수가 선정을 베풀 것을 약속한 후에야 제각기 마을로 돌아갔다. 그러나 동학 교도와 농민들은 그 관리가 약속과 달리 동학 교도들을 죽이는 횡포를 일삼자, 전봉준을 대장으로 하여 4대 강령을 발표하고 다시 일어섰다.

1. 사람을 죽이지 말자.
2. 충효를 다하여 세상을 구하고, 백성을 편안하게 하라.
3. 서양 세력과 왜적을 몰아 내어 나라 정치의 도를 깨끗이 하라.
4. 서울로 진격하여 그릇된 정치가들을 몰아 내라.

 전봉준의 명령에 따라 동학군은 고창, 무장, 함평을 거쳐 전주를 점령하였다. 한심하게도 조정에서는 청나라에 도움을 청했고, 이를 안 일본도 인천으로 들어와 나라가 온통 외국 세력으로 들끓자, 전봉준은 전라 감사에게 탐관 오리의 처치, 노비 문서를 불태울 것 등 열두 가지로 다짐을 받고 강화를 맺었다.

〈녹두꽃은 떨어지고〉

그러나 청나라와의 전쟁에 승리한 일본이 조선을 침략하려는 의도를 드러내자, 각지의 동학 교도 20여 만 명은 교주 최시형과 전봉준의 지휘 하에 일본과의 싸움을 시작하였다. 동학도들은 전라, 충청, 경기, 황해, 강원, 평안도까지 진군하였으나, 신식 무기를 갖춘 일본군과의 공주성 전투에서 무참히 패배했고, 순창으로 가서 숨어 있던 전봉준은 부하의 밀고로 체포되고 말았다. 일본군에 의해 형장의 이슬로 사라지며 그는 이러한 글을 남겼다.

붙잡혀 가는 전봉준

'때를 만나 천지가 힘을 합치더니, 운이 다함에 영웅도 어쩔 수 없구나. 백성을 사랑하고 의를 세운 나는 잘못이 없건만, 나라를 위한 이 마음은 그 누가 알까.'

녹두 장군의 애석한 죽음은, 우리 민족의 아픔을 노래한 다음 민요 속에 전해지고 있다.

새야 새야 파랑새야.
녹두밭에 앉지 마라.
녹두꽃이 떨어지면,
청포 장수 울고 간다.

우리의 민족 종교 천도교는 바로 최제우가 창시한 동학에서 유래하였다.

연대	중요 사항
1854	(철종 5년), 전라 북도 고창에서 태어남.
1892	농민의 억울함을 호소한 아버지 (전창혁)가 군수 조병갑에 의해 맞아 죽음.
1893	농민 대표로 관가에 찾아가 그릇됨을 호소하고 동학 교도들과 힘을 합치게 됨.
1894	(갑오년), 동학 농민 운동의 지도자로 관군, 일본군에 맞서 싸우다가 공주성에서 패하고 체포됨.
1895	3. 29(음), 만 40세에 사형을 당함.

독립 운동가 서재필

서재필

〈갑신정변의 실패와 가족의 죽음〉

서재필은 조선 시대 말기에 전라 남도 보성 군수 서광원의 아들로 태어났다.

그는 일곱 살 때 서울의 외삼촌에게서 한문을 배우기 시작하여, 겨우 열세 살에 고종 황제가 실시한 유학 시험에서 장원을 하였다. 이 때부터 그는 김옥균, 서광범 등 개화파 인물들과 사귀기 시작했고, 열일곱 살에는 김옥균의 도움으로 일본 도쿄 육군 유년 학교에 들어가 이듬해에 졸업했다.

조선으로 돌아온 서재필은 김옥균, 홍영식 등 개화파들을 만나 뜻을 모으고, 우정국 건축 기념 잔치에 관리들이 참석하는 것을 기회로 일본의 군사적 지원을 얻어 수구파를 몰아 내기 위한 갑신정변을 일으켜 개화파가 정권을 잡게 되었다. 이러한 결과로 그는 18세의 소년으로 병조 참판 겸 정령관이 되었다.

그러나 갑신정변은 수구파를 완전히 제거하는 데 실패했고, 청나라 군대가 명성 황후를 둘러싼 수구파를 도와 무력을 동원함으로써, 서재필은 미국으로 도망갈 수밖에 없었다. 이 때 그의 가족들은 역적으로 몰려 부모와 형, 아내는 독약을 마시고 자살하였다. 또 동생은 잡혀 사형을 당했고, 두 살 된 아들은 굶어 죽었다.

〈독립 운동에 평생을 바치다〉

미국으로 건너간 서재필은 워싱턴 대학에 들어가, 갑신정변의 비참한 결과와 가족을 잃은 슬픔을 딛고 의학을 공부했고, 세균학 연구로써 박사 학위까지 받았다. 그는 민씨들의 정권이 무너진 다음에 귀국하여, 중추원 고문이 되었고 독립 신문도 발간하였다. 1896년 4월, 우리 나라 최초의 일간지로 나온 이 신문은 한글판과 영문판으로 발간되었다.

아직 신문사 경영이나 신문 제작에 경험이 없는 사람들에게 그는 기사쓰기, 활자줍기, 판짜기, 심지어 "신문이오, 신문! 한 부에 한 푼씩이오!"하고 외치며 판매하는 방법까지 가르쳐 주어야 했다. 그러나 처음에는 300부에서 500부 정도로 팔리던 이 신문은 곧 3천 부씩이나 팔리게 되었다.

서재필은 또 이상재, 이승만 등 미국 유학생들을 중심으로 독립 협회를 만들어, 중국 사신을 맞아들이던 영은문 자리에 독립문을 세우고 중국 사신들을 대접하던 모화관을 고쳐 독립관으로 쓰면서 우리 나라의 독립에 관한 여러 가지 일을 했다.

그러나 일본 세력과 가까운 수구파 세력은 독립 협회를 해산시켰고, 그는 다시 미국으로 쫓겨갔다. 그 후 일본이 우리 나라를 빼앗고 35년간 식민지로 삼았던 그 기나긴 세월 동안, 고국으로 돌아올 수 없었다.

그 동안에도 해외에서 줄기차게 독립 운동을 계속해 온 그는, 1947년에 귀국하여 잠시 최고 정무관으로 있다가, 다시 미국으로 돌아가 1951년 85세를 일기로 세상을 떠났다.

독립문

연대	중요 사항
1866	전라 남도 보성에서 태어남.
1879	전강에 나가 장원을 함.
1884	(18세), 갑신정변을 일으키고 병조 참판 겸 정령관이 되었다가 미국으로 망명함.
1889	워싱턴 대학에 입학함. 세균학 박사가 됨.
1896	중추원 고문으로 독립 신문을 발간하고, 독립 협회를 만듦.
1897	수구파에게 쫓겨나 미국에서 독립 운동을 계속함.
1925	범태평양회의에 한국 대표로 나가 일본의 침략을 폭로함.
1947	군정 최고 정무관이 됨.
1948	미국으로 돌아감.
1951	세상을 떠남.

애국 지사 민영환

민영환

〈훈 1등에 이르는 공〉

조선 시대 말기에 병조 판서 민겸호의 아들로 태어난 민영환은, 겨우 17세에 문과에 급제할 만큼 명석한 인물이었다.

그는 미국 공사로 있다가 35세 때, 러시아 황제 니콜라이 2세의 대관식에 참석하고 돌아와 군부 대신이 되었다. 이 때 그는 영국, 프랑스, 오스트리아, 미국 등 여러 나라를 방문하였고, 우리 나라에서 처음으로 양복을 입어, 보는 사람들을 깜짝 놀라게 하였다.

그 후 그는 외부(외무부), 학부(교육부), 탁지부(재무부) 대신을 지내며, 기울어져 가는 나라의 운명을 바로잡으려고 노력하였다. 또 의정부의 참정이라는 벼슬을 할 때에는 처음으로 훈장 제도를 마련하였고, 사신으로 여러 차례 해외에 나가 세운 공이 훈 1등에 이르렀다. 이 때 그는, '우리 나라는 자주 독립을 지키는 데 힘써야 한다'고 부르짖고 나선 독립 협회의 개화 독립 운동을 도와 주었는데, 일본 세력의 앞잡이 노릇을 하는 간사한 무리들에 의해 벼슬 자리에서 밀려나고 말았다.

〈2천만 동포에게 고하는 비장한 유서〉

그가 왕을 호위하는 시종 무관장으로 있을 때 을사조약이 맺어졌다. 이 조약은 일본이 우리 나라의 외교권을 빼앗아 간 것으로, 이는 러시아와의 싸움에서 승리한 일본이, 우리 나라를 빼앗으려는 목적으로 이토히로부미를 보내어 강제로 맺게 한 조약이었다. 이제 조선은 외국과의 모든 교류를 할 수 없게 된 것이다.

이 소식을 들은 민영환은 의정 대신 조병세와 함께 고종 황제를 찾아가 상소를 올렸다. 거기에는 '박제순 등 일본인의 앞잡이로 을사조약에 도장을 찍은 다섯 명의 역적(을사 5적)을 당장 처단하고 조약을 무효로 돌릴 것'을 주장하는 내용이 씌어 있었다. 일본 헌병들은 조병세를 잡아 가두고 민영환 등을 끌어 내었다. 민영환이 뜻을 굽히지 않고 다시 상소를 올리자 '경들의 충성심은 알고도 남음이 있으나, 형세가 이렇게 되었으니 조용히 물러가라'는 고종의 비답이 내려왔다.

민영환은 꼼짝도 하지 않았다. 물러가라는 경무관에게 차라리 목을 베라고 소리쳤다. 일본 헌병들은 그를 잡아 가두었으나 백성들이 들고 일어날 것이 두려워 곧 석방하였다. 그는 판서 민영규, 김종환, 남정철 등 여러 사람과 함께 죽음을 각오하고 다시 상소를 올리기로 했으나,

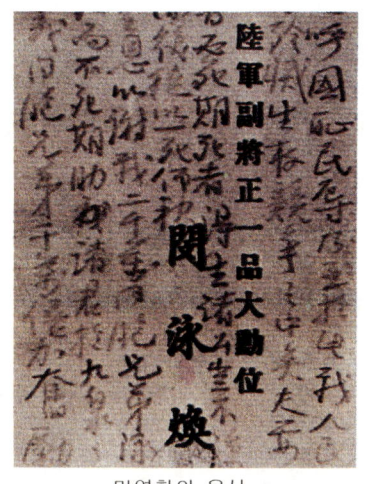
민영환의 유서

소용이 없었다. 슬픔과 울분에 싸여 돌아다니다 결국 병이 나고 말았다. 그는 이제 기울어져 가는 나라를 바로 세우지 못하는 자신을 비관하여 비장한 결심을 하였다.

"아! 나라의 수치와 백성의 욕됨이 이 지경에 이르렀으니, 우리 백성들은 장차 생존 경쟁 속에 죽어 없어지고 말리라……."

붓을 든 그는 2천만 동포에게 이별을 고하는 유서를 쓴 다음, 밤을 새워 외국 사절과 황제에게 보내는 글도 썼다. 그리하여 1905년 11월 30일 아침, 44세의 민영환은 스스로 배를 갈라 숨을 거두고 말았다.

그가 세상을 떠났다는 소식에 곳곳에서 의병이 일어나기 시작했고, 황제는 그에게 '충정'이라는 시호를 내렸다. 오늘날 그가 살던 곳은 나라를 위해 살다 간 그의 충절을 기려 '충정로'라고 불린다.

◎ 참고 자료
〈을사 5적〉
- **이지용** : 내부 대신
- **이근택** : 군부 대신
- **이하영** : 법부 대신
- **이완용** : 학부 대신
- **권중현** : 농상공부 대신

※ 당시 을사조약에 조인한 외무 대신 박제순을 '을사 5적'에 넣기도 한다.

연대	중요 사항
1861	(철종 12년), 서울에서 태어남.
1878	문과에 급제함.
1896	군부 대신이 됨. 이후 사신으로 여러 나라를 다녀옴.
1905	을사조약 체결에 대한 울분으로 자살함.

개혁 정치가 박영효

박영효

〈개화당의 대표적 인물〉

조선 시대 말기의 정치가 박영효는 정치적 혁신을 부르짖어 김옥균 등과 개화당을 조직하여 활동하였다.

그는 21세에 고종의 명에 따라 수신사(외교관)로 일본에 다녀왔다. 이 때 일본으로 가는 배 안에서 조선을 상징하는 깃발이 있어야 하겠다는 생각으로 태극기를 만들어 가지고 갔는데, 고종은 이 태극기를 우리 나라 국기로 채택하여 공표하였다.

당시 일본은 우리 나라보다 빨리 서양 문물을 받아들여 근대화되어 있었으므로 박영효는 우리 나라도 일본처럼 정치 제도를 개혁할 것을 주장하였다. 그러나 그 때 조선의 조정은 사대당과 개화당의 두 갈래로 갈라져 날카롭게 대립하고 있었으므로 그들의 주장은 받아들여지지 않았다.

청나라와 친하게 지내야 한다는 보수 세력은 명성 황후를 중심으로 민영익, 민승호, 김홍집, 김윤식, 어윤중 등이 대표적 인물이었고, 이들을 사대당이라고 불렀다. 한편, 일본을 본받아 낡고 쓸모 없는 제도를 고쳐 나가야 한다고 주장하는 사람들을 개화당 또는 독립당이라고 했는데, 그 대표적 인물은 김옥균, 박영효, 서재필, 홍영식 등 비교적 젊은 층이었다.

〈3일 천하〉

1884년 12월 4일, 마침 그 날은 우정국 건물을 새로 지어 여러 관리가 모두 그 곳에 모이기로 되어 있었다. 33세의 김옥균, 23세의 박영효를 중심으로 한 개화당은 이 잔치를 기회로 사대당 요인들을 없애고 새로운 정부를 세우려고 하였다. 일은 계획대로 진행되는 듯했으나 뜻대로

고종이 난을 피한 연경당

되지 않아 겨우 민영익에게 중상을 입혔을 뿐 실패로 돌아가고 말았다. 김옥균과 박영효는 혼란이 일어난 사이에 재빨리 창덕궁으로 달려가 고종 황제를 경복궁으로 모신 다음 일본군을 시켜 지키게 하고, 다음 날 새 정부가 수립되었음을 선포하였다.

그러나 이 때 위안 스카이(원세개)가 이끄는 청나라 군사가 일본 공사관으로 달려가자, 일본 공사 다케조에는 겁이 나서 일본으로 탈출하였고, 김옥균, 박영효, 서광범, 서재필 등도 함께 달아나 목숨을 건지게 되었다. 이리하여, 개화당은 정권을 잡은 지 3일 만에 무너지고 말았으나, 이 정변은 우리 나라 최초의 현대적 정치 개혁 운동이 되었다.

그 후, 청나라와 일본, 러시아 간의 세력 다툼이 일본의 승리로 돌아감에 따라 박영효는 한때 내무 대신, 궁내부 대신 등이 되어 정치 개혁을 추진하기도 했으나, 일본이 우리 나라를 빼앗고 말았을 때 중추원 고문이 되었으므로, 결국 자주 독립을 이룩하려고 했던 우리 민족의 뜻과는 거리가 먼 만년을 보냈다.

◀ 우정국 (1884년 설치)
갑신정변이 일어난 곳

연대	중요 사항
1861	(철종 12년)~1939
1882	수신사로 일본에 다녀옴. 태극기를 만듦.
1884	갑신정변에 실패하여 일본으로 망명함.
1907	이완용 내각의 궁내부 대신이 됨.
1910	중추원 고문이 됨.

독립 운동가 손병희

손병희 유허비

〈서자로 태어나 ……〉

손병희는 조선 시대 말기에 충청 북도 청주에서 아전 손의조의 아들로 태어났다.

체구가 크고 씩씩하였으며 마음이 넓었지만, 자신이 서자인 것을 알게 된 여섯 살 때부터는 아버지를 아버지라 부르지 않았고, 형을 형이라 부르지 않았다.

열한 살 되던 해 겨울에는 풍헌(요즈음의 면장이나 동장 벼슬)인 형의 심부름으로, 돈 40냥을 관청에 갖다 주러 가는 길에 눈길에서 죽어 가는 환자를 주막에 데려다 주고는 돈 30냥을 치료비로 주어 버렸지만, 끝까지 이 사실을 밝히지 않았다.

또 14세 때의 가을에는 이웃 동네의 곽씨 노인이 선을 보러 와서

"사람은 좋은데 첩의 아들이어서……."

하고 돌아서자,

"영감, 내 선을 한 번 더 보고 가시오. 무엇이 못마땅하단 말입니까. 왔다가 그냥 갈 수는 없소. 내 주먹 맛을 보든지, 혼인을 허락하든지 하시오."

하고 옷자락을 놓지 않아, 결국은 승낙을 받아 내고 말았다.

16세 때의 봄에는 괴산에서, 어사가 피투성이가 된 역졸의 상투를 풀어 말 꼬리에 달고 오다가 주막에 머물고 있는 것을 보고는, 몽둥이와 낫을 구하여 당장 말 꼬리를 잘라 버리고 마부를 몽둥이로 쳐 쫓아 보낸 다음, 어사에게 달려들어 문서를 빼앗아 연못에 던져 버렸다.

19세 때의 여름, 음성의 어느 마을을 지나갈 때였다. 전염병으로 온 가족 6명이 죽은 지 5, 6일이 지났는데, 동네 사람들은 병이 옮을까 걱정하여 그 시체들을 그대로 둔 채 걱정만 하고 있는 것을 본 손병희는 당장 그 시체들을 정리하여 무덤을 만들어 주었다.

이와 같은 생활을 하면서도 서자로 태어난 자신을 비관하여 글을 배우지 않고 술과 노름으로 세월을 보내던 손병희는, 21세 때 동학에 들어가게 되었으며, 이 때부터는 도를 닦기에만 열중하였다. 그렇게 2년을 보낸 어느 날 교주 최시형은 처음으로 그를 보고 크게 기뻐

손병희 생가

하였고, 그 때부터는 조그마한 심부름까지도 그에게 맡겼다.

다음 해 10월, 공주 가섭사에서 7주간 기도를 올리게 되었을 때였다. 교주는 그에게 솥을 걸라느니 그 솥이 너무 깊다, 비뚤다 하며 일곱 번이나 시키고 나서야 미소를 지었다고 하는데, 이는 손병희의 끈기를 시험한 것이었다.

〈동학 농민 운동〉

동학 농민 운동은 1894년 1월에 일어났다. 안으로 썩은 정치를 개혁하고, 밖으로 외국의 침략을 막기 위해 고부에서 일어난 동학 교도들은 황토현 전투에서 관군을 쳐부수고 전주를 점령하였다.

이 때 조정에서는 청나라에 군사를 요청했고, 일본군까지 들어오는 등 동학군에게 전세가 불리해지자 동학 농민군은 관군과 화해하고 해산했다. 그러나 일본군이 물러가지 않고 우리 나라에서 청나라와 전쟁까지 벌이자, 동학 농민군은 다시 일어나 공주까지 진격하였고, 그 세력은 멀리 경기도, 황해도, 강원도, 평안도까지 번졌다.

이 때 손병희가 지휘하는 북접군은 9월 18일에 일어나 3개월간 6만 명의 동학군으로 27차례의 전투를 치르며 남접군의 전봉준과 협력하였다. 동학군은 조선, 일본, 청국 등 세 나라 군대와 싸우며 양반 사회를 무너뜨렸지만, 끝내는 수십만 교도의 희생을 내고 쓰러지고 말았다.

전주 선화당을 점령한 동학당

손병희는 교주 최시형과 함께 관군의 추격을 피해 강원도 인제의 산골짜기에 숨어 있었다. 그런데 얼마 안 가서 식량이 떨어지자, 손병희는 동생 손병흠과 함께 장사꾼으로 가장하고 안경을 팔아 최시형을 모셨다. 그 후 동학 혁명이 일어난 3 년 째에 손병희는 최시형으로부터 제 3 대 교주를 이어받았고, 그 이듬해에는 최시형이 체포되어 순교하고 말았다. 손병희는 관군에게 쫓기고 있었지만, 도피 생활을 하면서도 교도들을 열심히 가르쳤다.

"하늘의 뜻을 깨달으면, 하늘은 곧 내 마음이니라. 천지도 내 마음이니, 삼라 만상이 다 내 마음과 한가지이니라."

"마음이 흰 빛을 찾게 되면 흰 빛으로 보이며, 붉은 빛을 찾으면 붉은 빛으로 보이느니라. 마음을 떠난 만물이 없고, 마음을 떠난 하늘도 없으며 조화도 없느니라."

〈동학, 천도교의 발전〉

손병희는 일본, 중국 등으로 피해 다니며 그 곳의 발전 모습을 살핀 다음 우수한 교도들을 유학 보내고, 러시아와 일본 중 어느 나라가 이겨도 우리 나라는 그 나라에 점령될 것이므로 어서 정치를 개혁하고 산업을 발달시켜야 하며 일본과 협력하여 러시아를 물리치고 전승국이 되어야 한다는 의견을 조정으로 보냈다. 그 동안 동학 교도는 16 만 명으로 늘어나 손병희는 동학 지도자들로 하여금 진보회라는 애국 단체를 만들게 하였는데, 조정에서는 다시 회원들을 찾아 억누르기 시작하였고, 실질적인 책임자인 송병준과 이용구가 오히려 일본에 협력하는 활동을 벌이게 되었다.

이렇게 되자, 손병희는 동학을 순수한 종교 단체로 만들기 위해 천도교로 이름을 바꾼 다음, 일본으로부터 귀국하여 각 지방을 돌아다니며 포교에 힘썼다. 그러자 끝까지 스승을 배반한 이용구의 진보회 때문에 방향을 찾지 못하고 있던 교도들이 다시 손병희를 따라 천도교에 들어왔다.

손병희는 천도교를 통하여 교육과 문화 사업에도 힘을 썼다. 1909년에는 동덕 여학교를 경영하게 되었고, 1910년에는 천도 교회 월보사를 세우는 한편, 지금의 고려 대학교인 보성 전문 학교, 보성사 인쇄소를 경영하게 되었다. 또 그 이듬해에는 천도교 대헌을 정하여 선포함에 따라 '총인원'이라는 기관 아래 각 지방 대교구의 대표 32명을 두게 되었다. 손병희는 일본이 우리의 주권을 완전히 빼앗은 1910년부터 온 힘을 독립 운동에 쏟으며, 모든 활동의 준비가 '총인원'을 통하여 이루어지게 하였다. 1919년 3월 1일, 우리 민족 전체가 3천리 방방 곡곡에서 일으킨 삼일 독립 운동의 횃불은 손병희와 민족 대표들의 '독립 선언'을 기반으로 일어난 독립 만세 운동이며 손병희는 이 독립 선언에 기독교, 불교 대표들이 공통으로 참여하게 하여, 결국 민족 전체가 일어날 수 있었던 것이다.

손병희 동상이 있는 3·1 공원

연대	중요 사항
1861	(철종 12년)~1922
1882	동학에 들어감.
1894	동학 북접군을 지휘하여 농민 운동을 일으킴.
1897	동학 제3대 교주가 됨.
1907	동학을 천도교로 개칭함.
1919	3·1운동을 일으킴.

대종교 창시자 나 철

〈독립 운동가로서의 활약〉

나철은 우리의 민족 종교인 대종교의 창시자로 잘 알려져 있지만, 우리 나라의 독립을 위해 일생을 바친 인물이기도 하다. 그가 대종교를 일으킨 것도 일본의 침략으로 쓰러져 가는 나라를 구하기 위한 일념으로 우리 민족을 단결시키기 위한 것이었다.

전라 남도 낙안에서 조선 시대 말기에 태어난 나철은 부정자(교서관·승문원의 종9품 벼슬)라는 보잘것 없는 벼슬을 하였다.

그는 을사조약이 맺어지기 전에 오기호와 함께 일본으로 건너가 일본 왕과 대신들에게 한국의 독립을 주장하였다. 그러나 그들이 오히려 돈과 벼슬을 주어 꾀이려 하므로 '나라 안에서 우리 나라를 일본에 팔아먹으려 하는 매국노들을 제거해야 한다.'고 결심하였다.

나철이 서울로 돌아왔을 때였다. 서대문에서 세종로 쪽으로 걸어가는데 한 노인이 백발을 휘날리며 걸어오다가 걸음을 멈추고 말했다.

"나의 호는 두암, 이름은 백전이고, 나이는 90인데, 백두산에 계신 백봉신 형의 명령을 받고 그대에게 이것을 전하러 왔소."

그 노인은 나철에게 백지에 싼 물건을 주고는 서대문 쪽으로 사라졌는데, 그 속에는 단군 대황조라고 쓴 초상화 한 폭과 '삼일신화', '신사기' 1권씩이 들어 있었다. 나철은 그 후에도 이 노인과 함께 공부하는 33인 중 한 명인 두일백이라는 노인을 두 번 더 만났다고 한다.

한편 조정에서는, 대신 박제순과 이지용이 그 때까지도 정권 싸움이나 하고 있었으므로 나철은 오기호, 김인식과 함께 폭발 장치를 선물 상자로 꾸며 이들을 살해하려 했다. 그

신선도

러나 이 폭발물이 발각되어 실패로 돌아가자, 나철은 5적(참정 대신 박제순, 내부 대신 이지용, 군부 대신 권중현, 학부 대신 이완용, 전 군부 대신 이근택)을 제거하기로 마음먹었다.

"대한 독립은 우리 2천만 동포가 살고 죽는 문제이니, 자유를 사랑하는 여러분은 목숨을 걸고 5적을 죽여야 한다. 이것만이 우리와 우리 자손들이 이 나라에서 길이 사는 길이다. 그러므로 우리는 매국노들을 죽이고 우리가 세계 독립국의 하나로 늠름하게 일어설 수 있게 해야 하는 것이다."

나철은 동지들에게 이렇게 강조하였다.

그리하여 그들은 부인들의 비녀까지 팔고 뜻있는 사람들이 낸 돈을 모아 무기를 구하는 한편, 장사들을 소집하였다. 그들은 거사 계획을 1907년 설날, 2월 27일인 황태자 천추절(생일), 3월 25일로 정하여 실행하려 했지만 모두 실패로 돌아갔고, 동지 한 명이 체포되어 오히려 아무 관련도 없는 사람들까지 고통을 겪게 되었다.

일이 이렇게 되자, 나철은 다른 동지에게 뒷일을 부탁하고 오기호, 최인식 등과 함께 자수했는데, 재판 결과 형을 받은 사람은 30명이나 되었다. 그 중에는 고문을 당하여 뼈가 부러진 사람도 있었으나 아무도 굴복하지는 않았다. 그들은 "우리를 처벌하려면 먼저 5적부터 잡아 국법을 바로잡고 처형하라."고 주장하였다. 나철은 이 재판으로 10년간 섬에서 귀양살이를 하도록 선고받고 귀양살이를 하는 도중에 병이 나 귀양에서 풀려 집으로 돌아오게 되었다.

<대종교의 탄생>

드디어 일본이 우리 나라를 완전히 빼앗게 되자, 나철은 활동 방향을 바꾸어 단군을 숭배하는 사람들을 모아 대종교를 세우기로 하였다.

단 군

그리하여 1909년 정월 15일, 나철은 동지 오기호, 강우, 최현(스님), 유근, 정훈모, 박호암, 김인식, 이기, 김춘식(기독교 장로) 등 여러 사람과 뜻을 모으고 서울 재동 취운정의 초가집에서 단군 대황조 초상화를 모시고 의식을 올렸으니, 이로써 대종교가 탄생되었다.

이어서 나철은 강화도 마니산의 제천단과 평양 숭령전을 방문한 후 바로 백두산 아래의 청파호에 이르러 제사를 올린 다음, 그 곳에 교당을 세웠다. 또 1914년에는 대종교 총본사도 세우고 백두산을 중심으로 하여 한반도와 만주, 중국, 일본을 4교조로 나누었다. 그리하여 동도 본사는 만주의 독립 운동가 서일이 주관하게 되었고, 서도 본사는 중국 상하이에서 이동녕, 신규식이, 북도 본사는 소련에서 이상설이 맡았으며, 남도 본사는 총본사가 만주, 서울 등 여러 곳으로 옮겨지다가 일제의 가혹한 탄압으로 없어지고 말았다.

나철은 대종교를 일으킨 후 8년 동안 만주를 중심으로 포교 활동을 벌여 그 곳에 사는 수만 명의 우리 동포를 신자로 만들고 수십 군데에 학교를 세워 독립 운동을 계속하였다. 그가 학교를 세운 것은 교육을 통하여 우리의 민족 정신(한얼)을 불러일으키기 위한 것이었다.

그러자 일본 총독부에서는 대종교 문제로 당황하게 되었고, 처음에는 큰 돈을 들여 교도들을 꾀이려 했다. 그러나 나철을 비롯한 간부들의 강경한 반대에 부딪히자, 1915년에는 대종교를 없애기 위한 조선 총독부령을 발표하여 다른 종교의 포교 신청서는 다 받아 주면서 대종교의 서류만은 받지 않았다. 또 나철이 만주로 가는 것도 막고 구속하겠다고 으름장을 놓았다.

백두산 장백 폭포

〈천하를 위해 생을 바치다〉

나철은 침묵을 지키면서 교도들을 이끌고 구월산 삼성사로 향했다. 삼성사에 도착한 그는 당사를 수리하고 환인, 환웅, 단군의 3신 위패를 모신 다음, 경배식을 올려 수도에 들어갔다.

1916년 8월 14일, 머리를 깎고 목욕한 후 새옷으로 갈아 입은 나철은 이튿날 자정에 하늘에 제사를 올렸다.

강화도 마니산 참성단

"이 곳은 우리 한배님께서 한울에 오르신 곳이다. 향불을 4천 년 동안이나 피워 왔는데, 불행하게도 최근 몇 년 동안 제사를 지내지 못하여 사당과 제실이 무너져 비바람을 견디지 못하게 되었으니 그 자손된 이가 어찌 감히 안전하기를 바라겠느냐, 내가 큰 가르침을 받은 지 8년 만에 비로소 이 곳에서 그 뜻을 받들게 되니 내 지극한 원을 마치었다."

말을 마친 나철은 다시 수도실로 들어가며 "3일간 아무도 이 문을 열지 말라."하고는 이 세상을 떠났다.

반듯이 누운 그의 옆에는 '대종교, 한겨레, 온 천하를 위하여 죽다.'는 뜻의 유서인 '순명 3조'가 놓여 있었다.

연대	중요 사항
1863	(철종 14년)~1916
1905	을사조약 때 대신들을 저격하려 한 죄로 유배되었다가 병으로 돌아옴.
1909	1. 15(음). 대종교를 일으킴.
1916	구월산 삼성사에서 자결함.

애국 애족의 교육자 남궁 억

독립 협회 회원

<신학문을 익히고>

남궁 억은 조선 시대 말기 철종 임금 때 무과 중추 도사 남궁 영의 아들로 태어났다. 한문을 배우던 그는 20세에 이르러 신학문을 배워야 한다는 생각으로 영어 학교에 들어가 최우수 학생으로 졸업했고, 다시 독일어도 익혀 23세에는 고종 황제의 통역관이 되어 7년간 궁중의 관직 생활을 하면서 황제의 큰 신임을 얻었다.

그 후 칠곡 부사를 지낸 남궁 억은 순무사로 승진하였고 이어 내부 토목 국장이 되어 서울의 도로 확장, 탑골 공원 공사도 했다. 그러나 일본인들에 의해 명성 황후가 세상을 떠나고 고종 황제가 러시아 공사관에서 지내게 되는 등 나라가 어수선해지자 관직에서 물러나 구국 운동에 참여하게 되었다.

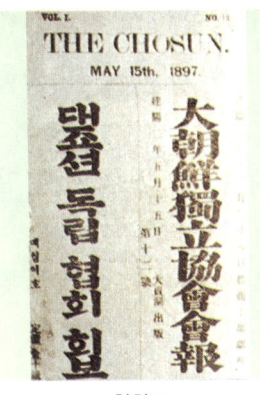
협회보

<구국 운동에 투신>

그는 먼저 서재필 등과 힘을 합하여 '독립 협회'를 조직하였다. 독립 협회에는 이상재, 이승만, 윤치호 등 당시의 새로운 지식인들도 많이 참가하여 외국 세력을 반대하고 나라의 정치를 바로잡는 데 노력하였다. 그들은 또 중국 사신을 맞이하고 접대하던 영은문 옆 모화관 건물을 독립관으로 바꾸는 한편, 독립문을 세웠으며, 러시아 공사관에 가 있는 고종 황제에게 호소하여 궁궐로 돌아가게 하였다. 또 '독립 신문'을 발간하여 국민들에게 독립 정신을 고취시켰다. 남궁 억은 독립 협회의 총무 겸 사법 위원을 맡아 실제적인 업무를 모두 처리하였다.

독립 협회에 대한 관리들의 탄압이 심해지자, 남궁 억은 다시 장지연과 함께 '황성 신문'을 창간하고 스스로 사장과 주필을 맡았다.

그러나 그는 끝내 독립 협회 간부 10여 명과 함께 체포되어 심한 고문을 받고, '만민 공동회' 회원들의 석방 운동으로 풀려나게 되었는데 이후에도 황성 신문을 통한 러시아와 일본에 대한 비판으로 1900년과 1902년에 두 차례 더 체포되었고, 1903년에도 운동을 일으키려 했다는 죄로 또 체포되었다가 풀려났다.

을사조약 반대 민중들

〈교육에 힘쓰다〉

체포될 때마다 갖은 고문으로 쇠약해진 몸을 돌보던 그는 1905년에 성주 목사를 거쳐 그 이듬해에는 양양 군수가 되었다. 이 때 그는 지금까지 생각만 해 오던 교육에 힘쓰기로 결심하고 '현산 학교'를 세운 다음, 직접 학교에 나가 자신도 글을 가르쳤다.

그러나 우리 나라에 대한 일본의 압력이 더욱 거세어지자, 남궁 억은 관직을 버리고 서울로 돌아가 교육에 힘쓰기로 하였다. 그리하여 1908년에는 학교에 갈 수 없는 처지의 젊은이들을 위한 통신 강의인 '교육월보'를 발간하기 시작했고, 1910년에는 '배화 학당' 교사로 들어가 이후 8년간 재직하였다. 이 때 그는 외국어, 국사, 국문법, 가정 교육, 웅변을 가르쳤고, '가정 교육', '신편 언문체법' 등 교과서를 쓰기도 했다. 또 밤에도 상동의 청년 학교에 나가 교장 겸 교사가 되어 불우한 학생들을 가르쳤다.

이처럼 밤낮을 가리지 않은 활동으로 지친 그는 병이 들어, 1918년에는 강원도 홍천군 서면 모곡리의 고향 마을로 내려가게 되었다.

그러나 교육에 대한 그의 정열은 식지 않아, 이 곳에다 예배당을 지은 다음 '모곡 학교'라는 간판도 걸고, 보통 학교(국민 학교) 공부를 가르치기 시작하였다. 그러자 수많은 학생들이 모여들었고, 기부금을 내는 뜻있는 사람들도 늘어났다.

남궁 억은 이 학교에서 '조선어 이야기'라는 책을 펴냈는데, 5권에 걸쳐 1290쪽으로 엮어진 이 책은 우리 나라 역사를 이야기체로 엮은 것으로 청소년들을 가르치기 위한 교재였다. 그 외에도 그는 '조선어 보충', '조선어 문법' 같은 책도 만들어 학생들에게 가르쳐 주었다. 그는 수집에도 취미가 있어 고

황성 신문

려 시대의 '해동통보'로부터 조선 시대까지의 화폐 70여 개를 모으고, 우리 나라 초기의 우표 20점을 모아 두었다가 연희 전문 학교에 기증하였다.

그는, 1932년에 연희 전문 학교 졸업식에 참석하여 다음과 같은 유명한 연설을 하였다.

"내가 여러분을 보려고 놀미재라는 높은 고개를 넘을 때, 무릎이 묻힐 만큼 눈이 쌓여 있었습니다. 처음에 먼저 간 사람의 발자국만 따라가다 보니, 그 발자국이 다른 곳을 향한 것이 분명하므로 나는 그 숫눈 위에 새 발자국을 내면서 걸어왔습니다. 아마 내 뒤에 오는 사람은 내 발자국을 따라왔을 것입니다. 여러분 졸업생들도 내가 눈길을 걸어올 때, 처음에는 남의 발자국을 따라오다가 다음에는 내가 새 발자국을 내어 뒤에 오는 사람으로 하여금 바른 길을 찾게 한 것과 마찬가지로, 새 진로를 개척하여 뒷사람이 따라갈 수 있게 하기를 바랍니다."

남궁 억이 모곡 학교를 세워 교장 겸 교사로서 8년간을 근무한 1933년, 일제는 저희들 마음대로 교육하기 위하여 '모곡 학교'를 공립 학교로 바꾸어 버렸다. 남궁 억은 그래도 이 학교를 떠나지 않고, 무궁화 꽃밭을 꾸미는 등 간접적인 방법으로 애국심을 불러일으켰다. 그는 또 무궁화가 우리 나라 꽃이라는 것을 알리기 위해 '무궁화 동산'이라

독립 신문(독립 협회 발행)

독립 신문(임시 정부 발행)

는 노래를 지었다.

　이 노래가 어린이들 뿐만 아니라 입에서 입으로 퍼져 일반 사람들도 부르게 되자, 일본 경찰들은 이 노래를 지어 낸 사람이 바로 남궁 억이라는 것을 알아 내고는 '국사 교육 사업'과 비밀 조직인 '십자당 사건'에 참여하였다는 죄를 뒤집어씌워 체포하였다. 70세의 노인으로 서대문 형무소에서 1년을 갇혀 있던 남궁 억은 석방된 후 곧 모곡으로 돌아가 기독교 전도에 힘쓰다가 고문을 받은 후유증으로 세상을 떠나고 말았다.

> **무궁화 동산**
>
> 우리의 웃음은 따뜻한 봄바람
> 춘풍을 만난 무궁화 동산
> 우리들의 눈물이 떨어질 때마다
> 또다시 소생하는 2천만
> 빛나거라 3천리 무궁화 동산
> 잘 살아라 2천만의 고려족
> 백화가 만발한 무궁화 동산에
> 미묘히 노래하는 동무야
> 백천만 화초가 웃는 것같이
> 즐거워하라 우리 2천만

연대	중요 사항
1863	(철종 14년)~1939
1886	고종의 영어 통역을 맡음.
1889	궁내부 별군직이 됨.
1893	칠곡 부사가 됨.
1895	내부 토목 국장이 됨.
1896	관직을 물러나 독립 협회 총무를 맡음.
1898	황성 신문을 발간함.
1905	성주 목사, 1906, 양양 군수가 됨.
1908	배화 학당 교사가 되어 교과서를 만들며 교육에 힘씀.
1918	강원도 홍천에서 '모곡 학교'를 세워 교육에 힘씀.

목놓아 소리쳐 운 장지연

위암 장지연

〈개화 사상으로 생각을 바꿈〉

장지연은 다섯 차례나 낙방한 끝에 31세에 이르러서야 과거(병과)에 급제하였다. 그것은 그의 학문이 모자란 것이 아니었고, 당파 싸움으로 인물을 바르게 뽑지 않았던 조선 말기의 그릇된 정치 때문이었다.

"개화파들은 세상을 짐승처럼 살아가자는 것입니까?"

하고 임금에게 상소까지 올렸던 그가 개화 사상으로 생각을 바꾼 것은, 1898년 독립 협회의 만민 공동회에 참가하면서부터였다. 이 때부터 그는 황성 신문 창간에 힘을 모았고, 이 신문의 주필이 되어 일제의 침략을 만천하에 폭로하고 나라를 위한 글을 써 나갔다.

〈'시일야 방성 대곡'을 쓰다〉

1905년, 러일 전쟁에서 승리한 일본은 우리 나라를 지배할 흉계를 꾸며 강제로 을사조약을 맺게 하였다. 일본과 러시아가, 우리 나라 침략의 손길을 뻗치며 서로 싸움을 벌이고 있던 때였으므로, 이 조약은 일본이 대한 제국의 외교권을 빼앗고 대한 제국을 그들의 보호 아래 둔다는 내용이었다. 신문사에서 이 소식을 들은 장지연은 바람 앞의 등불 같은 조국의 장래를 걱정하며 목놓아 울고 '시일야 방성 대곡'이라는 유명한 논설을 썼다.

"……아! 저 개돼지보다 못한 우리 정부 대신들은 자기의 이익만 바라고 넘겨다 보며 거짓 위협을 두려워하여, 머뭇거리고 벌벌 떨며 나라를 팔아먹은 도둑이 되어, 4천 년을 이어 온 강토와 5백 년 사직을 남에게 바쳐 2천만 동포를 노예로 만들었구나. (중략) 나는 김상헌처럼 국서를 찢어 통곡하지도 못하였고, 정온처럼 배를 갈라 죽지도 못하였으니, 무슨 낯으로 강경하신 황제 폐하를 다시 뵈오며, 무슨 낯으로 2천만 동포를 다시 대하리오. 아! 원통하고 분하다. 이제 노예가 된 우리 동포여! 살 것인가, 죽을 것인가. 단군과 기자 이래 4천 년의 민족 정신이 하룻밤 사이에 멸망해 버린다는 말인가.

아! 원통하고 원통하도다. 동포여! 동포여!" (황성 신문, 1905년 11월 20일)

이 글을 신문에 낸 그는 곧 일본 경찰에 잡혔고, 신문도 나오지 못하게 되었다. 그러나 그는 국내에서, 그리고 러시아와 중국에서 일제의 계속적인 억압을 받으면서도, 국민을 깨우치고 국민 정신을 드높이며 나라를 되찾는 일에 평생을 바쳤다.

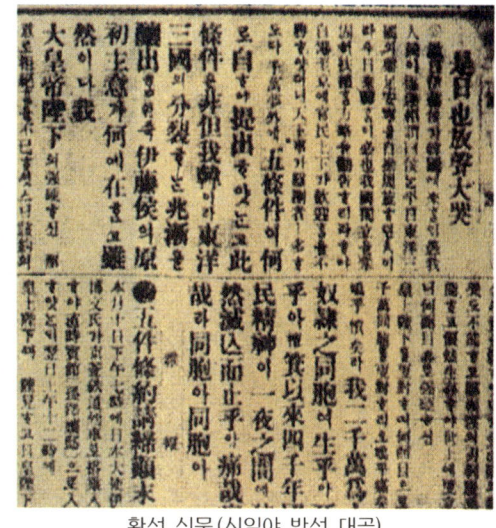

황성 신문(시일야 방성 대곡)

◎ 참고 자료

〈김상헌〉

1636년 병자호란 당시, 예조 판서로 청나라와의 화의를 배척한 인물

청나라에 항복이나 다름없는 화의를 청하는, 인조 임금의 국서를 빼앗아 갈기갈기 찢으며 통곡하였다. 그 후 청나라로 끌려가 있다가 풀려나 좌의정 등을 지내기도 하였다.

〈정온〉

김상헌과 함께 청나라와의 화의를 배척한 인물

결국 화의가 성립되자 칼을 빼어 자신의 배를 갈랐으나 죽지 않고, 벼슬을 버리고 덕유산으로 들어가 5년 후에 생을 마쳤다.

〈황성 신문〉

1898년 9월 5일에 창간된 신문으로, '대한 황성 신문'을 국한문 섞어 일간 신문으로 고쳐 발간한 것이다.

애국적인 기사로 인하여 1905년 을사 보호 조약 때 폐간되었다가 여러 달 후에 다시 발간하게 되었으나, 결국 1910년, 한일합방 때 문을 닫고 말았다.

연대	중요 사항
1864	경상 북도 상주에서 태어남.
1887	지진설을 발표함.
1898	독립 협회 주관 제2차 만민 공동회에 참여하고, 황성 신문 주필이 됨. 정약용이 지은 책들을 보급함.
1905	'시일야 방성 대곡'이란 명논설을 발표함.
1906	대한 자강회 의원으로 활동함.
1907	휘문 의숙 교장, 교과서를 편집함. 이후 러시아, 중국으로 망명, 신문 제작 등으로 계속 일제의 억압을 받음.
1913	국내에서 애국 계몽 운동을 시작함.
1921	58세로 세상을 떠남(경상 남도 마산시 현동).

의병 대장 홍범도

〈사냥꾼 출신 의병 대장〉

홍범도는 산짐승을 잡는 포수였다. 그는 평안 북도의 사정에서 태어나, 백두산 근처의 갑산에서 짐승을 잡는 방법을 익혔다. 갑산은 우리 나라에서 가장 험한 산골짜기로, 옛날에는 이 곳으로 귀양가는 것을 가장 무서워할 정도였고 무서운 산짐승도 많은 곳이었다. 홍범도가 사냥을 배우게 된 것은 그 곳에서 끼니를 해결하는 가장 좋은 방법이 사냥이기 때문이었다.

서당에는 가 본 적이 없는 홍범도는 한글도 겨우 알 정도였지만 총을 쏘아 짐승을 맞추는 데는 그를 따를 사람이 거의 없었다. 더구나 그는 키가 크고 정의감이 강했으며, 가난한 사람, 불쌍한 사람을 보면 그냥 지나치는 법이 없었다.

홍범도가 37세가 되던 해에 일본은 강제적으로 을사조약을 맺어 차츰 우리 나라의 주권을 빼앗아 가고 있었다. 그러자 각지에서 의병이 일어나기 시작했다. 충청 남도 정산에서는 부참판을 지낸 민종식이, 경상 북도에서는 신돌석이 일어나 일본군을 무찌르기 시작했고, 허위는 임진강 유역에서, 민긍호는 강원도와 충청도에서, 이강년은 경상 남도와 강원도, 충청도에서, 김수민은 황해도, 경기도에서, 이진용은 황해도와 평안도에서, 최익현은 전라도에서 의병 부대를 일으켜 일본군을 무찔렀다.

비록 공부는 하지 못하고 짐승을 잡거나 광산에 다니며 일을 했으나 홍범도는 조국에 대한 사랑이 깊었던 인물이었다. 그도 의병을 모집하였다. 그러자 갑산 주위의 이름난 포수들이 속속 그에게로 달려왔다. 그리하여 함경도에서는 홍범도가 거느린 의병들이 가장 강한 부대가 되

청산리 대첩

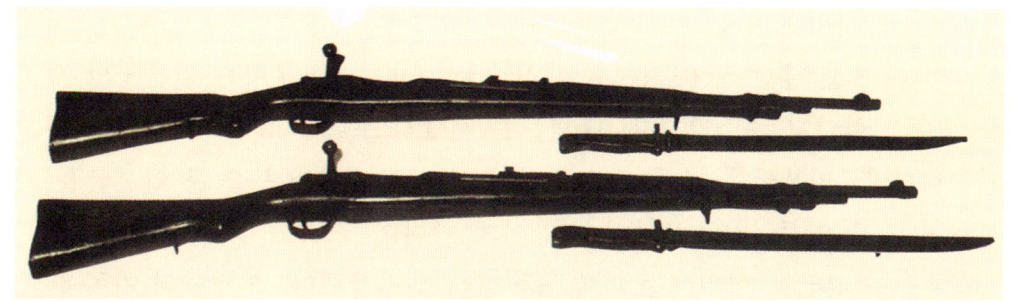
당시 광복군이 사용하던 무기

었다. 삼수, 갑산, 황수원, 풍산 등지의 명포수들이 모두 모여들었기 때문이었다.

〈홍범도의 첫 승리는 일본군의 기를 꺾고〉

홍범도 부대가 첫 승리를 거둔 것은 1907년 11월 22일이었다. 포수들의 엽총을 빼앗으러 나온 일본 군대와 경찰을 하나도 남김없이 쓰러뜨린 것이다. 홍범도는 이 승리에 힘을 얻어 그 이튿날 혜산진으로 가는 일본의 우편 마차를 습격하여 북청 수비대를 모조리 사살해 버렸다.

약이 오른 북청 수비대 본부에서는 홍범도 부대를 찾아 후치령으로 나왔다. 홍범도는 곧 후퇴하는 척하거나 숨어 있다가 불쑥 나타나고 다시 번개처럼 사라지는 등 적을 혼란에 빠뜨려, 일본군은 그 기세가 꺾이고 겁을 먹게 되었다.

그 이듬해 홍범도의 부대가 일본군 화물을 빼앗고 호위병을 전멸시키자, 일본군은 함흥에서 기병 소대를 데려와 전투는 더욱 치열해졌다. 드디어 12월 31일, 일본군과 마주친 홍범도 부대가 겁을 먹은 척하며 삼수로 후퇴하자, 일본군은 의심 없이 뒤쫓아왔고, 홍범도 부대는 곧 돌아서서 공격하여 일본군은 큰 손실을 입고 혜산진으로 달아났다.

당시의 광복군이 입었던 군복

당시 그 지방의 일본군 사령관 마루이 소장은 북청, 함흥, 성진 등 여러 부대에서 가장 날쌘 군인들을 뽑아 삼수로 보냈다. 마루이는 일본군의 위신을 세워야 한다고 큰소리쳤다. 홍범도는 재빨리 부대를 삼수에서 철수시키고 기다렸다가, 일본군이 그 곳으로 들어간 사이 갑산에 본부를 둔 일본군을 쳐부수어 겨우 열두 명만 살아서 도망치게 했다.

당황한 일본군은 이번에는 의병들을 달래기 시작했다. 의병들의 가족을 찾아가 돈과 쌀을 주어서, 의병들을 집으로 돌아가게 한 것이다. 그러자 가난에 시달리던 의병들은 가족을 먹여 살리려고 너도 나도 부대를 떠나는 일이 벌어졌고, 이에 기세가 오른 일본 경찰 2개 부대가 홍범도 부대를 향해 진격해 왔다. 홍범도는 그 소식을 듣고 숨어 있다가 차례로 도착한 두 부대를 모조리 사로잡아 처형해 버렸다.

그러나 불행한 일은 계속되었다. 홍범도의 오른팔이 되어 주던 차도선 대장까지 일본군의 꾐에 빠져 산을 내려가자 의병의 사기가 떨어졌는데, 이번에는 그의 왼팔이 되어 주던 태양욱 대장이 일본군에게 체포되고 말았다.

게다가 군자금까지 모자라게 된 홍범도는 1909년 여름에 이르러 만주의 연추로 떠났다. 그 곳의 한국인 마을에 이르른 홍범도는 다음과 같이 비장한 연설을 하였다.

"우리의 조국을 왜놈들이 빼앗아 가고 있습니다. 참으로 통탄할 일은 우리는 이제 우리 나라로 돌아가 살아갈 수도 없으니, 우리가 죽어 저승에 갔을

의병들의 모습

때 어떻게 우리의 조상을 대할 수 있겠습니까!"

홍범도의 부르짖음을 들은 사람들은 모두 그에게 협력하였고, 이에 힘을 얻은 그는 다시 신풍, 이원, 단천, 풍산, 갑산, 혜산진 등의 의병 부대를 거느리게 되었다.

〈청사에 길이 빛날 청산리 대첩〉

1910년 봄, 드디어 일본은 우리 나라를 완전히 빼앗아 갔다. 이에 홍범도는 부대를 이끌고 간도로 건너갔다. 그 곳에서 부대를 다시 편성하고 국내로 진격해 들어오기 위해서였다. 홍범도는 그 곳에서 서일이 만든 중광단에 들어가 독립 투사들과 힘을 모으는 한편, 의병 훈련에 여념이 없는 세월을 보냈다. 그리하여 1919년 8월에는 국민회 소속 대한 독립군 사령관이 되었고, 드디어 일본군을 본격적으로 무찌르기 시작했다. 두만강을 건너 일본군을 습격하기도 했고 압록강을 건너 한꺼번에 수십 명의 일본군을 사살하고 돌아가기도 했다. 1920년 6월에는 또다시 압록강을 건너 봉오동에서 일본군 대부대를 무찌르고 돌아갔다. 10월 14일, 일본군은 지금까지의 피해에 대한 복수를 하겠다고 청산리에 있는 우리 독립군 부대로 덤벼들었다. 이 때 청산리 산중의 독립군 부대인 북로 군정서는 제1연대를 홍범도, 제2연대를 김좌진, 제3연대를 최진동이 맡고 있었는데, 침입해 들어온 일본군을 용감하게 무찔러 단숨에 수백 명을 사살하였다.

홍범도는 그 후 독립 투사들과 손을 잡고 고려 혁명군 의료대를 조직하기도 했고, 독립군을 방해하는 소련군과도 싸우다가 1943년, 조국의 광복을 겨우 2년 앞둔 겨울의 눈보라 속에서 70세를 일기로 일생을 마쳤다.

연대	중요 사항
1868	(고종 5년) ~ 1943
1907	산포대를 조직하여 의병을 일으킴. 이후 평생 일본군과 싸움.
1919	간도 국민회에 들어가 대한 독립군 총사령관이 됨.

우국의 매운 충절 이상설

이상설을 모신 사당

이상설은 충청 북도 진천에서 태어났다. 그는 일찍부터 한문과 함께 법률, 영어도 공부하여 그의 집에는 여러 가지 책이 많았다.

23세에 조선 시대의 마지막 과거에 급제한 그는, 그 후 법부의 관리로서 일본의 침략에 당당히 맞서 고종 황제의 두터운 신임을 얻었다.

그러나 1905년 11월, 일본이 강제로 을사조약을 맺자, 고종 황제에게 눈물로 상소를 올린 다음, 민영환을 따라 자결하려 했다.

"……이 협약이 이루어져도 대한 제국은 망할 것이요 이루어지지 않아도 망할 것인즉, 폐하께서는 부디 무거운 책임을 잊지 마시고 나라와 함께 목숨을 버리기를 결심하지 않으면 안 될 것입니다.……"

그러나 이상설이 통곡하며 자결하려는 것을 본 시민들이 말려 마음을 다시 가다듬게 되었다. 그리고 그 이듬해에 러시아의 블라디보스토크를 거쳐 만주로 가게 되었다.

연길 용정촌에 도착한 이상설은 그 곳에 서전 의숙을 세워 동포들의 교육에 힘썼고, 1907년 6월에는 네덜란드 헤이그에서 열린 만국 평화 회의에 이준, 이위종과 함께 고종의 밀사이자 특사로 참석하기도 했다. 한국의 참석이 거부된 그 회의에서 이준이 자결하자, 다시 미국으로 건너가, 이승만, 박용만 등 독립 운동가를 만나 일본의 한국 침략을 막으려고 끝까지 노력했지만, 모진 감옥 생활에서 얻은 병으로 마침내 피를 토하며 쓰러지고 말았다.

연대	중요 사항
1871	(고종 8년)~1917
1894	문과 과거에 합격함.
1904	법부 협판이 됨.
1906	만주에서 서전 의숙을 세움.
1907	만국 평화 회의 참석에 실패함.
1910	성명회를 조직함.

영욕을 한 몸에 진 초대 대통령 이승만

⟨민주주의 정신의 독립 운동⟩

이승만은 조선 시대 말기에 황해도 평산에서 5대 독자로 태어나 두 살 때 서울 남대문 앞 염동의 오두막집으로 이사하였다.

19세까지 서당을 다니며 한학을 배우던 그는 신긍우라는 사람의 권유로 배재 학당을 다니게 되었고, 미국인 여의사에게 한국어를 가르쳐 주고 대신 그녀에게서 돈도 받게 되었다.

이승만

또 당시의 우리 나라는 아직 서양의 발달된 문물을 채 받아들이지도 못한 데에다 외국 세력이 마구 밀어닥쳐 정치가 어지럽기 짝이 없었다. 그래서 이승만은 미국에서 돌아온 서재필의 민주주의 사상에 큰 감명을 받고 정치를 바로잡아야 한다는 데 큰 관심을 두었다. 그러던 중에 명성 황후가 일본 자객에 의해 살해되자, 윤치호, 이도철, 윤응렬 등과 복수를 하려다가 경찰에 쫓긴 일까지 있었다. 이 때부터 그는 서재필의 가르침을 받기 위한 청년 단체 '협성회'를 조직하고, 서재필이 발간하는 '독립 신문'을 본따서 '협성 회보'를 발간하는 등 활발한 활동을 벌이게 되었다.

독립 협회에 대한 정부의 탄압이 심하여 서재필이 미국으로 쫓겨가고 이상재, 남궁 억이 경찰에 잡혀가자, 이승만은

"고종 황제는 늙었으니 황태자에게 자리를 내주어야 한다."

는 전단을 뿌리다가 체포되었고, 이 일로 인하여 그는 7년간 감옥살이를 하게 되었다.

이승만은 개화파인 민영환 등이 정권을 잡게 되자 석방되었고, 그 동안의 정치에 대한 생각을 정리하여 '독립 정신'이란 책을 썼다. 이승만은 이 책에 다음과 같은 내용을 실었다.

○ 세계 여러 나라와 무역을 하고 친선 관계를 맺어야 한다.
○ 새 법을 만들어 질서를 바로잡고 생활을 개선해야 하며, 낡은 생각들을 버려야 한다.

○ 외교에 힘써야 한다.
○ 민족의 자존심을 지켜야 하며, 국기를 소중히 해야 한다.
○ 정의를 위해 죽을 줄 알아야 한다.
○ 자유와 평등을 위해 권리, 의무에 충실해야 한다.

〈대통령 당선－부정 선거〉

　1904년에 감옥에서 나온 이승만은 미국으로 건너가, 5년 동안 워싱턴 대학, 하버드 대학, 프린스턴 대학을 다니며 철학 박사 학위를 받고 귀국하였다. 그러나 우리 나라의 주권이 완전히 일본으로 넘어가, 조국이 일제에 의해 짓밟히고 있는 안타까운 현실을 본 그는, 다시 미국으로 건너가 박용만, 안창호와 협력하여 독립 운동에 힘쓰게 되었다.

　그리고 1919년, 3·1 운동 후에는 전국 각 도 대표에 의해 만들어진 한성 정부의 집정관 총재가 되었고, 중국 상하이에서 탄생한 임시 정부에서는 초대 대통령으로 추대되었다. 그러나 이승만 특유의 고집 때문에 독립 투사들과의 사이가 나빠졌는데, 그는 좀처럼 그 태도를 고치지 않았으며 심지어 독립 운동을 위한 자금도 자신의 판단 아래 썼다. 또 59세가 되자, 오스트리아의 독립 운동가였던 프란체스카와 결혼하였다.

　1945년 8월 15일, 우리 나라가 광복을 맞았을 때 이승만은 70세였다. 이 때 북한은 소련군, 남한은 미군이 들어와 군정을 실시했는데, 미군의 도움을 받아 활동하게 된 이승만은

　"뭉치면 살고 흩어지면 못 사나니 다같이 하나로 뭉치자."

라고 연설하였다. 그리고 유엔의 결의에 따라 남한만의 총선거를 하여 뽑힌 국회 의원들에 의해 대통령에 선출되었다.

임시 정부의 초대 대통령 환영식

　그러나 1952년의 두 번째 선거에서는 당선될 자신이 없자, 국민들의 직접 선거로 바꾸어 또 대통령이 되었고, 드디어는 초대 대통령은 죽을 때까지 대통령을 할 수 있다는 법까지 만들었다. 이 법은 찬성하는 국회 의원이 $\frac{2}{3}$를 넘지

않았는데도 반올림하면 $\frac{2}{3}$가 된다〔4사(捨) 5입(入)〕며 발표한 법이었다.

그리고 1960년 대통령 선거에서는 국민들이 이승만을 당선시켜 주지 않을 것 같은 느낌을 받은 자유당 정권은 여러 가지 방법으로 부정 선거를 실시하였다. 그러나 네 번째의 부정 선거는 온 국민들이 잠자코 있지 않았다.

"부정 선거 다시 하라!"

마산에서 시작된 시민들의 시위는, 4월 19일에 이르러 학생들을 중심으로 하다가 온 국민의 분노로 바뀌어 시민들이 거리로 뛰쳐나오게 되었고, 결국 이승만은 미국의 하와이로 망명하였다가 그 곳에서 세상을 떠났다.

▲ 초대 대통령 이승만 박사 무덤(국립 묘지)

이승만 박사의 글씨 '박애 보제'

연대	중요 사항
1875	(고종 12년)~1965
1895	독립 운동을 시작함.
1904	미국으로 건너가 공부하고 독립 운동을 전개함.
1948	~1960, 제1~3대 대통령을 지냄.
1960	4·19 학생 의거에 의해 대통령직을 내놓고 미국으로 건너가 5년 후 90세에 세상을 떠남.

곧은 절개, 매운 향내 신채호

단재 신채호

〈가난한 천재〉

신채호는 조선 시대 말기, 충남 대덕군 산내면(현 대전광역시 중구·동구)에서 선비 집안의 둘째 아들로 태어났다.

그는 사회적 신분은 양반이었지만, 아주 가난한 가정에서 태어나, 나이 쉰이 되어서도 콩죽이라면 몸서리를 칠 만큼 끔찍하다고 하면서, 어릴 때의 굶주림에 대한 이야기를 자주 했다고 한다.

어릴 때의 그는, 공부는 잘 했지만 몸이 허약하였으며, 행동도 느리고 자신의 감정을 겉으로 나타내지 않았다. 하루는 공부를 가르치시던 할아버지께서 "사람들이 너를 두고 모두들 조금 모자란 것 같다고 하니 무슨 까닭이냐?" 하고 물으시자, "저보고 그런 말을 하는 사람들도 저보다 나은 것도 없던데요." 하며, 다른 사람들의 그런 평을 대수롭지 않게 여기는 의젓한 모습을 보였다.

13세 때 '칠서(사서 삼경)'를 독파한 천재였으며, 20여 세 때에 이미 성균관 박사를 지냈다.

서울로 올라와서는 서점을 돌아다니며, 읽고 싶은 책들을 살 형편이 못 되니까 그 자리에 선 채로 읽었고, 친구 집에서도 그 집 책을 다 읽어야 나왔다. 한번 독서에 빠져들면 며칠씩 세수도 하지 않고 열중하였다.

〈애국 계몽 운동을 펼침〉

유학을 연구하기 위해 상경한 그는, 당시의 우리 나라 사정을 깨닫고는 곧 나라일을 토론하는 만민 공동회 회원으로 활동하기 시작하였고, 황성 신문, 대한 매일 신보 논설 기자로 있으면서 애국 계몽 운동을 펼쳐 나갔다. 그는 일본 제국주의를 몰아 내고 자주 독립 국가를 건설하려면 모든 국민이 실력을 갖추어야 한다고 주장하였다. 또 애국심을 기르는 가장 좋은 방법은 우리 나라 역사를 바르게 알도록 가르쳐야 한다는 것을 깨닫고, 스스로 우리 나라 역사를 깊이 연구하였다.

1909년, 안중근 의사의 이등박문 저격 거사 때 그는 애국 단체인 신민회 회원이었다. 그는 독립 운동을 위한 중국 망명 생활을 시작하였고, 1922년에는 조국을 위해 목숨을 바치기로 결심하여 부인과 아들까지 국내로 보냈다. 그러나 점차 건강이 나빠지고 시력이 약해지자,

"실명이 될지 모르니 아들이 보고 싶다."

며 6년 만에 아들을 불러 1개월을 함께 생활한 후 돌려 보냈다.

일제가 지배하는 세상에서 민족의 자존심을 꺾기 싫어, 선 채로 고개를 꼿꼿이 한 채 세수를 했던 단재 신채호. 그는 일본 경찰에 체포되어 10년 형을 선고받고 모진 고문 끝에 여순 감옥의 차가운 감방 속에서 그렇게도 기다리던 조국 광복을 보지 못하고 일생을 마쳤다.

▼ 아래 글씨는 단재 신채호의 글씨로, 미국 유학을 권한 도산 안창호의 권유에 대하여 '아직은 민족을 두고 떠날 때가 아니다'는 뜻이 들어 있다.

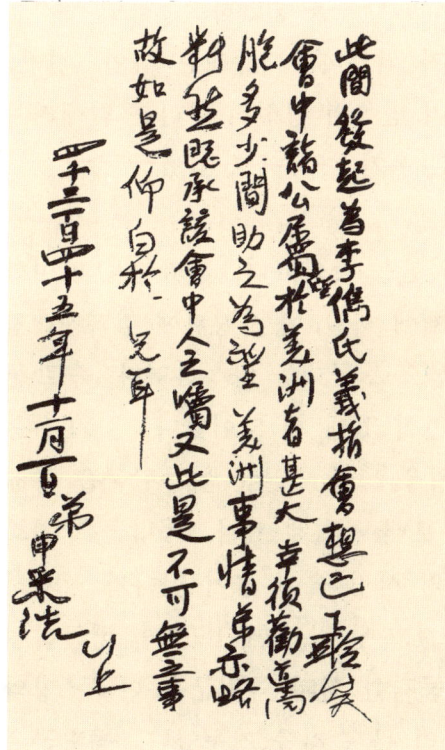

▲ 상해 망명 시절의 단재

연대	중요 사항
1880	충남 대덕군 산내면에서 태어남.
1900	성균관 박사가 됨. 그 후 만민 공동회 활동을 시작함. 황성 신문을 거쳐 대한 매일 신보 논설 기자가 됨.
1907	신민회 가입, 국채 보상 운동 참가, 그 후 독립군 기지 건립을 위해 중국으로 망명함. 이후 광복회 부회장, 학교 설립, 군사 교육, 군자금 마련 등의 일을 함.
1910	해조 신문 발간, 상해, 북경 등지에서 독립 운동 전개. 3·1 운동 후 임시 정부의 일과 무장 군사 활동을 함.
1922	국민 대표 회의에 참여함. 그 후 북경 대학에서 역사를 연구하며 '조선 상고사'를 발표함.
1929	대만에서 체포당함.
1936	여순 감옥에서 10년 형을 받고 복역 중, 세상을 떠남.

청산리의 호랑이 김좌진

<화대를 앞선 인물>

김좌진

김좌진은 조선 시대 말기에 충청 남도 홍성에서 부잣집 아들로 태어났는데, 어려서부터 남달리 민주적인 정신을 가져, 15세가 되었을 때 집안의 노비들을 모두 해방시켰으며 토지를 나누어 주고 농사를 짓게 하였고, 그 이듬해에는 호명 학교를 세워 운영했으니, 참으로 놀라운 인물이라 하겠다.

1905년, 일본이 강압으로 조선의 외교권을 빼앗은 을사조약이 체결되자, 그는 서울로 올라가 16세의 나이로 대한 협회의 간부가 되었고, 1910년, 일본이 우리 나라를 빼앗은 후에는 대한 광복단에 들어가 독립 운동 자금을 모으다가 일본 경찰에게 체포되어 3년간 감옥살이를 하였다.

감옥에서 나온 28세의 김좌진은 국내에서의 활동을 중단하고, 독립 투사들이 모여 있는 만주로 들어가 대종교 신자가 되었다. 대종교는 환인, 환웅, 단군 왕검을 믿는 우리의 민족 종교로, 우리 민족의 정신적 뿌리를 없애려는 일본의 혹독한 박해를 받아 본부를 만주로 옮겨 활동하고 있었다.

<역사에 길이 남을 청산리 전투>

그는 이어 서일이 이끄는 지린 성의 정의단을 찾아갔다. 김좌진을 맞이한 정의단은 북로 군정서로 이름을 바꾸고 총재에 서일, 총사령관에 김좌진, 참모장에 이장녕, 연성 대장에 이범석을 중심으로 군대를 양성하였다. 북로 군정서의 청산리 전투는 1920년 10월, 김좌진이 31세 때 일어났다. 3·1운동 후 독립군의 수가 점점 많아지는 것에 위협을 느낀 일본군은 독립군을 향해 남쪽에서는 21사단, 북쪽에서는 19사단을 보내 공격해 왔다. 독립군은 김좌진, 이범석 장군의 지휘로 화룡현 청산리의 삼림 속에 숨어 있다가 일제히 사격하여 단숨에 적군 500여 명을 섬멸하고, 그 날 밤 몰래 160리를 행군하여 천수평에 주둔한 기병대 120명을 일시에 공격한 결과 독립군은 단 두 명의 희생자를 내었고, 살아간 적은 겨우 4명뿐인 큰 승리를 거두었다. 독립군은

이어서 일본군 사령부로 쳐들어가 1천 명 대 1만 명의 대혈전을 벌였다.

이 싸움에서 독립군 1소대 40명이 전사했지만, 적군은 가노 연대장 이하 1천여 명의 전사자를 내고 물러갔다. 10월 20일, 21일에 벌어진 청산리 전투는 독립군 전투 사상 최대의 승리를 거두었다.

김좌진 장군은 그 후 헤이룽 강 부근에서 3500여 명의 군사로, 대한 독립 군단(총재 서

청산리 전투

일, 부총재 김좌진, 홍범도, 조성환)을 조직했는데, 일본 편에 선 소련군의 공격으로 다시 만주로 이동하여 신민부를 조직, 군사 집행 위원장이 되고 이어 성동 사관 학교를 세우고 독립군 양성에 모든 정열을 불태웠다. 그는 또 한족 연합회 주석으로 항일 투쟁과 동포의 단결에도 힘쓰다가, 과거에 그의 부하였던 고려 공산 청년회 소속 김일성(북한 주석과 다른 인물), 박상실 등에게 41세의 아까운 나이로 암살당하였다.

김좌진 장군 집터

김좌진 장군 동상

연대	중요 사항
1889	(고종 26년)~1930
1905	대한 협회 간부가 됨.
1913	대한 광복단에 들어감.
1915	3년간 감옥살이를 함.
1917	만주로 가서 대종교 신자가 됨.
1919	북로 군정서 총사령관이 됨.
1920	청산리 전투를 지휘함.
1925	성동 사관 학교를 세움.
1929	한족 연합회 주석이 됨.
1930	고려 공산 청년회 회원에게 암살당함.

산수 화가 허백련

〈고집 세고 말 더듬던 아이〉

허백련은 조선 시대 말기인 1891년 전라 남도 진도에서 태어났다.

어린 시절의 허백련은 말이 적고 고집이 센 편이었으며, 곧잘 투정을 부리고 말을 심하게 더듬었다. 그러나 그의 아버지가 한 번 타이른 행동은 다시는 하지 않았다. 허백련은 아버지의 훈계를 가슴 깊이 간직하여 그대로 실천하였으며, 그 말씀에 따라 어느덧 얌전하고 예의바른 사람이 되었다.

그는 8세 때부터 서당에 다니며, 예조 참의와 내부 참의 등의 벼슬을 지내다 그 곳으로 귀양을 온 정만조로부터 글을 배웠는데, 학문뿐만 아니라 장차의 생활에 대해서도 큰 영향을 받으며 자라났다.

허백련은 또 11세 때부터 쌍계사 가까이에 있는 화가 허련의 운림 산방에 가서 허련의 아들 허은으로부터 그림을 배우기 시작했다. 4년 동안 서당과 운림 산방에 다니던 허백련은 어느 날 그림을 그만

허백련의 산수화

두고 법률 공부를 하겠다는 생각을 하게 되었다. 이러한 생각은 스승 정만조의 가르침에 영향을 받은 것인데, 마침 귀양이 풀려 서울에 있는 정만조를 찾아가 기호 학교에 입학하였다. 그러나 1910년, 일본이 우리의 주권을 빼앗게 되자 허백련은 친구와 함께 일본으로 건너갔다.

일본에서의 생활은 말이 아니어서 처음에는 경찰서를 찾아가 유치장에서 자기도 했다. 그런 중에도 신문 배달을 하며 경도 법정 대학에 입학하였고, 다시 동경에 있는 김성수의 하숙집을 찾아가 그 곳 한인 교회에서 신문 배달을 하며 명치 대학에서 공부하기도 했다. 그러나 하루에 한 끼도 제대로 먹지 못하게 된 허백련은 다시 그림을 그려야 하겠다는 결심을 하게 되었고, 곧 박물관에서 본 중국과 일본 역대 화가들의 유명한 그림들을 배우기 시작하

였다. 그림 공부를 하는 데 드는 돈은 인삼 장사를 하여 마련했다. 그의 그림 솜씨는 당시 일본 화단의 제1인자였던 소실취운도 인정할 정도였다.

드디어 전시회까지 열게 되어 어느 정도 생활이 안정될 즈음, 부친이 위독하다는 연락을 받은 그는 당장 진도로 돌아왔다. 부친은 위독한 것이 아니라 그에게 돈을 부치느라고 살림이 어려웠기 때문에 그를 부른 것이었다. 그러나 이 때부터 화가로서의 그의 생활은 정착 단계에 들어가 광주, 목포에서 전시회를 열어 이름을 얻게 되었고, 김성수에 의해 서울에까지 알려졌으며 제1회 조선 미술 전람회에서 최고상을 받기도 했고, 일본에 가서 전시회를 열고 돌아오기도 했다.

〈여행을 좋아한 화가〉

허백련은 여행을 좋아한 화가였다. 광주에 살면서도 진주, 부산, 서울, 일본, 중국 베이징으로 돌아다니며 그림을 그리고 전시회를 열었다. 또 광주를 중심으로, 그림을 그리고 글씨를 쓰는 사람들을 모아 '연진회'를 만들기도 하였다.

우리 나라가 일본으로부터 나라를 되찾게 되자, 허백련의 생활은 크게 변하였다. 무등산 서쪽 기슭의 증심사 부근에 집을 마련한 그는 그 집을 '춘설헌'이라 하고 그림을 그리는 한편, 일본인이 경영하던 차 밭을 사서 그 차를

허백련의 산수화

'춘설차'라 부르며 우리 나라 고유의 차 생산과 차 끓이는 방법의 보급에 힘썼다.

그는 또 농업으로 나라를 발전시킨 덴마크를 부러워하여, 광주 농업 고등 기술 학교를 세우고 농촌을 부자로 만들 유능한 일꾼을 양성하기 시작하였다. 이 학교는 기숙사를 두고 일체의 등록금도 받지 않았으며, 오전에는 강의를 듣고 오후에는 주로 실습을 했다. 그는 이 학교에서 80세가 될 때까지 직접 한문과 역사를 가르쳤고, 그림을 팔아 학교 운영에 필요한 자금을 마련하기도 하였다. 그러면서도 민주 국민당의 조병옥과 이시영이 이승만, 함태영에 맞서 정·부통령 선거에 나서자 그들을 돕기 위한 선거 자금도 내었다.

그는 44세 때부터 제자들을 가르쳤지만, 화가는 가난하게 살아야 한다며 잘 받아들이지 않아, 화가 김옥진은 두 시간 동안 꿇어앉아 간청하여 겨우 허락을 받기도 하였다.

허백련은 74세 때의 어느 날 꿈에 우리 민족의 시조 단군을 보고, 무등산 천제단에 땅을 마련하여 단군 신전을 세우려는 계획으로 애쓰다가 자리에 눕고 말았다. 그의 일생은 영화로도 만들어져 영국, 독일, 프랑스, 일본 등으로 세계 여러 곳에 소개되었고, 무등산 증심사 일대에는 오늘날에도 그가 살다 간 자취가 그대로 남아 사람들의 발길을 머물게 하고 있다.

무등산 '서석대'

연대	중요 사항
1891	(고종 28년)~1977
1901	그림을 배우기 시작함.
1912	일본으로 건너가 법률을 공부하고 그림을 그림.
1918	귀국하여 광주를 중심으로 활동함.
1922	제1회 선전에서 최고상을 받음.
1937	조선 미술원을 세움.
1939	연진회를 만듦.
1946	삼애 다원을 경영하고 춘설차를 생산함.
1946	광주 농업 고등 기술 학교를 세움.

허백련의 추경(가을 경치) 산수도

허백련의 산수도

스스로 부통령을 그만둔 김성수

김성수

〈겨레와 나라를 위해 일함〉

"나라를 위하여 내가 있다."

"나라일을 먼저 하고, 내 일은 그 다음에 한다."

이것은 일제 침략기와 광복 후의 우리 나라를 위해 일생을 바친 김성수의 변함 없는 뜻으로, 그의 자식들에게도 늘 강조한 말이었다.

그는 3·1 운동의 중요한 구실을 맡은 중앙 학교를 세웠고, 일본의 경제적 침략에 맞서려고 경성 방직 회사를 차렸으며, 일제 침략기의 우리 민족이 갈 길을 밝히려고 동아 일보를 창설한 인물이었다. 잘못되어 가는 정치를 바로잡으려고 학생들을 중심으로 온 국민이 일어섰던 4·19의 중심 구실을 담당한 고려 대학교를 설립하였다. 일제 침략기에도, 광복이 이루어진 때에도 그는 오직 겨레를 위해 일했고, 나라를 위하는 일에는 아무것도 아끼지 않았다.

그런 그도 어릴 때는 말할 수 없는 장난꾸러기여서, 네 살 위인 신부가,

"정 그러면 우물에 빠져 죽겠다."

고 했을 정도였다.

〈큰 돈은 잘 썼으되, 작은 돈은 아낀 인물〉

그러나 그는 친구를 아낄 줄 아는 인물이었다. 어릴 때 함께 한문 공부를 한 친구 송진우를 설득하여 일본 유학을 떠나게 했고, 그의 학비 모두를 대주었다. 그 우정은 평생을 변하지 않아 어려운 일이 있을 때마다 용기를 북돋아 주었으며, 중앙 학교 일을 맡기기도 했다. 그런 친구 사이이므로, 함께 3·1 운동의 준비를 할 수도 있었다. 나중에는 송진우에게 동아 일보 사장 자리를 물려주고, 그를 도와 일제의 억압을 이겨 내며 일할 수 있게 해 주기도 했다.

그는 자식들에게는 항상 엄격한 아버지였다. 오랜 외국 여행에서 돌아온 날, 그를 자주 본 적이 없는 어린 아들이 안방에서 저녁상을 받은 그를 보고,

"어머니, 방에 손님 오셨습니다."

고 하여 온 가족이 웃은 일도 있었다.

그는 또 큰 돈은 잘 쓰고 작은 돈은 절약한 사람이었다. 수많은 학생을 유학시켰고, 친구 송진우, 장덕수에게는 집을 사 주었으며, 안창호 선생의 입원비, 장례비, 독립 운동가들의 생활비 같은 것은 아낌없이 척척 대어 주었다.

김성수 선생 생가

독립 운동 자금도 많이 냈다. 그러나 그는 비단옷을 입지 않았고, 자식들에게는 2, 3분만 방을 비워도 꼭 전등을 끄게 하였다. 한번은 난방 시설이 잘 된 신문사에서 유리창이 열린 것을 보고, 차라리 복도 쪽 문을 열어 더운 김이 복도로 나가게 하라고 할 정도였다.

6·25가 일어난 해에 그는 부통령이 되었다. 그러나 다음 해에 국회에서,
"독재 정치를 일삼는 이승만 대통령과 함께 정치를 할 수는 없다."
는 연설을 하고 스스로 물러났다.

그는 나라를 걱정하며 애를 태우다 병들어 세상을 떠났고, 온 국민의 애도 속에서 고려 대학교 뒷산에 묻혔으나, 지금은 다른 곳으로 이장되었다.

▼ 고려 대학교 전경

연대	중요 사항
1891	(고종 28년), 전라 북도 고창군 부안면 인촌에서 태어남.
1914	일본 와세다 대학을 나와 중앙 학교를 세우고 교장이 됨.
1919	경성 방직 회사를 세우고 동아 일보를 창간함.
1932	보성 전문 학교(현재의 고려 대학교)를 맡아 교장이 됨.
1950	(광복), 미군정청 수석 고문관이 됨.
1951	제2대 부통령이 됨. 부통령을 사임하고, 민주 국민당 고문이 됨.
1955	세상을 떠남.

원불교의 창시자 박중빈

박중빈

〈산신을 만나려 했으나 ……〉

박중빈은 조선 시대 말기 고종 임금 때 전라 남도 영광에서 태어났다. 아버지 박희경은 비록 글공부를 하지는 않았지만, 농사를 지으면서도 주위 사람들에게 존경을 받는 인물이었다.

박중빈이 위대한 인물로 성장하게 된 계기는 열 살 되던 해 아버지를 따라 선조의 제사에 참가한 일이었다. 어른들이 먼저 산신에게 제사를 드리자 어린 박중빈이 물었다.

"왜 산에다 절을 합니까?"

아버지로부터 산신이 있다는 설명을 들은 박중빈은 그 날부터 서당에 나가지 않고 마을 뒷산에 올라가 산신을 만나기 위한 기도를 드렸다. 산에서 지낸 지 5년이 지나도록 산신을 만나지 못한 허무감에 빠진 박중빈에게, 아버지의 죽음은 큰 변화를 일으켰다. 말할 수 없는 가난에 빠져야 했기 때문이었다. 그러나 그는 흔들리지 않고 깨달음을 얻기 위한 노력을 계속하였다.

〈세상 이치를 깨닫다〉

25세가 되던 3월 26일 새벽, 박중빈은 드디어 정신이 한없이 맑아지며 그가 궁금해 하던 이 세상의 이치를 하나 둘 깨닫기 시작하였다. 그의 말 한 마디 한 마디는 주위 사람들에게 놀라움과 감동을 주었고 모두들 그를 따르게 되었다. 박중빈은 그 중 몇 사람을 뽑아 원불교 교리를 지도할 인물로 삼았다.

"물질이 개벽되니, 정신을 개벽하자."

이것이 표어였다. 과학 문명이 발달함에 따라 정신 세계, 즉 도덕을 바로잡아야 한다는 뜻이었다. 박중빈은 모여드는 사람들에게 이렇게 가르쳤다.

"도덕과 과학이 함께 발전해야, 진실로 복된 문명이 이루어지며 학문과 상업도 함께 번성하게 된다."

그러므로 그의 가르침은 종교의 이론이나 신비스러움에만 얽매인 것이 아니었고, 실제 생활과 관련되어 '새 생활 운동'으로 이어졌다. 그 당시의 우리 나라는 일본에게 주권을 빼앗긴 바로 그 순간이었으므로 박중빈의 가르침에 따라 새 생활 운동은 가장 시급한 일이었다고 할 수 있었다.

그는 우선 9명의 제자들과 저축 조합을 만들었다. 그리고 그를 따르는 모든 사람들에게 술과 담배를 끊게 하고, 검소한 생활을 하게 했다. 또 별로 할 일이 없는 사람들의 일자리를 마련하여 주고 공동으로 쓸 자금을 마련하면서 게으른 사람들을 훈련시켜 나갔다. 이어서 숯장사를 하여 모은 기금 100원을 자본으로 바다를 막는 일을 시작하였다.

그가 제자들 9명을 중심으로 하여 바다를 막는다고 하자, 주변 사람들 중에는 그런 일이 가능하겠느냐며 비웃는 사람들도 있었지만, 박중빈은 1년 만에 마침내 바다를 막는 일을 이루어 내었다. 우리 나라에서 처음으로 이루어진 이 간척 사업은, 단결하면 이루지 못할 일이 없다는 것을 보여 주었으며, 절약하고 부지런히 일하면 복된 생활을 할 수 있다는 박중빈의 가르침이 헛되지 않았다는 것을 증명한 일이었다.

이어서 박중빈은 그를 따르는 신도들을 가르칠 곳을 마련하기 위하여 전라북도 이리에 원불교 총부를 세우고, 그 이름은 '불법 연구회'라 하였다. 이름을 그렇게 붙인 것은 일제의 압력을 피하기 위해서였다.

박중빈은 또 '불법 연구회 규약'을 만들고, '수양 연구 요령', '6대 요령', '3대 요령', '조선 불교 혁신론' 등의 책을 내었으며, 생활의 근대화를 위한 가르침을 엮은 책으로 '신정예법', '예전'을 내기도 하였다. 그러나 박중빈이 낸 책 중에서 가장 중요한 것은, 그가 세상을 떠나기 직전에 낸 '불교정전'인데, 이 책은 오늘날까지 원불교의 기본 정전으로 읽히고 있다.

〈원불교 - 민족 종교〉

원불교는 불교에 그 바탕을 두고 있었는데, 그 차이점은, 불교가 불상을 모신 데 대하여 원불교는 일원상을 모시고 있는 점이다. 박중빈은 이렇게 말했다.

"불상을 숭배하는 것은 부처님의 훌륭하심만을 숭배하는 것이고, 일원상을 숭배하는 것은 부처님뿐만 아니라 우주 만물을 다 부처님으

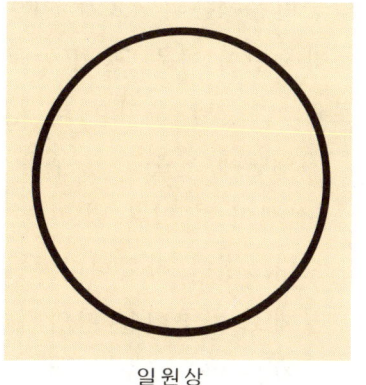

일원상

원광 대학교

로 모시고 일원상처럼 원만한 인격을 갖추자는 것이다."

"일원상은 4은을 말하는 것이며, 4은이란 천지, 부모, 동포, 법률의 네 가지 은혜를 말하는 것이다. 천지(자연) 없이 우리가 있을 수 없고, 부모가 아니면 내가 있을 수 없으며, 동포도 없고 초목도 없는 곳에서 혼자 있을 수 없고, 세상을 다스리는 법률이 없는 곳에 편안함과 질서가 있을 수 없는 것이다."

박중빈은 남을 원망하지 않고 미워하지 않으며, 그 은혜를 깨달을수록 감사한 마음을 갖게 되고, 그러한 감사로써 서로 돕고 협동하는 생활을 할 수 있다고 생각한 것이다. 그러므로 크리스트의 윤리는 '사랑'이고 석가모니의 윤리가 '자비'라면, 박중빈은 윤리의 바탕을 '4은'에 둔 것이다.

박중빈은 4은을 기본으로 실제 생활에 필요한 4요를 가르쳤다. 그것은 스스로의 힘으로 의무와 책임을 다하는 것, 불평등을 버리되 슬기로운 사람을 본위로 가르치는 것, 남의 자녀도 자기 자식처럼 가르치는 것, 이 사회를 위하여 이바지한 사람들을 존중하는 것이었다. 그러므로 4요란, 가정, 사회, 국가, 세계에 감사하고 보은하는 4은을 발전시킨 가르침이라고 할 수 있다. 박중빈은 4은과 4요가 이루어지면 완전하고 평등한 사회가 된다고 하였다.

박중빈이 세운 '불법 연구회'는 일제의 탄압을 받으면서도 꾸준히 발전함으로써, 오늘날 우리 나라 민족 종교의 하나인 '원불교'를 이루게 되었다.

1938년에 원불교 총부를 찾아온 안창호는 박중빈을 만나 이렇게 말했다.

"선생이 한 일은 넓고 능숙하여 일본으로부터 큰 구속이나 압박을 받지 않으니, 정말 장합니다."

실제로 박중빈을 탄압하러 온 일본 형사도 원불교 신자가 되어 박중빈의 가르침을 받았다고 한다.

우리에게 일원주의를 남긴 박중빈은 광복을 2년 앞둔 1943년에 세상을 떠났다.

◎ **참고 자료**

〈원불교의 교리〉

'○'으로 표현하는 '일원상(하나의 둥근 형상)'을 최고의 근본되는 뜻으로 삼는다.

일원상의 신앙은 어느 곳, 어느 때나 신앙을 떠나지 않게 하여 천지, 부모, 동포, 법률의 네 가지 은혜에 보답하는 것을 불공으로 삼는다. 또한 네 가지 중요한 것(4요)을 실천하여 복됨과 즐거움의 길을 닦고자 하는데, 4요란 스스로 힘을 길러 내고, 지혜로운 자를 본위로 가르치고, 다른 이의 아들·딸 들을 친자식처럼 교육하며, 공도자를 숭배함을 이른다.

일원상의 수행은 언제 어디서나 공부를 떠나지 않게 하고, 정신을 수양하고, 사물의 이치를 연구하며, 할 것과 하지 않을 것을 구별하여 일을 하는 세 가지 배움을 수행하며, 믿음·분함·의심·정성으로써 불신·탐욕·게으름·근심을 제거하는 여덟 가지 조목에 의하여 원만한 인격을 기르고자 한다.

4대 강령은 바른 깨달음·바른 행동, 은혜를 알고 은혜에 보답함, 불법을 활용함과 자신을 생각지 않고 나라나 사회를 위하여 힘써 일함이다.

원광 의료원

연대	중요 사항
1891	(고종 28년)~1943
1916	깨달음을 얻고 원불교를 일으킴.
1920	불법 연구회를 만들고 이리에 원불교 총부를 정함.

비운의 정치가 조병옥

〈국가는 변해도 민족은 영원하다〉

조병옥

조병옥은 조선 시대 말기에 충청 남도 천안에서 태어났다. 그의 아버지 조인원은 3·1 운동 때 유관순과 함께 병천에서 독립 만세 운동을 일으킨 인물이었다.

조병옥은 어렸을 때 한학을 익혔지만, 이에 만족할 수 없어 집을 떠나 기독교 계통의 영명 학교와 평양의 숭실 학교를 다니며 신학문을 배웠고, 배재 전문 학교, 연희 전문 학교까지 다녔다.

또 20세 때에는 미국으로 건너가 독어, 불어, 라틴 어, 희랍어에 이르기까지 여러 나라의 말을 자유롭게 할 수 있을 정도로 공부에 열중하여 와이오밍 고등 학교에서는 학생 회장까지 하였고, 24세 때에는 콜롬비아 대학에 들어가 장학금을 받으며 경제학을 전공하였다. 조병옥은 한국인 학생을 모아 '한인회'를 조직하여 서재필, 이승만 등과 독립 운동도 전개하였다. 그는 이 때 안창호와 만나 가장 친하였고 그에게 가장 큰 영향을 받았으며, 안창호가 창설한 '흥사단'에도 가입하여 활동하였다.

미국에서 세 가지의 학위를 받아 우리 나라로 돌아온 조병옥은 곧 연희 전문 학교에서 경제학, 금융학, 사회학을 가르치고, 기독교 청년 회관에 나가 강연을 하면서 "국가는 변해도 민족은 영원하다."는 것을 늘 강조하였으며, 이상재가 회장인 '신간회'에 가입하여 항일 독립 운동을 전개하였다.

광주 학생 운동이 일어나자, 조병옥은 여러 학교를 돌아다니며 모든 학생이 이 운동에 참여하라고 격려하다가 결국 경찰에 잡혀 3년 동안 감옥살이를 하였다.

감옥에서 나온 조병옥은 조선 일보와 광산을 경영하며 애국 지사들과 함께 힘을 모으다가 경찰에 검거되어, 모든 재산을 빼앗기고 궁핍한 생활을 하게 되었다.

〈영원히 돌아오지 못한 민주주의 수호자〉

광복이 되자 조병옥은 경무 부장을 지내면서 김규식, 김구, 이승만 등 독립 투사들의 의견 대립을 조정하는 데 노력하였고, 6·25 전쟁 때에는 내무부 장관이 되어 활동하다가 사임하고 말았다. 그는 이승만의 독재 정치에 반대하여

"행정은 제도로 운영되어야 하고 개인의 욕심으로 움직여서는 안 되며, 양심적이고 능력 있는 인재를 가려 써야 하고 우리 나라는 민주 국가로 발전해야 한다."

라고 선언하였다.

조병옥은 이어 민주 국민당 사무 총장, 민주당 국회 의원을 지내면서

"굶주리고 헐벗은 이 민족의 한숨 섞인 아우성을 들어야 한다."

라고 외쳐 국민들의 열렬한 호응을 얻었다.

광주 학생 운동 기념탑

1960년, 제4대 대통령 선거에서 조병옥은 민주당 대통령 후보로 출마하였다. 그러나 선거일을 조금 앞두고 미국 월터리드 육군 병원으로 위수술을 받으러 간 그는 수술 도중 세상을 떠나고 말았다.

민주주의를 지키기 위해, 독재 정권과 용감히 싸우던 그가 돌아오지 못하게 되자, 우리 국민들은 안타까움과 슬픔으로 가슴아파 하였다.

1960년 7·29 총선

연대	중요 사항
1894	(고종 31년)~1960
1918	미국 콜롬비아 대학에 들어감. '한인회'를 조직하고 흥사단에 가입함.
1929	광주 학생 운동으로 3년간 복역함.
1950	내무부 장관, 1951, 민주 국민당 사무 총장, 1954~. 민주당 국회 의원을 지냄.
1960	대통령 선거 운동 중 사망함.

어린이를 사랑한 방정환

1899년 11월 서울 당주동에서 태어난 방정환은 가난한 가운데서도 열심히 공부하여, 선린 상업 학교에 들어갔으나 학비를 대기가 어려워 그만 두고, 그 대신 일을 하면서 밤늦게까지 공부를 하였다.

1917년, 방정환은 청년들이 나라의 주춧돌이 되어야 한다는 생각에 '청년 구락부'를 조직하고, 이듬해에는 「신청년」이라는 잡지도 발행하였다. 그리고 보성 전문 학교에 들어가 공부를 계속하였다.

그 후 3·1 운동이 일어나자 이에 참가하였고, 보성 전문 학교의 교장 윤익선이 펴내다 중단한 '독립 신문'을 몰래 계속 발간하다가 일본 경찰에 잡혀 모진 고문을 당하고 일 주일만에 풀려 나기도 하였다. 일본으로 건너가 동양 대학 철학과를 다니던 방정환은 이 무렵 어린이 운동을 벌일 생각을 가지게 되었다.

1921년 서울로 돌아와 '천도교 소년회'를 만들어 어린이 운동을 시작하였고, 지금까지 아무렇게나 낮추어 부르던 '아이'란 말을 좀 더 높여 부르기 위하여 '어린이'라는 말을 처음으로 사용하였다. 또한, 그 당시만 해도 어린이들이 읽을 만한 이야기책이 없어 어린이들을 위해 직접 외국의 명작 동화를 번역하여 「사랑의 선물」이라는 책을 내기도 하였다.

방정환은 도쿄에서 유학생인 손진태, 윤극영 등과 '색동회'를 만들고, 순수 아동 잡지인 「어린이」를 창간하는 등 본격적인 어린이 운동과 아동 문학 활동을 하였다. 그리고 1922년에는 5월 1일을 어린이날로 정하고, 기념 행사를 하며, 어린이를 아끼고 위해 주자는 운동을 일으키고 아동 문학 운동에 앞장 섰다.

방정환은 항상 어린이들에게 이렇게 당부하였다.

"어린이 여러분이야말로, 이 나라의 귀한 보배입니다. 여러분은 씩씩하고 참된 어린이어야 하겠습니다. 그리고 서로 사랑하고 도와 갑시다."

연대	중요 사항
1917	'청년 구락부' 조직
1918	「신청년」창간
1923	도쿄에서 '색동회' 조직, 「어린이」창간
1922	'어린이날'을 제정
1940	「소파 전집」간행

작곡가 홍난파

<음악에 대한 열정>

홍난파는 조선 시대 말기인 1897년에 경기도 수원에서 태어났다.

어려서부터 음악적 재능을 타고난 홍난파는 애써서 들어간 세브란스 의학 전문 학교를 그만두고, 당시 우리 나라에서는 하나밖에 없던 음악 교육 기관 '조선 정악 전습소'를 나와 곧 그 전습소의 교사가 되었다. 그러나 음악을 더 깊이 공부하겠다는 결심으로 다시 일본으로 건너가 일본에서도 가장 유명한 도쿄의 우에노 음악 학교에 입학하였다.

홍난파

"어디 공부할 게 없어 서양 깽깽이(바이올린)를 해. 굶어 죽더라도 내 원망을 하지 마라."

홍난파가 일본으로 건너갈 때 아버지의 이와 같은 반대로, 일본에서의 생활은 말이 아니었으며, 늘 굶주린 배를 움켜 쥐고 바이올린을 연습해야 했다. 그는 2년 만에 고국에 돌아왔다가 1920년 봄에 다시 일본으로 건너갔다. 그러나 우에노 음악 학교에서는 그가 독립 운동에 참여했다는 이유로 입학을 허가하지 않았다. 홍난파는 나라 잃은 민족의 쓰라린 가슴을 안고 고국으로 돌아와서 곧 '봉선화'라는 노래를 만들어 냈다. '봉선화'는 김형준의 시에 곡을 붙인 노래로 곧 입에서 입으로 전해지게 되어, 우리 나라 사람 모두가 즐겨 부르는 유명한 노래가 되었다. 그 노래 속에는 나라 잃은 민족의 슬픔이 담겨 있고, 일제의 억압 속에서도 꿈을 잃지 않고 살아가는 우리 민족의 의지가 담겨 있기 때문이었다. 그러자 일본 경찰은 이 노래를 부르지 못하게 했고, 이 노래를 부르는 사람들을 잡아 가두기까지 하였다.

<문학에도 재능을 보여>

홍난파는 문학에도 힘을 써서 '봉선화'를 작곡한 그 해에 단편 소설집 '처녀혼'을 내었고, 3년 후에는 다시 장편 소설 '폭풍이 지난 뒤'를 썼다. 또

소설가 김동인, 주요한, 전영택과 함께 문학 잡지 '창조'를 펴내는 일에도 참여하였다.

홍난파는 또 '연악회'라는 음악 단체를 만들어 음악을 공부하려는 학생들을 받아들이면서, 언젠가는 훌륭한 음악회를 한번 개최해 보겠다는 꿈을 키웠다.

당시의 사람들은 바이올린을 켜는 사람의 모습을 보면 서양 깽깽이라고 업신여겼고 심지어 집안을 망하게 한다고까지 이야기했으니, 서양 음악을 공부한다는 것은 여간 어려운 일이 아니었다. 한번은 김형준 등과 큰 돈을 들여 '단성사'라는 극장에서 음악회를 열었지만, 입장한 사람은 겨우 일곱 명뿐이었다.

> **봉 선 화**
>
> 울 밑에 선 봉선화야.
> 네 모양이 처량하다.
> 길고 긴 날 여름철에
> 아름답게 꽃필 적에
> 어여쁘신 아가씨들
> 너를 반겨 놀았도다.
>
> 어언간에 여름 가고
> 가을 바람 솔솔 불어
> 아름다운 꽃송이를
> 모질게도 침노하니
> 낙화로다 늙어졌다.
> 네 모양이 처량하다.
>
> 북풍 한설 찬 바람에
> 네 형체가 없어져도
> 평화로운 꿈을 꾸는
> 너의 혼은 예 있으니,
> 화창스런 봄바람에
> 회생키를 바라노라.

〈음악에 관한 최초의 잡지, 협회, 트리오를 조직하다〉

이 일이 있은 후 홍난파는 다시 일본으로 건너가 도쿄 구니다치 음악 학교에 들어갔다. 그 동안 도쿄 교향 악단 제1바이올린 연주자 생활을 하면서 학교를 졸업하였다.

서울로 돌아온 그는 곧 우리 나라 최초의 음악 잡지인 '음악계'를 발간하였고, 우리 나라 최초로 바이올린 독주회를 열기도 하였다. 또 현제명 등과 함께 우리 나라 최초의 음악 단체인 '조선 음악가 협회'를 만들었다. 그는 또 홍성우, 이영세와 함께 우리 나라 최초의 트리오인 '난파 트리오'를 조직하였고, 이화 여자 전문 학교와 경성 보육 학교 교수로 음악 교육에도 힘을 쏟았다.

홍난파가 경성 보육 학교에 나가게 되었을 때, 그 학교 직

앞줄 오른쪽 첫째가 홍난파

원과 학생들의 기대는 대단하였다. 그는 사회적으로도 존경을 받았을 뿐아니라 일본의 우에노 음악 학교, 구니다치 음악 학교를 나왔고, '봉선화'를 작곡했으며, 연악회를 창설하는 등 음악 활동이 다양한 음악가였기 때문이었다.

그러나 음악을 가르치는 데 필요한 적당한 책이 없었으므로, 홍난파는 곧 그 당시 양정 중학교 교사이면서 동요 작가로 이름이 난 윤석중에게 부탁하여 50곡을 묶은 '조선 동요 100곡집' 상권을 출판하였다.

〈괴로운 미국 유학〉

그러던 홍난파가 갑자기 미국으로 유학을 떠나게 되었다. 그에게 견딜 수 없는 괴로움이 겹쳤기 때문이었다. 그가 사랑하던 김영의와 헤어지게 된 데다 그가 극진히 사랑하던 조카딸 홍옥임이 열차에 뛰어들어 자살을 했고, 그가 가장 아끼던 경성 보육 학교 제자 서금영이 병으로 세상을 떠났던 것이다. 그래서 그가 34세이던 1931년은 그에게 있어 가장 가슴아픈 한 해가 되었고, 그 슬픔을 이기지 못한 채 미국으로 떠난 것이다.

미국에 도착한 홍난파는 모든 슬픔을 잊고 공부에만 열중하여 '동요 100곡집'을 완성하였고, 합창곡과 시조에 대한 작곡에 노력하기도 하였다.

그렇게 2년을 보낸 홍난파가 고국으로 돌아오자, 조선 음악가 협회에서는 귀국 환영회를 개최하였고, 홍난파 바이올린 독주회를 열었다. 그러나 홍사단 사건에 관련되어 일본 경찰에 잡혀가서 고생을 치르고, 그 영향으로 늑막염을 앓게 되었다.

〈늑막염은 천재를 데려가고〉

홍난파가 그의 일생에 마지막으로 열중한 일은 경성 중앙 방송국의 양악 책임자로 활동

홍난파가 태어난 집

한 것이었다. 그는 이 방송국에서 우리 나라 최초의 관현악단을 조직하였고, 제1회 연주회 때 모차르트의 교향곡 '쥬피터'를 연주하여 많은 갈채를 받았다. 그것은 훌륭한 연주회를 열어 보고 싶어하던 홍난파의 소원이 어느 정도 풀어진 것이기도 했다.

그러나 이 병원 저 병원에서 좋다는 약은 다 써 보아도 늑막염이 잘 낫지를 않아, 결국 세상을 떠나고 말았다. 그 때는 방송국에서 연주회를 한 지 1년 만이었고, 그의 나이는 겨우 43세였다.

성불사
성불사 깊은 밤에
그윽한 풍경 소리
주승은 잠이 들고
객이 홀로 듣는구나.
저 손아 마저 잠들어
혼자 울게 하여라.

옛 동산에 올라
내 놀던 옛동산에
오늘 와 다시 서니
산천 의구란 말
옛 시인의 허사로고.
예 섰던 그 큰 소나무
버혀지고 없구료.

이은상 : 시조
홍난파 : 작곡

홍난파 노래비 '수원 팔달 공원'

연대	중요 사항
1897	(고종 30년)~1941
1915	조선 정악 전습소 양악부를 졸업함.
1918	일본 우에노 음악 학교를 입학함.
1920	'봉선화'를 작곡함.
1922	연악회를 창설함.
1925	제1회 바이올린 연주회를 개최하고 음악 잡지 '음악계'를 창간함.
1926	일본 구니다치 음악 학교에 입학함.
1929	중앙 보육 학교 교수가 됨.
1933	이화 여자 전문 학교 강사가 됨.
1936	경성, 중앙 방송국 양악부 책임자가 됨.

민주 정치를 구현하려 한 장 면

조선 시대 말기에 태어난 장면은, 어릴 때 인천의 박문 학교에 들어가 한문과 신학문을 함께 배웠고, 열 살 때 천주교를 믿기 시작하여 평생 신앙심이 깊은 생활을 하였다.

또 18세 때에는 수원 농림 학교를 졸업했고, 3년 뒤에는 기독교 청년 회관 영어 학교를 수석으로 졸업한 다음, 흰 모시 두루마기를 입고 미국으로 유학을 갔다.

장면

그 후 맨하탄 카톨릭 대학 문과를 졸업한 장면은 천주교 평양 교구의 일, 동성 학교와 계성 학교 교장, 천주교 청년회 연합회 회장 등으로 신앙 생활과 교육에 힘썼다.

1945년 8월 15일, 우리 나라가 광복을 맞이하자, 장면은 '우리 민족 최대의 과제는 정치, 경제적 독립과 문화, 교육의 강화'라고 생각하고 제헌 국회 의원이 되었으며, 파리에서 열린 제3차 유엔 총회에 수석 대표로 나가기도 했다. 이어 초대 주미 대사가 되어 유엔군을 6·25 전쟁에 참전시키는 데 큰 구실을 담당하였다.

〈독재 정치 견제에 앞장서다〉

그러던 중, 국무 총리에 임명되어 귀국한 장면은, 이승만 대통령이 애국심은 강하지만 '나' 이외에는 이 나라를 다스릴 사람이 없다는 생각으로 독재 정치를 하고 있는 것을 보고, 신익희, 조병옥, 곽상훈, 박순천, 백남훈 등과 함께 민주당을 조직하여 자유당의 독재 정치를 견제하는 일에 앞장서게 되었다.

1956년 실시된 제3대 대통령과 부통령 선거에 민주당은 '못살겠다, 갈아보자'라는 구호를 내걸고 신익희가 대통령, 장면이 부통령으로 출마하였다. 그러나 신익희가 유세 도중에 심장 마비로 세상을 떠나게 되었다. 장면은

5·16 당시의 신문 보도

혼자서 온갖 방해를 받아 가면서 선거를 치러야 했다. 이 선거에서 장면은 부통령이 되었지만, 정체를 알 수 없는 괴한의 습격을 받는 등 많은 수난을 겪었다.

이어 4년 후에 열린 제4대 대통령, 부통령 선거에서 민주당은 자유당의 이승만, 이기붕에 맞서 조병옥과 장면이 나섰는데, 조병옥은 미국 육군 병원에서 위수술을 받다가 사망하고 말았다. 자유당 정권은 장면이 부통령에 당선될 것이 확실하다고 생각하여 온갖 부정을 저지르는 선거를 실시하였다.

그러나 이를 본 국민들은 분노가 폭발하여 "부정 선거 다시 하라!"고 외치며 일어섰고, 다시 "이승만 물러가라!"고 외치며 시위를 벌였는데, 이것이 4·19 혁명이었다. 이 때 장면은 부통령직을 사임하고 이승만도 대통령직에서 물러났다.

〈자유에 의한 혼란〉

그 후 우리 나라의 정치 제도는 내각 책임제로 바뀌어 대통령에는 윤보선이 선출되었고 장면은 국무 총리로 임명되었다. 이 때부터 우리 나라는 더욱더 큰 혼란을 겪게 되었다. 국민들은 조그만 일에도 데모를 벌여 '데모로 날이 새고 해가 진다.'는 말이 나올 정도였다. 그러나 장면은 '칼에 의한 질서보다 자유에 의한 혼란'이 낫다는 생각으로 그다지 신경을 쓰지 않았다. 그러나 군인들은 이러한 혼란을 이유로 들고 일어나 정권을 잡게 되었는데, 이를 5·16 군사 정변이라고 한다.

5·16을 일으킨 군인들

연대	중요 사항
1899	(고종 36년)~1966
1925	맨하탄 카톨릭 대학 문과 졸업 이후 제헌 국회 의원, 주미 대사, 국무 총리 등을 지냄.
1956	제3대 부통령이 됨.
1960	국무 총리가 됨.

구국의 횃불 유관순

⟨기독교 집안에서 태어나다⟩

유관순

유관순은 1902년에 충청 남도 천안시 목천면 지령리에서 유중권의 4남매 중 둘째딸로 태어났다.

유관순의 집안은 기독교를 믿고 있었는데, 아버지 유중권은 기울어져 가는 나라를 구하는 길은 교육과 종교 사업에 있다고 생각했기 때문이었다. 유중권은 그 지방의 유지 이정래, 강대행, 이재필 등과 흥호 학교를 설립했으나, 일본인 고마다의 방해 공작으로 학교를 운영할 수 없게 되자, 조인원(조병옥의 아버지), 유빈기와 함께 기독교에 관한 일을 하였다. 유중권은 자식들에게 늘 교육과 신앙의 중요성을 일깨워 주었다.

한편 유관순의 어머니 이씨는, 인정이 많고 용모도 단정한 부인이었다.

유관순은 이러한 부모를 닮아, 마음은 부드럽고 순하였지만 성품은 꼿꼿하고 굳세었다.

⟨고종의 죽음과 독립 운동⟩

유관순은 교회에서 주일 학교 반장을 하다가 공주에 순회 전도를 하러 온 전도사 부인의 눈에 똑똑한 아이로 비치게 되었고, 그 전도사의 추천으로 15세에 서울의 이화 학당 고등과 1학년에 진학하게 되었다.

유관순은 성격이 명랑하고 공부 또한 열심히 하여 동기생이나 선배들로부터 사랑과 귀여움을 독차지하는 학생이 되었다. 또 기숙사에서는 남이 하기 어려운 일들을 말 없이 혼자 하였고, 청소도 열심히 하였다. 기숙사비를 못 내어 괴로워하는 친구에게 선뜻 돈을 내주기도 했다. 유관순은 매일 기도하는 생활을 거르지 않았으며, 방학이 되면 고향으로 돌아가 글을 모르는 사람들을 모아 가르치는 등 문맹 퇴치 운동에도 앞장섰다.

그 동안 세상은 점점 더 어지러워지고 있었다. 유관순이 입학한 다음 해에는 고종 황제가 세상을 떠났다. 고종이 죽은 것은 일본인들이 독약을 먹였기 때문이라는 소문이 퍼지자, 온 나라가 분노로 들끓었다. 나라를 빼앗기고 황제가 세상을 떠났기 때문에 그 슬픔과 분노는 더욱 큰 것이었다.

 3월 1일, 고종 황제의 장례식(인산) 날이 되자 각 학교의 학생들은 스스로 상복을 하였고, 이러한 우리 민족의 슬픔은 '대한 독립 만세!' 소리로 터져 나오게 되었다. 이 때 이화 학당 학생들의 모임인 '이문회'에서도 전교생이 흰 옷을 입고 대한문 앞으로 나가 만세를 부르기도 했다.

 그러나 학교의 만류에도 불구하고 학생들이 며칠 동안 계속하여 이러한 움직임을 보이자, 일본이 우리 나라를 다스리던 관청인 총독부에서 임시 휴교를 발표해 버렸다.

 고향에 돌아간 유관순은 아버지께 모두 일어나지 않으면 안 된다는 것을 말씀드리고, 교회에 나가 마을 사람들에게도 서울의 만세 운동 소식을 알려 주었다. 또 조인원 등 유지들의 도움을 받으며 천안, 연기, 청주, 진천 등 여러 곳의 학교, 교회, 향교 등을 찾아다녔다.

〈3·1 운동과 유관순의 최후〉

 이 곳에서의 만세 운동이 4월 2일(음력 3월 1일)로 정해지자, 유관순은 밤을 새우며 태극기를 만들었다. 그 날은 마침 아우내의 장날이었다. 유관순은 아버지, 어머니와 함께 동네 사람들을 데리고 장터로 나갔다. 여러 곳에서 수천 명의 사람이 모여들었다. 유관순은 밤새워 그린 태극기를 나누어 주었다. 그리고는 15세의 소녀답지 않게 군중 앞에서 지휘를 하였다. 조인원이 독립 선언문을 낭독하고, 유관순이 독립의 필요성에 대해 연설한 다음, "대한 독립 만세!"를 외치자, 수천 명의 군중이 태극기를 힘차게 흔들며 따라서 외쳤다.

 유관순, 조인원 등은 군중을 이끌고 헌병대를 향해 나아갔다. 그러자, 헌병들은 군중들을 향해 닥치는 대로 총을 쏘아 많은 사람이 쓰러졌

1919년 3월 1일 고종 황제의 인산

다. 이 때, 유관순의 부모도 피살되었다.

　헌병들에게 끌려간 유관순은 주모자를 밝히라는 요구에, "모두 주모자다."고 외치며 모질고 혹독한 고문에도 꺾이지 않았다. 천안 헌병대로 끌려간 유관순, 조인원, 조병호, 조만행, 유도기 등은 다시 공주 검사국으로 옮겨졌다. 그 곳에는 공주 영명 학교에서 끌려온 오빠 유관옥도 있었다. 유관순은 법정에서도 만세를 부르다 법정 모욕으로 7년 언도를 받고 서대문 형무소에 갇혔고, 다른 사람들은 공주 형무소로 옮겨져 갇히는 몸이 되었다.

　유관순은 그 곳에서도 매일 만세를 불렀고, 그럴 때마다 끌려나가 모진 매를 맞고 갖은 고문을 당하였지만, 그 의지는 결코 꺾이지 않았다. 1920년 10월 12일, 또다시 끌려나가 고문을 당하던 유관순은 끝내 돌아오지 못하는 몸이 되고 말았다.

▲ 일본의 항일 의병 공개 학살 장면
(서울 마포구 도화동 야산 기슭-
당시 프랑스 신문에 실린 화보임.)

연대	중요 사항
1902	(고종 39년)~1920
1916	이화 학당 고등과에 입학함.
1919	4. 2, 천안에서 만세 운동을 일으킴.
1920	10. 12, 고문과 악형으로 세상을 떠남.

판소리의 대가 임방울

　전라 남도 송정에서 태어난 임방울은 이모부 김창환이 당시의 유명한 국창이었으므로 일찍부터 창극을 알게 되었다.

　그는 13세에 춘향가, 흥보가를 배웠고, 이어서 판소리 여섯 마당(춘향가, 흥보가, 심청가, 수궁가, 적벽가, 변강쇠타령)을 두루 익히게 되었다.

　임방울은 24세 때 이모부를 따라 서울의 동양 극장에서 열린 명창 대회를 구경하게 되었는데, 한참 귀를 기울여 듣고 있던 그는 명창들의 소리가 별 것 아니라는 생각으로, 이모부에게 자기도 한번 무대에 나서고 싶다고 간청하였다. 이모부 김창환은 임방울이 하도 졸라대어 겨우 허락을 했는데, 그가 무대에 올라가 춘향가 중에서 '쑥대머리'라고 불리는 '옥중가'를 부르자 관중들은 환호를 보냈고, 큰 레코드 회사의 사장도 임방울을 한번 만나 보고 싶다고 하였다.

　이리하여 짚신과 한복을 벗고 신사가 된 그는 당장 레코드를 내게 되었고, 그 레코드가 전국에 백만 장이나 팔려 나감으로써 명창의 대열에 올랐다. 사람들은 그가 부르는 '춘향전', '심청전' 등을 들으며 '임방울은 우리의 판소리를 지켜 갈 명창'이라고 칭찬하였다.

　그는 우리의 전통적인 판소리를 연구하고 잘 계승하였으며, '호남가', '사별가' 등 새로운 작품을 작곡하기도 하였다.

임방울 기념비

연대	중요 사항
1904	(고종 41년)~1961
1917	이재현, 유성준, 공창식 등으로부터 판소리를 배우기 시작함.
1928	명창 대회에 나감.

고향을 지킨 서양 화가 오지호

오지호는 광주에서 시민 교육에 힘쓴 서양 화가이다.

그는 일제가 우리 나라를 거의 강점하기 시작할 무렵인 1905년에 전라 남도 화순에서 태어났다. 그의 아버지는 고종 황제의 장례식을 보고 격분하여 자결한 애국자였다. 고향에서 보통 학교를 다닌 오지호는 서울에서 휘문 고등 학교를 다니던 중, 유화 전시회를 관람하고 곧 그림에 뜻을 두었고, 일본으로 건너가 동경 미술 학교를 다녔다.

오지호 (왼쪽)

그 후 25세 때부터 그림을 발표하기 시작한 오지호는 77세에 세상을 떠날 때까지 "빛은 색이요, 색은 곧 빛이다.", "자연성이 파괴된 작품은 그림이라 할 수 없다."는 생각으로 여러 차례의 개인전을 열고, 여러 권의 미술에 관한 책도 썼다.

서울에서 활동하던 오지호는 43세 때 광주로 내려가 무등산 기슭의 오래된 초가집에 화실을 마련하여 그림을 그리는 한편, 학생들에게 한자를 가르치기도 했다. 그는 "못났어도 내 고향이면 좋은데, 하물며 이렇게 좋으니 어찌 사랑하고 자랑하지 않을 수 있겠는가." 하고 광주를 예찬하였다.

그는 국전 초대 작가, 심사 위원, 조선 대학교 교수 등을 지냈으며, 그의 작품 중 34점은 국립 현대 미술관에 보관되어 있다.

◀ 작품 '가을'

연대	중요 사항
1905	~1982
1926	동경 미술 학교에 입학함.
1935	개성 송도 고보 교사가 됨.
1948	광주로 내려가 그림에 몰두함.
1959	국전 초대 작가가 됨.
1969	여러 학자와 한국 어문 교육 연구회를 창립함.
1976	예술원 회원이 됨.

독립 투사 윤봉길

⟨절실한 농촌 계몽 운동⟩

윤봉길은 일본의 침략을 당한 우리 나라의 운명이 바람 앞의 등불처럼 위태롭던 1908년, 충청 남도 예산에서 윤황의 장남으로 태어났다.

어릴 때의 윤봉길은 매우 활발하고 야성적이어서 '살가지(살쾡이)'라는 별명을 가질 정도였지만 큰아버지와 어머니로부터 배운 천자문과 동몽선습을 모조리 외울 정도로 머리가 좋았다. 10세 때에는 덕산 공립 보통 학교에 입학하였다. 그러나 이듬해에 3·1운동이 일어나자 만세 운동에 참가한 다음, 일본의 식민지 교육에 불만을 품고 자퇴하여 서당에서 한문을 배웠고 학교 공부는 자습으로 익혀 나갔다.

윤봉길

윤봉길은 14세 때 배용순 여사와 결혼하였다. 이 때 그는 4서 3경을 다 읽었고, 고장의 노인들까지 참가한 한시 백일장에서 장원을 차지하는 실력을 갖추었다. 또 마을의 무덤 앞에 있는 큰 돌상을 불끈 들어 올려 소년 장사라는 이름을 얻기도 했다.

신학문과 한문을 두루 익히고, 드디어 오치 서숙이라는 서당에서 훈장 노릇을 하며 틈틈이 우리 나라 위인들의 이야기를 읽어 대장부로서의 꿈을 키우던 윤봉길은, 어느 날 중대한 결심을 하게 되었다. 공동 묘지에서 묘표를 뽑아 가지고 내려와 아버지의 무덤을 찾아 달라고 간청하는 무식한 청년을 만난 것이다. 이 청년을 본 윤봉길은 무식이 나라를 잃게 한 원인이라는 것을

윤봉길의 생가 '광현당'

340

깨닫고, 농촌 계몽 운동을 펼쳐야겠다는 결심을 하였다. 그는 학생들을 한자리에 모아 놓고 농촌 계몽의 필요성을 역설하였다.

"나는 지금 숭덕산 기슭의 공동 묘지 근처에 갔다가, 기막힌 장면을 보았습니다. 우리는 제국주의 일본의 침략보다도 더 무서운 무식의 병균부터 쓸어 내어야 하겠습니다. 아까 그 청년의 무식은 부모의 산소만 잃었지만, 우리가 이런 상태로 어떻게 나라를 찾겠습니까! 우리는 실력을 쌓아 내 손으로, 우리 힘으로 잃어버린 삼천리 강토를 찾아야 하겠습니다."

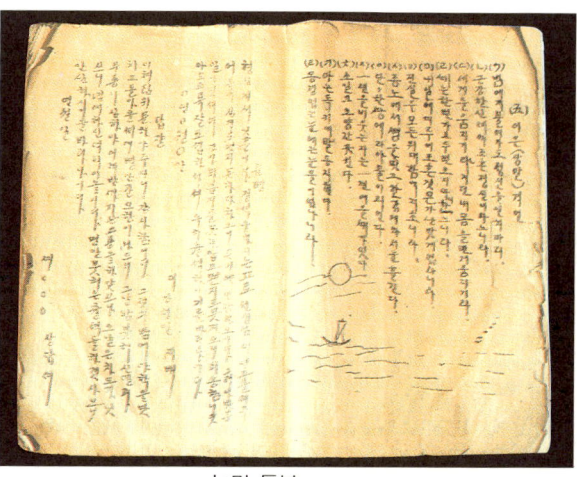
농민 독본

마침 그를 가르치던 성주록 선생은 '나에게는 더 이상 가르칠 학식이 없으니 이 서당을 마치라.'는 말을 하고는 그 기념으로 그에게 '매헌(梅軒)'이라는 아호를 지어 주었다. 그는 학문에 대한 끝없는 열정으로 다른 유학자들을 모시려고 했지만 모두 학식이 따르지 못한다고 사양하여 뜻을 이루지 못하고, 스스로 7, 8명의 어린이들을 모아 가르치는 한편, 뜻있는 젊은이들을 모아 본격적인 농촌 운동을 펼쳤다. 어린이들이 늘어나자 강당부터 세워 공부를 못한 어린이들을 모두 모아 가르치는 한편, 학부모들과의 친목을 위한 학예회도 열고, 월진회를 조직하여 매달 한 번씩 새로운 시대의 새로운 생활에 대한 강연도 하였다. 월진회는 차차 발전하여 3년 만에 회원이 40명에 이르렀다. 그는 또 학생들을 위한 교재로써 '계몽편', '농민의 앞길' 등 '농민독본' 3권을 지었고, 노인 공경의 정신을 기르기 위한 위친계를 조직하기도 했다.

〈조국을 위해 젊음을 바치다〉

그러나 윤봉길의 마음은 흡족하지 않았다. 이미 나라는 빼앗기고 실의에 빠진 민족만 남았기 때문에, 조국의 소중함을 아는 젊은이가 필요하다는 생각이 들었다.

1930년 3월 6일, 어머니를 외가에 모신 다음, 학생들에게는 마음 속으로

수라장이 된 단상 모습

이별의 인사를 하고, '장부는 살아서는 돌아오지 않을 길을 떠난다.'고 써 놓고 22세의 윤봉길은 중국 상하이로 떠났다. 땀과 피의 마지막 한 방울까지 조국을 위해 바칠 것을 다짐한 것이다.

상하이에 도착한 그는 낮에는 공장일이나 장사를 하고 밤에는 책을 읽으며, 고향에서의 지나간 날들과 앞날을 생각해 보고 우리 나라의 형편과 가정 형편도 생각해 보았다. 또 부모의 사랑, 형제의 사랑, 아내와 자식에 대한 사랑보다 한층 더 강한 사랑이 있다는 것을 생각하고 어머니께 이러한 자신의 심정을 적은 편지를 보냈다. 그리고는 대한 민국 임시 정부 요인들을 만나 한인 애국단, 한국 독립당에 가입하여 김구 등 여러 독립 운동가와 함께 구체적인 활동 계획을 세워 나갔다.

그러던 어느 날, 윤봉길은 일본 왕의 생일인 천장절에 홍코우 공원에서 그들이 전쟁에 승리한 기념식이 열린다는 것을 알게 되었고, 미리 그 공원을 살펴본 다음 '공원을 거닐며', '백범 선생에게', '어머니의 품에 있는 두 군인에게'라는 시를 썼다.

〈민족의 한, 홍코우 공원에 터지다〉

1932년 4월 29일 아침.

김구 선생과 함께 최후의 아침 식사를 한 윤봉길은 새로 산 시계를 김구 선생의 헌 시계와 바꾸고 물통과 도시락 모양으로 위장한 폭탄을 가지고 공원으로 떠났다.

도시락과 물통 모양의 폭탄을 내보이고 철통 같은 경계를 뚫고 들어간 윤봉길은 연단 뒤로 걸어갔다. 일본 국가의 제창이 끝날 무렵인 오전 11시 40분, 윤봉길은 그 폭탄을 연단의 중앙으로 힘껏

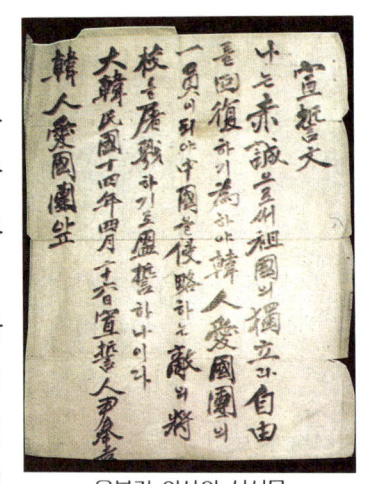
윤봉길 의사의 선서문

독립 만세를 외치고 의연히 붙잡혀 가는 윤봉길 의사

던지고는 '대한 독립 만세!'를 소리높이 외쳤다. 폭음과 함께 상하이의 일본 거류민 단장 가와바타가 그 자리에서 죽고, 사령관 시라카와도 크게 다쳐 결국 숨을 거두었으며, 제3함대 사령관 노무라, 제9사단장 요시다, 주중 일본 공사 시게미쓰 등 여러 명이 중상을 입고 나뒹굴었다.

일본 헌병에게 체포된 윤봉길은 이튿날까지 무자비한 고문을 받으면서도 대한 민국 임시 정부 요인들과의 관계는 한 마디도 하지 않고, "자기의 권리를 남에게 빼앗기고 분개하지 않을 자가 누구냐!"고 잘못을 준엄하게 꾸짖었다. 또 군법 회의에 나가서도 "이 쇠주먹으로 일본을 즉각 부숴 버리고 싶어 상하이에 왔다."고 외쳐 독립 투사로서의 용맹을 떨쳤다.

1932년 5월 25일, 일본의 군사 재판에서 사형 선고를 받은 윤봉길은 그 해의 12월 8일 오전 7시 40분에 총살당함으로써 24세의 짧은 생애를 마쳤다. 일본인들이 쓰레기장에 버린 윤봉길 의사의 유해는 광복 이듬해가 되어서야 우리 나라로 돌아오게 되었다.

연대	중요 사항
1908	충남 예산에서 태어남.
1926	중국 칭다오로 떠남.
1931	상하이의 한인 애국단에 가입함.
1932	4. 29, 홍코우 공원으로 들어가 일본군 우두머리들에게 폭탄을 던짐.
1932	24세로 순국함.

윤봉길 **343**

민족의 지도자 이승훈

　1864년 평안 북도 정주에서 가난한 농부의 아들로 태어난 남강 이승훈은 3·1운동을 이끌었던 민족 대표 33인 중의 한 분이다.
　태어난지 팔 개월만에 어머니를 여의였고 열 살이 되던 해에는 아버지마저 여의게 되어, 어린 나이에 생계를 꾸려 가기 위해 남의 집 심부름도 해 보는 등 여러 가지 일을 하였다.
　16세 되던 때에 놋그릇 가게의 점원이 되어 상업에 눈을 뜨고 열심히 일한 결과, 스스로 상점을 경영할 수 있게 되었으며, 돈도 많이 벌었다. 그러던 어느 날 도산 안창호의 연설을 듣게 되었다.
　안창호는 빼앗긴 나라를 다시 찾기 위해서 우리 국민 각자는 대한의 국민임을 자랑스럽게 여기고, 스스로의 힘으로 나라를 되찾겠다는 굳은 각오를 가지지 않으면 안 된다고 말하였다. 그리고 자주 정신이 없으면 나라의 독립은 불가능하고, 자주 정신을 가지기 위해서는 많이 배워서 많이 알아야 한다고 힘주어 말하였다.
　안창호의 연설을 들은 후 이승훈은 자신의 생활을 부끄럽게 생각하였다. 그저 오직 돈버는 일에만 몰두했을 뿐, 나라의 독립을 위해서 아무것도 한 일이 없다는 것을 깨닫게 되었다.
　"나라를 되찾기 위해서 내가 할 수 있는 일은 무엇일까? 우선 학교를 세워서 민족을 깨우치고, 훌륭한 인재를 양성하자. 그리고 산업을 일으켜 나라를 부강하게 만들어야 한다. 이를 위해서 우리의 자본으로 우리의 기업을 설립하여 우리 손으로 좋은 물건을 만들어 내야 한다."
　이렇게 생각한 이승훈은 자신의 재산을 전부 바쳐서 '의명 의숙'을 열고, 곧 신민회 발기에 참여하여 재단을 만들어 '오산 학교'를 세웠다. 이승훈은 이 학교에서 신학문과 애국 사상을 가르치기에 온 힘을 다하였다. 그리고 우리 나라 사람들의 자본을 모아 민족 기업을 설립하고, 사업을 확장시키려고 노력하였다.
　이승훈은 국민 교육과 사업 활동뿐만 아니라 독립 운동에도 힘을 기울였다. 이런 일로 '105인 사건'과 3·1운동에 관련되어 일본 경찰에 끌려가 감옥에 갇혀 온갖 어려움을 겪기도 하였다.

한번은 일본 경찰서에 끌려갔을 때의 일이다. 매서운 눈초리로 쏘아보는 일본 경찰관에게 의연한 자세로 물었다.

"학생들에게 교육을 시키는 것이 죄가 된다면, 도대체 이 세상에서 죄 아닌 것이 어디 있겠소? 그것을 가르쳐 준다면, 나는 죄를 짓지 않도록 힘쓰겠소."

"좋소. 그럼 당신이 교육하는 목적은 무엇이오?"

"나는 조선 사람을 조선 사람답게 길러 내려는 것이오."

"당신은 아직도 우리 일본 제국의 백성으로서 불만이 있단 말이오?"

"내가 어찌하여 일본 백성이오? 난 단군의 핏줄을 타고 난 조선 사람이오."

"무엇이라고!"

그 즉시, 이승훈은 감옥으로 끌려갔다. 그리고 많은 옥고를 치렀다.

이승훈은 교육자로서, 또 애국 지사로서 조국을 위해 많은 일을 하였다. 그러나 이승훈은 1930년 조국의 독립을 보지 못한 채 세상을 떠났다. 이승훈은 죽기 전에 제자들에게 다음과 같은 유언을 남겼다.

"낙심하지 말고 겨레의 광복을 위해서 힘쓰라. 내가 죽거든 땅에 묻지 말고, 뼈를 표본으로 만들어 학생들의 의학 연구에 쓰게 하여라. 이것이 내가 나라를 위해서 할 수 있는 마지막 일이다."

1930년 졸업생들의 발기로 오산 학교 교정에 동상이 건립되었고, 돌아가시자 사회장으로 오산에 안장되었다. 1962년 대한 민국 건국 훈장 대한 민국장이 추서되었다.

당시의 오산 학교(평북 정주)

연대	중요 사항
1864	평안 북도 정주에서 태어남.
1906	평양에서 안창호의 교육 진흥론에 크게 감동. 오산 학교를 세움.
1910	평양에 마산자기회사 설립
1911	105인 사건에 관련, 4년 2개월 옥고
1924	동아일보 사장
1930	사회장으로 오산에 안장되고 오산 학교 교정에 동상 건립
1962	대한 민국 건국 훈장 대한 민국장 추서

이토 히로부미를 사살한 **안중근**

황해도 해주읍에서 태어난 안중근은 경치가 아름다운 신천 고을 천봉산 밑 청계동에서 자랐다.

어려서부터 한학을 배웠고, 14세 때 신천에 와 있던 프랑스 신부에게 영세를 받고 천주교 신자가 되어 신학문과 프랑스 어를 배우기도 하였다. 기질이 활달하여 산 속으로 사냥을 다니면서 총쏘기를 좋아했고, 사격에 숙달되어 작은 새도 맞힐 정도였다.

안중근이 26살이 되던 해인 1905년은 을사보호조약이 체결되어 나라의 운명이 풍전 등화처럼 위태롭던 때였다.

안중근은 나라의 장래가 걱정되어 경영하던 상점을 팔아 학교를 세우고 인재 양성에 전력하였다. 그러나 합법적인 방법으로는 나라를 바로 잡을 수 없다 판단하고, 28살 되던 해에 블라디보스토크로 망명을 하여 독립군의 대열에 뛰어들었다.

이듬해 전제덕의 휘하에서 대한 의군 참모 중장 겸 특파 독립 대장 및 아령 지구 사령관의 자격으로 독립군을 이끌고 두만강을 건너와 일본 수비군과 여러 차례 싸웠다.

먼 이국에서 독립 운동을 한다는 것은 쉬운 일이 아니었다. 그러나 조국 광복이란 염원 하나만을 위해 온갖 고초를 참았다.

때마침, 1909년 10월 26일 이토 히로부미가 러시아 재무 장관 코코프체프와 회담하기 위해 하얼빈에 온다는 소식을 듣고, 이것은 하느님께서 나에게 준 기회라 생각하였다.

치밀한 준비와 여러 사람의 도움으로 역까지 무사히 들어갈 수 있었다. 역 안은 경계가 삼엄하면서도 이토 히로부미를 환영하기 위해 일장기를 들고 나온 환영객들로 붐비었다.

기차가 도착할 시간이 가까워 오자, 러시아 관리들이 역으로 들어섰다. 가슴에 번쩍번쩍하는 훈장을 많이 단 러시아 재무 장관도 보였다. 그들을 바라보면서, 안중근은 품 속의 권총을 만져 보았다. 차디찬 촉감을 느끼면서……

안중근은 결코 이 기회를 놓칠 수 없다고 다시 한번 굳게 다짐하였다. 그때 멀리서 기적 소리가 들려왔다. 역 안은 갑자기 환영객들의 떠뜨는 소리로 시끌시끌해지기 시작했다. 이어서 두꺼운 외투를 입은 이토 히로부미가 거만스러운 걸음걸이로 기차에서 내려왔다.

그는 우리 나라를 일본의 식민지로 만든 민족의 원수였다. 그는 미소로 러시아 군대의 군례를 받으며 손을 흔들었다.

바로 그때였다. "탕, 탕, 탕."

요란한 총성이 채 멈추기도 전에 이토 히로부미는 그자리에 쓰러졌다.

안중근은 들고 있던 권총을 내던지고 품 속에서 태극기를 꺼내 들고 목이 터져라 외쳤다.

"대한 독립 만세! 대한 독립 만세!"

이 때가 1909년 10월 26일 오전 9시경이었다.

러시아 헌병에 체포된 안중근은 일본 헌병대로 넘겨졌다. 뤼순 감옥에 갇힌 안중근은 온갖 고초를 겪으면서도 침략자 일본을 의연한 태도로 꾸짖었으며, 옥중에서도 나라의 장래를 걱정하였다. 안중근의 사상은 이 때 쓴 '동양 평화론'에 잘 나타나 있다.

1910년 2월 14일, 안중근에게 사형이 선고되었다. 사형을 당하기 전에 안중근은 동포들에게 피맺힌 유언을 하였다.

"나는 천국에 가서도 우리 나라의 독립을 위하여 힘쓸 것이다. 대한 독립의 소리가 천국에 들려 오면 나는 거기서 춤을 추며 만세를 부르겠다."

안중근은 그 해 3월 26일, 서른한 살의 젊은 나이로 순국하였다. 안중근의 죽음은 결코 헛되지 않았다. 그 후 3·1운동, 광주 학생 운동과 같은 민족의 의거가 뒤따르고, 이봉창, 윤봉길 장거가 잇달아 일어났던 것이다.

그리하여 1945년 8월 15일, 민족의 오랜 열망이었던 조국의 광복은 마침내 이루어질 수 있었다.

연대	중요 사항
1879	황해도 해주읍에서 태어남.
1904	평양에서 석탄상을 경영
1907	연해주로 망명, 의병 운동 참가
1909	이토 히로부미를 하얼빈 역에서 사살
1910	순국
1962	대한 민국 건국 공로 훈장 중장 추서

애국가를 작곡한 **안익태**

안익태의 어린 시절은 우리 나라가 일본에게 나라를 빼앗기고 압박을 받고 있을 때였다.

평양 숭실 학교 2학년에 다닐 때, 3·1운동이 일어나자 이에 적극 가담하였다가 퇴학을 당하였다. 평소 음악을 좋아한 안익태는 더 열심히 공부하여 훌륭한 음악가가 되기 위해 어린 나이에 낯선 외국 땅으로 나가 음악 공부를 하였다.

안익태는 항상 일본에게 빼앗긴 우리 조국을 되찾아야 한다는 생각을, 음악 공부를 하면서도 잊어 본 적이 없었다.

그런데 안익태가 무엇보다 안타깝게 여겼던 것은 바로 우리의 국가가 없다는 것이었다. 우리 민족의 독립을 위해서는 민족을 하나로 단결시켜 주는 국가가 꼭 필요하다고 생각하였던 것이다.

그 때부터 안익태는 애국가의 가락을 만들기 시작하여, 오늘날 우리가 부르고 있는 애국가를 완성하였다.

안익태는 이 곡을 바탕으로 몇 년에 걸쳐서 한민족의 혼을 담은 '한국 환상곡'을 작곡하였다. 안익태는 우리 나라가 독립된 국가이며, 결코 일본의 속국이 아님을 전 세계에 밝히기 위해서라도 반드시 이 '한국 환상곡'을 세계에 알려야겠다고 다짐하고 있었다.

안익태가 세계적인 음악가 리하르트 슈트라우스 밑에서 음악 공부를 하고 있을 때였다. 슈트라우스는 곧 열리게 될 어떤 중요한 음악회에서 지휘를 하도록 계획되어 있었지만 건강이 나빠져서 지휘를 할 수 없게 되었다. 슈트라우스는 안익태에게 지휘를 맡겼다. 지휘를 대신 맡아 하게 된 안익태는 슈트라우스에게 말하였다.

"선생님 한 가지 간절한 청이 있습니다. 이번 음악회에서 제가 만든 '한국 환상곡'을 함께 연주할 수 있도록 해 주십시오."

당시는 일본인들이 독일에서 활개를 치고 있었기 때문에 그 곳에서 '한국 환상곡'을 연주한다면 이를 트집잡을 것이 분명하였다. 그러나 안익태의 깊은 애국심에 감동한 슈트라우스는 음악회에서 '한국 환상곡'을 연주하도록 허락하였다.

드디어 음악회가 열리는 날이었다. 안익태는 흥분을 감추지 못하였다. 모든 준비는 끝마쳐져 있고, 이제 곧 '한국 환상곡'이 연주될 시간이었다.

그 때 일본인 몇 사람이 안익태를 찾아와 협박하였다.

"여보시오, 이미 당신의 나라는 없어진지 오래요. 당신은 대 일본 제국의 국민이란 말이오. 당신이 '한국 환상곡'을 연주한다면 용서할 수 없소."

그러나 안익태는 아랑곳하지 않고 지휘석에 올라섰다.

서서히 음악이 울려퍼지기 시작하였다. 이어서 꿈에도 잊지 못할 우리의 애국가가 울려 퍼졌다.

'동해물과 백두산이 마르고 닳도록………'

한국의 힘차고 뜨거운 소리였다. 일제히 일어선 관중들의 우레와 같은 박수 소리가 들렸다.

안익태는 1940 년까지 슈트라우스의 보조 지휘자로 있다가 그 이후로부터는 독일에서 독자적 지휘 활동을 벌였으며, 1945 년 제 2 차 세계 대전이 끝나자 에스파냐 여인과 결혼하여 에스파냐 국적을 얻고 마드리드 마욜카 교향악단의 상임 지휘자가 되었으며, 영국, 이탈리아, 미국 등의 유명한 교향악단을 지휘하기도 하였다.

1957 년 귀국하여 자작곡 '강천성악', '한국 환상곡' 등을 지휘하였고, 1961 년 다시 귀국하여 국제 음악제를 개최하도록 하여, 1963 년까지 3 회에 걸쳐 주관하였다.

안익태는 후기 낭만파에 속하는 지휘자로서 베토벤, 브람스, 드보르자크, 리하르트 슈트라우스 등의 작품을 즐겨 지휘하였다.

1965 년 에스파냐에서 병사하자, 정부에서는 그에게 문화 훈장 대통령장을 추서하였다. 작품에 '애국 선열 추도곡' 등 다수가 있다.

연대	중요 사항
1806	평양에서 태어남.
1932	필라델피아 커티스 음악 학교 입학
1934	헝가리로 건너가 도야니에게서 작곡을 배움. 이듬해 빈에서 리하르트 슈트라우스에게 지휘법 사사
1936	애국가 작곡
1957	귀국하여 문화 포상 받음.
1965	에스파냐에서 병사. 문화 훈장 대통령장이 추서됨.

상하이 임시 정부 주석 김 구

　김구는 황해도 해주에서 80 리쯤 떨어진 백운방 텃골이란 곳에서 태어났다. 집안 살림이 매우 가난하였지만 어머니의 엄격한 교육으로 정직하고 강직한 성품을 지니게 되었다.

　한번은 밖에서 들어오시던 아버지께서 엿을 먹고 있는 어린 김구를 보고, 어디서 난 것이냐고 묻자, 부엌에서 아버지의 숟가락을 부러뜨려 엿과 바꿔 먹었다고 솔직하게 말씀드려 용서를 받은 일이 있다.

　집안이 가난하였지만 부지런히 책을 읽어 14 살 때에「사서 삼경」을 모두 공부했고, 16 살에 자신 있게 과거에 응시하였다.

　그러나 실력보다 세력 있는 집안에서 부정을 하여 급제하는 것을 보고, 다시는 과거에 응시하지 않기로 마음먹고, 고향으로 돌아와 가난한 아이들을 모아 부지런히 글을 가르쳤다.

　김구는 18 살 때 동학에 입교하여 접주가 되고, 이듬해 팔봉도소 접주에 임명되어 해주에서 동학 혁명을 지휘하다 일본군에게 쫓겨, 1895 년 만주로 피신 와 그 곳에서 김이언의 의병단에 가입하고 일본군과 싸웠으나 패하여 다시 귀국하였다.

　을미사변 때 일본인에게 시해당한 명성 황후의 원수를 갚고자 일본군 중위 쓰치다를 죽이고 잡혀 사형이 확정되었으나, 고종 황제의 특별 명령으로 사형만은 면하게 되었다. 그는 감옥에 있는 동안에도 한 방에 갇힌 조선 사람들을 깨우쳤고, 자신도 정치, 경제, 문학, 과학 등의 책을 읽어 세계 형편이 어떻게 변하고 있는가를 공부하였다.

　감옥에서 2 년을 지낸 김구는 탈옥하여, 공주 마곡사로 피신해 그 곳에서 잠시 중이 되었다가 다시 세상에 나와 양산 학교 교사로 학생들을 가르쳤다. 그러나 신민회 사건과 105 인 사건에 관련되어 다시 체포되어 종신형을 선고받고 감옥에 있던 중 형이 감해져서 1914 년 풀려났다.

　3·1 운동 후에는 김구에 대한 감시가 심해져 상하이로 망명, 임시 정부 조직에 참여하고 경무 국장, 노무 총장, 국무령 등을 맡아 일을 하였다. 1928 년에는 이시영, 이동녕 등과 한국 독립당을 조직, 당수가 되어 항일

무력 활동을 하였다. 그리고 결사 단체인 '한인 애국단'을 조직하여 1932년 도쿄에서 있었던 이봉창 의사의 일본 천황 저격 사건, 윤봉길 의사의 상하이 홍커우 공원에서 있었던 일본 천황의 생일 경축식에 폭탄 투척 사건 등을 지휘하였다.

김구는 "이봉창 사건과 윤봉길 사건은 나 김구가 시킨 일이다."라는 성명을 발표하여 일본은 60만 원이라는 엄청난 현상금을 걸고 김구를 잡으려 하였다. 몸을 피한 김구는 중화 민국 주석인 장제스를 만나 조선 독립 운동에 대해 의견을 나누고, 장제스의 도움으로 독립군을 양성하기 위해 한국인 무관 학교를 설립하였으나 일본의 방해로 단 한 번의 졸업생만을 배출하고 문을 닫고 말았다.

1935년에는 한국 국민당을 조직하였으며, 1940년 임시 정부를 충칭으로 옮길 때 이를 통솔하였다. 그리고 지청천을 사령관으로 하는 한국 광복군 총사령부를 만들었고, 1944년에는 임시 정부 주석이 되었다.

1945년에 대한국의 이름으로 대일 선전 포고를 하고, 낙하산 부대를 편성 본국 상륙 작전을 계획하였으나 8월 15일 일본의 패망으로 무산되고 말았다.

귀국 후 한국 독립당 위원장으로서 모스크바 삼상 회의 성명을 반박하고 신탁 통치 반대 운동을 주도하였다. 1948년 북한을 제외한 남한만의 단독 총선거를 실시한다는 유엔의 결의에 반대하였다. 그리고 통일 정부 수립을 위한 남북 협상을 제안하고 북한으로 들어가 회담을 하였으나 뜻을 이루지 못하고 돌아오고 말았다.

김구는 남한 단독 정부 수립에 참여하지 않고, 나라의 앞날을 걱정하다가 1949년 6월 26일 경교장에서 육군 포병 장교 안두희에게 총을 맞고 숨을 거두었다. 온 국민들의 슬픔 속에 국민장으로 치러졌으며, 효창 공원에 안장되었다. 1962년 대한 민국 건국 공로 훈장 중장(현 건국 훈장 대한 민국장)이 추서되었다. 저서로 「백범 일지」가 있다.

연대	중요 사항
1893	동학에 입교
1910	신민회에 참가
1911	105인 사건으로 체포되어 종신형을 선고 받음.
1928	한국 독립당 조직. 당수가 됨.
1935	한국 국민당 조직
1944	임시 정부 주석에 임명
1948	남북 정치 회담 제안

추앙받는 민족의 지도자 안창호 **안창호**

"그대는 나라를 진정으로 사랑하는가? 그렇다면 먼저 그대부터 건전한 인격자가 되라. 백성의 아픔을 불쌍히 여기거든 그대가 의사가 되라. 그리하여 그대의 병부터 고치라!" 이는 도산 안창호가 한 말이다.

안창호는 평안 남도 강서에서 태어나 할아버지 밑에서 자랐다.

어린 창호는 꽃을 좋아하였고, 서당에서 어렵고 힘든 일을 앞장서서 해 냈기 때문에 아이들이 잘 따랐다. 또한 서당이 끝나면 동네의 사랑방으로 찾아가서 할아버지들께 이야기책을 읽어 드리기도 하였다.

안창호는 서당에서 함께 공부하던 네 살 위인 필대온과 교류하며 신학문에 눈을 떴고, 나라의 앞날을 걱정하였다.

1894년 청·일 전쟁으로 조선이 두 나라의 싸움터가 되어 많은 사람들이 다치고, 집들이 부서져 쑥대밭이 된 것을 보고, 조선이 힘이 없음을 느끼고 새로운 공부를 하기로 마음먹었다.

안창호는 서울로 상경하여 '구세 학당'에 입학하고 기독교 신자가 되었다. '구세 학당'을 마친 뒤에는 학교 조교가 되어 학생들을 가르쳤고, 1897년에는 필대온과 함께 독립 협회에 가입하였다.

1898년, 평양 '쾌재정'에서 열린 독립협회 지부를 설치하기 위한 만민 공동회에서 안창호는 많은 청중에게 감동을 안겨 준 명연설을 하였다.

훗날 종교가이며 교육자로서 민족의 지도자가 된 이승훈은 이 연설에 감명을 받고 독립 운동의 의지를 굳혔다고 술회할 정도였다.

"나라를 바로 다스리고 백성을 잘 살게 하려는 운동을 하려고 만민 공동회를 열었습니다. 반대하는 사람들이 몽둥이를 휘둘러서 방해하지만 그럴수록 우리는 용기를 가지고, 자유를 위해서 독립 정신을 가져야 합니다."

안창호는 고향에서 한국 최초의 남녀 공학인 '점진 학교'를 세워 학생들을 가르쳤다. '점진 학교'란 말 그대로 서두르지 않고 차근차근 앞으로 나간다는 뜻이었다.

한글 학자 **주시경**

한글 학자인 주시경은 황해도 봉산에서 가난한 선비의 둘째 아들로 태어났다. 아버지 주학원은 글방 선생님으로 겨우 살아가는 처지였다.

어릴 때부터 똑똑한 시경은 4살에 글방에 다녔다. 배우는 대로 다 외어 버려, 공부를 잘 한다는 소문이 온 마을에 퍼져 마을 사람들은 아이들을 꾸짖을 때에는 으레 시경을 내세웠다.

"시경이 좀 본받아라. 나이는 먹었으면서 공부는 뒤떨어지니, 남부끄럽지도 않단 말이냐!"

어머니, 아버지는 이런 시경이 대견하기만 하였다. 13살 된 시경은 서울의 큰아버지에게 양자로 가게 되었다. 아침 저녁으로 밥상에는 으레 생선이 오르고 무엇 하나 부족한 것이 없었으나 잘 가르치지 못하는 글방 선생님이 못마땅하였다.

그리하여 학문이 뛰어난 이 진사 집 글방 담 밑에서 쪼그리고 앉아 담너머로 흘러나오는 소리로 공부를 하다가 그 집 하인의 눈에 띄어 시경은 하인에게 끌려 이 진사 앞에 꿇어 앉았다.

"너는 무슨 일로 날마다 남의 담 밑에 와 있느냐?"

"네, 제 이름은 주시경입니다. 오래 전부터 학덕이 높으신 진사 어른을 스승으로 모시고 싶었으나 집안이 넉넉하지 못해 담너머에서 배우고 있었습니다. 너그럽게 헤아려 주십시오."

이 진사는 흰 수염을 쓸어 내리면서 빙그레 웃고 시경을 살펴보았다.

"내일부터 내 앞에서 배우도록 하여라. 돈은 걱정하지 말고."

다음 날 글방에 간 주시경은 이 진사께 큰 절을 올리고 열심히 배웠다. 하나를 배우면 열을 아는 그의 타고난 열성에 이 진사도 탄복했다.

이 진사는 매번 한문을 먼저 읽은 다음, 그 뜻을 우리말로 풀이해 주는 주시경에게는 마음 한구석이 늘 아쉬었다.

"우리말로 학문을 할 수는 없을까? 글은 말을 적을 수 있어야 제 구실한다. 한자는 우리말과 다르고 어려워서 많은 사람이 배워서 쓰기가 들다. 우리말을 한글로만 적을 수는 없을까? 그렇다 세종 대왕께서는 안창호는 앞으로 큰일을 하기 위해서는 더욱 새로운 학문을 해야 함을 깨닫고 미국으로 건너가 샌프란시스코에 자리를 잡았다. 안창호는 노동을 하면서 '그래머 스쿨'이라는 초급 학교에 들어가 초등 과정부터 다시 공부하였다. 그러면서 이듬해에는 동포들의 권익 보호와 생활 향상을 위하여 한인 공동 협회를 만들고 '독립 신문'을 발간하였다.

러·일 전쟁에서 이긴 일본이 조선과 을사조약을 맺고, 조선을 강제로 빼앗으려 하자, 안창호는 미국에서 급히 돌아와 신채호, 양기탁 등과 결사 조직인 신민회를 조직하고 '대한 매일 신보'를 만들어 활동하였다. 또한 대구와 평양에 '태극 서관'을 세워 출판 사업을 벌이고, 또 평양에 자기 회사를 설립하여 민족 산업 육성에 힘쓰는 한편, '대성 학교'와 'O O교'를 세워 국민을 이끌어 갈 인물을 길러 내었다.

그러나 1910년 신민회 간부들과 안중근 의사의 의거에 관련되었다는 의로 3개월간 곤욕을 치르기도 하였다.

그 후 미국으로 망명하여 '흥사단'을 조직하였고, 3·1운동 직후 있는 '국민회'가 모은 2만 5천 달러라는 큰돈을 가지고, 중국 상해에서 임시 정부 조직에 참가, '독립 신문'을 창간하였다.

안창호는 이후에도 미국과 중국을 오가며 독립 운동에 힘쓰다가 윤봉길 의사 의거 직후 붙잡혀, 3년 동안 감옥에 갇혀 있었다. 나와 휴양하던 중 1937년 6월 '수양 동우회' 사건으로 다시 잡혀 있다가 이듬해 병으로 보석되어 병원으로 옮겨졌다.

그러나 병은 더 악화되어 빨리 회복되기를 바라는 많은 사람에도 불구하고 1938년 3월 11일 끝내 눈을 감고 말았다.

1962년 대한 민국 건국 공로 훈장 중장(현 건국 훈장 대한민국장)서되었다.

안창호는 일생을 정직과 성실로써 나라를 위해 헌신 노력하였으며, 우리가 자주 독립을 이룩하려면 먼저 교육을 통해 민족의 기둥을 기른 후 나라를 세워야 된다고 하였다.

연대	중요 사항
1897	독립 협회 가입
1899	점진 학교 설립
1907	신민회 조직
1913	흥사단 조직
1932	일본 경찰에 붙잡혀 치름.

이를 일찍 아시고 훈민정음을 만들어 내지 않았는가, 세종 대왕의 높으신 뜻을 모르고 선비들은 한문만을 숭상하여 쓰지 않고, 훈민정음을 여자 아이들과 부인네들만 쓰는 '언문'이라 천시하고 있으니······."

이 무렵, 조선은 나라의 문을 활짝 열고 서양의 새 학문을 받아들였다. 밖에는 교회가 들어서고 찬송가가 울려 퍼졌다. 이때 조선에 온 선교사 아펜젤러는 1885년 조선에 배재 학당을 세웠다. 주시경은 서양의 새 문명을 배워야 한다고 마음을 굳히고 이 진사에게 작별 인사를 하였다.

주시경은 18세의 청년으로 배재 학당의 특별과에 입학하여 공부하는 한편, 학비에 보태 쓰려고 학당에 딸린 인쇄소에서 일을 하였다.

특별과를 마치고 보통과에 들어가 그 곳에서 조선말 문법을 만들 결심으로 열심히 공부하였다. 이때 영어 선생님은 미국에서 공부하고 온 서재필이었다. 서재필은 영어를 가르치는 한편, 애국심과 민주주의 정신을 불어넣었다. 주시경은 이에 영향을 받아 독립 운동에 가담하고 자기 이름을 '크다'는 '한'을 따 '한힌샘', 훈민정음을 우리말로 '한글'이라고 이름 붙였다.

주시경은 나라에 국어 연구와 사전을 펴내야 한다고 의견을 내었다. 의견이 받아들여져 1907년 학부에 국문 연구소를 두고 어윤직, 이승화 등과 함께 주시경을 위원으로 하였다. 이듬해 한힌샘은 「국어문전음학」, 1910년 「조선어 문법」, 1914년 「말의 소리」를 내었다.

1910년 러·일 전쟁에서 이긴 일본은 조선을 강제로 빼앗고 말았다. 한힌샘은 땅을 치고 통곡했다. 어떡하면 나라를 다시 찾을 수 있을까? 생각하다가 조선과 비슷한 「안남 망국사」를 만들어 펴내려 했으나 일본의 방해로 뜻을 이루지 못했다. 1911년 일본은 말을 잘 듣지 않는 애국자 105명을 조선 총독을 죽이려 했다는 누명을 씌워 잡아다가 옥에 가두었다.

일이 이렇게 되자, 숨어 있던 애국자들은 중국으로, 미국으로 피했다. 한힌샘도 조선을 떠날 준비를 서두르다 급성 체증으로 자리에 누웠다가 눈을 감으니, 1914년 7월 28일 39살의 젊은 나이였다.

연대	중요 사항
1896	독립 협회 조직에 참여
1897	배재 학당 특별과 졸업
1898	국어 문법 완성
1900	배재 학당 보통과 졸업
1905	국어 연구와 사전 편찬에 관한 건의서 제출
1907	학부의 국문 연구소 위원
1914	급환으로 사망

역 사 연 표

인 물	국 사	세 계 사
단군〔기원전 2333~ 기원전 1121〕	○ 단군, 아사달에 도읍을 정하고 나라 이름을 '조선'이라 하였다고 함. (※ 현재 사용하고 있는 '단기' 곧, '단군 기원'은 '동국통감'에 의한 것임)	○ 바빌로니아, 99 법과 10 진법을 만들고, 1년을 365 일로 정함. (기원전 2500 년) ○ 중국, '우'가 '하'나라를 세움.(기원전 2205 년)
비류〔?~?〕	○ 신라 시조 '혁거세' 즉위 (기원전 57 년) ○ 고구려, 동명왕 사망, 유리왕 즉위 (기원전 19 년) ○ 백제 시조 '온조왕', 위례성에서 즉위 (기원전 18 년)	○ 중국, '성탕', '상'나라를 세움.(기원전 1766 년) ○ 중국, '은' 나라를 세움.(기원전 1401 년) ○ 트로이 전쟁(기원전 1193~1184 년 경)
김수로왕〔?~199〕	○ 백제, 신라의 '모산성' 공격 (188 년) ○ 고구려, '환도성'을 쌓음. (198 년) ○ 백제, 신라의 변경을 침. (199 년) ○ 가야(가락국), 제 2 대 '거등왕' 즉위 (199 년)	○ 중국, '은' 망하고 '무왕'이 '주'나라를 세움. ○ 유대 왕 헤로데, 신전을 재건 (기원전 17 년) ○ 중국, '왕상', 대사마가 됨.(기원전 15 년)
근초고왕〔?~375〕	○ 왜병, 4 월에 신라에 침입하였으나, 격파당함. (364 년) ○ 백제, 신라와 교류 (366 년)	○ 크리스트 출생(기원전 4 년, ※ '기원전 2 년'이라는 설도 있음)
왕인〔?~? (백제 근구수왕 때〈375~384〉의 학자〕	○ 고구려, 백제를 공격, 태학을 세움. (371~372 년) ○ 백제, 진나라에 사신을 보냄. (373 년) ○ 고구려, 처음으로 율령을 반포 (373 년) ○ 백제, 진나라에 사신을 보냄. (373 년) ○ 고구려, 처음으로 율령을 반포 (373 년) ○ 백제, 고흥이 '서기'를 편찬 (375 년) ○ 고구려, 초문사에 순도, '이불란사'에 중 '아도'를 둠.	○ 중국, 황건적 일어남. '조조' 황건적을 토벌함.(184 년) ○ 중국, 유비가 조조를 공격함.(199 년) ○ 로마, 콘스탄티누스 2 세 사망, 율리아누스 즉위 (361 년) ○ 연나라, 낙양을 함락시킴.(364 년) ○ 로마 제국, 둘로 나뉨.(364 년) ○ 중국 전진, 노장과 도참학을 금지함. (375 년) ○ 중국, 서성으로 일컫는 '왕희지' 사망 (379 년)
광개토 대왕〔375~413〕	○ 고구려·백제 전쟁 (375~376) ○ 마라난타가 백제에 불교를 전함.(384 년) ○ 광개토 대왕(국강상 광개토경 평안호태왕) 즉위 (391 년) ○ 고구려, 남방에 7 성을 쌓고 백제에 대비 (394 년) ○ 고구려 광개토 대왕, 수군을 거느리고 백제를 쳐서 58 개의 성을 함락시키고 도성까지 진격 (396 년)	○ 중국, 명재상인 '사안', 위장군이 됨. (380 년) ○ 라틴 어 성서 완성 (383 년) ○ 중국, 진나라 명재상 '사안' 사망 (385 년) ○ 아우구스티누스 세례를 받음.(387 년) ○ 올림피아 최종 경기 거행 (393 년) ○ 서로마 군대, 브리타니아에서 철수 (407 년)

인 물	국 사	세 계 사
	○ 백제, 왜국(일본)과 교류를 맺고 태자를 보냄.(397년) ○ 백제, 고구려를 치기 위해 병마를 강제 징발, 백성들은 신라로 도망 (399년) ○ 고구려, 중국 연나라를 공격 (404년) ○ 중국의 연나라, 고구려를 쳤으나 패하고 돌아감.(406년) ○ 고구려, 동부여를 쳐서 64개 성을 깨뜨리고, 1천 4백여 촌락을 점령 (410년) ○ 광개토 대왕 사망, 장수왕 즉위(413년)	○ 중국, 서진이 후진에 항복 (411년) ○ 중국, 하나라, 통만성을 쌓음. (413년) ○ 알사스, 불군드 왕국 창건 (413~534)
무령왕 [?~523]	○ 신라, 처음으로 우경법(소로 밭갈이 하는 법)을 씀.(502년) ○ 신라, 처음으로 나라 이름을 '신라'라고 함.(503년) ○ 신라, 주·군·현 설치, 이사부를 군주로 삼고, 얼음을 처음으로 저장하여 씀.(505년) ○ 신라의 이사부, 우산국(울릉도) 정벌 (512년) ○ 백제, 무령왕 사망하고 성왕 즉위 (523년)	○ 중국의 위나라, 국학 경영 (504년) ○ 파리, 프랑크 왕국의 수도가 됨. (508년) ○ 중국, 양나라 무제, 국자학에 감. (510년) ○ 페르시아 왕, 갈바데스가 기독교를 믿음. (513년) ○ 티오니시우스, 기독교를 유럽에 전함. (516년) ○ 중국 위나라, 불경을 서역에서 구함. (518년) ○ 위나라, 철전(쇠동전)을 만듦. (523년)
진흥왕 [534~576] 솔거 [?~(신라 진흥왕 때의 인물)~?]	○ 신라, 처음으로 '건원'이라는 연호를 사용 (536년) ○ 백제, 도읍을 '사비'로 옮기고, 나라 이름을 '남부여'라 함.(538년) ○ 신라, 진흥왕 즉위 (540년) ○ 신라, 흥륭사 창건, 중이 되어 출가함을 허락함.(544년) ○ 신라, '백좌강회', '팔관회법' 설치 (551년) ○ 백제, 중 담혜 등 일본으로 감.(554년) ○ 고구려, 평원왕 즉위 (559년) ○ 신라, 이사부로 하여금 가야를 토벌 (562년) ○ 신라, 황룡사 장육상 조성 (574년) ○ 신라, 진평왕 즉위 (579년) ○ 백제, '선운사' 창건 (581년) ○ 고구려, 도읍을 장안성으로 옮기고, 백제, 중국 진나라로 사신을 보냄.	○ 반달 왕국 멸망 (534년) ○ 중국, 양나라 도홍경 사망 (536년) ○ 페르시아, 동로마와 전쟁 (537년) ○ 중국, 비단 만드는 방법을 유럽에 전파 (551년) ○ 콘스탄티노플 종교 회의 (552년) ○ 페르시아, 아라비아에 원정 (562년) ○ 중국, 제나라가 주나라를 격파 (564년) ○ 중국 주나라, 불교와 도교를 없앰. (574년) ○ 중국, 주나라 무제가 제나라를 침. (575년) ○ 유스티누스 2세, 페르시아 원정 (576년) ○ 동로마, 페르시아 군대를 격파 (579년) ○ 중국, 수나라가 돌궐을 격파 (583년) ○ 중국, 진나라가 멸망하고 수나라가 천하를 통일하고, 아악을 정리함. (589년) ○ 페르시아, 코스론 2세 즉위, 동로마와 화친을 맺음. (591년)

인 물	국 사	세 계 사
담징 〔579~631〕 아좌 태자〔?~(597년, 일본으로 건너감)~?〕 김유신〔595~673〕 을지문덕〔?(612년 살수대첩)~?〕 무열왕〔604~661〕 연개소문〔?~665〕 원효〔617~688〕 의상〔625~688〕 양만춘〔?~(644년, 안시성에서 당나라 태종을 격멸)~?〕	(586 년) ◦신라, 원광 법사 중국 진나라로 들어감. (589년) ◦고구려, '온달' 장군 전사 (590년) ◦신라, 김유신 태어남. (595년) ◦고구려, 말갈 병사를 거느리고 요서를 침. (598년) ◦수나라, 30만 대군으로 고구려를 침공 했으나 대패함. (598년) ◦고구려의 중 '담징'과 '법정', 일본으로 감. (608년) ◦고구려, 을지문덕 장군이 살수에서 수나라 대군을 격멸시킴. (612년) ◦중국, 수나라 양제가 고구려를 재침공하였으나 실패 (613년) ◦백제, 신라의 모산성을 공격 (616년) ◦고구려·백제·신라, 각각 당나라에 사신을 보냄. (621~623년) ◦신라의 김유신, 고구려 낭비성을 공격하여 깨뜨림. (629년) ◦신라, 선덕 여왕 즉위 (632년) ◦신라, 자장 율사 당나라에 유학 (636년) ◦신라, 원광 법사 사망 (640년) ◦신라, 김유신, 백제의 성 7개소를 쳐서 빼앗음. (644년) ◦백제, 신라의 성 7개소를 빼앗음. 김유신, 도살성에서 이를 격파함.(649년) ◦백제, 왜국과 교류 (653년) ◦신라, 고구려·백제를 침. (655년) ◦백제, 좌평 성충 사망 (656년) ◦신라, 김유신이 소정방과 함께 백제를 공격, 백제는 계백이 이끄는 5천 결사대와 맞섰으나 패하고 웅진성에서 항복함. (660년) ◦고구려, 연개소문이 당나라 군사를 격파시킴. (662년) ◦나·당군 고구려 평양성을 함락시킴. (668년) ◦신라, 김유신 사망하고, 아찬 벼슬의 대토가 모반을 일으킴. (673년) ◦의상 대사, 부석사를 창건 (676년)	◦일본 왕 스순 피살당하고, 스이코 왕 즉위 (592년) ◦중국, 태산에 제사 지내고 천하의 무기를 거둠. (595년) ◦중국 요서, 고구려의 침공을 받음. (598년) ◦교황 그레고리우스 1세, 교권을 확립함.(600년) ◦중국, '역서'를 처음 사용 (604년) ◦페르시아, 소아시아를 약탈 (609년) ◦중국, 고구려에 원정할 군사를 모집함. (611년) ◦중국, 수나라 양제, 고구려를 재침공 (613~614년) ◦페르시아, 다마스커스를 점령 (614년) ◦중국, 노자의 사당을 세움. (620년) ◦페르시아, 다리우스 1세 시대의 최대 영역을 회복 (620년) ◦중국, 처음으로 '개원통보' 동전을 사용 (621년) ◦중국, 초나라가 멸망하고, 마호메트 메디나로 감. (622년) ◦중국, 현장 법사, 인도로 감. (629년) ◦페르시아, 무정부 상태 (629년) ◦중국의 현장 법사, 서인도에서 돌아옴. (645년) ◦사라센 족, 아르메니아를 점령 (652년) ◦중국, 소정방을 보내어 고구려를 치게 함. (660년) ◦중국, 이적으로 고구려를 치게 함. (666년) ◦아랍, 북아프리카를 정복하기 시작함. (670년) ◦일본, 임신의 난 일어남. (672년) ◦사라센, 콘스탄티노플을 포위 (673~677년) ◦중국, 유인궤를 시켜 국사를 손 보게 함. (673년) ◦영국 최초의 기독교 시인인 캐드먼 사망 (680년) ◦일본, 동전 사용 (683년)

인 물	국 사	세 계 사
혜초 [704~787] 김생 [711~791]	○ 감은사 창건 (682년) ○ 원효 사망 (688년) ○ 김인문, 당나라에서 사망 (694년) ○ 일본 사신, 우리 나라로 들어옴. (698년) ○ 황룡사 9층 탑 중수 (720년) ○ 상원사 창건 (724년) ○ 김충신, 당나라에 사신으로 감. 발해 왕의 아우 문예를 보내어 흑수말갈을 침, 흑수말갈은 당나라로 도망 (726년) ○ 당나라가 신라에 사신을 보내어 '노자 도덕경'을 바침. (738년) ○ 김대성, 불국사를 창건 (751년) ○ 일본 사신이 왔으나, 왕이 만나 주지 않음. (753년) ○ 충담사, '안민가'를 지음 (765년) ○ 고음, '신라국기' 1권을 지음. (768년) ○ 성덕왕 신종 (속칭, 에밀레종) 만듦. (771년) ○ 벽골제 증축 (790년) ○ 김생 사망 (791년) ○ 해인사·감은사 창건 (802년) ○ 일본, 신라에 황금 3백 냥 바침. (804년) ○ 고구려의 중 구덕, 당으로부터 불경을 가지고 옴. (827년)	○ 주나라, 아홉 개의 솥(구정)을 만들었으며, 사라센, 칼타고를 정복, 로마, 영토가 완전히 없어짐. (697년) ○ 일본, 오노야스마로가 '일본서기'를 바침. (712년) ○ 대조영, 발해 왕이 됨. (713년) ○ 교황, 그레고리우스 2세 즉위 (715년) ○ 일본, '일본서기'를 완성 (720년) ○ 중국, 공자를 '문선왕'이라 시호를 내림. (739년) ○ 고선지 장군, 대식국을 쳤으나 패함. (751년) ○ 안록산이 반란을 일으킴. (755년) ○ 니카이아, 제2차 종교 회의에서 우상 숭배를 허락 (787년)
장보고 [?~846]	○ 장보고의 딸을 왕비로 삼으려 했으나 신하들이 반대함. (845년) ○ 장보고, 죽임을 당함. (846년) ○ 쌍계사 창건 (854년) ○ 임해전을 중수하고 송광사를 창건 (867년) ○ 왕건, 송악군에서 출생 (877년) ○ 최치원, 당으로부터 돌아옴. (885년) ○ 각간 위홍, 대구 화상과 함께 향가를 수집하여 '삼대목'을 지음. (888년) ○ 최치원, '시무 10조'를 올림. (894년) ○ 궁예, 송악으로 도읍을 옮기고 '팔관회'를 행함. (898년) ○ 왕건, 견훤과 싸워 이김. (906년) ○ 왕건, 왕으로 추대되고 나라 이름을	○ 중국, 백거이 사망 (847년) ○ 일본, 동대사 대불의 머리가 떨어짐. (855년) ○ 사라센, 바그다드에 수도를 세움. (870년) ○ 영국, 알프레드가 왕으로 즉위 (871년) ○ 중국, 난을 일으킨 황소를 쳐서 장안을 수복 (883년) ○ 일본 도적, 대장성에 침입 (958년) ○ 여진, 거란에 속하게 됨. (991년) ○ 중국, '삼국지' 간행됨. (1002년) ○ 덴마크 왕조, 영국의 지배를 받음. (1016년) ○ 신성 로마 황제, 하인리히 2세, 제3차 이탈리아 원정 (1021년) ○ 영국, 크누드 대왕, 노르웨이를 정복 (1028년) ○ 거란의 동경 장군 대연림이 흥효국을 세우고 고려에 사신을 보내어 도움을 요청 (1029년) ○ 신성 로마 황제 콘라드 2세, 폴란드 침공 (1030년)

역사 연표 359

인 물	국 사	세 계 사
최승로 [927~989] 서희 [942~998] 강감찬 [948~1031] 최충 [984~1068] 윤관 [?~1111]	○ '고려'라 함. (918년) ○ 군인 복색을 처음으로 정함. (984년) ○ 한언공, 한나라에서 돌아와 송나라 황제로부터 받은 대장경 (481함)을 바침. (991년) ○ 서희 사망 (998년) ○ 강조, 왕을 폐하여 살해하고 대량원군을 세움. (1009년) ○ 강감찬, 흥국사 석탑 건립 (1021년) ○ 강감찬 사망 (1031년) ○ 최충, 북쪽 변방에 성을 쌓음. (1041년) ○ 일본 대마도주, 공물을 바침. (1082년) ○ 왕의 아우, 의천이 송나라 유학을 떠남. (1086년) ○ 윤관 장군, 여진족 토벌에 원수가 되어 출정 (1107년) ○ 묘청의 난 일어남, 김부식이 토벌, 묘청·정지상 등 죽임. (1135년) ○ 김부식, '삼국사기' 50권을 올림. (1145년)	○ 동로마 제국, 아르메니아를 다시 합병 (999년) ○ 중국, 태산을 봉함. (1008년) ○ 중국, 항주의 임포, 건백을 받음. (1012년) ○ 영국, 노르웨이 정복 (1028년) ○ 거란, 국사를 처음으로 편수함. (1044년) ○ 구양 수, 지공거가 됨. (1057년) ○ 중국, '신당서' 만들어짐. (1060년) ○ 중국, 왕안석이 한림학사가 됨. (1067년) ○ 윌리엄 1세, 봉건 제도를 창시 (1071년) ○ 왕안석의 '신법'이 다시 시행됨. (1074년) ○ 중국의 사마 광, '자치통감'을 바침. (1084년) ○ 중국, 청묘법·면역법이 폐지되고, 왕안석, 사마 광이 사망함. (1086년) ○ 중국, 한림학사인 소동파가 파면됨. (1091년)
이규보 [1168~1241]	○ 정중부의 난 일어남. (1170년) ○ 만적이 난을 일으켰으나 실패하고 처형당함. (1198년) ○ 이규보, 직한림에 오름 (1208년), 최충헌, 이규보를 기용하여 우정언 지제고를 하게 함. (1215년) ○ 몽고 내침 (1231년) ○ 이광 장군, 입암 산성에서 몽고병을 격멸 (1256년) ○ 충렬왕, 강화도로 피난 (1290년) ○ 원나라에 동녀를 바침. (1302년) ○ 연경에 '만권당'을 지음. (1314년) ○ 안축, 연나라 과거에 급제, 개주 판관이 됨. (1324년)	○ 왕안석, 공자묘에 배향됨. (1104년) ○ 금나라 태조 사망 (1123년) ○ 요나라, 금나라에게 망함. (1124년) ○ 영국, 노르만디 회복 (1128년) ○ 중국의 악비 장군, 호상을 평정 (1135년)하고, 유예를 당수에서 격파 (1136년) ○ 중국의 간신인 진회, 악비 장군을 옥에 가둠. (1141년) ○ 스페인, 기사단 창설 (1150년) ○ 금나라, 여진 문자로 '경사'를 번역 (1164년) ○ 이도, '속자치통감장편'을 올림. (1184년) ○ 일본, 쇼군(장군), 막부 정치 시작 (1192년)
최영 [1316~1388] 이색 [1328~1396] 문익점 [1329~1398] 공민왕 [1330~1374] 이성계 [1335~1408] 정몽주 [1337~1392] 정도전 [?~1398]	○ '편년강목'을 편찬 (1326년) ○ 이곡, 원나라 과거에 급제, 한림국사원 검열관이 됨. (1333년) ○ 이조년, 왕의 무도함을 상소로 올리고 사직함. (1341년) ○ 공민왕 즉위 (1351년) ○ 홍건적 괴수를 참수함. (1360년)	○ 칭기즈 칸, 서하를 멸망시킴. (1227년) ○ 독일 황제 프리드리히 2세, 이집트 왕과 화의, 십자군 중지 (1229년) ○ 주희, '통감강목'을 진강 (1237년) ○ 쿠빌라이 즉위 (1260년)

인 물	국 사	세 계 사
황희〔1363~1452〕 박연〔1378~1458〕 세종 대왕〔1397~1450〕 정극인〔1401~1481〕 박팽년〔1417~1456〕 장영실〔?~(1423년, 노예 신분 벗음)~?〕	○ 최영, 서북면 도순찰사가 됨. (1361년) ○ 이성계, 무라 산성을 공격하여 깨뜨림. (1370년) ○ 이색, 본조금경록을 거듭 고침. (1371년) ○ 정몽주, 명나라에 보냄. (1383, 1386년) ○ 박위, 대마도 정벌 (1389년) ○ 이성계, 삼군도총제사가 됨. (1391년) ○ 정몽주, 선죽교에서 피살됨. (1392년) ○ 나라 이름을 '조선'으로 고침. (1393년) ○ 정도전 등 '고려사 (37권)'를 편찬함. (1395년) ○ 1차 왕자의 난 (1398년), 2차 왕자의 난 일어남. (1400년) ○ 신문고 설치 (1401년) ○ 하륜·권근 등으로 '편년 삼국사'를 만들게 함. (1402년) ○ 하륜 등 '동국사략(삼국사략)'을 지어 올림. (1403년) ○ 고려 역대 사적, '신비집'을 불태움. (1412년) ○ '태조실록(15권)' 이룩됨. (1413년) ○ 충령 대군 (세종), 왕세자가 됨. (1418년) ○ 화폐, '조선통보'를 만듦. (1423년) ○ 평양에 단군 사당을 세움. (1425년) ○ 황희 등 '경제속육전'을 올림.(1433년), 박연 등 '혼천의'를 새로 만듦. (1433년) ○ '앙부일구'를 두어 해그늘을 측량 (1434년) ○ 마패를 새로 만듦.(1435년) ○ 장영실, '흠경각' 이룩됨. (1438년) ○ 정인지 등 '치평요람' 수찬 (1441년) ○ 측우 제도를 상정 (1442년), '고려사' 지음. (1442년) ○ '훈민정음' 28자를 창제함. (1443년) ○ 집현전에 '오례의주'를 상정시킴. (1444년), 정인지 등 '용비어천가 (10권)' 이룩 (1445년) 하고, '훈민정음'	○ 문천상 사망 (1277년) ○ 조맹부(송설체의 창시자) 사망 (1322년) ○ 영·불 백년 전쟁 일어남.(1339년) ○ 보카치오, '데카메론' 착수 (1344년) ○ 주원장, 오나라 왕에 즉위 (1364년) ○ 하이델베르크 대학 창립 (1386년) ○ 야겔로, 폴란드 왕이 됨. (1386년) ○ 주원장, 스스로 오나라의 왕이 됨. (1364년) ○ 존 위클리프, 옥스포드의 캔터베리 홀의 장이 됨. (1365년) ○ 한자 동맹, 덴마크 왕인 발데마프 4세와 재차 싸워 이김. (1367년) ○ 왜구, 중국 산동에 침입 (1369년), 티무르 제국 성립 (1369년), 프랑스 왕인 샤르프 5세, 백년 전쟁을 재개하여 승리 (1369년) ○ 중국, '대명률'을 만듦.(1373년) ○ 이탈리아, 보카치오 사망 (1375년) ○ 영국, 프랑스와 스코틀랜드에 대한 전쟁 비용으로 쓰기 위한 '인두세'를 제정 (1379년) ○ 영국, 처음으로 대포 사용 (1383년) ○ 로마와 아비뇽의 두 교황, 서로 파문을 선언 (1387년) ○ 몽골, 티무르가 바그다드를 침공 (1392년) ○ 중국, '태조실록' 편찬 (1399년) ○ 몽골, 티무르 사망 (1405년) ○ 사라센 최고의 역사가 이븐 할둔 사망 (1407년) ○ 왜구, 중국 요동에 침입하였으나, 유강이 이를 물리침.(1419년) ○ '잔 다르크', 영국 군사를 무찔러 포위를 풀게 함. (1429년) ○ 잔 다르크, 브르고뉴 군사에게 잡힌 후 안에서 화형을 당함. (1431년) ○ 구텐베르크, 활자를 개량함. (1440년) ○ 로마, 신성 로마 황제 프리드리히 3세의 대관식 거행 (1452년) ○ 중국, 처음으로 생원에게 곡물을 바치고 국자감에 입학하게 함. (1453년)

역사 연표 361

인 물	국 사	세 계 사
안견〔?~1447년, '몽유도원도'를 그림〕~?〕 김종직〔1431~1492〕	을 반포하다. (1446년) ◦ 수양 대군 등 '석보상절'을 이룩하고 (1447년), 신숙주 등 '동국정운'을 편찬하다. (1447년), 2년 후 '석보상절'과 '월인천강지곡'을 간행하다. (1449년) ◦ 김종서 등 '고려사(139권)'를 새로 편찬함(1451년), 이듬해 '고려사절요(35권)'를 지어 올림. (1452년) ◦ 단종 즉위 (1453년). 수양 대군, 김종서·황보 인 등을 죽이고 안평 대군 부자를 강화도에 가둠. (1453년) ◦ 춘추관, '세종대왕실록(163권)'을 만들어 올림. (1454년) ◦ 세조 즉위 (1455년) ◦ 사육신, 단종의 복위를 꾀하다 처형 당함. 집현전도 없어짐.(1456년) ◦ '국조보감 (7권)' 완성 (1458년) ◦ 간경도감 설치 (1461년), 이듬해 '능엄경 언해' 완성(1462년) ◦ 홍문관 세움. (1464년) ◦ 남이 장군, 반역 도모를 이유로 처형 당함. (1468년) ◦ 최항 등 '경국대전' 교정 이룩함.(1470년) ◦ 춘추관, '세조실록'을 지어 올림.(1471년), 신숙주 등 '예종실록'을 지어 올림. (1472년) ◦ '국조오례의' 이룩됨. (1474년) ◦ 서거정 등 '동국여지승람 (50권)'을 지어 올림. (1481년) ◦ 노사신 등에 '강목신증'을 짓게 하고 '남명집 언해'를 간행함. (1482년) ◦ 창경궁 이룩됨. 서거정 등 '동국통감' 지어 올림. (1484년) ◦ 최부, 수차를 만듦. (1488년) ◦ 부산포 성을 쌓고 전라 좌수영 성을 쌓음. (1490년) ◦ 어세겸 등 '성종실록'을 지어 올림. (1495년) ◦ 이극균, 경상 우도의 지도를 제작함. (1497년) ◦ 유자광 등의 무고로 김일손 등이 처형	◦ 중국, '주자'의 후손을 '세습 박사'라 부름. (1455년) ◦ 터키, 아테네를 침략 (1456년) ◦ 일본, 에도 성을 쌓음. (1457년) ◦ 터키, 그리스의 모든 영토를 점령 (1460년) ◦ 터키, 트라페루스 제국 침략 (1461년), 이듬해 와라키아를 침략 (1462년) ◦ 베네치아에 유럽 최초의 공공 도서관 건립 (1463년), 터키, 베네치아와 해상 전투 (1463~1479년) ◦ 이탈리아 조각가, 도나텔로 사망 (1466년) ◦ 독일인 포날, 로마에 인쇄소를 설치 (1467년) ◦ 중국, 형양의 난 평정 (1472년) ◦ 성 프란체스코, 매 50년 기념제를 위한 면죄부를 발행 (1472년) ◦ 미켈란젤로 출생 (1475년) ◦ 식스투스 4세, '면죄부는 죄를 깨끗하게 하는 불 가운데의 영혼에도 효력을 지님'이라는 교의 확정 (1476년) ◦ 콜럼버스, 아이슬랜드에 도착 (1477년) ◦ 터키, 알바니아 정복 (1479년) ◦ 스페인, 그라나다 왕국의 정복을 시작 (1482년) ◦ 스페인 왕 페르난도와 이사벨, 그라나다 왕국의 정복전 시작 (1482년) ◦ 마틴 루터 출생 (1483년), 라파엘로 탄생 (1483년) ◦ 장미 전쟁 끝남. (1455년~1485년) ◦ 포르투갈의 디어스, 희망봉 발견 (1486년) ◦ 콜럼버스, 자메이카 발견 (1494년) ◦ 존 카보트, 아메리카 본토를 발견 (1497년), 바스코 다 가마, 희망봉을 돌아 항해 (1497년) ◦ 바스코 다 가마, 인도 항로를 발견 (1498년) ◦ 스위스, 신성 로마로부터 독립 (1499년)
조광조〔1482~1519〕		

인 물	국 사	세 계 사
이황 (1501~1570) 조식 (1501~1572) 신 사임당 (1504~1551)	됨. (1498년) ○ 이극균 등 '서북제번기', '서북 지도'를 만들어 올림. (1501년) ○ 한글 배우는 것을 금하고, 이두의 사용을 금함. (1504년) ○ 사간원·대제학을 폐함. 이 해에 '중종반정' 일어남. (1506년) ○ 임금이 선농제를 행하고 직접 밭갈이를 함. (1513년) ○ 주자 도감을 설치, 구리 활자를 만듦. (1516년) ○ 정몽주를 문묘에 모심. 또 최세진이 '사성통해'를 만듦. (1517년)	○ 중국, '대명회전' 완성, 콜럼버스, 온두라스 발견 (1502년) ○ 미켈란젤로, 교황인 율리우스 2세의 부름을 받음. (1505년) ○ 신대륙을 처음으로 '아메리카'라 부름. (1507년) ○ 미켈란젤로, 로마의 시스티나 성당 장식에 착수 (1508년) ○ 교황 레오 10세, 성 베드로 사원 건립을 위해 면죄부 판매 (1513년) ○ 토마스 모어, '유토피아' 집필 (1516년)
기대승 (1527~1572) 김제민 (1527~1599) 고경명 (1533~1592) 이이 (1536~1584) 정철 (1536~1593) 권율 (1537~1599) 김천일 (1537~1593) 류성룡 (1542~1607) 한호 (1543~1605) 조헌 (1544~1592) 이순신 (1545~1598) 권응수 (1546~1608) 김장생 (1548~1631) 송상현 (1551~1592) 곽재우 (1552~1617) 정발 (1553~1592) 김시민 (1554~1592) 허난설헌 (1563~1589)	○ 추자도 등지에서 왜변이 일어나고 비변사를 설치함. (1522년) ○ 이행 등이 '신증동국여지승람'을 지어 올림. (1530년) ○ 왜선, 사량진 침입 (1544년) ○ 조광조의 벼슬을 복구 (1545년) ○ 이황, 풍기 군수가 됨. (1548년) ○ 왜구 침입을 막기 위해 대마도에 2년 동안의 쌀을 줌. (1558년) ○ 황해도 임꺽정 무리 난동 (1559년) ○ 우부승지 이이가 만언소를 올림.(1574년) ○ 정여립 모반, 자살 (1589) ○ 황윤길·김성일, 일본 통신사로 출발 (1590) ○ 이순신, 전라 좌수사가 됨. 임 진 왜 란 일 어 남 ○ 1592년 상주가 함락되고 이일 장군이 패하여 달아나다. 신립 장군 충주에서 전사하다. (4월) 서울과 평양이 함락되다. (5·6월) 이순신 장군, 한산도에서 큰 승리를 거두고, 명나라 장수 조승훈 등이 평양을 공격하다. (7월) 명나라 유격 장군 심유경이 오다. (8월) 진주성 전투 (10월) 명나라 제독 이여송 장군 등이 오다. (12월)	○ 교황 레오 10세가 면죄부 판매를 시인하고, 마틴 루터가 면죄부 판매를 공격, 종교 개혁 운동의 발단이 됨. (1517년) ○ 레오나르도 다 빈치 사망 (1519년) ○ 마젤란, 남 아메리카 남단 해협 통과, 화가 라파엘로 사망 (1520년) ○ 터키, 바그다드 점령 (1521년) ○ 네덜란드 에라스무스, '자유 의지론' 간행 (1524년) ○ 중국, 왕수인 사망 (1529년) ○ 중국, 장경에게 왜구를 치게 함 (1554년) ○ 일본, 오다 노부나가, 아시카가씨를 멸함. (1573년) ○ 일본, 호표 우지나오, 도요토미에게 투항, 도쿠가와 이에야스, 에도 성 입성 (1590년) ○ 만주, 누르하치, 압록강 유역에서 무리를 모음. (1591년) ○ 사상가 몽테뉴 사망 (1592년) ○ 스웨덴 왕 요한 3세 죽고, 폴란드 왕 지그문트 3세 겸위 (1592년) ○ 교황 클레멘스 8세 즉위 (1592년) ○ 셰익스피어 '리쳐드 3세' 간행 (1593년) ○ 중국, 왕세정 사망 (1593년)

역사 연표 363

인 물	국 사	세 계 사
김덕령〔1567~1596〕 영규〔?~1592〕 윤흥신〔?~1592〕 허준〔?~1615〕 임경업〔1594~1646〕	○ 1593 년 평양을 수복하다. (1 월) 권율 장군, 행주 산성에서 큰 승리를 거두다. (2 월) 심유경, 소서행장과 만나 화의를 촉구함. (3 월) 왜군, 서울에서 철수하여 남쪽으로 내려감. (4 월) 진주성이 함락됨. (6 월) 이순신 장군, 3 도 수군 통제사가 됨. (8 월) 명나라 이여송, 강을 건너 돌아감. (9 월) 서울로 돌아옴. (10 월) ○ 1594 년 유정(사명당), 가등청정과 만남 (4 월, 7 월) 김응서 장군, 소서행장과 만나 화의를 촉구함. (11 월) ○ 1595 년 명나라 유격 장군, 진운홍 등 소서행장과 회담 (1 월) 명나라 장응룡, 가등청정과 만남 (3 월) 명나라 봉내사 이종성 등 도성에 이름. (4 월) 명나라 봉내사 이종성 등 부산에 있는 왜군 영에 들어감. (11 월) ○ 1596 년 명나라 봉왜사 이종성, 부산의 왜군 영을 탈출하여 도피함. (4 월) ○ 1597 년 (정유재란) 왜군 재차 쳐들어옴. (1 월) 원균, 경상 우수사 겸 통제사가 되다. (1 월) 거제 칠천도에서 패전, 원균 전사 (7 월) 이순신, 3 도 통제사가 되다. (7 월) 노량 대첩에서 큰 승리 (9 월) ○ 1598 년 명나라 도독 진전, 수군을 이끌고 옴. (2 월) 왜국의 풍신수길 사망-모든 장수들	○ 네덜란드 인, 기니아의 황금 해안에 이름(1593 년) ○ 일본, 도요토미, 후시미 성을 쌓음. (1594 년) ○ 프랑스, 앙리 4 세, 파리에 입성 (1594 년) ○ 중국, 청해 부장 영소복, 감숙에 침범했으나, 참장 달운이 이를 격퇴 (1595 년) ○ 프랑스의 앙리 4 세, 스페인에 선전포고 (1595 년) ○ 네덜란드 인, 희망봉을 돌아 동인도에 이르는 최초의 항해 출항 (1595 년) ○ 명나라 심유경, 대판에서 풍신수길과 회견 (1596 년) ○ 영국, 카디즈를 약탈 (1596 년) ○ 영국·프랑스, 네덜란드와 동맹하여 스페인에 대항 (1596 년) ○ 중국, 양응룡, 반란을 일으킴. (1597 년) ○ 탄허우트 전투에서 나사우의 모리스, 영국의 원조를 얻어 스페인 군을 격파 (1597 년) ○ 토묵특이 요동을 침범, 이여송 사망 (1598 년) ○ 왜국, 풍신수길 사망 (1598 년)

인 물	국 사	세 계 사
	의 철군을 명함. (8월) 노량 해전, 적선을 크게 부수고 이순신 장군 전사 (11월) 왜군 모두 철퇴 **임진왜란 끝이 남** ○ 류성룡에게 직첩을 되돌림. (1599년) ○ 유정(사명당), 대마도에 보내어 부산에서의 무역을 허락하고, 정세를 자세히 알아 오게 함. (1604년), 이듬해 포로가 된 동포 300인을 데리고 오다. (1605년)	○ 만주의 누르하치, 몽골 글자로 국어를 만듦.(1599년) ○ 영국, 인도에 동인도 회사 설립 (1600년) ○ 마테오 리치(이마두), 연경에 들어옴. (1600년) ○ 포르투갈 인, 오스트레일리아를 최초로 발견 (1601년)
송준길 (1606~1672) 송시열 (1607~1689)	○ 허준, '동의보감(25권)'을 지어 올림 (1610년) ○ 강화 부사, 영창 대군을 죽임. (1613년) ○ '동국신속삼강행실' 간행 (1617년) ○ 허균 참형되고, 인목 대비를 서궁에 감금 (1618년)	○ 일본, 도쿠가와 이에야스, 세이다이 쇼군이 됨. (1603년) ○ 셰익스피어 '오셀로' 발표 (1604년) ○ 세르반테스의 '동키호테', 셰익스피어의 '리어 왕', '맥베스' 발표 (1605년) ○ 영국의 허드슨, 허드슨 강을 발견 (1609년)
유형원 (1622~1673)	○ 남령초(담배) 크게 유행됨. (1622년) ○ 이괄 반란 (1624년) ○ 금나라 쳐들어옴, 강화로 피함. (병자호란, 1627년) ○ 정두원, 명나라로부터 천리경(망원경), 서양 포, 자명종 등을 바침. (1631년)	○ 셰익스피어, '템페스트' 간행 (1612년) ○ 세르반테스 '동키호테' 2부 발표 (1615년) ○ 영국, 베이컨 사망 (1626년) ○ 일본, 천주교 금지 (1628년) ○ 이탈리아의 갈릴레이, 종교 재판에서 '지동설' 포기를 강요당함. (1633년)
김만중 (1635~1720)	○ 홍익한, 윤집, 오달제, 심양에서 청나라 사람에 의해 죽임을 당함. (1637년) ○ 삼전도비 세움. (1639년) ○ 임경업 장군, 금교에서 도망 (1642년) ○ 청나라, 임경업 장군을 붙잡아 처형함. (1646년) ○ 소혜 왕후의 '내훈', '경민편'을 간행함. (1656년)	○ 서예가 동기창 사망 (1636년) ○ 청나라, 과거를 처음으로 실시 (1646년) ○ 뉴턴, 광학 및 우주 중력에 관하여 발견 (1666년) ○ 밀턴, '실락원' 발간 (1667년) ○ 중국, 건청궁 완공되고, 네덜란드의 화가 렘브란트 사망 (1669년) ○ 영국, 그리니치 천문대 설립 (1675년)
이서 (1657~1794)	○ 허목, 상소하여 자의 대비의 복제를 논함-예론 일어남. (1660년) ○ 네덜란드 사람 하멜 등 8명, 일본으로 도망 (1666년) ○ 송준길, '태극음양도'를 올림. (1668년) ○ 홍문관, '천하 지도'를 올림. (1674년)	○ 번얀, '천로역정' 간행 네덜란드의 호이헨스 '빛의 파동설' 창시 (1678년) ○ 독일, 라이프니츠 '미적분법' 창안 (1685년) ○ 러시아, 터키에 선전 포고 (1686년) ○ 뉴턴, 프린시피아 출간 (1687년)

인 물	국 사	세 계 사
정선〔1676~1759〕 이익〔1681~1763〕 홍대용〔1731~1783〕 사도(장헌) 세자 〔1735~1762〕 혜경궁 홍씨〔1735~ 1815〕 박지원〔1737~1805〕 김홍도〔1745~?〕 신윤복〔1758~?〕 정약용〔1762~1836〕 김정희〔1786~1856〕	○ 호패법 실시 (1677년), 이듬해 '상평 통보'를 만듦. (1678년) ○ 강화도에 포대를 쌓음. (1679년) ○ 소의 장씨, '희빈'이 되고 (1689년), 곧 왕비가 됨. (1690년) ○ 사육신의 관직을 되돌려 주고, 제사 를 지냄. (1691년) ○ 폐비 민씨를 복위하고, 장씨의 옥새 를 거둠. (1694년) ○ '선원보략' 이룩됨. ○ '노산군일기'를 '단종대왕실록'으로 고침. (1704년) ○ 허원, 청나라로부터 역서 및 측산 기 계, 자명종 등을 얻어 옴. (1719년) ○ 김만기, 화차를 만듦. (1729년) ○ 수어청에서 총을 만듦. (1730년) ○ 승정원이 불탐. 승정원 일기 소실 (1744년) ○ 고려 시대 때 두문동 72충신의 제사 를 명하고 비를 세움. (1751년) ○ '선원보략' 고쳐 펴냄. (1754년) ○ 사도 세자, 뒤주에 갇혀 굶어 죽음. (1762년) ○ 일본 통신사, 조엄 귀국 (1764) ○ 신간, '동국문헌비고' 1백 권, 40책 을 펴냄. (1770년) ○ 박가, '북학의' 내외 2편을 지어 올 림. (1778년) ○ 서양 학문 관계 서적을 불태움. (1788 년) ○ 정약용 유배, 이덕무·박제가가 편집 한 '무예도보통지' 이룩됨. (1790년) ○ 이승훈, 예산에 유배, 충무공 이순신 전서를 인쇄하여 반포 (1795년) ○ 영국의 탐험선, 동래 용당포에 표류, 도착 (1797년) ○ 박지원, 농서 (과농소초)를 올림 (1799 년) ○ 신유 박해 일어남. (1801년) ○ 흉년으로 인한 금주령 (1809년) ○ 천주 교도 처형, 홍경래, 성주성에 들 어가 둔을 침. (1811년) ○ 영국 군함 2척, 충남 마량진에 정박	○ 중국에 우리 나라 왕이 조총 3천개를 보냄. (1692년) ○ 미국, 예일 대학 창립 (1701년) ○ 일본, '조선 사절 접대법'을 정함. (1711년) ○ 중국, '강희자전' 완성 (1716년) ○ '로빈슨 크루소' 간행 (1719년) ○ 러시아 항해 탐험가 베링, '베링 해 협'을 발견 (1728년) ○ 일본, 대포 제작 (1732년) ○ 미국, 조지 워싱턴 출생 (1732년) ○ 미국, 프린스턴 대학 창립 (1746년) ○ 프랑스, 몽테스키외, '법의 정신' 발 표 (1748년) ○ 벤자민 프랭클린, '피뢰침' 발명 (1749년) ○ 독일의 작곡가 바흐 사망 (1750년) ○ 리스본의 대지진, 모스크바 대학 창 립, 독일의 칸트, '성운설' 발표 (1755년) ○ 베르사이유 조약 체결 (1756년) ○ 루소, '사회 계약론' 및 '에밀' 간행 (1762년) ○ 영국의 와트, 증기 기관 개량 (1765 년) ○ 나폴레옹 출생 (1769년) ○ 독일의 괴테, '젊은 베르테르의 슬픔' 을 출간 (1774년) ○ 칸트, '순수 이성비판' 출간 (1781년) ○ 프랑스, 몽골피에, '경기구' 발명 (1783년) ○ 괴테, '파우스트' 출간 (1790년) ○ 영국, 제너, '종두법' 발명 (1796년) ○ 맬서스의 '인구론' 출간 (1798년) ○ 나폴레옹, 종신 통령이 됨. (1802년) ○ 미국, 기선 발명 (1807년) ○ 중국, '전당문' 이룩됨. (1814년) ○ 나폴레옹, '웰링턴'에게 패배 (1815 년) ○ 멕시코, 스페인으로부터 독립 (1821 년) ○ 미국, 몬로 대통령, '몬로주의'를 선 언 (1823년)

인 물	국 사	세 계 사
신재효〔1812~1884〕 대원군〔1820~1898〕 최제우〔1824~1864〕 송병선〔1836~1905〕 유인석〔1841~1915〕 김옥균〔1851~1894〕 명성 황후〔1851~1895〕 고종〔1852~1919〕 전봉준〔1854~1895〕 지석영〔1855~1935〕 김정호〔?~1864〕 서재필〔1860~1951〕 민영환〔1861~1905〕 박영효〔1861~1939〕 손병희〔1861~1922〕 나철〔1863~1916〕 남궁 억〔1863~1939〕 장지연〔1864~1921〕 홍범도〔1868~1943〕 이상설〔1871~1917〕	(1816 년) ◦김정희, 과거 급제 (1819 년) ◦창덕궁 경복전이 불에 탐. (1824 년) ◦영국 상선, 몽금포 앞바다에 정박하여 통상을 요구 (1832 년) ◦전염병으로 도로에 시체가 쌓임. (1834 년) ◦'기해박해' 일어남. (1839 년) ◦영국 선박 2 척, 제주도에 정박, 가축을 약탈 (1840 년) ◦'동국사략' 새로 인쇄 (1844 년) ◦최초의 신부 김대건, 노량 모래터에서 처형 (1846 년) ◦러시아 선박, 함경도 덕원·영흥 해안에 와서 주민들을 다치게 함. (1854 년) ◦프랑스 군함 1 척, 충청도 앞바다에 와서 가축을 약탈해 감 (1856 년), 베르느 주교, 서울 도착 (1856 년) ◦영국 선박 2 척, 동래 신초량에 정박 (1859 년) ◦영국 선박, 제주도 추자도에 표류, 결국 부숴짐.〔1860 년〕 ◦김정호, '대동여지도' 교간 (1861 년) ◦전국에 민란 일어남. (1862 년) ◦동학 교조 최제우 붙잡힘.(1863 년), 흥선군 이하응을 대원군으로 봉함. (1863 년) ◦만동묘 철폐, 정도전에 훈작 복구, 철종실록 완성 (1864 년) ◦프랑스 선교사 처형, 프랑스 함대, 강화도를 점령 (1866 년) ◦대원군, 당백전 통용을 엄명, 면암 최익현, 토목의 공역과 당백전 철폐를 청함.(1868 년) ◦미국 군함 5 척, 통상 요구함과 강화도를 공격, 광성진 점령 (신미양요), 척화비를 세움. (1871 년) ◦운양호 사건 (1875 년) ◦일본에서 부산에 퍼뜨린 콜레라, 전국에 퍼짐. (1879 년) ◦신사 유람단, 일본 파견 (1881 년) ◦미국·영국·독일과 수호 조규 조인,	◦영국, 세계 최초로 철도 개통 (1825 년) ◦웹스터의 '영어 사전' 완성 (1828 년) ◦미국의 모르스, '유선 전신기' 발명 (1835 년) ◦중국의 임칙서, '호광 총독'이 됨. (1837 년) ◦칼라일의 '프랑스 혁명사' 발간됨. (1838 년) ◦중국의 임칙서, 아편 2 만 상자를 불태움. (1839 년) ◦찰스 디킨즈, '크리스마스 캐럴' 출간 (1843 년) ◦영국·불란서, 터키와 동맹, 러시아에 선전 포고(크리미아 전쟁)함. (1854 년) ◦시인, 휘트먼의 '풀잎' 간행 (1855 년) ◦플로베르의 '보바리 부인' 간행 (1857 년) ◦다윈의 '종의 기원' 발표 (1859 년) ◦미국, 남북 전쟁 일어남. (1861 년) ◦플로베르의 '샬람보' 간행 (1862 년) ◦중국, 홍수전이 음독 자살함. (1863 년) ◦미국 대통령에 '링컨' 재당선 (1864 년) ◦노벨, '다이너마이트' 발명, 마르크스 '자본론' 제 1 부 발간 (1867 년) ◦비스마르크의 '문화 투쟁' 시작됨. (1871 년) ◦영국의 탐험가, '스탠리', 아프리카 횡단에 들어감. (1874 년) ◦에밀 졸라, '목로 주점' 출간 (1877 년) ◦입센의 '인형의 집' 출간 (1879 년) ◦파스퇴르, 광견병 예방 접종법을 발견 (1881 년) ◦모파상 '여자의 일생' 출간, 도이믈러 '자동차' 발명 1883 년) ◦영국의 옥스퍼드 사전 출간 (1884 년) ◦중국의 이홍장, 프랑스 사신과 베트남의 경계 조약 체결 (1886 년)

인 물	국 사	세 계 사
이승만〔1875~1965〕 신채호〔1880~1936〕 김좌진〔1889~1930〕 김성수〔1891~1955〕 박중빈〔1891~1943〕 조병옥〔1894~1960〕 방정환〔1899~1932〕 홍난파〔1898~1941〕 장면〔1899~1966〕 유관순〔1902~1920〕 임방울〔1904~1961〕 윤봉길〔1908~1932〕 이승훈〔1864~1930〕 안중근〔1879~1910〕 안익태〔1905~1965〕 김 구〔1876~1949〕 안창호〔1878~1938〕 주시경〔1876~1914〕	대원군, 청나라 호송됨. (1882년) ∘ 태극기를 국기로 제정 (1883년) ∘ 우정총국 개설 (1884년), 김옥균·박영효, 3일 천하(갑신정변)로 일본에 망명 (1884년) ∘ 미국 선교사 아펜젤러 입국, 영국 함대 거문도 점령, 지석영을 전라도 우두 교수관에 임명 (1885년), 이 해에 배재 학당을 설립 ∘ 이화 학당 설립 (1886년) ∘ 전선 준공 (1888년) ∘ 함경도 함흥·덕원에 민란 발생 (1892년) ∘ 동학 운동 일어남. (1894년), 이듬해 전봉준 처형당함. (1895년) ∘ 아관 파천 (1896년) ∘ 보부상 수천인·만민 공동회 습격 (1898년) ∘ 한·일 의정서 성립 (1904년) ∘ 지석영, 국문 정리를 위한 신정 국문 6개조를 상소 (1905년), 을사조약 성립 ∘ 최익현, 대마도에서 사망 (1906년) ∘ 이준, 헤이그에서 자결 (1907년) ∘ 주시경, '국어 문법' 간행 (1910년) ∘ 호남선 개통 (1914년) ∘ 김성수, 중앙 중학교 설립 (1915년) ∘ 3·1 운동 발발 (1919년) ∘ 청산리 전투—대승리 (1920년) ∘ 의열단원 김익상, 총독부 폭탄 투척 (1921년) ∘ 임시 정부 국무령에 김구 취임 (1926년) ∘ 김좌진 장군 암살당함. (1930년) ∘ 이봉창, 왜왕에게 폭탄 투척—실패 (1932년)	∘ 스티븐슨의 '지킬 박사와 하이드 씨' 출간 (1886년) ∘ 독일의 철혈 재상, '비스마르크' 사임 (1890년) ∘ 오스카 와일드의 '도리언 그레이의 초상' 출간 (1891년) ∘ 일본 이등박문, 총리 대신에 임명됨. (1892년) ∘ 토마스 하디의 '테스' 출간 (1892년) ∘ 오스카 와일드 '살로메' 완성, 에디슨 활동 사진, 디젤, 디젤 기관 발명 (1893년) ∘ 청·일 전쟁 일어남. (1894년) ∘ 국제 올림픽 위원회 (IOC) 창설됨. (1894년) ∘ 아테네, 제1회 국제 올림픽 개최 (1896년) ∘ 브라운, 브라운관 발명, 마르코니, 무선 진신 발명 (1897년) ∘ 퀴리 부부, 라듐 발견 (1898년) ∘ 멘델의 법칙을 재발견 (1900년) ∘ 일본군, 여순을 함락 (1905년) ∘ 우드, 망원경 발명 (1908년) ∘ 미국, 회전 사진판 인쇄기 발명 (1909년) ∘ 중국의 손문, 혁명 정부 대통령에 취임 (1912년) ∘ 독일, 쾰른·함부르크, 양 대학 창립, 폴란드, 리브린 대학 창립 (1919년) ∘ 중국의 장개석, 정부 주석이 됨. (1928년) ∘ 영국의 체드윅, 중성자 발견과 미국의 앤더슨, 양전자를 발견 (1932년) ∘ 독일 국회, 히틀러에게 대통령 권한 부여—나치 독일 확립 (1933년)